btb

Sich verstecken – was bedeutet das tatsächlich? Und was bedeutete es für Jüdinnen und Juden in Wien, die in der Zeit des Nationalsozialismus entschieden unterzutauchen? Wie viele waren sie, wer half ihnen, wie viele überlebten den Naziterror? Welche Auswirkungen hatte das jahrelange Verstecken auf die Psyche der Betroffenen und wie ging man nach dem Ende des Krieges mit den Überlebenden um? Brigitte Ungar-Klein beantwortet diese Fragen in der ersten umfassenden Studie über Verfolgte des NS-Regimes, die in Wien untertauchen konnten. Sie führte zahlreiche Interviews und Gespräche mit Überlebenden und deren Helferinnen und Helfern, den stillen Heldinnen und Helden, und verarbeitete unzählige schriftliche Quellen. Ungar-Klein erzählt die Geschichten der Untergetauchten und der Helfenden und bringt so erstmals ein verborgenes Universum ans Licht.

Brigitte Ungar-Klein studierte Geschichte und Germanistik und übte den Lehrberuf aus. Daneben wissenschaftliche Forschung zum Thema Zeitgeschichte und Holocaust. Sie ist Direktorin des Jüdischen Instituts für Erwachsenenbildung in Wien.

Brigitte Ungar-Klein

Schattenexistenz

Jüdische U-Boote in Wien 1938–1945

btb

Für meine Enkelkinder
Mögen sie niemals genötigt sein,
Schattenexistenzen zu werden.

Gewidmet den Frauen und Männern,
die viele Entbehrungen auf sich nahmen, und unter
Lebensgefahr den Verfolgten halfen.

MIX
Papier aus verantwortungsvollen Quellen
FSC® C014496

Penguin Random House Verlagsgruppe FSC® N001967

1. Auflage
Genehmigte Taschenbuchausgabe September 2021,
btb Verlag in der Penguin Random House Verlagsgruppe GmbH,
Neumarkter Straße 28, 81673 München

Umschlaggestaltung: semper smile, München
nach einem Entwurf von Dotohea Löcker, Wien
unter Verwendung eines Motivs von © iStockphoto/porah
Druck und Einband: GGP Media GmbH, Pößneck
SL · Herstellung: sc
Printed in Germany
ISBN 978-3-442-77060-1

www.btb-verlag.de
www.facebook.com/btbverlag

INHALTSVERZEICHNIS

VORWORT

Die Beschäftigung mit dem Schicksal der »U-Boote« begann durch einen Zufall: Ich half der Tochter von Freunden bei Schulaufgaben, und als sie eines Abends von ihrem Vater abgeholt wurde, fingen wir an zu plaudern. Wir kamen auf seinen damals bereits verstorbenen Vater zu sprechen, der ursprünglich ein außerordentlich lebenslustiger Mensch gewesen war, ein Musiker, ein Künstler, der mit vielen bekannten Personen der damaligen Künstlerszene Kontakt gehabt, durch die vielen Jahre im Untergrund aber seinen Charakter völlig verändert hatte. »Untergrund?«, fragte ich. »Was meinst Du damit?« Da begann er zu erzählen, dass er seine ersten Lebensjahre im Keller verbringen musste, ebenso wie seine Geschwister. Er sprach davon, wie bewundernswert seine Mutter gewesen sei, die als Nichtjüdin ihren Lebensgefährten – Heirat war zu dieser Zeit ausgeschlossen –, dessen Mutter und schließlich drei Kinder als U-Boote durchgebracht hatte.[1] Dass Hausparteien davon gewusst hätten, manche hätten zwar immer wieder Drohungen ausgesprochen, letztendlich konnte die Familie aber im Keller eines Hauses im 5. Wiener Gemeindebezirk überleben.

Das Schicksal der U-Boote sollte mich seit Kenntnis dieser Überlebensgeschichte nicht mehr loslassen, ich begann mit wissenschaftlichen Recherchen. Der Wissensstand zu dieser Thematik war gering, auch wenn das Tagebuch der Anne Frank allgemein bekannt war und viele wussten, dass es Leben, Überleben im Versteck bzw. zumindest Versuche, auf diese Weise dem nationalsozialistischen Terror zu entgehen, gegeben hatte. Die überaus schwierige Quellenlage war sicher mitver-

1 Es handelt sich um Familie Ehlers.

antwortlich dafür, dass diese Opfergruppe wenig Beachtung im Rahmen der Forschung zu den Verbrechen der NS-Ära fand. Nun liegt dazu erstmals eine umfassende wissenschaftliche Auseinandersetzung für in Wien verortete Fälle vor.

Es fiel mir nicht immer leicht, eine objektive Herangehensweise, eine gewisse Distanz, die wissenschaftliches Arbeiten gebietet, zu bewahren, da ich Emotionen nicht völlig ausklammern konnte. Die furchtbarsten Demütigungen und Entwürdigungen haben Menschen Menschen angetan, auf verbale Bedrohungen folgten Taten, die im millionenfachen Mord am europäischen Judentum mündeten. Die Recherchen zu den Schicksalen der gescheiterten Versuche, als U-Boot zu überleben, erzeugten auch nach vielen Jahren der Beschäftigung mit diesem Aspekt der Shoah Trauer und Entsetzen.

Menschen, die im Untergrund lebten, konnten dies nur – bzw. sie erhöhten ihre Überlebenschancen –, wenn sie von anderen dabei unterstützt, aufgenommen, verköstigt und betreut wurden. Trotz massivster Strafandrohung gab es sie, die »Gerechten«. Weshalb haben Menschen geholfen? Welche Motive führten dazu, Jüdinnen und Juden bei sich aufzunehmen?

Die Schriftstellerin Elfriede Gerstl bezeichnete die Hilfe als *»tapfere Widersetzlichkeit«,* und für Helene Buben, Mitarbeiterin der erzbischöflichen Hilfsstelle für nichtarische Katholiken, war die Unterstützung *»so selbstverständlich, dass man darüber gar keine Worte verlieren muss«.* Ganz so selbstverständlich war Hilfestellung für Jüdinnen und Juden nicht, es gab nur allzu viele Denunziantinnen und Denunzianten, gerade deshalb war es mir ein wichtiges Anliegen, mit dieser Arbeit aufzuzeigen, dass es auch unter den schwierigsten und gefährlichsten Bedingungen möglich war, Mensch zu bleiben und Hilfesuchenden zur Seite zu stehen. Es hat sicher besonderen Mutes bedurft oder inniger Zuneigung, das Wagnis auf sich zu nehmen, jemanden zu verstecken, zu beherbergen, zu verköstigen, zu schützen. Auch heute können jene »Gerechte unter den Völkern« Vorbild für uns alle sein, Bedrängten zur Seite zu stehen.

Die Recherchen beschäftigten mich über einen langen Zeitraum – viele Menschen waren Wegbegleiter, halfen mir, spornten mich an, unterstützten mich in fachlichen Belangen, wiesen mich auf Quellen hin, stellten Kontakte zu Zeitzeuginnen und Zeitzeugen her. Ohne die zahlreichen Gespräche, die ich mit Betroffenen führen konnte, wäre die Arbeit in dieser Form nicht möglich gewesen. Das unendliche Leid, die Alltagsprobleme, die geschildert wurden, machten die unfassbare Anspannung und psychische Belastung spürbar.

Ich denke mit Dankbarkeit an Menschen, die leider bereits verstorben sind, die mich angeregt haben, zu dieser Thematik zu forschen und die mich lange auf meinem historischen Weg begleitet haben: Univ. Prof. Erika Weinzierl setzte Vertrauen in mich und eröffnete mir erste Forschungsansätze. Prof. Herbert Steiner, langjähriger wissenschaftlicher Leiter des Dokumentationsarchivs des österreichischen Widerstandes, half mit Ratschlägen und Hinweisen. Für Prof. Herbert Exenberger, Bibliothekar des DÖW, war es Bedürfnis und Freude zugleich, helfen zu können.

Ich danke Mitarbeiterinnen und Mitarbeitern von Archiven, Organisationen und Institutionen, die mir bei der Suche nach relevanten Beständen bzw. bei der Abgleichung von Personendaten halfen: Dokumentationsarchiv des österreichischen Widerstandes, Israelitische Kultusgemeinde Wien – Abteilung für Matriken, Wiener Stadt- und Landesarchiv, Yad Vashem. Dr. Gerhard Ungar, Florian Niederhofer, Mag.a Piroska Kelemen und Irene Kulp halfen in technischen Fragen.

Freundschaftlich beratend und korrigierend motivierte mich Univ. Doz.in Dr.in Brigitte Bailer-Galanda.

Dr. Alexander Potyka möchte ich für das Interesse an meiner Arbeit danken, Dr. Barbara Giller für das kompetente Lektorat, ebenso dem gesamten Team des Picus Verlages.

Zuletzt sei meiner Familie, ganz besonders aber meinem Gatten, gedankt. Seine liebevolle Zuwendung und das große Verständnis waren für mich größte Unterstützung.

I. EINLEITUNG

»Ich war Sternträgerin vom Inkrafttreten der Verordnung bis zu meinem Untertauchen im Mai 1942. Zu diesem Zeitpunkt wurden alle Personen in meiner damaligen Wohnung (Massenquartier 2., Tandelmarktgasse) durch die SS ausgehoben und in die Sperlschule zwecks Deportation eingeliefert. Nachdem ich damals nicht zu Hause war, entging ich der Aushebung. Von diesem Zeitpunkt an tauchte ich unter und mein Leben als ›U-Boot‹ begann. Diese 3 Jahre waren ein einziges Martyrium. Morgens wusste ich nie, wo und ob ich abends eine Möglichkeit finde, irgendwo zu schlafen. Außerdem hatte ich als U-Boot 3 Jahre keine Lebensmittelmarken, und es war für mich daher sehr schwer mir die notwendigsten Lebensmittel zu beschaffen.«[1]

***

»Am 1.5.1942 kamen die Schergen der Gestapo um uns nach Polen zu verschleppen, was den sicheren Tod für uns bedeutet hätte. Es gelang Herrn Krenberger samt meiner Schwester, die er bereits geheiratet hat und mir zu fliehen. Wir lebten von da an bis zum Einmarsch der roten Armee – also 3 Jahre – als U-Boote. Auf diese Art verloren wir unser ganzes Eigentum und konnten nur das nackte Leben und das was wir am Leib hatten retten. Was es heißt 3 Personen ohne Lebensmittelmarken und ohne ständigem Quartier zu leben lässt sich schwer schildern.«[2]

1 Paula Hönigsfeld, 1902–1964. Selbstverfasster Lebenslauf, Privatsammlung Ungar-Klein (in weiterer Folge als PUK gekennzeichnet).

2 Ida Hirschkron, vh. Stohlawetz, 1903–1992. Selbstverfasster Lebenslauf in DÖW 20100/4424. Josef Krenberger, geb. 1899, Edith Krenberger, geb. Hirschkron, geb. 1902.

»Untertauchen« – »U-Boot«? Welche Schicksale stehen hinter diesen Begriffen? Wie war es möglich, den NS-Schergen zu entkommen? Über Tage, Wochen, Monate, Jahre? Gab es viele, die es wagten, in einem Versteck unterzutauchen oder die durch eine Verfälschung ihrer Identität für die Behörden nicht mehr existierten? Überlebten sie? Hatten sie Hilfe?

Mit Beginn der Naziherrschaft begannen auch die Versuche der Jüdinnen und Juden, sich den Verfolgungsmaßnahmen zu entziehen, in Deutschland bereits ab 1933, in Österreich ab März 1938. Zunächst nur für kurze Zeit, ein paar Tage oder Wochen: Viele zogen es vor, sofern sie Gelegenheit hatten, bei nichtjüdischen Freunden, Verwandten kurzfristig unterzutauchen, um in relativer Ruhe die nötigen Papiere für die Ausreise zusammenzutragen und die Zeit vor der endgültigen Ausreise unbehelligt leben zu können. Auch während des Novemberpogroms suchten viele Schutz, um den von den Nazis gesteuerten Prügel-, Raub- und Brandexzessen zu entgehen.[3] Als mit Februar 1941 die sogenannten »Umsiedlungen«, also die Deportationen in den Osten, einsetzten, stieg die Zahl der Personen, die es wagten, ein Leben in der Illegalität zu versuchen. Ludwig Haydn, Rechtsanwalt in Wien, schrieb zwischen 1942 und 1944 eine Art Tagebuch und vermerkte in einer Eintragung vom 17. Juli 1942: *»Tausende Juden haben es vorgezogen, ihre Wohnungen im Stich zu lassen, um unauffindbar zu sein, wenn sie für Polen geholt werden sollten, und vagieren nun*

3 Novemberpogrom, »Reichskristallnacht«: Nach dem Tod des am 7. November 1938 von Herschel Grynszpan angeschossenen Ernst vom Rath initiierte der Reichspropagandaminister Joseph Goebbels in der Nacht vom 9. zum 10. November 1938 einen reichsweiten Pogrom als »spontane« Vergeltungsmaßnahme.

herum, ohne festen Unterstand, schlafen heute in einem Keller, morgen in einem Magazin, dann wieder bei mitleidigen Ariern, ihre Habseligkeiten da und dort verteilt – Ahasver im wahrsten Sinn! Ich kenne einen 65-jährigen Advokaten, der seit Wochen sich bei Tag in einem licht- und luftlosen Magazin aufhält, in der Dämmerung herauskriecht und bei Bekannten einen Gnadenteller Gemüse mit einem Stück Brot empfängt.«[4]

Im Laufe der Jahre schmolz diese Personengruppe in Österreich zu einem kleinen Grüppchen, nur mithilfe anderer war es möglich, der Deportation zu entkommen, etliche scheiterten und wurden mit ihren Helferinnen und Helfern festgenommen. Nach Kriegsende wurden U-Boote bei der »Zentralregistrierstelle für die Opfer des Naziterrors« als eigene Opfergruppe aufgelistet. In einem Artikel der »Arbeiter-Zeitung« über die Opfer des Nationalsozialismus sind die »Wahnsinnszahlen der Grausamkeit« aufgelistet:[5]

»22.000 Opfer des Naziterrors sind bis zum 30. August im Rathaus verzeichnet worden. Das bedeutet unsagbares Leid für etwa 70.000 Menschen.

7842 Personen waren aus politischen Gründen in Zuchthäusern, Gefängnissen und Konzentrationslagern. 20.881 Jahre waren sie insgesamt in Haft. 190 Partisanen sind bis jetzt gemeldet und 1205 Hingerichtete oder in der Haft Verstorbene mahnen, dass ihr Opfer nicht umsonst gewesen sein darf, 1325 rassisch Verfolgte haben sich als KZ.ler gemeldet. In dieser Zahl sind die aus Wien zur Liquidierung verschleppten 46.500 Juden nicht enthalten. 885 Gesuchte lebten ohne Lebensmittelkarten als ›U-Boote‹ illegal unter der Gestapoherrschaft. Ebenso haben sich 434 Fahnenflüchtige registrieren lassen. Mehr als 10.000 aus po-

4 Ludwig Haydn. Meter, immer nur Meter! Das Tagebuch eines Daheimgebliebenen. Scholle Verlag Wien 1946, S. 34.

5 Arbeiter-Zeitung Nr. 37, 47. Jg., Dienstag, 18.9.1945, S. 3.

litischen und rassischen Gründen Gemaßregelte sind die passiven Opfer.

Täglich kommen noch KZ.ler zurück und melden immer neue Grausamkeiten der Nazischergen, unter ihnen befinden sich in der Haft Erblindete, taub Gewordene und Zwangssterilisierte.

Für die dringendsten Fälle wurden 3832 Ausweiskarten und 3900 Soforthilfescheine ausgegeben.

Bei den im Rathaus Registrierten handelt es sich nur um jene Menschen, die ihren Wohnsitz in Wien oder in der nächsten Umgebung haben.«[6]

In der ursprünglich von der sowjetischen Besatzungsmacht angeregten, von der Gemeinde Wien genehmigten antifaschistischen Ausstellung »Niemals vergessen!« wurden Zahlen zum »Schicksal der Glaubensjuden in Österreich« veröffentlicht und dabei die Zahl der U-Boote mit 800 Personen beziffert.[7] In einem an gleicher Stelle erschienenen Beitrag von Hugo Glaser ist Folgendes zu lesen: *»Dann tauchten die ›U-Boote‹ empor, die oft jahrelang verborgen gelebt hatten, untergetaucht, wie ihr Name besagt, zumeist im Menschentrubel der Großstadt, selten, wenn das ein glücklicher Zufall ihnen erlaubte, irgendwo*

---

6 Erst durch das Projekt »Namentliche Erfassung der österreichischen Holocaust-Opfer« und die unter www.doew.at abrufbare Datenbank wurden die Opfer zahlenmäßig erfasst. In der Datenbank sind aktuell 76.161 Einträge zu finden (6.4.2017). Neben den österreichischen Shoah-Opfern sind auch Spiegelgrund-Opfer sowie Opfer politischer Verfolgung gelistet. Die Datenbank wird regelmäßig dem jeweiligen Wissensstand angepasst.

7 Gemeinde Wien (Hrsg.). Niemals vergessen! Ein Buch der Anklage, Mahnung und Verpflichtung. Verlag für Jugend und Volk Wien 1946. Gestaltet wurde die Ausstellung vom Grafiker Victor Theodor Slama (1890–1973), der sich in der Zwischenkriegszeit als Gestalter von politischen Plakaten einen Namen gemacht hatte. Sie wurde am 14. September 1946 im Künstlerhaus in Wien eröffnet, laut Abschlussbericht wurde sie bis zum Ende am 26. Dezember 1946 von ca. 260.000 Personen besucht.

auf dem Lande; sie hatten das gefahrvolle Dasein von Menschen gewählt, die ohne Ausweispapiere, ohne Lebensmittelkarten vertrauensvoll die Zeit abwarteten /…/. Das Schicksal der einzelnen ›U- Boote‹ zu verfolgen, heißt einen spannenden Roman lesen. So war es oft. Ein paar Tage verborgen leben, das geht leicht. Aber Jahr für Jahr – wie viel Nervenkraft gehörte dazu und wie viel Glück. Wie viel Hilfsbereitschaft und wie viel Phantasie, um allen Gefahren zu entgehen, die doch, man kann sagen, in jeder Minute herantraten und alle Opferjahre ihres Erfolges berauben konnten. Meistens war es ein Freund, der einem half, der einen aufnahm oder weiter empfahl. Einer, der den eigenen Kopf riskierte, um den des Freundes zu retten. Es gab wenige, die so waren. In einer Zeit, in der die Bestialität genormt war, war für Freundschaft wenig Platz. Aber sie war doch da, hie und da, selten, aber herrlich, wunderbar, göttlich, menschlich, wie sie in gewöhnlichen Zeiten nie sein kann. Denn es ist leicht, der Freund eines Mannes zu sein, der Stellung und Einkommen und vielleicht auch noch ein Auto hat. Aber ihr waret anders, ihr waret Freunde in der bittersten Not, ihr waret wirkliche Freunde. Seid bedankt dafür, ihr alle /…/ Es ist manches interessante Schicksal unter diesen Überlebenden. Mancher kann berichten, wie er gerade einmal daran war, erkannt und verhaftet zu werden, und wie er doch noch entkam. Da ist einer hier, er ist jetzt hoher Funktionär bei Gericht, der rettete sich ins ›U-Boot‹-Dasein auf seltsame Art: Er und seine Frau gaben sich als Liebespaar aus und fanden ein Absteigquartier, das sie aufnahm. Meldezettel verlangte man von ihnen nicht – seit wann melden sich solche Liebespaare? Von einem kann man erzählen, dass er nach etlichen Irrfahrten im letzten Augenblick, als die Gefahr des KZ schon unvermeidlich schien, sich entschloss, in die eigene Wohnung zurückzukehren, um dort sich versteckt zu halten. Er hatte bald nach dem Einbruch Hitlers zum Schein seine Frau – wie tapfer und aufopferungsvoll war sie immer! – und damit die Wohnung verlassen, und als man ihn später suchte, war jene Wohnung kaum mehr verdächtig. /.../ Das Haus durfte er nicht verlassen, nur alle paar Wochen einmal, beim Fenster durfte er sich nicht zeigen, wenn es läutete, durfte er nicht öffnen; er hatte Glück, sie suchten ihn doch nicht dort. /.../ Es gab ›U-Boote‹, die durften kühn sein und einiges wagen, andere, die mussten auf jede Minute achten, da in jeder eine Gefahr schlummerte. Die Umstände des einzelnen Falles bestimmten das.«[8]

Obwohl, wie diese Beispiele zeigen, schon sehr bald nach Kriegsende bekannt wurde, dass etliche Personen im Untergrund, im Verborgenen überlebt hatten, dauert die historische Aufarbeitung des Schicksals, des Überlebenskampfes dieser Opfergruppe bis in unsere Tage. Widerstandskämpfer, Widerstandskämpferinnen, Überlebende der Konzentrationslager, Vertriebene, sie alle wurden bei der Aufarbeitung der Geschehnisse bedacht. Nur in wenigen Fällen wurden U-Boot-Schicksale in ihrer Gesamtheit betrachtet. Auch in den übrigen europäischen Ländern konnte man eine ähnliche Vorgangsweise beobachten. Einzelschicksale – es sei an dieser Stelle nur an Anne Frank, stellvertretend für alle anderen erinnert – wurden publik, umfassende Darstellungen zum Überlebenskampf der U-Boote scheiterten: »Systematic research on Jews who found shelter during the Nazi era and on their non-Jewish rescuers – that is, the concealment of Jews, whether done by individuals, families, networks of individuals or church organisations – were secret and virtually undocumented. It was only

8 Hugo Glaser. Die Überlebenden. In: Niemals vergessen, S. 102ff. Dr. Hugo Glaser überlebte selbst als U-Boot und war Gründer des U-Boot-Verbandes. Bei dem Ehepaar, das sich als Liebespaar ausgab, handelte es sich um Dr. Hedwig und Dr. Karl Wahle. Die Identität des Mannes konnte nach den angeführten Angaben nicht eindeutig geklärt werden, möglicherweise schilderte Hugo Glaser aber hier sein eigenes Überleben.

after the publication of a number of books and autobiographies, after Yad Vashem's Department of Righteous Gentiles had recognised several thousands rescuers (6.948 individuals from 1962–1986), and after activity by Yad Vashem turned up rescued and rescuers who provided testimony, that research could be untertaken which was based on first-hand testimonies and interviews.[9]

In einem Bericht zum Forschungsprojekt »Rettung von Juden im nationalsozialistischen Deutschland 1933–1945« wird zum Forschungsstand ähnliches angeführt[10] und im Vorwort zum Katalog für die Gedenkstätte »Stille Helden« in Berlin – der Fokus liegt hier bei Personen, die durch ihre Hilfeleistung die Rettung der Verfolgten versucht haben – wird als Ursache für die späte Aufarbeitung angeführt: »Die meisten schweigen nach 1945 über ihre Hilfeleistungen, die viele von ihnen als selbstverständlich begreifen. Erst später wird ihr Handeln gewürdigt.«[11]

Ein Grund für das geringe Wissen über diesen Teil der Verfolgten ist, dass es während der Zeit der Verfolgung als Sicherheitsvorkehrung praktisch keine Aufzeichnungen geben durfte. Je weniger einzelne Personen über die Existenz eines

---

9 Eva Fogelman. The Rescuers. A Socio-psychological Study of Altruistic Behavior during the Nazi Era. Doctoral dissertation, City University of New York 1987. Zitiert in: Leo Baeck Instiute. Year-Book XXXVII. London/Jerusalem/New York 1992, S. 328f.

10 Marie-Luise Kreuter. Rettung von Juden im nationalsozialistischen Deutschland 1933–1945. Ein Dokumentationsprojekt mit Datenbank am Zentrum für Antisemitismusforschung der Technischen Universität Berlin. In: Zeitschrift für Geschichtswissenschaft 46,. Metropol Verlag Berlin 1998, S. 445–449.

11 Gedenkstätte Stille Helden. Widerstand gegen die Judenverfolgung 1933 bis 1945. Katalog zur Ausstellung. Hrsg.: Gedenkstätte Stille Helden in der Stiftung Gedenkstätte Deutscher Widerstand. Berlin 2009, S. 2.

»U-Bootes« wussten, umso besser war es für alle an einem »Fall« Beteiligten. Das Schicksal der U-Boote geriet für die breite Öffentlichkeit in Vergessenheit, erst in den sechziger Jahren – durch die Forschungen von Univ.-Prof. Erika Weinzierl, die den »Zu wenig Gerechten« Österreichs auf die Spur kommen wollte und durch die Auszeichnungsverfahren von Yad Vashem – griff man diese Opfergruppe und diese Form des Überlebens neu auf, und das Interesse an den Schicksalen der U-Boote und ihrer Helferinnen und Helfer wuchs an.[12] Eine der ersten, die in Österreich in diesem Zusammenhang ausgezeichnet wurde, war die Schauspielerin Dorothea Neff, die ihre Freundin Lilli Wolff bei sich in der Wohnung über mehrere Jahre versteckt hatte. Die Möglichkeit, Helfer – »Gerechte« – auszeichnen zu lassen, veranlasste zahlreiche Überlebende, ihre Wohltäter diesem Verfahren zu unterziehen. Beglaubigte Erlebnisberichte sowie Bestätigung durch Zeugenaussagen waren und sind Voraussetzung für eine positive Erledigung. Dadurch erhält man einen Überblick über die Hilfsbereitschaft, die in den verschiedenen europäischen Ländern teilweise vorhanden war. Bis zum heutigen Tag werden derartige Verfahren beantragt. Weshalb sich einzelne Personen so lange Zeit gelassen haben, ist mit unterschiedlichen Ressentiments zu erklären. Viele wollten die schreckliche Zeit so rasch wie nur irgend möglich vergessen, hinter sich lassen, einfach aus dem Gedächtnis streichen. Erst nach mehreren Jahrzehnten sind sie selbst, jedoch manchmal

---

12 Erika Weinzierl. Zu wenig Gerechte. Österreicher und Judenverfolgung 1938–1945. Verlag Styria Graz/Wien 1969. 1953 verabschiedete das israelische Parlament das »Gesetz zum Andenken an die Märtyrer und Helden«. Es wurde die Errichtung einer Gedenkstätte – Yad Vashem – beschlossen, gleichzeitig sollte den »Edlen aller Völker, die ihr eigenes Leben aufs Spiel setzten, um Juden zu retten«, ein Denkmal gesetzt werden. Bis 2016 wurden 109 Personen aus Österreich ausgezeichnet. Liste der Ausgezeichneten siehe www.yadvashem.org.

auch erst ihre Kinder oder Enkelkinder imstande, die Erlebnisse nachzuerzählen. Mittlerweile überwiegen die posthumen Ehrungen.[13]

Wer ist U-Boot?

»U-Boote« lebten im Untergrund, in der Illegalität – an einem Wohnort oder an mehreren Wohnorten ohne polizeiliche Anmeldung –, sie verschleierten die wahre Identität, verwendeten falsche Papiere oder manipulierten die eigenen Personaldokumente derart, dass sie wenigstens einen geringen Schutz gewährten. Sie waren nirgends registriert, erhielten keine Bezugsmarken und waren auf die Hilfe anderer angewiesen. Das sind nur einige Kriterien, die U-Boote kennzeichnen. Quellen belegen, dass diese Personengruppe sich schon sehr bald diese besondere Bezeichnung – »U-Boot« – selbst gegeben hat – vor allem im deutschsprachigen Raum.[14]

Eine Betroffene drückte ihre Empfindungen über ihre Situation als U-Boot und die ihrer Meinung nach verfehlte Bezeichnung folgendermaßen aus: *»Die volkstümliche Bezeichnung ›U-Boot‹ ist wahrlich nicht ganz zutreffend, weil das kameradschaftliche Zusammenhalten mit der Mitbesatzung und der Ausblick in den hellen Himmel durch das Periskop und das gelegentliche Auftauchen wegen Einnahme frischen Sauerstoffs fehlten. Ein besserer Vergleich wäre wohl das ›Katakombenleben‹ der ersten Christen zu Zeit des römischen Endlösers Nero.«*[15]

---

13 Yad Vashem, Abteilung Gerechte unter den Völkern/The Righteous Among The Nations.

14 Mitunter findet sich auch die Langversion des Wortes: »Unterseeboot«.

15 Anna Deutsch, geb. 1886, verfasste diese Definition im Rahmen ihres Antrags auf Entschädigung, Kopie in PUK.

Die langjährige Beschäftigung mit diesem Thema und die Recherchen ergaben eine Fülle an Material und Informationen, Daten unterschiedlichster Herkunft und Qualität. Das vorliegende Buch beschränkt sich bei der Beschreibung und Bewertung der U-Boot-Fälle auf solche, die sich vorwiegend in Wien zugetragen haben. Ebenso werden Personen im Vordergrund stehen, die allein aufgrund ihrer jüdischen Herkunft verfolgt wurden. Lediglich in einigen Fällen, in denen politischer Widerstand und jüdische Herkunft einhergingen, wird darauf eingegangen. Um ein konkretes Beispiel anzuführen: Walter Greif war jüdischer Abstammung, politisch für die KPÖ tätig und kämpfte ab 1937 im Spanischen Bürgerkrieg. Ende 1938 ging er nach Frankreich, wo er unter falschem Namen lebte, bis er schließlich mit gefälschten Papieren, als französischer Zivilarbeiter getarnt, im November 1942 nach Wien zurückkehrte, um die politische Widerstandsarbeit fortzusetzen. Als Helferin stand ihm Theresia Meller zur Seite, die ihn in ihrer Wohnung aufnahm. Im August 1943 wurden jedoch beide verhaftet, Walter Greif nach Auschwitz deportiert und dort nach Aussage von Zeugen ermordet, Theresia Meller wurde nach einem Verfahren vor dem Volksgerichtshof zum Tode verurteilt und am 9. Jänner 1945 im Landesgericht Wien hingerichtet.[16]

Schwierige Quellensuche

Einem systematischen Herangehen stand zunächst die schwierige Quellenlage entgegen. Waren es zu Beginn der Recherchen

16 Vgl. Opferdatenbank des DÖW (www.doew.at). Siehe dazu auch Herbert Exenberger. Gleich dem kleinen Häuflein der Makkabäer. Die jüdische Gemeinde in Simmering 1848 bis 1945. Mandelbaum Verlag Wien 2009, S. 308f.

vor allem die persönliche Kenntnis von Schicksalen und die Kontaktaufnahme zu Zeitzeuginnen und Zeitzeugen, folgten schließlich Hinweise auf Archivbestände, die eine konkrete Suche nach U-Booten und den Helferinnen und Helfern zuließen.

Zu den für diese Thematik systematisch untersuchten Akten zählen die Tagesberichte der Gestapo-Staatspolizeileitstelle Wien, die neben allgemeinen Stimmungsberichten zur jeweiligen Periode, zu politischen und wirtschaftlichen Vorkommnissen auch mit größter Genauigkeit die Festnahmen und Abtransporte von Juden festhielten – sie geben Zeugnis für die unzähligen Versuche, sich durch Verstecken den Verfolgungsmaßnahmen zu entziehen.[17]

»Zentralregistrierstelle für die Opfer des Naziterrors« – Nach Kriegsende meldeten sich Verfolgte bei Magistratsstellen, vor allem aber im Rathaus, Personaldaten wurden aufgenommen, auf Karteikarten wurden Verfolgungsgrund, Verhaftung, KZ-Aufenthalt oder eben Leben als U-Boot verzeichnet.[18]

Opfer erhofften sich von diversen neu gegründeten Verbänden, Vereinen und Organisationen Unterstützung in vielfacher Hinsicht. Im zerbombten Wien eine Wohnung oder wenigstens ein Zimmer zugewiesen zu bekommen, Essenszuwendungen, Kleidung, Zigaretten. Die Hoffnungen, die in diese Verbände gesetzt wurden, blieben zumeist nur ebensolche, trotz deren vielfältiger Bemühungen. Unterlagen des KZ-Verbands und anderer Opferverbände sowie die Kartei des sogenannten U-Boot-Verbands finden sich im DÖW. In diesen sind mehr oder weniger umfangreich Daten der Betroffenen widergespiegelt. In den Formblättern des KZ-Verbands wurden ähnlich wie bei der Zentralregistrierstelle neben den reinen Persona-

17 Bestand des DÖW.

18 Formblätter bzw. Karteikarten archiviert im Bestand des Wiener Stadt- und Landesarchivs (WStLA).

lia auch Erlebnisschilderungen in meist geringem Umfang, manchmal auch Fotos beigefügt, während auf den Karteikarten des U-Boot-Verbands, bei dem Opfer und Helferinnen und Helfer aufgenommen werden konnten, ausschließlich personenbezogene Daten verzeichnet sind.[19]

Mit dem bereits im Juli 1945 beschlossenen Opferfürsorgegesetz sollten vor allem Widerstandskämpferinnen und Widerstandskämpfer mit diversen Vergünstigungen, Steuererleichterungen oder auch Renten bedacht werden. Rassische Verfolgung wurde zu diesem Zeitpunkt nicht als entschädigungswürdig erachtet, außer Opfer konnten einen aktiven Beitrag für ein freies Österreich nachweisen. Das zweite Opferfürsorgegesetz 1947 brachte eine Erweiterung in diesem Punkt. Der Überlebenskampf als U-Boot wurde jedoch weiterhin nicht als eigener Entschädigungsgrund anerkannt, der Kampf um Anerkennung dauerte bis in die sechziger Jahre, viele der Betroffenen waren zu diesem Zeitpunkt bereits nicht mehr am Leben. Die Akten geben aber unmissverständlich Zeugnis, wie unwürdig die Republik Österreich mit dieser Opfergruppe über Jahrzehnte verfahren ist.[20] Für die umfassende Dokumentation einzelner Fälle sind sie jedoch wertvolle Ergänzung.[21]

Im Rahmen der Recherchen wurden mehr als 60 Interviews, Gespräche mit Betroffenen – U-Boote und Helferinnen und Helfer – geführt, einige biografische Aufzeichnungen wurden zur Verfügung gestellt.[22] Viele Opfer konnten lange Zeit nicht

19 Bestand des DÖW.

20 Zur Opfergesetzgebung siehe Brigitte Bailer. Wiedergutmachung kein Thema. Österreich und die Opfer des Nationalsozialismus. Löcker Verlag Wien 1993.

21 Aktenbestand des Wiener Stadt- und Landesarchivs sowie des DÖW.

22 Einige dieser Interviews wurden publiziert in: Jüdische Schicksale. Berichte von Verfolgten. Erzählte Geschichte. Band 3. Hrsg.: DÖW. ÖBV Wien 1992. In weiterer Folge als »Jüdische Schicksale« zitiert.

über ihre Erlebnisse sprechen, ebenso die Helfer und Helferinnen. Manche verweigerten auch nach Jahrzehnten ein Gespräch, besonderes Einfühlungsvermögen ist bei Gesprächen mit Menschen, die unsägliches Leid erfahren mussten, unabdingbar.

Fragestellungen

Die am häufigsten gestellte Frage ist wohl die nach der Anzahl. Wie viele U-Boote gab es? Wie war die Geschlechterverteilung? Brauchte ein U-Boot mehr als eine Helferin, einen Helfer, mehr als eine Unterkunft, um zu überleben? Mussten die U-Boote für die Hilfeleistungen bezahlen? Scheinbar einfache Fragen, die Antworten sind es jedoch nicht, sie müssen differenzierter ausfallen. Ich versuche aber nicht nur Antworten auf diese Fragen zu geben. Mein Ziel ist, ein möglichst abgerundetes Gesamtbild entstehen zu lassen: Wie hat der Alltag für die Betroffenen ausgesehen – trotz individueller Unterschiede gab es natürlich Gemeinsamkeiten in den Rahmenbedingungen –, aus welchen sozialen Schichten stammten sie, welche Berufe wurden ausgeübt usw. Bei diesen Betrachtungen werden beide Seiten – U-Boote und Helferinnen und Helfer – Berücksichtigung finden. Darüber hinaus werden die gesammelten Personendaten nach verschiedenen Aspekten ausgewertet.

Wie wurde man U-Boot? Wie wurde man zur Helferin, zum Helfer? Zeit zum Nachdenken gab es selten, und so erfolgte zumeist eine völlig spontane Entscheidung, wie es zum Beispiel Dorothea Neff erzählte: *»Das rechtlose Ausgeliefertsein dieses Menschen* [gemeint ist hier ihre Freundin Lilli Wolff, die sich bei der Sammelstelle zum Abtransport in den Osten melden sollte] *an eine brutale Macht griff mir /…/ überwältigend ans*

Herz. Plötzlich hörte ich eine Stimme. ›Du darfst das nicht zulassen‹ /…/ ich griff nach der Hand von Lilly. ›Schluss damit, räum das Zeug weg, das ist alles unsinnig, du gehst heute Abend nicht dorthin zurück, du bleibst bei mir, jetzt und weiterhin.‹«[23] Viele hatten jedoch zunächst keinen Plan oder auch keine Möglichkeit, sich an jemanden zu wenden, U-Boote irrten daher mitunter auch den ganzen Tag umher, fuhren mit der Straßenbahn von einer Endstelle zur anderen, wussten nicht, wo sie die nächste Nacht verbringen würden. Von einigen U-Booten wissen wir, dass sie zeitweise in Grüften auf Friedhöfen Unterschlupf suchten. Sie waren Hunger, Kälte und Hitze ausgesetzt. Wie konnte die Versorgung mit Lebensmitteln, Kleidung oder Schuhen in einer Zeit, in der man legal ausschließlich mit von der Behörde ausgestellten Marken Produkte kaufen konnte und in der Mangel an allem vorherrschte, erfolgen? Wie muss man sich die Lebensbedingungen unter den oftmals primitivsten hygienischen Bedingungen vorstellen? Betroffene wohnten in den in Wien so zahlreich existierenden »Bassenahäusern«, wo sich WC und Wasser im Stiegenhaus befanden. Häufig war es aber, auch wenn es Sanitäreinrichtungen in der Wohnung gab, nicht möglich, diese zu benützen: Geräusche in einer leer stehend geglaubten Wohnung hätten mit Sicherheit Verdacht erweckt. Welche Möglichkeiten hatte man im Falle von Krankheit oder Tod? Ängste, Hilflosigkeit, Beengtheit über Monate, Jahre. Welche Auswirkungen hatten die Erlebnisse für die Betroffenen nach Kriegsende? Konnte diese Opfergruppe mit Kriegsende einfach »auftauchen«? Erwin Ringel, der im selben Haus wie Dorothea Neff gewohnt und die kranke Lilli Wolff in den letzten Kriegsmonaten medizinisch betreut hatte, meinte, dass sich im Leben der U-Boote

---

23 Peter Kunze. Dorothea Neff. Mut zum Leben. Orac Verlag Wien 1983, S. 94.

sicherlich größte Dramatik abgespielt habe: »*Ich habe später Leute gesehen, die zeitweilig als U-Boot gelebt haben. Diese Leute hatten alle ungeheure Angstpotentiale, sie waren voll Misstrauen und Unsicherheit – und von paranoider Reaktionsbereitschaft. Ich glaube schon, dass das ein unbeschreiblich zurücklassender Eindruck ist, den man sein ganzes Leben lang nicht abschütteln kann.*«[24]

Forschung in Österreich

Abgesehen von den zuvor beschriebenen Erwähnungen bald nach Kriegsende wurde diese Opfergruppe mit ihren ganz speziellen Schicksalen wenig beachtet, kaum dokumentiert oder einer historischen Aufarbeitung zugeführt. Die Forschungen von Erika Weinzierl in den späten sechziger Jahren, mit der Fragestellung: »Wer hat Juden geholfen?« im Fokus, gaben einen wichtigen Anstoß. In diese Zeit fallen aber auch Projekte, die sich mit Widerstandsforschung auseinandersetzten, und neben der Aktendurchsicht in Archiven erhielten auch Aussagen von Zeitzeuginnen und Zeitzeugen eine neue und wesentliche Gewichtung.[25] Zum Leben und Überleben von U-Booten in Österreich fasste erstmals C. Gwyn Moser nach Durchsicht wichtiger Archivbestände erste Ergebnisse zusammen.[26]

24 Interview Erwin Ringel, PUK. Prof. Dr. Erwin Ringel, 1921–1994, österreichischer Arzt, Psychiater, Neurologe, Suizidforscher. Siehe auch Jüdische Schicksale, S. 658.

25 Siehe dazu u. a. Wolfgang Neugebauer. Zur Geschichte der Widerstandsforschung. In: DÖW (Hrsg.). Jahrbuch 2013 – 50 Jahre DÖW. Wien 2013, S. 211–232 sowie ders. Der österreichische Widerstand 1938–1945. Überarbeitete und erweiterte Fassung. Edition Steinbauer Wien 2015.

26 C. Gwyn Moser. Jewish *U-Boote* in Austria, 1938–1945. In: Simon Wiesenthal Center Annual Volume 2 1985, S. 53–62.

Das Dokumentationsarchiv des österreichischen Widerstandes betrieb seit Anfang der achtziger Jahre gemeinsam mit dem Institut für Wissenschaft und Kunst ein Projekt, in dem Personen, die entweder am Widerstand teilgenommen hatten oder Verfolgte der verschiedenen Opfergruppen waren, befragt wurden: »Erzählte Geschichte«.[27] Die Autorin zeichnete im Band »Jüdische Schicksale« für den Themenkomplex: »Leben im Verborgenen – Schicksal der U-Boote« verantwortlich.[28] Mehrere Veröffentlichungen der Autorin mit unterschiedlichen Schwerpunktsetzungen erschienen in Sammeldruckwerken. Herbert Exenberger hat in seiner Geschichte der Simmeringer Jüdinnen und Juden – »Gleich dem kleinen Häuflein der Makkabäer« – über den Lebensweg einiger U-Boote geschrieben.[29] Neben Darstellungen in Biografien, Familiengeschichten, Einzelschicksalen, lokalhistorischen Arbeiten, Erwähnungen in Publikationen zur allgemeinen historischen Aufarbeitung der Zeit 1938–1945 sowie in exemplarischen Darstellungen in Ergebnisberichten der Österreichischen Historikerkommission existieren für Österreich bis zu dieser Arbeit keine umfangreichen zusammenfassenden Publikationen zu dieser Thematik.

***

27 Erzählte Geschichte. Berichte von Widerstandskämpfern und Verfolgten. Band 1: Arbeiterbewegung. Hrsg.: DÖW, Institut für Wissenschaft und Kunst. ÖBV, Jugend und Volk, Wien/München 1985. Band 2: Berichte von Männern und Frauen in Widerstand wie Verfolgung – Katholiken, Konservative, Legitimisten. ÖBV Wien 1992. Band 3: Jüdische Schicksale. Berichte von Verfolgten. ÖBV Wien 1992. Band 4: Spurensuche. Erzählte Geschichte der Kärntner Slowenen. ÖBV Wien 1990.

28 Leben im Verborgenen – Schicksal der »U-Boote«. In: Jüdische Schicksale, S. 604–670.

29 Vgl. Exenberger. Makkabäer.

Bei der historischen Behandlung der Periode zwischen 1938 und 1945 stehen im Allgemeinen vorwiegend negative Aspekte im Fokus. Der Nationalsozialismus als totalitäres Regime, das die furchtbarsten, unmenschlichsten Seiten des Daseins hervorkehrte. Die Schrecken und Leiden des Krieges. Die völlige Unterdrückung des Einzelnen, Verfolgung Andersdenkender und politischer Gegner gepaart mit physischer Vernichtung von Millionen von Menschen aufgrund ihrer rassischen Herkunft oder ihrer körperlichen oder psychischen Beeinträchtigungen. Diese Thematik bietet jedoch auch die Möglichkeit, positive Aspekte hervorzuheben: Menschen, die im Verborgenen lebten, konnten dies nur bzw. erhöhten ihre Überlebenschancen, wenn sie von anderen dabei unterstützt, aufgenommen, verköstigt und betreut wurden. Es wird zu zeigen sein, inwiefern es sich um Hilfe aufgrund von Widerstand, Zivilcourage oder reiner Humanität handelte. Vorweg kann gesagt werden, dass nur in wenigen Fällen von finanzieller Entschädigung und dem Ausnützen der Notlage die Rede war.

Ein weiterer – sehr persönlicher – Aspekt soll erwähnt werden: Durch die zahlreichen Treffen und Gespräche mit Betroffenen entwickelte sich zu vielen eine Nähe, eine persönliche Beziehung. Auch war es nicht immer einfach bzw. möglich, in einem Interview zu einem für die Arbeit erfolgreichen Ergebnis zu kommen, intime Fragen zum Erlebten zu stellen. Die Interviewpartnerinnen und Interviewpartner wurden von einer »historischen Quelle« oftmals zu Bekannten, die eben über ihr Leben bei Kaffee und Kuchen erzählten und von sich aus weiter Kontakt halten wollten. Die persönliche Kenntnis des Schicksals bedingt auch in der Folge menschliche Nähe. Edeltrud Posiles, die gemeinsam mit ihrer Schwester Charlotte Becher ihren späteren Gatten und dessen Bruder retten konnte, war so. Über Jahre hinweg hielt sie Kontakt, brachte immer neue Dokumente, Fotos und Briefe, die sie über ihre Geschichte gesammelt hatte.[30]

Mir ist es daher ein wichtiges Anliegen, neben der Darstellung der Lebensumstände und Schicksale der jüdischen U-Boote aufzuzeigen, wie die nicht hoch genug zu schätzende Leistung der Helferinnen und Helfer war, die unter Einsatz ihres Lebens menschliche Größe gezeigt haben. »Wer ein Leben rettet, der rettet die ganze Welt!«

---

30 Edeltrud Posiles, geboren 1916, verstarb kurz nach ihrem 100. Geburtstag. Sie wurde in einem Ehrengrab der Stadt Wien beigesetzt.

II. SUCHE NACH DEN SPUREN DER VERBORGENEN

1. ÜBERBLICK

Die Quellen, die diesem Buch zugrunde liegen, entstammen einem Zeitraum von mehreren Jahrzehnten, die Archivalien sind von unterschiedlicher Provenienz, variieren in Quantität und Qualität und bedürfen daher auch einer entsprechenden Kritik, sie müssen unter dem Gesichtspunkt der Zeit ihres Ursprungs und der damit verbundenen Intentionen analysiert werden.

Die Zeit von 1938 bis 1945 wird durch die Tagesberichte der Gestapo-Staatspolizeileitstelle beleuchtet. Diese Tagesberichte geben vor allem Auskunft über Festnahmen von Personen, die Widerstand gegen das NS-Regime zum jeweiligen Zeitabschnitt geleistet haben, es wird über die Beschlagnahme von diversen Druckwerken berichtet und auch von verschiedenen für den staatspolizeilichen Bereich relevanten Ereignissen.[31] Sie halten aber auch mit größter Genauigkeit die Festnahmen und Abtransporte von Juden fest und geben Zeugnis über die unzähligen Versuche von Jüdinnen und Juden, sich durch Verstecken den Verfolgungsmaßnahmen zu entziehen.

Form- und Karteiblätter verschiedener bald nach Kriegsende geschaffener Meldestellen bzw. der einzelnen Opferverbände

31 Siehe dazu Brigitte Bailer/Elisabeth Boeckl-Klamper/Wolfgang Neugebauer/Thomas Mang. Die Gestapo als zentrales Instrument des NS-Terrors in Österreich. In: DÖW (Hrsg.). Jahrbuch 2013, S. 163–180.

geben Erkenntnisse über Anzahl und Geschlecht der U-Boote und der Personen, die geholfen haben. Sie enthalten im Wesentlichen lediglich Personaldaten, es sind eben Formblätter, die von den Betroffenen auszufüllen waren. In Einzelfällen finden sich Beilagen, die eidesstattliche Erklärungen und Ähnliches enthalten.

Detaillierte Schilderungen über das Erlebte enthalten die Unterlagen der Opferfürsorge. Mit der Neuordnung des Wiener Magistrats wurden die Bezirksfürsorgeämter für das Wohlfahrtswesen verantwortlich.[32] Ansuchen um Anerkennung als Opfer und Anträge auf Entschädigung nach dem Opferfürsorgegesetz mussten an diese gestellt werden. Bereits in den achtziger Jahren konnten erstmals Akten der MA 12 für Forschungsprojekte des DÖW durchgesehen werden, ich sammelte im Zuge dieser Untersuchungen zusätzliche Informationen zu einigen U-Booten. Im Rahmen der »Namentlichen Erfassung der österreichischen Holocaust-Opfer« erfolgte ab 1992 eine systematische Bearbeitung. Damit war es nun möglich, mehr über die Lebensumstände von U-Booten zu erfahren, gleichzeitig wurde sichtbar, wie beschämend der Umgang Nachkriegsösterreichs mit dieser Opfergruppe war.[33]

---

32 Nach der Geschäftseinteilung (Stand vom 1. März 1946) war die Geschäftsgruppe IV – Wohlfahrtswesen unter der Leitung des Amtsführenden Stadtrats Dr. Ferdinand Freund. Die Magistratsabteilung 12 – Wohlfahrtspflege – war für die Erwachsenenfürsorge zuständig. Siehe dazu Die Verwaltung der Bundeshauptstadt Wien vom 1. April 1945 bis 31. Dezember 1947. Verwaltungsbericht. Hrsg. vom Magistrat der Bundeshauptstadt Wien. Wien 1949.

33 Für dieses Buch wurden hauptsächlich die Akten der Opferfürsorge Wien angesehen. Bis Ende der neunziger Jahre befanden sich die Unterlagen in den Kellerräumen des Amtsgebäudes Wien 1., Schottenring 20–26. Mit dem Verkauf des Gebäudes, es handelt sich um das Palais Hansen, das in Folge wieder in ein Hotel umgebaute wurde, kam es zur Auslagerung des Aktenbestands in das Wiener Stadt- und Landesarchiv (WStLA). Bei der Bearbeitung dieses Bestands ist daher

Eine ganz andere Intention verfolgte und verfolgt nach wie vor Yad Vashem (»Ein Denkmal und ein Name«). 1953 verabschiedete das israelische Parlament ein »Gesetz zum Andenken an die Märtyrer und Helden«, und es wurde die Errichtung einer Gedenkstätte in Jerusalem für die Opfer der Shoah beschlossen. Gleichzeitig sollten Personen, die Jüdinnen und Juden unter Einsatz ihres eigenen Lebens Hilfe gewährt hatten, eine Ehrung und Auszeichnung erfahren. Dossiers wurden für die Auszeichnungsverfahren gesammelt, diese werden bis heute bearbeitet. Da für derartige Verfahren umfangreiche notariell beglaubigte Aussagen und die Beibringung von Zeugen gefordert werden, bedeuten diese Unterlagen für Historikerinnen und Historiker wertvolle Quellen.

Besondere Beachtung in der Bewertung als Quelle müssen die Gespräche mit Betroffenen – U-Booten, Helferinnen und Helfern – finden. »Oral History« wurde durch die technische Entwicklung zu einer anerkannten, aus der Zeitgeschichtsforschung nicht mehr wegzudenkenden Methode.

2. DIE ZENTRALREGISTRIERUNG DER OPFER DES NAZITERRORS

In einem Schreiben vom 5. Juni 1945 ist zu lesen, dass bereits am 15. April 1945 die Zentralregistrierung der Opfer des Naziterrors in Wien ins Leben gerufen wurde:

»Dies in der Voraussicht, dass die gesamten Opfer des Naziterrors in Österreich und im besonderen Wiens erfasst werden müs-

---

auf den gesetzlich vorgeschriebenen Datenschutz zu achten. Im Rahmen der durchgeführten Interviews mit Betroffenen erhielt die Autorin mitunter auch Unterlagen bzw. Kopien von derartigen Verfahren. Diese sind als PUK zitiert.

sen«[34]. Weiter heißt es: »*Herr Vizebürgermeister Steinhardt hat dann am 27. April 1945 beschlossen, die Zentralregistrierung der Opfer des Nazi-Terrors in Österreich für das Gebiet der Stadt Wien in die Verwaltungsgruppe X, Wohlfahrtswesen einzubeziehen. Herr Architekt Hönigsfeld wurde mit der Leitung dieser Abteilung betraut. Die Ereignisse der letzten Wochen und Tage haben die Notwendigkeit der Schaffung obgenannter Stelle erhärtet. Hunderte von KZ-Häftlingen kommen aus den Lagern nach Wien, mussten erfasst und befürsorgt werden. Die gesamten geleisteten Arbeiten wurden bisher von bewährten Antifaschisten durchgeführt. Nur dadurch war es möglich, eine hundertprozentige Gewähr für die Verlässlichkeit dieser wichtigen politischen Verwaltungsarbeit zu erzielen. /.../*« Es wird weiter der »Feuereifer« der eingesetzten Mitarbeiter beschrieben und dass es für die erfolgreiche Tätigkeit unerlässlich wäre, die Mitarbeiter auch anzustellen: »*Bis zum heutigen Tage wurden über 8000 Einzelfälle registriert, ca. 1000 Einzelfälle wurden genau geprüft und der Fürsorge der Stadt Wien bzw. den verschiedenen Abteilungen der Staats- und Gemeindeverwaltung zugeführt.*

Im Interesse der Aufrechterhaltung und Weiterführung der Arbeiten ist es notwendig, dass obgenannte Mitarbeiter als Vertragsangestellte der Stadt Wien eingestellt werden. Es ist selbstverständlich, dass die Auswertung der Ergebnisse der Registrierung allen Verwaltungsgruppen des Magistrates der Stadt Wien zur Verfügung stehen. Insbesondere wird auch das Gesellschafts- und Wirtschaftsmuseum der Stadt Wien reiches Material über die Untersuchung der Zustände unter der Naziherrschaft in Wien und Österreich von uns erhalten. Darüber hinaus werden wir den alliierten Mächten die geforderten Unterlagen über

34 WStLA, MD 678/45. Architekt Rudolf Hönigsfeld (1902–1977) überlebte als U-Boot in Wien.

den eigenen Beitrag Österreichs an seiner Befreiung vorlegen können.

Der Leiter: Hönigsfeld«[35]

Tatsächlich kamen zahlreiche Betroffene, um sich registrieren zu lassen. Es mussten Fragebögen ausgefüllt werden, die neben der Frage nach Namen und Adresse des Melders auch die Frage nach Namen und Adresse des Verfolgten und etwaigen Angehörigen oder Mithäftlingen enthielten.[36] Es finden sich auch Angaben zu Personen, die zu diesem Zeitpunkt als verschollen galten, da es aus den Konzentrationslagern noch keine gesicherten Auskünfte gab. Als Verfolgungsgrund konnte angeführt werden: *»Partisane, illegaler pol. Arbeiter, Fahnenflüchtiger, pol. Häftling, rassisch Unterdrückter, U-Boot, Gewerbeentzug, Gemaßregelte«*, angeben konnte man eine Zeitdauer sowie Tötungsarten wie *»geköpft, verschleppt, erschossen«*. Name und Adresse von helfenden Personen, dabei wurden als Möglichkeiten *»Quartiergeber«* oder *»materielle Unterstützung«* zur Auswahl gestellt. Beweise und Zeugen konnten vermerkt werden, ebenso Namen von *»faschistischen Helfershelfern, Denunzianten, Richtern, Henkern und so fort«*. Die Fragebögen erhielten Registriernummern, in weiterer Folge bekamen die Antragsteller Fürsorgekarten, auf denen persönliche Daten und in einer gesonderten Rubrik diverse *»Körper- oder Sachschäden«* vermerkt waren. Diese sollten nach der Grundidee der Registrierstelle einen Beweis, Opfer gewesen zu sein, darstellen.[37]

35 In einer Zeugenaussage für Yad Vashem gab Rudolf Hönigsfeld an, 10.000 Menschen registriert zu haben. Kopie der Zeugenaussage in PUK.

36 Im Sinne der Lesbarkeit entfällt bei der Beschreibung der Formulare die geschlechtersensible Formulierung.

37 Die Registriernummern und/oder Nummern der Fürsorgekarten finden sich in Formblättern oder Karteikarten anderer Quellen wieder. Dass diese Erstmeldung letztlich nicht immer als Beweismittel akzeptiert wurde, wird in der Folge aufgezeigt.

Die im Wiener Stadt- und Landesarchiv aufbewahrten Formblätter dürften nicht in vollem Umfang erhalten geblieben sein, da bei der Durchschau einige mir bereits bekannte Fälle betreffende entsprechende Blätter nicht aufgefunden wurden, obwohl sich die Personen mit Sicherheit bei dieser Stelle gemeldet und auch eine Fürsorgekarte erhalten hatten. Die Lesbarkeit der handschriftlich ausgefüllten Bögen ist in manchen Fällen eingeschränkt, vor allem bei der Wiedergabe der korrekten Schreibweise von Namen ist darauf Bedacht zu nehmen.

In den meisten der ausgefüllten Formbögen blieb es bei der Nennung der Personaldaten und dem Aufzeigen des Verfolgungsgrundes. Einigen waren aber auch Schilderungen, manchmal sogar bereits Beglaubigungen beigefügt.

Der Fleischhauer Ernst Nemschitz aus dem 11. Wiener Bezirk, Rautenstrauchgasse, gab den ausgefüllten Fragebogen im Rathaus ab und legte ein ausführliches Schreiben bei:[38]

»Wurde am 22.5.42 aufs Arbeitsamt 7., Hermanngasse vorgeladen, dort sagte man mir, ich komme nach Polen, ich flüchtete und hielt mich 5 Monate in der Wohnung des H. Komarek, XI. Ehamgasse 42 auf, bis es verraten wurde und ich wieder fort musste, so kam ich auf die Rax, und dort wurde es verraten durch ein [unklar] *auf der Kartenstelle, wieder nach Wien im X. Bezirk. Auch nicht von langer Dauer, da ich im Keller versteckt war und man darauf kam. So wechselte ich mein Quartier oft jeden Monat, bis meine Schwester, auch ein U-Boot, einen Bekannten traf und nach mir fragte, und sie ihm mein Leid klagte. Er sagte, ich solle zu ihm kommen, ich kann im Stall schlafen, dort blieb ich bis November 43, leider musste mein Freund einrücken, /.../ Unzählige Male wurden Herr und Frau Komarek zur Gestapo vorgeladen, um über meinen Aufenthalt Auskunft zu geben. Am Arsenalweg, X. Bezirk wohnte eine Frau Sofie Prikryl, die ließ mich im Stall*

38 WStLA, M.Abt. 208, A 13, Ernst Nemschitz.

und am Boden im Heu schlafen, /.../ es kamen anonyme Briefe und Anzeigen, diese Frau wurde zur Polizei vorgeladen /.../ Eines Tages, im Juni 44 hatte die Frau einen Weg und sperrte mich in die Wohnung ein, es kamen 2 Herren in den Hof, gingen in den Stall und suchten, unterdessen kam von Frau Prikryl die Mutter heim, als die 2 Herren auf sie zugingen, sich auswiesen und die Schlüssel verlangten, die Frau sagte, sie habe keine, so stiegen die 2 Detektive durchs Fenster hinein, ich, geistesgegenwärtig riss die Tür auf und runter durch den Hof, die 2 mir nach und schossen nach mir, getroffen haben sie mich nicht. Die alte Frau nahmen sie als Pfand mit auf die Polizei. Als Frau Prikryl heim kam, ging sie zur Polizei, die Mutter schickte man heim und Frau Prikryl wurde der Gestapo übergeben, wo sie 4 Monate blieb, und von dort in das KZ Buchenwald übergeben wurde, wo sie bis zum heutigen Tag, falls sie noch lebt, ist. /.../ Von Juni 44 bis zur Befreiung hielt ich mich bei Herrn Schram, wo auch meine Schwester als U-Boot wohnte in der Werkstatt auf und bei einem Freund in Meidling, der mir zu essen gab und mich auch im Stall schlafen ließ. Dies ist mein Leidensweg von 3 Jahren im Nazistaat.«[39]

Heinrich Dikler, [in anderen Quellen als Dückler], geb. 1904, stellte eine Anfrage an das Zentralmeldeamt, um eine Bestätigung über seinen Verfolgungsgrund zu erhalten: »... *dass ich zuletzt in der Heumühlgasse 13/9 wohnte und seit 1939 U-Boot war. Ich muss für die Wiedergutmachungsstelle im Rathaus die Polizeiliche Bestätigung bringen, dass ich seit 1939 tatsächlich bis 1945 nicht gemeldet war, also als U-Boot gelte. Bitte*

39 Josefa Gilgen, geb. Nemschitz, geb. 1895, lebte nach dem Tod ihres »arischen« Gatten im Verborgenen, teilweise auf dem Friedhof, bis Rudolf Schram sie aufnahm. Siehe dazu auch Exenberger. Makkabäer, S. 312f. Sofia Prikryl, geb. 1913, gab in ihrem KZ-Verband-Fragebogen als Haftgrund an: »Radio hören, Partisanen und Juden versteckt und verpflegt.« Sie war insgesamt 50 Wochen in Haft. Vgl. DÖW 20100/9168.

dies soll auf den 3 beiliegenden eidesstattlichen Erklärungen bestätigt werden.«[40]

Ein im August 1945 im ehemaligen Rothschildspital, 18., Währinger Gürtel 97–99, gebildetes »Internationales Komitee für jüdische KZ-ler und Flüchtlinge« stellte ebenfalls Bescheinigungen für Verfolgte aus, die *»als Dokument zur Vorlage bei der Zentralregistrierungsstelle der Naziopfer in Wien, Neues Rathaus, 5. Stiege, zwecks Ausstellung eines ›Fürsorgebuches‹«* dienen sollten.[41] In einem Schreiben an die Sozialdemokratische Partei Österreichs vom 3. September 1945 wurde über die konstituierende Versammlung des am 21. August gegründeten Komitees informiert und gleichzeitig dessen Aufgaben dargelegt. Unter anderem sollte das Komitee *»die Heimbeförderung der in verschiedenen Lagern und sonstigen Stellen in West-Österreich, Bayern und Mittel- und Norddeutschland noch befindlichen, jüdischen KZ-ler unterstützen«*,[42] Flüchtlinge bei Ankunft und Durchreise in Wien durch Beistellung von Quartieren, Verpflegung, Kleidung, ärztlicher Hilfe betreuen, es sollte auch Hilfe für eine Weiterfahrt in die Heimat geboten werden.

Eine Bestätigung über die Hilfestellung von Marie (Maria) Engelbrecht findet sich als Beilage bei Rosa Dubsky: *»Ich hielt vorgenanntes Ehepaar in einer Dachbodenkammer im gleichen Hause, wo ich den Posten des Hausbesorgers innehatte, bis zu meiner Übersiedlung im September 44 versteckt. Von diesem*

---

40 WStLA, M.Abt. 208, A 13, Heinrich Dikler.

41 Zum Beispiel Bescheinigung für Maria Myslicka-Hauser, geb. 1921. WStLA, M.Abt. 208, A 13, Maria Myslicka-Hauser. Das oben angeführte Komitee, der Sitz war ursprünglich in Wien 9., Strudlhofgasse 10/5, arbeitet mit der Israelitischen Kultusgemeinde Wien und dem Roten Kreuz zusammen, nach der Behebung der größten Bombenschäden wurde im ehemaligen Rothschildspital ein Lager für sogenannte D.P.s – Displaced Persons – eingerichtet. Heute befindet sich an dieser Stelle das WIFI Wien.

42 DÖW 20398.

Zeitpunkt an bis zum Einmarsch der Roten Armee brachte ich dieselben in einem Kellerraum meines neuen Dienstplatzes, 4. Schwindgasse 20, unter.«[43]

In der Notariatsurkunde, Urkundenrolle Nr. 228/1945 der Kanzlei des öffentlichen Notars Dr. Vinzenz Reichert, gaben Anna Proc und Martin Schubaschitz eidesstattliche Erklärungen ab, dass Sie über das U-Boot-Dasein von Benzion und Berta Hirsch Angaben machen könnten, sie auch zeitweise selbst beherbergt hätten.[44]

Dem Bogen Walter Herzfelds liegt ein Schreiben des Rechtsanwalts Dr. Michael Stern vom 2. Oktober 1945 bei: »*Über Ihren Wunsch bestätige ich Ihnen, dass ich auf Grund meines Handaktes feststellen konnte, dass Sie glaublich ab Mai 1944 U-Boot waren und bis zum Einmarsch der roten Armee so lebten.«*[45]

Diese Anlaufstelle wurde offensichtlich sehr gut angenommen, denn schon bald war der Ansturm dermaßen groß, dass in der Zeitung »Neues Österreich« folgender Aufruf erschien: *Die »Zentralregistrierung der Opfer des Naziterrors« im Rathaus gibt bekannt:*

»Täglich gehen uns Ansuchen um ›Wiedergutmachung‹ zu. Wir sind nicht in der Lage, diese oft umfangreichen Schriftstücke zu prüfen oder zu erledigen. Dazu fehlen auch die gesetzlichen Grundlagen und der dazu notwendige Büroapparat. Solche Ansuchen an die ›Zentralregistrierung‹ sind daher derzeit nutzlos.

---

43 WStLA, M.Abt. 208, A 13, Rosa Dubsky. Rosa Dubsky, geb. 1884, Gewerbetreibende, Maria Engelbrecht, geb. 1893, Hauswartin. Bestätigung vom 2.4.1946.

44 WStLA, M.Abt. 208, A 13, Benzion Hirsch und Berta Silberstein, später vh. Hirsch.

45 WStLA, M.Abt. 208, A 13, Walter Herzfeld, geb. 1911. Dr. Michael Stern, 1897–1989, war im Rahmen der Erzbischöflichen Hilfsstelle für nichtarische Katholiken als Konsulent tätig. Auch nach Beendigung des Krieges vertrat er Personen, die als U-Boote überlebt hatten. Dr. Stern gab mir im Februar 1989 ein Interview, wenige Monate vor seinem Tod.

Ansuchen um Wiedergutmachung sind ausnahmslos an die zuständigen Ämter, an das Wohnungsamt, das Wirtschaftsamt, die Heimatrechtsabteilung usw. unmittelbar zu richten. Aufgabe der ›Zentralregistrierung der Opfer des Naziterrors‹ sind lediglich:

1) Die annähernde Feststellung des Umfangs und der Art der Opfer an Leben, Gesundheit und Gut.

2) Die Legitimierung der Opfer gegenüber den zuständigen Stellen, insbesondere gegenüber den Fürsorgebehörden und der Organisation ›Volkssolidarität‹ – diese geschieht durch eine gewissenhafte Prüfung aller Angaben bei der Registrierung – und

3) Die Feststellung der Schuldigen, wie der Denunzianten, Gestapo-Beamten, Richter und ihrer Helfeshelfer.

Das durch die Registrierung gewonnene Material wird der Welt den Beitrag des österreichischen Volkes an seiner Befreiung vor Augen führen.

Tausende kamen aus den Kerkern und KZ-Lagern und gingen ohne Rücksicht auf ihre Gesundheit sofort daran, als der Freiheit Wiedergegebene am Aufbau mitzuarbeiten. Sie haben ihre Befreiung voll verstanden. Wie klein hingegen erscheinen die anderen, die wohl auch Opfer waren, deren Opfer aber rein materieller Natur war. Was bedeuten diese im Vergleich zu den Martern und Qualen der Nazihölle! Und gerade diese Gruppe drängt sich vor. Rechtsanwälte werden mobilisiert, um in langen Aufstellungen alle möglichen Verluste bis auf den letzten Pfennig zur ›Schadengutmachung‹ anzumelden.

Zuerst müssen die Hauptopfer ein Dach über dem Kopf, eine Liegestatt und Bekleidung haben und materielle Hilfe erhalten, um wieder arbeitsfähig zu werden. Die Hauptopfer müssen den Vorrang erhalten und die anderen müssen sich gedulden, bis die Reihe an ihnen ist.«[46]

---

46 Neues Österreich. Nr. 70, 13.7.1945, S. 2. Die fett gesetzten Wörter und Passagen sind im Original ebenfalls hervorgehoben.

Aus diesem Text ist ersichtlich, welchen hauptsächlichen Zwecken diese Registrierung dienen sollte: Der Welt den eigenen Beitrag zur Befreiung zeigen, daneben aber auch eine Feststellung der Opferzahlen und eine Legitimierung der Opfer.[47] Eine Namenslistung der Schuldigen, der Täter wurde ebenfalls als wesentlich angeführt. Doch bereits nach wenigen Wochen wurde an eine Auflassung dieser Stelle gedacht – als Grund dafür wurde das Gesetz vom 17. Juli 1945 Staatsgesetzblatt Nr. 90 Opferfürsorge angeführt. »... *ist die nach dem Umbruch eigenmächtig geschaffene und nicht dem Magistrat eingegliederte Stelle ›Zentralregistrierung der Opfer des Naziterrors in Österreich‹ überflüssig geworden. Es erübrigen sich daher weitere Maßnahmen bezüglich dieser Stelle. Das angeführte Gesetz sieht die Anmeldung der Ansprüche dieser Personen, die Ausfertigung von Amtsbescheinigungen und so weiter vor. Zur Durchführung dieser Angelegenheiten werden die magistratischen Bezirksämter herangezogen. Für die grundsätzlichen Angelegenheiten der Opferfürsorge wird die Magistratsabteilung X/1 zuständig sein. Ich werde über die Organisation im einzelnen noch im Amtsrat berichten.*«[48]

Der Magistrat der Stadt Wien sah die ihm übertragene Aufgabe als *»verantwortungsvoll«* an. *»Im Verbund des Wohlfahrtsamtes*

47 Im Rahmen der Moskauer Deklaration (30. Oktober 1943) wurden vonseiten der Alliierten (USA, GB und UdSSR) für die Zeit nach Beendigung des Krieges entscheidende Beschlüsse gefasst. Für Österreich von Bedeutung war, dass der »Anschluss« vom März 1938 für ungültig und Österreich zum »ersten Opfer« des Nationalsozialismus erklärt wurde. Ein neues, freies Österreich sollte allerdings auch an seiner Verantwortung am Krieg gemessen werden. Das Nachkriegsösterreich sah sich mit Hinweis auf die Moskauer Deklaration über Jahrzehnte als »Opfer«, eine Mitverantwortung wurde bestritten, eine historisch-kritische Aufarbeitung verzögert.

48 Brief des Magistratsdirektors an Vizebürgermeister Paul Speiser vom 13.8.1945. WStLA, MD-678/45.

wurde als Soforthilfestelle eine Betreuungsstelle für die Heimkehrer aus den Konzentrationslagern eingerichtet. Vom 27. Oktober 1945 an wurden die ehemaligen Konzentrationslagerhäftlinge in den bei den Bezirksfürsorgeämtern eingerichteten Außenstellen betreut.«[49]

Noch über einen längeren Zeitraum wurden Anträge an die Zentralregistrierstelle gerichtet, die dann jedoch von den bearbeitenden Organen an andere Stellen weitergeleitet wurden, wie zum Beispiel aus einem Schreiben des Magistrats der Stadt Wien an die SPÖ-Bezirksorganisation Währing hervorgeht: *»Da die Zentralregistrierungsstelle für die Opfer des NS-Terrors im Wiener Rathaus ihre Tätigkeit bereits beendet hat, wurde Ihr Schreiben samt Beibogen dem zuständigen KZ-Verband, 1., Stubenring 20, abgetreten.«*[50]

Bei Durchsicht dieses Bestands wurden 379 Personen verzeichnet, die in ihren Fragebögen »U-Boot« angeführt hatten, 551 wurden als Helferinnen und Helfer, sowie Quartiergeberinnen und Quartiergeber vermerkt. Da die Meldungen bei dieser Registrierstelle schon zu einer so knappen zeitlichen Nähe zum Kriegsende erfolgten, können die Angaben als durchaus plausibel erachtet werden. Die zitierten Beispiele dokumentieren auch, mit welchen Emotionen, aber auch Hoffnungen auf Entschädigung die Betroffenen zum Rathaus gekommen sind und die Bögen ausgefüllt haben. Darüber hinaus finden sich die meisten der hier gefundenen U-Boote auch in anderen Aktenbeständen, eine weitere Bestätigung der Behauptung, im Verborgenen überlebt zu haben.

49 Die Verwaltung der Bundeshauptstadt Wien, S. 161.
50 WStLA, M.Abt. 208, A 13, Alfred Netter.

3. DER U-BOOT-VERBAND

»Als wir den Frühling 1945 erlebten, in dem wir frei wurden, dachten einige, die ebenfalls mehr oder weniger lange als U-Boote gelebt hatten, daran, in Erinnerung an jene Zeit einen Kameradschaftsverband der ›U-Boote‹ zu gründen, und sie setzten tatsächlich diese Absicht bald in die Tat um. Mich wählte man zum Obmann dieses Verbandes. Unter den Mitgliedern befanden sich einige Prominente aus der Öffentlichkeit, so ein Gerichtspräsident, und es war ganz interessant, jetzt festzustellen, wie viele eigentlich als ›U-Boote‹ diese Zeit überdauert hatten. /…/«[51] Mit 10. September 1946 genehmigte das Bundesministerium für Inneres unter Bundesminister Oskar Helmer die Gründung des in Wien 9., Universitätsstraße 9/3 gegründeten Vereins »U-Boot-Verband«, in dessen Statuten festgeschrieben wurde:[52]

> *»›U-Boot Verband‹*
>
> *Verein zur Wahrung der Interessen durch Verfolgung Geschädigter, 1938–1945*
>
> *§ 1*
>
> *Name, Sitz, Art, Gerichtsstand und Geschäftsjahr des Vereines*
>
> *1) Der Verein führt den Namen ›U-Boot‹ Verband und hat seinen Sitz in Wien*
>
> *2) Der Verein ist unpolitisch und erstreckt seine Tätigkeit auf ganz Österreich. Er bildet nach Bedarf Zweigvereine in den Bundesländern. /…/*

51 Hugo Glaser. In diesen 90 Jahren. Maudrich Verlag Wien 1972, S. 119.

52 WStLA, M.Abt. 119, A32: Zl. 9918/1946. Nichtuntersagung der Bildung des Vereins vom 10. September 1946. Oskar Helmer, 1887–1963, sozialdemokratischer Politiker der Nachkriegszeit, langjähriger Innenminister.

§ 2
Zweck
Der ›U-Boot‹ Verband hat den Zweck, die Interessen seiner Mitglieder in allen Belangen zu wahren.
Insbesondere fallen darunter:
1) Anschluss der Mitglieder an alle Hilfswerke, die bisher den Mitgliedern der ›KZ‹ Verbände vorbehalten wurden
2) Darüber hinaus Sonderaktionen im In- und Ausland zur Besserung der Versorgung mit Lebensmitteln, Kleider u.s.w.
3) Gleichstellung der Mitglieder mit denen des ›KZ‹ Verbandes im Verkehr zu Behörden
4) Begünstigungen der Mitglieder bei Aufnahme in Krankenanstalten, Erholungsheimen und bei Urlauben
5) Vertretung der Mitglieder zwecks Beseitigung der Nachteile, welche diese durch Rechtshandlungen im Zusammenhang mit der nationalsozialistischen Herrschaft in Österreich aus rassischen, religiösen oder anderen politischen Gründen an ihrem Vermögen oder Einkommen erlitten haben (Wiedergutmachung)
6) Schaffung eines Wiedergutmachungsfonds.

§ 3
Mitgliedschaft
1) Mitglieder des Vereines können sein:
Die Gründer des Vereines: das sind jene Personen, die den Verein ins Leben gerufen haben
Alle ›U-Boote‹, das sind jene, die in den Jahren 1938–1945 mindestens 1 Jahr lang im Verborgenen, unangemeldet oder unter falschem Namen gemeldet, ohne oder ohne legale Lebensmittelkarten gelebt haben.
2) Die Hinterbliebenen der unter Ziffer 1 und 2 genannten Personen.«

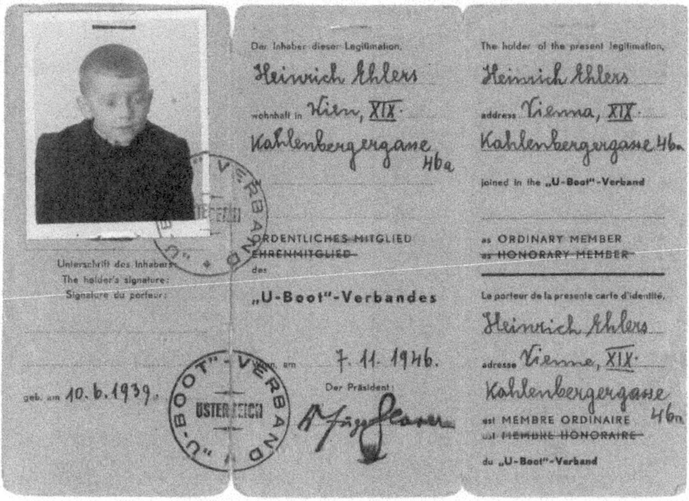

Unterschrift des Inhabers:
The holder's signature:
Signature du porteur:
geb. am 10.6.1939.

Der Inhaber dieser Legitimation,
Heinrich Ehlers
wohnhaft in Wien, XIX·
Kahlenbergergasse 46a
ORDENTLICHES MITGLIED
~~EHRENMITGLIED~~
des
„U-Boot"-Verbandes
am 7.11.1946.
Der Präsident:

The holder of the present legitimation,
Heinrich Ehlers
address Vienna, XIX·
Kahlenbergergasse 46a
joined in the „U-Boot"-Verband
as ORDINARY MEMBER
~~as HONORARY MEMBER~~

Le porteur de la presente carte d'identité,
Heinrich Ehlers
adresse Vienne, XIX·
Kahlenbergergasse 46a
est MEMBRE ORDINAIRE
~~est MEMBRE HONORAIRE~~
du „U-Boot"-Verband

„U-BOOT"-VERBAND ÖSTERREICH

Mitgliedsausweis des »U-Boot«-Verbandes, Heinrich Ehlers

Die weiteren Paragrafen – insgesamt hatten die Statuten 24 – enthielten wie auch für andere Vereine obligatorisch Bestimmungen über die Anzahl der Organe, Aufgaben der Generalversammlungen, Zeitabstände zur Abhaltung der Versammlungen und ähnliche Punkte.

Gründungsmitglied Dr. Hugo Glaser, geb. am 13. Oktober 1881 in Wien, war Arzt und als Redakteur beim »Neuen Wiener Tagblatt« bis zur Machtübernahme der Nationalsozialisten tätig, in seiner Biografie ist zu lesen, dass er schließlich fristlos und ohne Abfertigung entlassen wurde, und in der Folge war es ihm auch weiterhin untersagt, seiner journalistischen Arbeit nachzugehen. Durch seine nichtjüdische Gattin war er einigermaßen geschützt, dennoch lebte er über einen längeren Zeitraum getarnt mit falschen Papieren. *»Man muss sich die Situation vorstellen: Nicht in seine eigene Wohnung können, natürlich keine Lebensmittelkarten bekommen, das Quartier ständig* *wechseln, auf der Straße nicht auffallen, das heißt, möglichst wenig auf die Straße gehen, und das nicht für ein paar Tage, sondern für Jahre. Und wenn man dabei auch noch so vorsichtig ist, so gibt es doch Augenblicke, in denen man glauben muss: nun ist es aus.«*[53] Auch andere Gründungsmitglieder, die im Verein eine Funktion ausübten, waren U-Boote gewesen, wie zum Beispiel Dr. Karl und Dr. Hedwig Wahle. Zur Bekanntmachung der Gründung wurden Inserate in Zeitungen geschalten. *»Alle U-Boote, die sich noch nicht registrieren ließen, können sich noch bis Mitte November im Verbandssekretariat, 9. Universitätsstraße 8, jeden Dienstag ab 15. Uhr melden.«*[54] Bald war der Verein, der sich gezielt an diese spezielle Opfergruppe richtete, bekannt, tatsächlich meldeten sich viele Betroffene, erhofften sie sich doch Unterstützungen, wie es in den Statuten angekündigt worden war. Der Verein stellte eigene Lichtbildausweise aus, auf denen die wesentlichsten Personaldaten vermerkt waren. Derartige Ausweise erhielten nicht nur U-Boote, auch Helferinnen und Helfer, die als Ehrenmitglieder – »U-Boot-Kapitäne« – aufgenommen wurden und zum Teil Familienangehörige.[55] Zu betonen ist, dass dieser Verein nicht nur jüdische U-Boote aufnahm und als Zielgruppe hatte. Unabhängig von Herkunft und dem Grund, weshalb jemand ein Leben im Verborgenen gewählt hatte, konnte er oder sie als Mitglied aufgenommen werden. Diese Mitgliedschaft war allerdings nicht gratis, es mussten Beiträge geleistet werden, wie auf den aufgefundenen Karteikarten ersichtlich ist. In einem 1948 angestrengten Strafverfahren wegen des Verdachts des Betrugs – es ging dabei

---

53 Hugo Glaser. In diesen 90 Jahren, S. 116ff.

54 WStLA, M.Abt. 208, A 36, Akt Richard Wilhelm Gutmann.

55 Die Bezeichnung »U-Boot-Kapitän« fand ich im Zuge der Durchsicht des Strafakts Rudolf Martin (WStLA, LG f. Strafsachen, A11, Vr-Strafakten, LG II 3377/1948). Auf den Karteikarten findet sich dieser Hinweis nicht.

unter anderem um nicht korrekt verteilte Care-Pakete – gegen die Vorstandsmitglieder Rudolf Martin und Ella Ditrichstein – wird ein Betrag von 10,- bis 30,- Schilling angeführt.[56] Zieht man die Verhältnisse der meisten Betroffenen in Betracht, könnten die Zahlungen eine Belastung gewesen sein, so wurden mitunter auch geringere Beträge vermerkt. Jedenfalls gab es mehrere Hundert Personen, die eine Mitgliedschaft anstrebten. Die erhalten gebliebenen Karteikarten – die Kartei wurde handschriftlich geführt, es gab keine maschinenschriftlichen Vorgaben wie zum Beispiel bei den Fragebögen der Zentralregistrierstelle – weisen in der Hauptsache Personendaten auf. Wesentlich schien aber neben der Angabe des Religionsbekenntnisses auch die »rassische« Einstufung zu sein, es finden sich Bezeichnungen bzw. Abkürzungen wie: »ar.«, »J«, »Mischling« angeführt. Als »Beweis« für die Rechtmäßigkeit der Mitgliedschaft wurden Zeugen angeführt oder auch das Vorhandensein etwaiger gefälschter Ausweise und Papiere, die zur Tarnung benützt worden waren. Die Recherchen ergaben, dass Personen, die bereits eine Meldung bei der Zentralregistrierung im Rathaus vorgenommen und Fürsorgekarten ausgehändigt bekommen hatten, auch den Kontakt zum U-Boot-Verband herstellten und sich anmeldeten. Bei den Gesprächen mit den Betroffenen war die Existenz dieses Vereins bei Weitem präsenter als andere Meldestellen oder die Verfolgtenverbände, er wurde oftmals als Anlaufstelle genannt, der schon erwähnte

56 Schreiben der Polizeidirektion Wien, Sicherheitsbüro vom 2. März 1948. ÖStA. Bdmin. f. Inneres, Gen.dion f. öffentl. Sicherheit 44893-13,48. In dem Verfahren gegen Rudolf Martin, dessen Gattin Maria Martin und Ella Ditrichstein wurden zahlreiche Zeugen und Zeuginnen, die im Verband eingetragen waren, vernommen. Das Verfahren gegen alle drei Beschuldigten wurde aufgrund eines Gnadenakts (Amnestie 1950) eingestellt. WStLA, LG f. Strafsachen, A11, Vr-Strafakten, LG II 3377/1948.

Ausweis war bei den Dokumenten einsortiert und wurde bereitwillig hergezeigt. Der U-Boot-Verband suchte seinerseits den Kontakt zu anderen Opferverbänden, schließlich wurden ja dieselben Interessen vertreten. Dies zeigt ein Schreiben von Hugo Glaser vom 7. Oktober 1946, in dem er Ministerialrat Dr. Franz Sobek einlädt, an der am 10. Oktober 1946 stattfindenden Generalversammlung als Ehrengast teilzunehmen.[57]

Konnte der Vereinszweck erfüllt werden? Gab es Zuwendungen? Wie war die Hilfestellung durch den Verein? Darauf kann keine schlüssige Antwort gegeben werden. Den Befragten war lediglich in Erinnerung, Pakete, Care-Pakete, irgendetwas zugeteilt bekommen zu haben, unklar blieb jedoch der konkrete Absender. Wie oben kurz angeschnitten, standen Vorstandsmitglieder unter Betrugsverdacht. Mitglieder hatten sich beklagt, keine oder zu geringe Zuwendungen erhalten zu haben, und Anzeige erstattet. Die Zeugenaussagen ergeben dazu allerdings kein klares Bild, während einige Zeugen und Zeuginnen betonten, es sei ihnen kein Schaden entstanden, sahen andere die ihrer Meinung nach erfolgte Verteilung als unzureichend an.[58]

Der U-Boot-Verband existierte nur wenige Jahre, da eine tatsächliche Vereinstätigkeit nach einem Schreiben der Sekretärin des Verbands, Ella Ditrichstein, vom 20. November 1950 an die Bundespolizeidirektion Wien seit Februar 1948 nicht vorhanden war, wurde »um freiwillige Selbstauflösung des Vereines angesucht«.[59]

---

57 DÖW, KZ-Verband-Akte, Mappe Schriftverkehr. Dr. Franz Sobek war Vorsitzender des Bundesverbandes, der als Dachverband aller Verfolgten- und Opferverbände im September 1946 gegründet worden war und streng überparteilich geführt werden sollte. Dr. Franz Sobek, 1903–1975.

58 WStLA, LG f. Strafsachen, A11, Vr-Strafakten, LG II 3377/1948.

59 WStLA, M.Abt. 119, A 32: Zl 9918/1946. Vermutlich wirkte sich

Nach Hugo Glaser lag der Grund für die kurze Existenz woanders: »*Die Vereinigung hielt sich übrigens nicht lange. Man war eben damals begreiflicherweise ausschließlich mit sich selbst beschäftigt, man musste sich eine neue Existenz aufbauen. Denn nur ein Teil jener, die unter die Räder des Faschismus gekommen waren, konnte dort fortsetzen, wo er sieben Jahre vorher aufgehört hatte.*«[60]

Auf den etwas mehr als 1500 Karteikarten wurden mitunter mehrere Namen angeführt, wobei nicht immer eindeutig ersehen werden kann, ob es sich um ein U-Boot, eine Helferin, einen Helfer oder lediglich um Zeuginnen oder Zeugen handelt. Die für diese Untersuchung wesentliche Personengruppe – 520 wurden als relevant identifiziert – konnte in vielen Fällen abgesehen vom Vermerk des Religionsbekenntnisses bzw. der »rassischen« Einordnung durch Hinweise wie: U-Boot-Bestätigung der IKG Wien, Joint, etc. identifiziert werden. In der Betrachtung und im Vergleich mit anderen Quellen wird dieser Bestand aussagekräftig.

4. DIE OPFERVERBÄNDE[61]

4.1. Der KZ-Verband

Am 25. Februar 1947 schrieb Dr. René Gerber an den Verband der wegen ihrer Abstammung Verfolgten: »*Auf mein am*

das Strafverfahren negativ auf die Fortführung des Vereins aus. Ella Dittichstein, geb. 1886, Sprachlehrerin. Nach der Aktenlage U-Boot ab Mai 1942, Gründungsmitglied des U-Boot-Verbands.

60 Hugo Glaser. In diesen 90 Jahren, S. 119f.

61 Siehe dazu Bailer. Wiedergutmachung kein Thema, S. 45–52 sowie Brigitte Bailer. Der KZ-Verband. Informationen zu einer wesentlichen Quelle des Projektes der Namentlichen Erfassung der Opfer der politischen Verfolgung. In: DÖW (Hrsg.). Jahrbuch 2007. Wien 2007, S. 36–49.

28. November v. J. an Sie gerichtetes Ersuchen um Ausstellung von Mitgliedschafts-Legitimationen Ihres Verbandes für mich und meine Ehefrau Eugenie Gerber, geb. Neumann (die Registrierung erfolgte am 19. September 1946 unter Nr. 1915 und 1916) haben Sie mir mit Schreiben vom 2. Dezember 46 mitgeteilt, dass solche Legitimationen ›bisher noch an niemanden zur Ausgabe gelangten‹ und dass Sie mich zur gegebenen Zeit rechtzeitig verständigen werden. Wohl aber seien Sie bereit, falls ich zu irgend einem Zwecke der Wiedergutmachung eine Bestätigung als Opfer des Nationalsozialismus benötigen sollte, mir eine solche einzuhändigen. Unter Berufung auf diese Erklärung ersuche ich nunmehr neuerlich um eine solche Bestätigung oder um eine Verbandslegitimation, da ich eine solche zwecks Geltendmachung verschiedener Ansprüche, u. a. solcher aus der Sozial (Alters-) Versicherung, benötigen würde. /…/ Weiters frage ich bei dieser Gelegenheit an, ob die Mitgliedschaft bei Ihrem Verband automatisch auch jene zum ›österr. Bundesverband ehemals politisch verfolgter Antifaschisten‹ bzw. zum ›Landesverband Wien‹ dieser Organisation beinhaltet, was eigentlich selbstverständlich sein sollte. Von der Existenz dieser Verbände habe ich erst aus dem mir übersendeten Verbandsorgan ›Der Mahnruf‹ Kenntnis erhalten. Nach den auf Seite 19 der Nr. 2 des Mahnrufes vom 31. Jänner 1947 veröffentlichten ›Richtlinien‹ für die Lebensmittelpaketausgabe für die Opfer des Naziterrors ist zur Inanspruchnahme dieser Unterstützungsaktion u. a. auch eine ›Verbandslegitimation‹ erforderlich, an deren Ausstellung ich auch aus diesem Grunde interessiert bin, da ich bisher noch von keiner dieser Unterstützungsaktionen erfasst wurde. /…/«[62] In Beantwortung dieses Schreibens wurde Dr. Gerber am 13. März aufgefordert, mit zwei Lichtbildern zu kommen, damit die Bestätigung ausgestellt werden könne. *»Auf Ihre Anfrage teilen wir mit, dass die Mitglieder des Abstam-*

62 DÖW 20100/ 3065. Dr. René Gerber, geb. 1882, U-Boot in Kärnten.

mungsverbandes automatisch in den Landesverband überführt werden.«[63]

Der Verband der wegen ihrer Abstammung Verfolgten hatte seinen Sitz Wien 1., Schottenring 25 und war eingerichtet worden, um die Interessen dieser Opfergruppe zu vertreten.[64] Ähnlich diesem hatten sich gleich nach Kriegsende mehrere Vereine und Verbände gegründet. Diese Gruppierungen wurden von den jeweiligen sich neu formierten politischen Parteien ÖVP, SPÖ und KPÖ getragen, sollte doch damit einerseits der eigene Beitrag zur Befreiung Österreichs, wie in der Moskauer Deklaration 1943 festgeschrieben, dokumentiert werden, andererseits sollten die Mitglieder der Opferverbände in das politische Leben des neuen Österreich integriert werden. Die »Volkssolidarität« wurde kurz nach Beendigung des Krieges gegründet und sollte für eine erste Versorgung der aus den Konzentrationslagern Befreiten und der Hinterbliebenen nach NS-Opfern sorgen. *»Der Gedanke der Gemeinsamkeit, der sich über die Verschiedenheit der Weltanschauungen hinweg dieser Aufgabe widmet, hat in der Volkssolidarität seinen Widerhall gefunden und bewiesen, dass das österreichische Volk in seiner überwiegenden Mehrheit bereit ist, sich geeint den Aufgaben zu widmen, die uns der Faschismus zurückgelassen hat. Im Kampf gegen seine Überreste will die Volkssolidarität die Mahnung ›Niemals vergessen!‹ dem österreichischen Volk stets in Erinnerung halten.«*[65] Jüdinnen und Juden waren in diese Verbände nicht integriert, sie erhielten auch keine Unterstützung und waren auf die Hilfe der Israelitischen Kultusgemeinde angewiesen, die jedoch ihrerseits selbst dringend Hilfe benötigte. Galt es doch, nicht al-

63 Ebenda.

64 Das Haus Wien 1., Schottenring 25 diente der Israelitischen Kultusgemeinde bis in die siebziger Jahre als Amtsgebäude.

65 Der neue Mahnruf. Sondernummer. 38. Jg., Mai 1985, S. 11.

lein die österreichischen Jüdinnen und Juden, die entweder in Wien überlebt hatten oder als Befreite zurückgekehrt waren, zu betreuen, aus den Konzentrationslagern des Ostens kamen unzählige Flüchtlinge, für die man ebenfalls Sorge zu tragen hatte und für die eigene Transitlager eingerichtet wurden. Hilfsorganisationen, vor allem der Joint, leisteten in dieser Situation wichtige Arbeit.[66] Im Februar 1946 kam es zur Einsetzung eines »Aktionskomitees der jüdischen KZler«, in Folge dann »Verband der wegen ihrer Abstammung Verfolgten«, Hauptaugenmerk wurde auf die Bekämpfung der Diskriminierung der »rassisch« Verfolgten gegenüber den »politischen« Opfern gelegt.[67] Tatsächlich gelang es wenig später, diese Ungleichbehandlung zu beseitigen und alle Verfolgtengruppen erhielten gleichermaßen Unterstützung. Sinnvoll erschien zu diesem Zeitpunkt auch die Schaffung eines »Bundesverbandes«, in dem die einzelnen Vereine, Verbände, Hilfsorganisationen zusammengeführt werden sollten. Die Durchsetzung der Forderung nach Entschädigung sollte auf diese Weise besser und schneller gelingen. Diese einheitliche Organisation sollte eine privilegierte Stellung erhalten und somit auch Mitspracherecht bei den Verhandlungen im Rahmen der Opfergesetzgebung. Nicht außer Acht darf dabei gelassen werden, dass die Bildung derartiger Verbände der Zustimmung der Alliierten bedurfte. Endlich jedoch gelang dies und der KZ-Verband wurde von der Regierung genehmigt und vom Alliierten Rat bestätigt.[68] Auch erlangte durch das »Privilegierungsgesetz« der Bundes-

---

66 Joint: American Jewish Joint Distribution Committees. Siehe dazu Christine Oertel. Das Rothschild-Spital und die jüdischen Displaced Persons 1945–1954. In: 125 Jahre Rothschild-Spital – Wirkungsbereich der II. Wiener Medizinischen Schule, Displaced Persons-Lager. Projektgruppe Memory Wien 1997.

67 Vgl. Bailer. Der KZ-Verband, S. 38.

68 Vgl. Der neue Mahnruf a.a.O., S. 12.

verband eine Vorrangstellung und wurde damit zur alleinigen Interessensvertretung in Belangen der Wiedergutmachung.[69] Eine Folge des Zusammenschlusses zu diesem Bundesverband war, dass diesem nun das alleinige Recht zugestanden wurde, Ansuchen um Mitgliedschaft anzunehmen, Bestätigungen auszustellen und auch den Status eines Opfers zu überprüfen.[70] Für die jüdische Opfergruppe erwies sich diese Entwicklung in der Weise relevant, als sie nun – wenigstens in einem beschränkten Ausmaß – im Rahmen der Opfergesetzgebung Berücksichtigung fand.[71]

Wurde gleich nach Kriegsende auch das gemeinsame Leid über trennende politische Ansichten gestellt, änderte sich dies aber angesichts weltpolitischer Veränderungen – die Zeit des »Kalten Krieges« brach an und damit verschoben sich in weiterer Folge auch in Österreich die Kräfteverhältnisse, der Wille, weiterhin an einem gemeinsamen Strang zu ziehen, wurde immer schwächer, die Überparteilichkeit des Verbands kam ins Wanken. Ein Verlauf, den die österreichische Politik durchaus positiv sah, denn es gab dem Innenministerium die Möglichkeit, den gemeinsamen Verband aufzulösen, was letztlich im März 1948 auch geschah. Drei heute noch anerkannte Interessensverbände – der Bund Sozialdemokratischer Freiheitskämpfer und Opfer des Faschismus, die ÖVP Kameradschaft der politisch Verfolgten und der KZ-Verband – entstanden.[72]

69 Vgl. Bailer. Der KZ-Verband, S. 42f.

70 Hintergrund der Überprüfung war die für notwendig erachtete Unterscheidung zu KZ-Häftlingen, die wegen krimineller Delikte inhaftiert gewesen waren. »Asoziale« Häftlinge oder Personen, die aufgrund ihrer sexuellen Orientierung in die NS-Mühlen geraten waren, wurden somit auch nicht bei der Aufnahme in die Opferverbände berücksichtigt. Die Angaben der Antragsteller wurden jedenfalls auf Korrektheit überprüft.

71 Vgl. Bailer. Der KZ-Verband, S. 44.

72 Vgl. Der neue Mahnruf a.a.O., S. 13.

4.2. Relevanz der Fragebögen und Antragsformulare des KZ-Verbands als Quelle

Im Dokumentationsarchiv des österreichischen Widerstandes befinden sich die Anmeldebögen – eigentlich handelt es sich um »eidesstattliche Erklärungen« – für einen Beitritt als Bestand »KZ-Verband«. Sie sind aufgrund des fragilen Zustandes nur mehr in Form von Scans einzusehen. Es handelt sich um ca. 15.000 Personenakten, die alphabetisch gereiht sind. Mit eingeschlossen sind auch Antragsformulare des Verbandes der Abstammungsverfolgten. Zusätzlich zu den Personenakten existiert auch eine sogenannte Korrespondenzmappe, aus der zum Beispiel ersichtlich wird, dass es Überprüfungen der Antragsteller gegeben hat: Ein Ehrenrat, eine Kommission hat in Sitzungen über Aufnahme oder Ablehnung entschieden. Wie schon oben angeführt, trachtete das Vorstandsgremium, keine Kriminellen oder Personen mit zweifelhaftem Vorleben aufzunehmen, deshalb wurden mitunter auch Leumundszeugnisse eingefordert. Unrichtige Angaben über den Opferstatus konnten zu einer Ablehnung führen. Es hat den Anschein, dass auch Angehörige von NS-Verbänden Versuche unternommen haben, beim Verband aufgenommen zu werden.[73]

Die Recherchen unter dem Aspekt »U-Boot« ergaben, dass in ca. 500 Meldungen ein Überleben als U-Boot angeführt wurde, in ca. 540 Fällen wurden auch Namen von Helferinnen und Helfer angegeben. Zum Teil stellten diese aber auch eigene Anträge zur Aufnahme. So zum Beispiel Lilly Hladisch, die ihren Lebensgefährten Leopold Schulz in ihrer Wohnung versteckt hatte. *»Ich habe Architekt Baumeister Leopold Schulz, welcher Jude war, durch drei Jahre in meiner Wohnung versteckt gehalten. Wir wollten heiraten. Meine Wohnung wurde teilweise*

73 Vgl. DÖW, KZ-Verband, Schriftverkehr.

bombengeschädigt, Türen und Fenster heraus gerissen, ich musste meinen Bräutigam in fremde Hände geben, zahlte noch RM 5.000,- Schweigegeld und wurde schon von dem Manne, der das Geld nahm, nach vier Tagen verraten. Schulz kam nach Mauthausen. Ich war mit seiner Fotographie in den Händen nach meiner Befreiung aus Lanzendorf selbst in Mauthausen und musste den Hungertod des von mir geliebten Mannes feststellen. Er starb am 28.4.45. Ich bin leider am Leben geblieben. Schulz war ein großer Künstler und vor allem ein edler, gütiger Mensch.«[74] Elfriede Huber gab als Haftgrund an: *»einem Nichtarier illegal Wohnung beschafft – Judenunterstützung«.*[75]

Emil Bruck gab in seiner eidesstattlichen Erklärung an, seine Lebensgefährtin beherbergt zu haben: *»Lebensgemeinschaft seit 20 Jahren« – »welche ich wegen Gefahr ihrer Evakuierung zu mir in die Wohnung nahm.«* Emil Bruck, geboren 1886, musste sich auch einem Verfahren wegen »Rassenschande« vor der Strafkammer des Landesgerichts Wien stellen, in dem am 14. September 1943 ein Urteil gefällt wurde: Er wurde zu 18 Monaten Zuchthaus verurteilt. In der Begründung wird u. a. angeführt, dass er bereits 1913 Käthe Kohn kennengelernt und im Laufe der Jahre trotz zweier Ehen die intime Beziehung aufrechterhalten habe. *»Im Herbst 1937 zog er mit der Käthe Sara Kohn in gemeinsamen Haushalt in die Wohnung Karl Schweighofergasse 14. Als die Mitbenützung arischer Wohnung durch Juden nach dem Umbruch im Jahre 1938 verboten wurde, zog Käthe Sara Kohn zu einer im selben Hause wohnhaften Judenfamilie und als diese im November 1941 gekündigt wurde, zu einer jüdischen Familie in die Porzellangasse. Der Angeklagte, der die*

74 DÖW 20100/4446. Lilly Hladisch, geb. Jellinek, geb. 1892. Leopold Schulz, geb. 1883. Laut DÖW-Opferdatenbank wurde er am 19.2.1945 nach Mauthausen deportiert.

75 DÖW 20100/4854. Elfriede Huber, geb. 1908.

Jüdin dort wiederholt besuchte und ihre Evakuierung nach Polen befürchtete, holte sie im März 1942 um 1 Uhr nachts heimlich in seine in der Westbahnstraße gelegene Wohnung zurück und hielt sie dort verborgen. In dieser Wohnung wurde bei einer durch die Gestapo durchgeführten Durchsuchung die Jüdin Kohn am 9.2.1943 angetroffen. /.../ Zur inneren Tatseite ist auf Grund des Geständnisses festgestellt, dass der Angeklagte vom Beginn seiner Bekanntschaft mit der Kohn gewusst hat, dass diese der Rasse nach Volljüdin ist. Der erwiesen angenommene Sachverhalt begründet daher nach der äußeren und inneren Tatseite das Verbrechen nach § 2 des Gesetzes des deutschen Blutes und der deutschen Ehre vom 15. September 1935, RGBl. I S. 1146.

Bei der Strafbemessung war erschwerend: die Fortsetzung des sträflichen Verkehres, mildernd: Unbescholtenheit und Tatsachengeständnis.«[76] Emil Bruck gab in seiner Erklärung auch Haftzeiten und die einzelnen Haftorte an, ebenso dass er noch im Februar 1945 zum »Schanzen« in der Oststeiermark eingezogen worden war, von dort allerdings geflüchtet und bis zur Befreiung in Wien versteckt gewesen sei.[77]

Maria Kramer gab am 28. November 1946 eine »Erklärung der politischen Betätigung im Sinne des Opferfürsorgegesetzes nach § 4« an: *»Ich erkläre, dass ich bei der Verhaftung von dreien bei mir als Unterseeboot lebenden Juden – Markus und Anna Löwy und Moritz Klein – in heftigster Weise Stellung gegen das Naziregime, sowie gegen die Verhaftung dieser beiden Menschen genommen habe. Es war dies die Ursache, dass ich sofort in die*

76 Vgl. DÖW 20100/1227, DÖW 5743a/ sowie DÖW 51087/1. Emil Bruck, geb. 1886. Käthe Kohn, geb. 1891. Laut DÖW-Opferdatenbank am 30.3.1943 nach Theresienstadt, von dort am 18.5.1944 nach Auschwitz deportiert. Nicht überlebt. Details zum Verfahren Emil Bruck siehe auch Kapitel V Gescheiterte Versuche, als U-Boot zu überleben.

77 »Schanzen«: Bau des Ostwalls.

Elisabethpromenade und anschließend daran in das Konzentrationslager Ravensbrück gebracht wurde.«[78] Als Zeugen für ihr Verhalten im KZ gab Maria Kramer unter anderem auch Rosa Jochmann an.[79]

5. DIE TAGESRAPPORTE DER GESTAPO-STAATSPOLIZEILEITSTELLE WIEN[80]

Im Tagesbericht Nr. 7, der den Zeitraum vom 21. bis zum 24. August 1942 umfasst, wird am 20. August die Festnahme von *»Oskar I. Weiss, geb. 16.3.1882 Sarajewo, DRA, mos, verh, ohne feste Whg.«* vermerkt. Der Festgenommene *»war im Aug. 41 in d. Generalgouvernement evakuiert worden, hat am 16.9.41 den ihm angewiesenen Aufenthaltsort unerlaubt verlassen und sich nach Wien begeben.«*[81]

»Walter I. Lackenbacher, ehem. Vertreter, 18.6.1903 Wien, DRA, mos, gesch, ohne Unterstand« wurde am 5. November 1942 festgenommen. *»War bereits am 25.9.42 wegen Tarnung als Dtbl. fg, von Zentralstelle f. jüd. Auswanderung nach paar Tagen entwichen, seither in Wien unterstandslos herumgetrieben.«*[82]

Das Ehepaar Felix und Katharina Norden wurde am 27. Juli 1942 festgenommen, da sie *»seit Sept. 41 unter Verschweigung ihrer rass. Abstammung in Wr. Hotels Wohnung genommen u. bei versch. Bekannten Unterschlupf gesucht hatten. /.../ Die arischen*

78 DÖW 20100/6223. Maria Kramer, geb. 1890. Nach der Aktenlage hat Maria Kramer die Personen gegen Bezahlung beherbergt.

79 Rosa Jochmann. 1901–1994, österreichische Widerstandskämpferin, sozialdemokratische Politikerin.

80 Auch: Tagesberichte. Abkürzungen wie im Akt.

81 DÖW 5733e. Oskar Weiss wurde laut DÖW-ODB am 5.3.1941 nach Modliborzyce evakuiert und hat nicht überlebt.

82 TB Nr. 2 vom 3.–5.11.1942, DÖW 5733e. Walter Lackenbacher überlebte.

Personen, bei denen sie gewohnt hatten, wurden staatspolizeilich gewarnt und werden wegen Verstoßes gegen die Meldevorschriften angezeigt.«[83]

Von September 1938 bis Februar 1945 verfasste die Gestapo-Staatspolizeileitstelle Wien Tagesrapporte und Tätigkeitsberichte, die neben verschiedenen staatspolizeilich relevanten Ereignissen und besonderen Vorfällen auch über Verhalten und Verhaftungen der Proponenten der einzelnen politischen Gruppierungen, Sabotageaktionen usw. Bericht erstatteten. In einem eigenen Unterpunkt »Juden« – Punkt 7 – wurden Bevölkerungszahlen, Probleme bei der jüdischen Auswanderung, Evakuierungen – »Umsiedlungen« – Deportationen und Festnahmen dokumentiert, wobei auch die Gründe sowie das Datum der jeweiligen Festnahme verzeichnet wurden.

»In der Zeit vom 11. September bis 11. Oktober 1940 wurden 32 Juden und 74 Jüdinnen wegen Nichteinhaltung der für Juden geltenden polizeilichen Beschränkungen, wie Ausgehverbot, Nichteinhaltung der Einkaufszeit, Besuch von Theater und Kinos usw., angezeigt und dem zuständigen Polizeiamt zur Einleitung eines Polizeistrafverfahrens nach Art. VIII des EGVG zugeleitet. Gleichzeitig wurde die Zentralstelle für jüdische Auswanderung verständigt und gebeten, die betreffenden Juden bis zum Vorliegen der Auswanderungsmöglichkeiten in den Arbeitsprozess einzureihen. In der gleichen Zeit wurde in 173 Fällen gegen Juden wegen Verdachtes der Rassenschande, der Vermögensverschleppung, Anhäufung von Geld usw., das Ermittlungsverfahren eingeleitet. In diesem Zusammenhang wurden 17 Haussuchungen vorgenommen, 18 Anzeigen nach den ersten Ermittlungen

83 TB Nr. 2 vom 4.–6.8.1942, DÖW 5733e. Felix Norden, geb. 1876, und Katharina, geb. 1896, wurden laut DÖW-ODB am 17.8.1942 nach Maly Trostinec deportiert und sind dort am 21.8.1942 umgekommen.

zuständigkeitshalber an die Kriminalpolizeileitstelle Wien und 6 Anzeigen an die Devisenfahndungsstelle in Wien weitergeleitet. Insgesamt wurden in den beiden Monaten 1.323 Judenvorgänge bearbeitet.«[84]

In den ersten Monaten wurden unter Punkt 7 hauptsächlich diverse Vermögensdelikte, Urkundenfälschungen, Vergehen gegen Passvorschriften oder »Rassenschande« angeführt, auffallend vielen jüdischen Ärztinnen und Ärzten wurde vorgeworfen, unerlaubte Schwangerschaftsabbrüche durchgeführt zu haben. Als Hilfeleistung durch Nichtjuden wurde Unterstützung oder Mitarbeit bei »Vermögensverschleppung«, Hilfe bei unerlaubten Grenzübertritten, Schleichhandel und Ähnliches geahndet. Ab 1940 und vor allem ab 1941 wurden vermehrt Selbstmorde gemeldet sowie Verstöße gegen die einzelnen Vorschriften zur Kennzeichnungspflicht für Juden, mit dem Beginn der »Umsiedlungsaktionen« finden sich aber auch Zusätze wie: *»... da sie ohne Genehmigung aus dem Generalgouvernement, wohin sie evakuiert worden war, zurückgekehrt war und sich hier unangemeldet bei /.../ aufhielt.«*[85] Die Personaldaten sind dem Zeitpunkt des Entstehens geschuldet, bei Frauen findet sich der Zusatzname »Sara«, bei Männern »Israel.« In vielen Fällen wurde vor die jeweiligen Berufsbezeichnungen »ehemaliger« oder »gewesener« gesetzt. Zumeist geschah dies bei akademischen Berufen, bei höheren Beamten und Künstlern. Leopoldine Cammerloher, geb. Löwy, wird als *»ehem. Ärztin«* bezeichnet. Sie wurde am 18. August 1941 festgenommen, *»da sie bis in die letzte Zeit ihre früheren arischen Patienten durch sogenannte ›seelische Beratungen‹ behandelt hat und hierfür mit 20–50 RM entlohnt wurde. /.../ Weiters wurde festgestellt, dass die Jüdin Cammerloher vom 28.7. bis 6.8.1941*

84 TB Nr. 3 vom 5.–6.11.1940, DÖW 1867.
85 TB Nr. 5 vom 12.–13.1.1941, DÖW 5733a.

in Maria Wörth weilte und dort bei der polizeilichen Anmeldung verschwiegen hat, dass sie Jüdin ist. Sie hatte weder in Maria Wörth noch in Wien die für Juden vorgeschriebene Kennkarte bei sich. Sie wird wegen unberechtigter Ausübung der Heilkunde, Verstoßes gegen die Kennkartenvorschriften und Falschmeldung dem Gericht angezeigt. Nach Abschluss des Gerichtsverfahrens wird Schutzhaftantrag gestellt.«[86]

Ähnliches findet sich bei den Personaldaten von Viktor Weisselberger: »*ehemaliger Vertreter – z. Zt. Hilfsarbeiter*«. Die Verhaftung am 24. März 1942 war erfolgt, weil er »*fortgesetzt seine jüdische Abstammung verschwiegen und die Verordnung über die Kennzeichnung der Juden missachtet*« hatte. »*Hat, als Arier getarnt, versucht, versch. Gesch. zu tätigen. von dtbl. Ehefr. getrennt, dennoch fast ständig in ihrer Whg.*«[87]

Mädchen und jungen Frauen wird oftmals Prostitution bzw. Geheimprostitution vorgeworfen. Häufig findet sich eine Kombination verschiedener Delikte als Grund für die erfolgte Festnahme: Zum Delikt, falsche Papiere mit sich geführt zu haben, kam der Vorwurf, den Versuch unternommen zu haben, sich unerlaubt ins Ausland zu begeben, Verstoß gegen die Meldevorschriften usw.

Im Dokumentationsarchiv des österreichischen Widerstandes befinden sich mehr als 730 Einzelberichte, und mehr als 17.200 Personen werden in diesen wegen verschiedener Vergehen genannt.[88] Wie das Beispiel des Ehepaares Norden zeigt,

---

86 TB Nr. 11 vom 25.–26.8.1941, DÖW 5732d. Leopoldine Cammerloher ist laut DÖW-ODB am 8.10.1942 in Auschwitz umgekommen.

87 TB Nr. 6 vom 30.–31.3.1942, DÖW 8475. Laut DÖW-ODB wurde Viktor Weisselberger am 9.6.1942 nach Auschwitz deportiert und ist dort am 25.6.1942 umgekommen.

88 Diese Zahlenangabe bezieht sich auf alle Personen, die in den Tagesrapporten Erwähnung finden, nicht nur auf jene mit jüdischer Abstammung oder Personen, die wegen Hilfeleistungen für Jüdinnen und Juden festgenommen wurden. Siehe dazu auch Gerhard Ungar.

wurden »arische« Personen, das heißt die Quartiergeberinnen und Quartiergeber, die Helferinnen und Helfer ebenfalls zur Anzeige gebracht, verhaftet und dem NS-Apparat überantwortet. Eintragungen mit speziellen Formulierungen weisen auf ein Leben im Verborgenen und/oder auf Hilfeleistungen deutlich hin, entweder direkt bei den Personendaten oder im Text, der die Delikte auflistet:

»Ohne festen Wohnsitz, ohne Unterstand, auch in Abkürzung: o. U., wohnhaft gewesen,

/.../ unterstandslos herumgetrieben u. verschwiegen, dass sie Vollj. ist.,

/.../ verborgen gehalten, /.../ verborgen, sie mit Lebensmittel unterstützt und dadurch der geplanten Wohnsitzverlegung entzogen,

unterstandslos herumgetrieben, unangemeldet gewohnt,

/.../ seit mehreren Monaten seine Whg. nicht mehr aufgesucht und unter verschiedenen Namen in kleineren Hotels in Wien gewohnt,

/.../ hat Wohnung als Unterschlupf zur Verfügung gestellt,

Verschweigung seiner jüdischen Abstammung, bei versch. dtbl. Personen genächtigt.

/... / unterstandslos herumgetrieben, um sich der Evakuierung zu entziehen, hat seine jüdische Abstammung verschwiegen und sich mit Schleichhandel befasst.«

Konkret heißt es im Tagesrapport Nr. 3 vom 15.–21. Dezember 1944 über die Festnahme von Helene König und Anna Munk:

»Am 11.12.1944 wurden die Jüdin Helene Sara König, geb. Anstreicher, Bankbuchhalterin, 22.6.1890 Berlin geb., stl., mos., vh., ohne festen Wohnsitz,

---

Erhebung, Erfassung und Bearbeitung der Quellen. In: DÖW (Hrsg.). Jahrbuch 2007, S. 31.

und die Deutschblütige Anna Munk, geb. Schüssler, Strickerin, 24.10.1901 Wien geb., DR., rk., gesch., Wien II, Blumauergasse 24 wh.,

festgenommen.

Die Jüdin ist im Jahre 1941 nach Osten umgesiedelt worden, kehrte vor zwei Jahren unerlaubt zurück und hat sich seither in Wien verborgen gehalten. Ihren Lebensunterhalt hat sie durch Schleichhandel bestritten. In der Wohnung der Munk hat sie häufig genächtigt. Nach Angabe der Munk war ihr die Rassezugehörigkeit der König nicht bekannt.«[89]

Es gab auch »Tarnungsversuche«, wie im Falle von Heinrich Kornfeld, der am 14. Dezember 1942 festgenommen wurde, da er einer Jüdin den Taufschein auf den Namen einer Freundin verkauft hat.[90]

Die Frage, wie viele Jüdinnen und Juden Versuche unternommen haben, durch ein Leben im Verborgenen, durch Fälschen der Identität zu überleben, kann mithilfe der erhobenen Daten nur zu einem Teil beantwortet werden. Die oben beschriebenen sprachlichen Formulierungen, die als Suchkriterien verwendet wurden, sind nur Anhaltspunkte für den zu untersuchenden Tatbestand.[91] Die Daten halten eine bestimmte Situation und eine Amtshandlung zum angeführten Datum fest. Nur in wenigen Fällen wird an anderer Stelle der Tagesrapporte über den weiteren Verlauf, das weitere Schicksal der Beamtshandelten berichtet. Zumeist endet der Eintrag mit den Worten: *»es wurde Schutzhaft beantragt«*, *»zur Einleitung eines Strafverfahrens überstellt«*, *»in das Sammellager Wien 2., Kl. Sperlgasse 2a zu überstellen«*. Sofern die Namen der Betroffenen nicht in einem

89 DÖW E 21290.

90 Siehe dazu Seite 203.

91 Siehe dazu auch Kapitel V Gescheiterte Versuche, als U-Boot zu überleben.

anderen Quellenbestand gefunden wurden, konnte selten Aussage getroffen werden, ob jemand überlebt hatte oder nicht. Erst durch die Ergebnisse des vom DÖW durchgeführten Projekts der Namentlichen Erfassung der Holocaust-Opfer konnten einige Lebenswege nachgezeichnet werden.[92]

Nach wie vor bleiben Lücken in den Daten, die manchmal nur durch Zufall und daran anschließend beharrliches Weiterforschen, um Sachverhalte zu klären, geschlossen werden können. So wird am 9. Dezember 1942 die *»deutschblütige Therese Lichtblau, geb. Jeitler, 27.9.1896 St. Laurenzen/ND geb., DRA., kfl., verw., und deren Söhne und die Tochter, die Geltungsjuden Kurt Israel Lichtblau, Mechaniker, 14.7.1917, Wien geb., DRA., konfl., led., Harry Israel Lichtblau, Hilfsarbeiter, 27.5.1926 geb., DRA., kfl., led., und Gisela Sara Lichtblau, Hilfsarbeiterin, 20.5.1921 Wien geb., DRA., konfl., led., alle Wien 12., Schallergasse 42/13 wh., festgenommen«*. Als Haftgrund wird angeführt, dass Therese Lichtblau *»die Juden Inge Sara Neufeld und Otto Israel Kollmann vor ihrer illegalen Auswanderung, ohne sie polizeilich anzumelden, beherbergte«*. Ebenso wird ausgeführt, dass die Tochter, Gisela, die beiden bis an die Grenze begleitet hatte, Kurt hatte Dokumente zur Verfügung gestellt. Darüber hinaus wurde den Kindern von Therese Lichtblau vorgeworfen, sich nicht an die für Juden geltenden Vorschriften gehalten zu haben.[93] Während das Schicksal der Familie Lichtblau durch die Opferdatenbank sichtbar wurde, blieb der weitere Lebensweg von Inge Neufeld und Otto Kollmann weiterhin

92 Mithilfe von DÖW-Mitarbeiter Dr. Gerhard Ungar konnten die bereits vorhandenen Daten auch mit der »erkennungsdienstlichen Kartei der Staatspolizeileitstelle Wien« abgeglichen und somit zusätzliche Informationen, aber auch Fotos der Materialsammlung hinzugefügt werden.

93 TB Nr. 3 vom 8.–10.12.1942, DÖW 5733e. Laut DÖW-ODB überlebte nur die Mutter, Therese Lichtblau.

unklar. War den beiden die Ausreise gelungen oder waren sie ebenfalls festgenommen worden? Ein Hinweis in der Monatszeitschrift der israelitischen Kultusgemeinde Wien, »WINA«, vom Dezember 2014 brachte mich in diesem Fall weiter. Es wurde über eine 92-jährige gebürtige Wienerin – Inge Ginsberg – berichtet, die sich als Teilnehmerin für den Eurovision Song Contest beworben hatte. Im Kurztext wurde erwähnt, dass Inge Ginsberg vor der Flucht in die Schweiz versteckt gelebt hatte. Recherchen ergaben nun, dass es sich um Inge Neufeld handelte, und nach mehreren Versuchen der Kontaktaufnahme erzählte sie in einem längeren Telefonat ihren überaus spannenden Lebensweg.[94]

6. ENTSCHÄDIGUNGSANTRÄGE UND VERFAHRENSVERLAUF IM RAHMEN DER OPFERFÜRSORGE

Adele Fischer berief gegen den Bescheid der Opferfürsorge mit folgenden Worten: *»Mit Bescheid F 392/49 vom 20.8.1949 wurde mein Ansuchen um Ausstellung eines Amtsausweises für Fürsorgezwecke abgelehnt, weil ich angeblich die vorgeschriebene Schädigungsfrist von dreieinhalb Jahren nicht zur Gänze erreicht habe. /.../ Überdies sei bemerkt, dass ich bereits im Dezember 1941 des Rentenbezuges verlustig wurde, da ich zu dieser Zeit nachweisbar mein ständiges Domizil verlassen musste. Die Schreckenszeit meines jahrelangen U-Boot Aufenthaltes in meiner Heimats- und Geburtsstadt Wien zu schildern, mag namhaft zu machenden, glaubwürdigen Zeugen meines Leides und Leidens*

94 WINA. Dezember 2014, S. 72. Siehe dazu auch Inge Ginsberg. Die Partisanenvilla. Erinnerungen an Flucht, Geheimdienst und zahlreiche Schlager. Hrsg. von Manfred Flügge. dtv München 2008.

überlassen bleiben. Erwähnt sei nur, dass ich aller Mittel entblößt trotz Unterstützung wohltätiger Mitmenschen an einem schweren Herzleiden (Angina pectoris) erkrankte, das mir in Anbetracht meines Greisenalters auch weiter Schonung auferlegt. Ich bitte daher als Kriegsopfer um gütige Zuerkennung des für Fürsorgezwecke benötigten Amtsausweises, schon in Hinblick auf die bewiesene Erreichung der vorgeschriebenen Schädigungsdauer.«[95]

Im Bundesgesetz vom 4. Juli 1947 über die Fürsorge für die Opfer des Kampfes um ein freies, demokratisches Österreich und die Opfer politischer Verfolgung – Opferfürsorgegesetz (OFG) wird der Personenkreis deutlich beschrieben: Es musste mit der Waffe in der Hand gekämpft worden sein oder man musste sich mit Wort und Tat rückhaltlos für ein unabhängiges, demokratisches Österreich eingesetzt haben. Als Opfer im Sinne dieses Gesetzes wurden Personen gemeint, die zwischen 6. März 1933 bis 9. Mai 1945 aus politischen Gründen oder aus Gründen der Abstammung, Religion oder Nationalität in erheblichem Ausmaße zu Schaden gekommen waren. Auch Vermögensverluste wurden mit einbezogen, so ein Einkommensschaden für die Dauer von mindestens dreieinhalb Jahren nachgewiesen werden konnte. Anspruchsberechtigt waren Personen, die am 13. März 1938 österreichische Staatsbürger waren und ebenfalls zum Zeitpunkt der Anspruchsmeldung.[96] Auch

95 WStLA, M.Abt. 12, 18766/E. Schreiben an das Bundesministerium für soziale Verwaltung bei der MA 12 vom 4. September 1949, Zl. 12-F-392/49. Adele Fischer erhielt mit Bescheid vom 9.1.1963 eine Entschädigung wegen »Leben im Verborgenen« zuerkannt, Kopie in PUK.

96 Bundesgesetzblatt für die Republik Österreich. Jg. 1947. Ausgegeben am 1.9.1947. 39. Stück. Zu Opfergesetzgebung, Rückstellungen und Fragen der Wiedergutmachung siehe Bailer. Wiedergutmachung kein Thema sowie Berichte der österreichischen Historikerkommission, 49 Bände, Böhlau Verlag Wien–München 204. Zu den Ergebnissen der im Rahmen der Österreichischen Historikerkommission durchgeführ-

wenn die jüdische Opfergruppe in diesem ersten OFG als zu entschädigende Personengruppe benannt wurde, mussten Jüdinnen und Juden lange Zeit um entsprechende Anerkennung ihres Leidenswegs kämpfen, da gerade der Wortlaut des Gesetzes für die Betroffenen bedeutete, eben keine Anerkennung als Opfer und somit auch keine Entschädigung zu erhalten, da geforderte Tatbestände oft nicht nachgewiesen werden konnten. *»Da Herr Aberbach bereits in den Jahren 1936–1938 arbeitslos war, liegt keine Schädigung im Sinne des § 1 Abs. 2, lit. d. des obgenannten Gesetzes vor.«*[97] So wurde auch dem Ansuchen von Dorothea Fischer mit der Begründung nicht stattgegeben, dass die *»Voraussetzungen nach § 1 Abs. 2 lit. d«* nicht gegeben wären. In ihrer Berufung schreibt Dorothea Fischer: *»Diese Auslegung ist entweder durch einen Beamten durchgeführt worden, der mein Ansuchen nicht mit der nötigen Umsicht durchführte oder der die Auslegung des Gesetzes nach eigenem Ermessen durchführte.«* Sie schreibt weiter über den Verlust ihrer Wohnung im eigenen Haus, den Entgang von Mietzins und den finanziellen Schaden, den sie auch durch die Kürzung ihrer Pensionsbezüge erlitten hätte. *»Außerdem erhielt ich vom 1. April 1944–1.5.1945 überhaupt keine Bezüge, da ich in eine politische Affäre im Zusammenhang mit einem englischen Fallschirmagenten verwickelt war und nur durch glückliche Umstände aus der Wohnung Wien VI, Köstlerg. 10 als mich die Gestapo verhaften wollte, flüchten konnte. In der späteren Zeit bis zur Beendigung des Krieges musste ich als*

---

ten systematischen Durchsicht der OFG-Anträge siehe besonders Karin Berger et al. Vollzugspraxis des »Opferfürsorgegesetzes«. Analyse der praktischen Vollziehung des einschlägigen Sozialrechts (= Veröffentlichungen der Österreichischen Historikerkommission 29/2, Wien/München 2004). Es wird im Folgenden hauptsächlich auf die Entwicklung der OFG-Gesetzgebung eingegangen, sofern diese für die hier behandelte Opfergruppe relevant erscheint.

97 WStLA, M.Abt. 12, A76/48. Bescheid vom 9.8.1948, Kopie in PUK.

U-Boot, d. h. in Wien verborgen leben, ohne polizeilich gemeldet zu sein, und war nur auf die Unterstützung durch Angehörige meiner Familie angewiesen. Ich bin der Meinung, dass bei genauer Überprüfung meiner Ausführungen eine mehr als 50%ige Schädigung durch mindestens 3 ½ Jahre herauskommen muss, weshalb ich das Ersuchen stelle, mir die Ausstellung des Opferfürsorgeausweises zu bewilligen, da der Gesetzgeber es bestimmt wollte, dass in erster Linie den Geschädigten des Naziregimes geholfen wird und nicht den Nationalsozialisten.«[98]

Diskussionen in den jüdischen Opferverbänden und innerhalb der Israelitischen Kultusgemeinde Wien zeigen sehr deutlich die Bemühungen, in anstehenden Änderungen des OFG für Jüdinnen und Juden bessere und vor allem umfangreichere Konditionen hineinzureklamieren. *»Seitens der Israelitischen Kultusgemeinde Wien wurde dem Bundesministerium für soziale Verwaltung ein besonderes Memorandum für Verbesserung des Opferfürsorgegesetzes übermittelt. Es wurde hiebei die Forderung auf Einbeziehung der Sternträger und U-Boote in das Opferfürsorgegesetz aufgestellt /…/«*[99] Trotz einiger Erfolge blieben die Bemühungen für die oben angeführten Verfolgungstatbestände hinter den Erwartungen. In Ansuchen, Ablehnungen, Berufungen wird die Auseinandersetzung um Nichtgleichsetzung von »Haft« und »Leben im Verborgenen« deutlich. Während Betroffene ihr Schicksal, als U-Boot gelebt zu haben, sehr wohl mit Haftbedingungen vergleichen, wird dies von der Behörde bestritten. Henriette Ehlers hatte am 27. September 1952 um Haftentschädigung und Wiedergutmachung angesucht. Nach

98 WStLA, M.Abt. 12, F476/48, Kopie in PUK. Dorothea Fischer, geb. 1896. Siehe dazu auch Schilderung von Hermann Melzer in Kapitel V Gescheiterte Versuche, als U-Boot zu überleben.

99 Der Kampf um die Wiedergutmachung. In: Die Tätigkeit der Israelitischen Kultusgemeine Wien in den Jahren 1952 bis 1954. Verlag d. IKG Wien 1955, S. 127.

einem negativen Bescheid berief sie: *»Es ist richtig, dass ich nicht in Haft gewesen bin, aber ich habe in der Hitler-Ära als ›U-Boot‹ vielleicht mehr mitgemacht, wie wenn ich in Haft gewesen wäre und habe neben dem seelischen und körperlichen Leiden auch alles an Hab und Gut verloren. Ich hatte bis zum Jahre 1938 einen Schnittwarenhandel, musste den Gewerbeschein im Jahre 1938 jedoch zwangsweise zurücklegen. In demselben Jahre hat man uns, als wir nicht daheim waren, die Wohnung aufgesprengt und alles weggenommen. /…/ Als wir damals abends nach Hause kamen, fanden wir einen Zettel an der Türe mit den lakonischen Worten: Die Wohnung ist polizeilich gesperrt. Und von da ab mussten wir als ›U-Boot‹ in einer elenden Kellerwohnung untertauchen, weil es uns sonst wohl auch so gegangen wäre, wie 48 von meinen Verwandten, die alle vergast wurden! Jahrelang mussten wir ohne Lebensmittelkarten unser Leben fristen und waren darauf angewiesen, dass uns gute, brave Leute wenigstens etwas zu essen gegeben haben. Wir sind heute im Ganzen 6 Personen, davon 3 Kinder und mein Sohn kann nicht arbeiten, weil er in der Kellerwohnung schlechte Augen bekommen hat. Auch ich bin immer krank und kann mit meinen 78 Jahren nichts verdienen und habe nur eine kleine Rente.«* Der Berufung wurde nicht stattgegeben, da ausschließlich eine gerichtliche oder polizeiliche Haft entschädigt werden würde. *»Ein darüber hinausgehendes Begehren, wie etwa eine Entschädigung für Zeiträume, in denen der Anspruchswerber von der Gefahr einer Verhaftung bzw. Deportierung bedroht als U-Boot lebte oder Ersatz beschlagnahmter Gegenstände, findet in der derzeitigen Fassung des Opferfürsorgegesetzes 1947 keine Deckung, weshalb spruchgemäß zu entscheiden war.«*[100] Allerdings erlebte Henriette Ehlers diese

100 WStLA, M.Abt. 12, E250/52. Berufung an das Amt der Wiener Landesregierung MA 12 vom 1. August 1953. Ablehnungsbescheid vom 19.12.1956. Zl. IV-125.972-21/53, Kopie in PUK. Henriette Ehlers,

endgültige Ablehnung nicht mehr, sie verstarb einige Monate vor Ergehen dieses Bescheides. Bis in die sechziger Jahre wurde der Diskurs um die Definitionen von Haft und Freiheitsbeschränkung geführt, durchgeführte Novellen des OFG in den fünfziger Jahren zeitigten keine wirklich zufriedenstellende Lösung für etliche Verfolgungstatbestände, wie in einem Tätigkeitsbericht der IKG Wien festgehalten wurde.[101]

Die Behörde, die Anträge immer wieder abschlägig beschied, konnte leicht mit den gesetzlichen Bestimmungen argumentieren, häufig sind allerdings äußerst zynische Interpretationen in den Akten zu finden. Die Forderungen von Alois R. wurden *»nicht anerkannt, da sie praktisch in Freiheit und nicht in Haft waren.«*[102] – *»Da diese Voraussetzungen nicht erfüllt werden und die Anerkennung nach dem OFG demnach das Vorliegen einer besonders qualifizierten Art des Freiheitsverlustes des Opfers durch Maßnahmen des NS-Regimes voraussetzt, der in einem Sichversteckthalten, das überdies schon rein begrifflich keine Haft darstellt, nicht erblickt werden kann, war spruchgemäß zu entscheiden.«*[103] In der Israelitischen Kultusgemeinde Wien wurde eine eigene Abteilung geschaffen, die Betroffenen bei Problemen mit ihren Verfahren um Entschädigung helfen sollte. Die Verfahren wurden von Behördenseite verschleppt, die erlassenen Bescheide waren für viele nicht nachvollziehbar. Ein Faktor dabei war sicher, dass die Wünsche der Opfer selten im Einklang mit der öffentlichen Meinung standen. Je weiter die Erinnerungen an

geb. 1876, überlebte gemeinsam mit Sohn, der Schwiegertochter und drei Kindern in einem Keller im 5. Bezirk. Sie verstarb am 15.4.1956.

101 Abteilung Opferfürsorge. In: Die Tätigkeit der Israelitischen Kultusgemeinde Wien in den Jahren 1960 bis 1964. Wien 1964, S. 258.

102 Bescheid vom 29.4.1953, WStLA, M.Abt. 12, R667/52, Kopie in PUK.

103 WStLA, M.Abt. 12, B116/59. Bescheid vom 26.6.1959, Kopie in PUK. Josefa Blauner stellte einen Antrag als Hinterbliebene nach ihrem Gatten Oskar Blauner, der 1946 verstorben war.

die Gräuel der NS-Zeit zurücklagen, zurückgedrängt wurden, desto geringer wurde das Verständnis, dass Opfer – vor allem jüdische – finanziell entschädigt werden sollten. Funktionäre der Opferverbände und der Kultusgemeinde waren dennoch bemüht, weitere Verbesserungen zu erreichen. Für die U-Boote sollte die 12. Novelle zum OFG von Bedeutung werden. In § 14. Lt. 2, c) wird Personen eine Entschädigung gewährt, die *»auf der Flucht vor einer ihnen aus den Gründen des § 1 Abs. 1 oder 2 in der Zeit vom 13. März 1938 bis 9. Mai 1945 drohenden Verfolgung unter menschenunwürdigen Bedingungen im Verborgenen lebten«*. Für jeden nachgewiesenen Kalendermonat der Freiheitsbeschränkung wurde ein Betrag von 350 Schilling gewährt.[104] Die Formulierungen bargen von vornherein erneut Interpretationsspielraum in sich, die Auslegung, was unter »drohender Verfolgung«, was unter »menschenunwürdigen Bedingungen« gemeint und auch verstanden wurde, blieb den Durchführungsorganen überlassen, die in vielen Fällen äußerst engherzig, zynisch und unmenschlich ihre Bescheide erließen. Zudem mussten für die Ansuchen Beweise beigelegt und Zeugen benannt werden, da die Ansuchenden die Beweislast traf. Die Behörde ihrerseits stellte penibel Nachforschungen an, bei Durchsicht der Akten gewinnt man den Eindruck, dass der Behörde wenig bis gar nicht daran lag, positive Entscheide auszustellen, im Gegenteil. Akribisch wurde nach Unklarheiten oder Widersprüchen in den Angaben gesucht, zu einem Zeitpunkt, zu dem bereits fast 20 Jahre seit den Ereignissen vergangen waren.[105] Die

104 Bundesgesetzblatt für die Republik Österreich. Jg. 1961. Ausgegeben am 21.4.1961. 23. Stück.

105 Siehe dazu auch Brigitte Bailer. Für Österreich war Wiedergutmachung kein Thema: Die Auseinandersetzung mit der nationalsozialistischen Vergangenheit in Österreich am Beispiel des Opferfürsorgegesetzes und anderen Maßnahmen für die Opfer des Nationalsozialismus. Phil. Diss. Universität Wien 1991, S. 201ff.

Diskussion um eine Streichung des Passus »menschenunwürdig« dauerte letztlich bis 1970, als mit der 21. Novelle zum OFG das Leben im Verborgenen ab einer Mindestdauer von sechs Monaten entschädigt wurde. »Der Freiheitskämpfer«, das Organ der Sozialdemokratischen Freiheitskämpfer vom Oktober 1970, übertitelte seinen Beitrag: »Auch ›U-Boote‹ sind Opfer« und führte detailliert die Neuerungen an, ebenso die Überlegungen zu den Kosten dieser Novelle, die in dem Artikel auf zehn Millionen geschätzt wurden.[106] Bis zu diesem Zeitpunkt war Österreich als Ort des Versterktseins eine Voraussetzung, mit der 22. Novelle OFG vom April 1972 konnten auch im Ausland gewesene U-Boote eine Entschädigung erwirken.

Durch die Schilderungen der Betroffenen, der Zeugenaussagen, der behördlichen Meldeanfragen, vor allem aber durch die ergangenen Bescheide und die daraufhin mit großen Emotionen verfassten Berufungen entsteht ein sehr komplexes Bild der durchaus unterschiedlichen Lebenssituationen und Überlebensmöglichkeiten als U-Boot. Darüber hinaus werden die Atmosphäre im Laufe der Dauer des Verfahrens und die größtenteils unfassbare Behandlung dieser Opfergruppe durch die Behörde spürbar.

7. »WER EIN LEBEN RETTET …« – DIE AUSZEICHNUNGSVERFAHREN VON YAD VASHEM

»The Lord gave me friends who were destined to stand by my side to help me when the need, the terrible need, occurred … Hitler. Meta Schmitt came into my life in the year 1920, Mati

106 Der Freiheitskämpfer. Organ der Kämpfer für Österreichs Freiheit. Nr. 5, Oktober 1970.

Driessen came as a volunteer employee into my business in 1932, and Dorothea Neff was introduced by a friend to us in the year 1934. All three were very dear to me; and later they proved to be utterly dependable. They were sent by God to help me overcome the Naziterror, so my life could be saved.« Mit diesen Worten beginnt Lilli Wolff ihren mehrseitigen Brief an die diplomatische Vertretung Israels mit der ausführlichen Schilderung über ihre Rettung.[107] Über Dorothea Neff schreibt sie weiter: *»Dorothea was specially warned by her brother and sister-in-law that she might lose her job as an actress and her life, too, but she insisted that she would keep her commitment. This she did until I left for the USA in the year 1947. /…/ Before I went to underground, I was forced to make pocketflaps for women's uniforms for postal-employees. At this time, Dorothea began for a length of time to pay a certain man 50.- Schilling a month for taking me off the list of employment; and with this, off the list for deportation.«* Dennoch erhielt Lilli Wolff eines Tages die so gefürchtete Postkarte mit dem Befehl, sich in der Castellezgasse für den Transport zu melden, und in einer spontanen Regung traf Dorothea Neff die Entscheidung, ihre Freundin bei sich aufzunehmen.[108] In Beantwortung ihres Schreibens an Yad Vashem war Lilli Wolff von Vera Prausnitz, zu diesem Zeitpunkt Leiterin des Department for the Righteous, aufgefordert worden, ihre Aussage notariell zu beglaubigen und auch vor der Israelischen Vertretung beglaubigen zu lassen. *»This is an elementary rule of our Committee and we must abide by it, in order to submit a file to the Commission for the Designation of the Righteous.«*[109] Ende des Jahres, im Dezember 1979,

107 Brief vom 12.2.1979 an das israelische Generalkonsulat in Houston, USA. Damit wurde das Auszeichnungsverfahren in Gang gesetzt. Yad Vashem, Archives Righteous Among The Nations, Dossier 1652.

108 Siehe dazu auch Kapitel VI. 3 Individuelle Hilfestellung.

109 Brief vom 25.2.1979. Yad Vashem, Dossier 1652.

nahm der damalige Botschafter des Staates Israel in Österreich Yissakhar Ben-Yaacov Kontakt zu Dorothea Neff auf, um mit ihr die Vorbereitungen für die Ehrungszeremonie zu besprechen. Am 21. Februar 1980 fand schließlich im Akademietheater in Wien die ergreifende Ehrungsfeier in Anwesenheit des österreichischen Bundespräsidenten Dr. Rudolf Kirchschläger statt. Zahlreiche Schauspielerkolleginnen und -kollegen waren anwesend, als der Direktor des Burgtheaters, Achim Benning, in seiner Begrüßungsansprache die große Vorbildwirkung Dorothea Neffs würdigte, *»weil das Gesetz der Menschlichkeit und der entschlossenen Wahrhaftigkeit, unter dem dein Leben stand und steht, auch deine Kunst bestimmt hat«.*[110] Lilli Wolff, die nicht zu dieser Zeremonie hatte kommen können, ließ einen Brief verlesen: *»Es ist eine große Ehre für mich, Dorothea geehrt zu wissen, ihre hochherzige Tat anerkannt zu haben, ist die Erfüllung meiner Wünsche. Wie kann ich einen Ausdruck finden, für das, was mich so tief bewegt hat, seit dem Tage, als ich von ihr das Versprechen erhielt, mir zu helfen und mich zu verstecken /…/ Der Gedanke, dass ich in die Hände der Verfolger gefallen wäre, ist unausdenkbar. Gott hat Dorothea gewählt, mein Leben zu beschützen. Vier Jahre versteckt zu sein, in allen Gefahren und Ängsten, war kaum zu ertragen. /…/ Ein glücklicher Zufall brachte diesen Tag zusammen mit Dorotheas Geburtstag. /…/ Als sie geboren wurde, wurde die Welt reicher, ein Teil dieses Reichtums war mir gegeben und diese Feierstunde gibt Zeugnis dafür. Meine Dankbarkeit ist unauslöschlich.«*[111]

Im August 1953 war im israelischen Parlament ein »Gesetz zum Andenken an die Märtyrer und Helden – Yad Vashem«

110 Zit. nach Rita Koch. Mutter Courage. In: Die Gemeinde, 26.3.1980, S. 7.

111 Ebenda. Einige Medien berichteten über diese Veranstaltung, u. a. Ausweg. Jüdische Zeitschrift für Aufklärung und Abwehr. 3. Jg., Nr. 1 vom März 1980.

verabschiedet worden. Einerseits war eine Gedenkstätte für die jüdischen Opfer der NS-Herrschaft geplant, andererseits sollte jenen Frauen und Männern ein Denkmal – eine Allee der Gerechten – gesetzt werden, die in dieser Zeit der Unmenschlichkeit den verfolgten Jüdinnen und Juden geholfen hatten. Gleichzeitig sollte auch Material gesammelt werden, um das Geschehene, das Verlorengegangene, Vernichtete zu dokumentieren. Schicksalsberichte aus ganz Europa wurden an Yad Vashem übermittelt, da viele Gerettete, wie auch Lilli Wolff, ihre Beschützer als »Gerechte unter den Völkern« ehren lassen wollten.[112] *»Ich halte es für meine moralische Pflicht, Ihnen mitzuteilen, dass noch eine Person, eine sehr tapfere u. mutige Frau, Maria Steiner mit Namen, eine Vollarierin, die mir, der KZler-Verschickung gewärtigen, mit ihr weder verwandten, noch verschwägerten Volljüdin, Hedy Mendelsohn, das Leben rettete, indem sie mich aus der Sammelstelle heraus, u. als angebliche ›arische‹ Verwandte, zu sich nahm, u. für mich ›Arierpapiere‹ auf den Namen Hedy ›Steiner‹, als angebl. Stiefschwester, beim Luftschutz untergebracht, bis nach dem Einzuge der Sowjetarmee, für mich keine Gefahr mehr bestand. /…/ Sie hatte mich außerdem während der ganzen Verfolgungszeit mit Lebensmittel- u. Kleiderkartenabschnitten versorgt u. jährlich einen K.d.F.-Urlaub zugeschanzt. /…/ Wäre man ihr draufgekommen, hätte sie unter der Fallbeilmaschine geendet!! Ich ersuche Sie daher höflichst, zu veranlassen, dass das ›Jad Washem‹* [sic] *auch sie gebührend auszeichnet, denn durch ihr freiwilliges u. selbstloses Eingreifen hatte sie drei Menschenleben vor dem sicheren Tode bewahrt. Schon vor Jahren habe ich dem Leiter des jüdischen*

112 Siehe dazu Anton Maria Keim (Hrsg.). Yad Vashem. Die Judenretter aus Deutschland. Verlag Grünewald/Kaiser Mainz/München 2. Auflage 1984. In diesem Buch wurden einige der bis zur Drucklegung 1983 Ausgezeichneten auch aus Österreich präsentiert.

Dokumentationszentrums, Ing. Simon Wiesenthal, gesagt, diese tapfere Frau verdient eine ›Lebensrettungsmedaille‹.«[113] Cornelia Storfer fand folgende Worte: *»Ich bitte sehr herzlich, Frau Ölsinger zu belohnen.«*[114]

»Gerechte unter den Völkern« ist die höchste Auszeichnung, die der Staat Israel an Nichtjuden verleihen kann, es kommen vier Arten von Hilfeleistung für das Verfahren in Betracht: Verstecken, Verändern der Identität, aus dem Gefahrenbereich herausbringen und Hilfe für Kinder.[115]

Über längere Zeit wurden Anfragen zur Einsicht infrage kommender Dossiers negativ beantwortet, u. a. aus Gründen des Datenschutzes, da einige Personen eine Ehrung ablehnten und ihre Hilfe nicht öffentlich machen wollten.[116] Weshalb sollte jemand nicht geehrt werden wollen? Diese Frage stellte sich zum Beispiel im Falle des Gerechten Reinhold Duschka,

---

113 Brief von Hedy Mendelsohn vom 17.5.1967 an die Israelische Botschaft in Wien. Yad Vashem, Dossier 431. Die Ehrung für Maria Steiner erfolgte 1968. Ing. Simon Wiesenthal, 1908–2005. Überlebender der Shoah, gründete das »Dokumentationszentrum des Bundes Jüdischer Verfolgter des Naziregimes«, sammelte Dossiers über NS-Verbrecher. Es existieren heute weltweit zahlreiche Wiesenthal Centers, die sich mit der wissenschaftlichen Aufarbeitung der Shoah befassen. www.wiesenthal.com.

114 Yad Vashem, Dossier 1244. Hilde Ölsinger versteckte Cornelia und Samuel Storfer, sie wurde dafür 1977 geehrt. Im Herbst 2016 wurde eine Gedenktafel zur Erinnerung an dem Haus, in dem sich die Wohnung befand, enthüllt. Siehe dazu Die Presse vom 9.10.2016, S. 9.

115 Mordecai Paldiel. Es gab auch Gerechte. Retter und Rettung Jüdischen Lebens im deutschbesetzten Europa 1939–1945. Aus dem Englischen und Französischen von Brigitte Pimpl. Hrsg. von Erhard Roy Wiehn. Hartung-Gorre Verlag Konstanz 1999, S. 13. Dr. Paldiel, Leiter des Department for the Righteous ab 1982, war selbst Betroffener. Er konnte mit seiner Familie von Belgien über Frankreich schließlich in die Schweiz geschmuggelt werden.

116 Korrespondenz Dr. Herbert Rosenkranz, April 1984, und Dr. Mordecai Paldiel, März 1985 mit der Autorin, PUK.

der eine Frau mit ihrer Tochter über vier Jahre hindurch versteckt hatte. Einerseits – so konnte man im Rahmen eines Gespräches mit der Tochter, Dr. Lucia Heilman, erfahren, wollte die Mutter die Zeit aus ihrem Gedächtnis verbannen und nicht darüber sprechen, andererseits hatte Reinhold Duschka Bedenken, als Helfer der beiden Jüdinnen in seinem Bekannten- und Kundenkreis bekannt zu werden. Erst lange nach seiner Pensionierung ließ er die Ehrung zu.[117] Andere Gründe dafür, dass mitunter erst Kinder und Enkelkinder sich an Yad Vashem wenden, sind verloren gegangene persönliche Bindungen, Emigration, Hinwenden zu neuen Lebensinhalten, der Wunsch, einfach zu vergessen. Bis zum heutigen Tag werden Verfahren angestrengt, zumeist handelt es sich um posthume Ehrungen. In Zukunft wird es jedoch immer schwieriger werden, die notwendigen Unterlagen beizubringen und Zeugenaussagen zu erhalten. Seit der Gründung von Yad Vashem wurden weltweit etwas mehr als 26.500 Personen geehrt, etwas mehr als 100 davon kamen aus Österreich.[118] Haben Österreicherinnen und Österreicher nun mehr geholfen als Personen in anderen Ländern oder weniger? Oftmals wurde und wird die Frage nach der proportionalen Hilfeleistung in den einzelnen Ländern gestellt. Yad Vashem beantwortet diese Frage folgend: *»The question is often asked what can be learned from the numbers of Righteous and from the proportions between different nations about attitudes and the scope of rescue in the respective countries. It needs to be noted that the numbers of Righteous recognizend do not reflect the full extent of help given by non-Jews during the Holocaust; they are rather based on the material and documenta-*

117 Yad Vashem, Dossier 4537. Die Ehrung erfolgte am 12.9.1991. Siehe auch Joanna Nittenberg. Wenig Gerechte. In: Illustrierte Neue Welt, Nr. 10/11, Okt./Nov. 1991, S. 23.

118 Yad Vashem, www.yadvashem.org/righteous/statistics.html (21.1.2019).

tion that was made available to Yad Vashem. Most Righteous were recognized following requests made by the rescued Jews. Sometimes survivors could not overcome the difficulty of grappling with the painful past and didn't come forward; others weren't aware of the program or couldn't apply, /.../ other survivors died before they could make the request. An additional factor is that most cases that are recognized represent successful attempts; /.../ Before drawing any statistical conclusions about the proportions between different countries, one should bear in mind that although the Holocaust was a global and total attempt to annihilate the Jews all over occupied Europe, there were important differences between countries – differences in the number of Jews, the implementation of the Final Solution, the type of German or other administrations, the historical backdrop /.../ and the extent of danger to those who helped Jews, and a multitude of other factors that influenced the disposition and attitudes of local populations and the feasibility of rescue.«[119]

Abba Eban schrieb 1969 als Vorwort zu einem Buch über Gerechte: *»Yet, with our incredulousness and our stupefaction at this nadir of Man's evildoing in an enlightened twentieth century, there is mingled a deeply grateful admiration for the handful who had the moral and physical hardihood to defy the brutal ordinances of the German tyrant and, under threat of the gallows or the firingsquad, to succour and save countless Jews. /.../ These savious were men and women impelled by the Bible's behest, ›Love thy neighbour as thyself!‹ – and men and women of all classes vocations and societies, from the simple peasant and unskilled labourer to intellectuals, soldiers, diplomats, statesmen and clerics.«*[120] Eine der Ausgezeichneten beschrieb ihre Gefühle: *»Die sogenannten ›Gerechten‹ kann man nicht erzeugen – die sind es von sich und*

119 Ebenda.

120 Abba Eban. Foreword. In: Arieh L. Bauminger. Roll of Honour. Jerusalem Yad Vashem 1970, S 5f.

von innen heraus. Ich persönlich fühle mich nicht in irgendeiner Weise anständiger oder unanständiger. Über die Medaille damals war ich nur so unendlich ›gerührt‹, weil ich sie bekam, ziemlich knapp nach dem Tod von Walter [Posiles], *der für mich ein Vater – Bruder und Onkel war und es mir, wie ein letztes ›Dankeschön‹ von ›drüben‹ vorkam.«*[121]

8. BETROFFENE ERZÄHLEN – ORAL HISTORY

Für die Geschichtswissenschaft erlangte die Befragung von Zeitzeuginnen und -zeugen nach dem Zweiten Weltkrieg große Bedeutung. Aus dem Bereich der Sozialwissenschaften kommend, wo bereits zu einem früheren Zeitpunkt – vor allem im angelsächsischen Raum – die Methode der Befragung von Mitgliedern bestimmter sozialer Gruppen entwickelt worden war, um neben schriftlichem Quellenmaterial – sofern für eine Fragestellung überhaupt welches vorhanden war – ein weiteres Instrument zur Beurteilung, zum Beispiel der Lebensumstände der Afro-Amerikaner oder der Arbeiterschicht, zur Verfügung zu haben.[122] Für die Aufarbeitung der Geschichte der vom NS-Terror betroffenen Opfergruppen scheint die Methode Oral History – die deutsche Übersetzung: mündliche, mündlich erfragte Geschichte wird kaum verwendet – besonders geeignet.[123] Gerhard Botz verbindet Oral History mit

121 Brief von Charlotte Becher vom 27.11.1983 an die Autorin.

122 Vgl. dazu: Lutz Niethammer (Hrsg.). Lebenserfahrung und kollektives Gedächtnis. Die Praxis der »Oral History«. Syndikat Frankfurt 1980, S. 7–22.

123 Zur Verwendung des Terminus »Oral History« siehe auch Herwart Vorländer (Hrsg.). Oral History. Mündlich erfragte Geschichte. Vandenhoeck & Ruprecht Göttingen 1990, S. 7.

Geschichtsbereichen wie Sozialgeschichte, Alltagsgeschichte, Kulturgeschichte oder »Erfahrungsgeschichte«.[124] Für zahlreiche Stationen des Grauens gibt es wenige oder gar keine schriftlichen Belege, vorhandene Schriftstücke, Dokumente der nationalsozialistischen Machthaber gingen absichtlich oder auch unabsichtlich durch Kriegsereignisse verloren. Abgesehen davon können durch die ganz persönlichen, unterschiedlichen Erlebnisberichte vielschichtige Analysen ermöglicht und Aspekte beleuchtet werden, die bei Sichtung schriftlicher Quellen nicht erkennbar sind.[125] Konfliktfrei war der Diskurs zur Entwicklung der Oral History keineswegs, es gab kritische Auseinandersetzungen, die vor allem die Glaubwürdigkeit der durch die Interviews erlangten Informationen, aber auch die Objektivität der Interviewer anzweifelten und damit schließlich den Wert der Interviews als Quelle.[126]

Nach Anke te Heesen ist für die Weiterentwicklung des Interviews ganz allgemein, für die historische Forschung mit der Methode »Oral History« ganz besonders wesentlich, dass es ab den sechziger Jahren tragbare Aufnahmegeräte – Kassettenrekorder – gab, die Aufzeichnungen längerer Gespräche technisch praktikabler machten, andererseits aber auch eine Erleichterung bei der Transkription mit sich brachten und eine längerfristige Archivierung erlaubten.[127] Ähnlich hatte das Lutz Niethammer bereits 1980 beurteilt: »Was das technische Protokollinstrument Tonbandgerät erleichterte und verbilligte, traf zugleich

124 Vgl. Gerhard Botz. Oral History in Austria. In: BIOS. Zeitschrift für Biographieforschung und Oral History. Sonderheft 1990, S. 97–106.

125 Vgl. Einleitung der BearbeiterInnen. In: Jüdische Schicksale, S. VIIff.

126 Vgl. Marc J. Philipp. »Hitler ist tot, aber ich lebe noch.« Zeitzeugenerinnerungen an den Nationalsozialismus. Be.bra wissenschaft verlag Berlin 2010, S. 74ff.

127 Siehe »Und dann war der Skandal perfekt«. Klaus Taschwer im Gespräch mit Anke te Heesen. In: Der Standard. Forschung Spezial, 14./15.8.2013, S. 14.

auf ein zunehmendes zeit- und sozialgeschichtliches Bedürfnis.«[128] Das nunmehrige Vorhandensein eines archivierten Tonträgers eröffnete die Möglichkeit auch für andere Wissenschaftlerinnen und Wissenschaftler, das Tondokument nach unterschiedlichen Gesichtspunkten zu analysieren. Video-Filmaufnahmen ergänzten in weiterer Folge das gesprochene Wort. Dafür prägend, vor allem für die Shoah-Forschung, war zunächst das von Claude Lanzmann elf Jahre lang durchgeführte Projekt »Shoah« und schließlich die von Steven Spielberg 1994 gegründete Shoah Foundation (Survivors of the Shoah Visual History Foundation), die weltweit und in großem Umfang Schilderungen von Überlebenden der Shoah auf Video aufnahm, um sie nachfolgenden Generationen als Unterrichts- und Ausbildungsmaterial zugänglich zu machen. Im Rahmen dieses weltweit durchgeführten Projekts stellten sich mehr als 52.000 Personen zur Verfügung und gaben ihre Lebensgeschichte preis, 188 davon kamen aus Österreich.[129] Ein ähnliches Projekt, »Centropa«, wurde im Jahr 2000 von Edward Serotta ins Leben gerufen, im Laufe von zehn Jahren wurden 1200 Interviews geführt.[130] Das Medium Film mit weitaus flexibleren Gestaltungsmöglichkeiten setzte neue Impulse. Helene Maimann etwa führte Betroffene an Originalschauplätze und erzeugte so eine besondere Atmosphäre, die mithalf, dass sich die Befragten an Ereignisse und Handlungsabläufe erinnerten, gerade weil sie mit einem bestimmten Ort verknüpft waren.[131]

Was kann Oral History? Welchen Stellenwert im Rahmen der Aufarbeitung von Quellen kommt dieser Methode zu?

---

128 Niethammer. Lebenserfahrung, S. 9.

129 USC Shoah Foundation. The Institute for Visual History and Education. https://sfi.usc.edu.

130 www.centropa.org.

131 Susanne Lintl. »Erzählen, solange es noch geht«. In: Kurier, 6.5.2005, S. 31.

Sind die Informationen, die man durch ein Interview erhält, historische Quelle bzw. vergleichbar mit den »anderen« Quellen, mit denen eine Historikerin, ein Historiker arbeitet? Dem Einwand, diese Quelle sei zufällig, einseitig und subjektiv, hält Herwart Vorländer entgegen, dass ebenso wie bei den »normalen« Quellen auch in diesem Fall die Information einem quellenkritischen Verfahren unterworfen werden müsse. »Denn unter den Verdacht von Fehlerinnerung, ideologiegeleiteter Interpretation, Schönfärberei bis zu bewusster Fälschung müssen auch Quellen gestellt werden, mit denen wir es im normalen Historikeralltag zu tun haben.«[132] Was ist demnach zu beachten, wenn man sich entschließt, mit »erzählenden Quellen« zu arbeiten? Sind sie für ein bestimmtes Thema tatsächlich relevant? Es muss klar sein, dass es sich bei dem Erzählten um subjektive Erfahrungen, Erinnerungen handelt, um persönliche Emotionen. Ein Rückschluss auf andere Personen, die sich in einer ähnlichen Situation befunden haben, ist nur bedingt zulässig. Woran kann sich der/die Befragte tatsächlich erinnern und welche Passagen der Erzählung sind im Laufe der Zeit zu festen Wortphrasen geworden, weil sie immer und immer wieder erzählt wurden? Sind wirklich alle Erinnerungen Selbsterlebtes? Wie sieht es mit der Chronologie aus? Ein Interviewter meinte dazu: *»Ich kann nicht wirklich die Zeitläufe abgrenzen. Das ist alles ein zusammenhängendes graues Bild. Es war eine Zeit, in der ich in Lebensgefahr gewesen bin, wenngleich ich das so nicht ununterbrochen empfunden habe. Es gab so viel Routine, auch Hunger und Angst waren Routine. /…/ Es gab kein Vertrauen mehr, ich lebte in einer feindlichen Umwelt.«*[133] Charlotte Becher, die gemeinsam mit ihrer Schwester Edeltrud Posiles mehreren Juden geholfen hatte, sinnierte: *»Natürlich,*

132 Vorländer. Oral History, S. 15.
133 Interview Paul Grosz. In: Jüdische Schicksale, S. 210.

heut' weiß ich, wenn wir erwischt worden wären, wären wir an die Wand gestellt worden, das hat man überhaupt nicht überlegt, das hat man gar nicht bedacht. Ja, was war noch? Es waren schon verschiedene Situationen, man muss immer in der Erinnerung spazieren gehen, weil es fällt einem ja nicht chronologisch ein, man [kann] ja nicht wie in einem Roman erzählen, das ist dann passiert und das dann und dadurch springt man ja in der Zeit so stark herum.«[134]

Für Ulrike Jureit sind lebensgeschichtliche Interviews »ganz wesentlich durch bewusste und unbewusste Erfahrungen des Befragten bedingt. Dieses Wissen, das sowohl individuell als auch kollektiv, bewusst wie auch unbewusst geformt ist, hat eine zutiefst historische Dimension«.[135] Jureit sieht die Bedeutung der lebensgeschichtlichen Interviews in der Tatsache, dass sich dadurch Dinge einfangen lassen, die unter Umständen nur in mündlicher Form existieren.[136]

Interviews standen am Anfang der Recherchen. Die Vorbereitungen für die jeweiligen Treffen waren gekennzeichnet von Überlegungen, in welcher Form das Gespräch geführt werden sollte. Abgesehen von einer anfänglichen Abklärung der jeweiligen Personalia und einem kurzen Fragengerüst zum Einstieg erhielten die Gesprächspartnerinnen und -partner Gelegenheit, ohne viel Unterbrechung »draufloszureden«, zunächst ihre Geschichte, ihren Blick der Ereignisse zu erzählen, der Sprechfluss wurde nach Möglichkeit nicht unterbrochen.[137] Erst bei ergän-

134 Interview Charlotte Becher. DÖW-Interviewsammlung Nr. 390.

135 Ulrike Jureit. Erinnerungsmuster. Zur Methodik lebensgeschichtlicher Interviews mit Überlebenden der Konzentrations- und Vernichtungslager. Ergebnisse Verlag Hamburg 1999 (= Forum Zeitgeschichte Bd. 8), S. 27ff.

136 Ebenda.

137 Die Autorin bediente sich dabei situationsabhängig vorwiegend der

zendem Nachfragen wurde das gesamte Umfeld, die soziale Herkunft der Familie, die religiöse sowie die politische Einstellung abgeklärt. Ebenso war von Interesse, weshalb die Familien der Betroffenen in Wien geblieben waren, nicht versucht hatten, ein aufnahmewilliges Exilland zu finden. Wie U-Boot und Helfende zueinander gefunden und ob es bereits vor 1938 eine Beziehung zwischen diesen gegeben hatte. War Geld im Spiel? Fragen nach besonderen Vorfällen wurden gestellt, wie man das Ende des Krieges erlebt hatte und wie das Leben danach weitergeführt wurde. Bei der Bewertung der Interviews muss in Betracht gezogen werden, dass Erlebnisse geschildert wurden, die Jahrzehnte zurücklagen, es muss mit Erinnerungslücken gerechnet werden, mit chronologischen Unsicherheiten, aber auch damit, dass das Zurückerinnern an die Vergangenheit bei den Zeitzeuginnen und -zeugen große Emotionen auslösen kann. In manchen Fällen war es das erste Mal, dass Betroffene über ihre Situation, ihr Überleben als U-Boot erzählten und zu weinen begannen. Mitunter wurde auch ein Gespräch verweigert, mit dem Hinweis, es sei psychisch nicht verkraftbar. *»Es ist so, ich habe mit der Frau B. wiederholt gesprochen, und sie sagt mir immer wieder, jedes dieser Gespräche erweckt in ihr solche Erinnerungen, dass sie dann schlaflose Nächte hat, und etwas ist kurios, sie sagt, wenn sie von sich spricht, aus dieser Zeit, dann ist es so, als würde sie von einer fremden Person sprechen, denn sie kann sich selbst nicht vorstellen, dass sie all diese Gefahren und furchtbaren Erlebnisse überstanden hat. /.../ Sie selbst kann es sich*

Technik des narrativen Interviews. Siehe dazu Arbeiten von Fritz Schütze z. B. Biographieforschung und narratives Interview. In: Neue Praxis 13 (1983) 3, S. 283–293 und Daniela Gahleitner/Maria Pohn-Weidinger. Biographieforschung: Erzählte Lebensgeschichten als Zugang zu Vergangenem. Annahmen und methodisches Vorgehen. In: DÖW (Hrsg.). Jahrbuch 2005, S. 175–195.

nicht vorstellen, wie sie das alles durchstehen konnte.«[138] Emotionen lassen sich auch Jahrzehnte später nicht unterbinden, wie sich bei einem Gespräch mit der Tochter eines Helferehepaars zeigte. Das Kind von damals ist heute über 80 Jahre alt und muss die Erzählung immer wieder unterbrechen, da die Erinnerung an die Schrecken dieser Zeit – wohl auch mit dem heutigen Wissen über das Ausmaß der Gräueltaten und die noch immer vorhandene Trauer darüber, dass man nicht mehr hatte helfen können – Tränen in die Augen treibt.[139] Informationen von Personen, die zum Zeitpunkt des Geschehens Kinder waren, müssen einer besonderen Bewertung unterzogen werden. Dabei geht es nicht darum, ob die Informationen, die man erhält, »richtig« oder »falsch« sind, sondern inwiefern es sich um »Eigenerinnerungen« handelt, die man erzählt, oder – je nach Alter – »nacherzählt«, weil man die Geschichte eben von den Eltern, den Erwachsenen in einer bestimmten Form gehört hat und diese dann zu seiner eigenen Erinnerungsgeschichte gemacht hat.[140] Tradierte Lebensgeschichten können, müssen aber auch manchmal durch das zufällige Auffinden von Dokumenten zumindest teilweise neu geschrieben werden, wie im Falle von Robert Schindel.[141]

Die aus den zahlreichen Gesprächen gewonnenen Informationen sind wertvoll und unverzichtbar, um ein Gesamtbild des Lebens und Überlebens im Verborgenen zu entwerfen. Eine Zeitzeugin stellte jedoch gerade dieses Ansinnen in Frage: *»Es ist alles recht banal, und man schlitterte eben so hinein. Ich frage mich nur eine Sache: Ist es gut, die tatsächlichen kleinen Details*

138 Interview Dr. Fritz Rubin-Bittmann, PUK.

139 Vgl. Interview Ottilie Sch., PUK.

140 Zum Beispiel: Dr. Fritz Rubin-Bittmann wurde im September 1944 geboren. Die Überlebensgeschichte wurde von den Eltern »vorerzählt«.

141 Siehe Interview mit Robert Schindel in Kapitel VIII.

publik zu machen? Die Unzahl von Qualen, die sich Menschen für Menschen ausdenken können und unter welchen Ideologien, ist so vielfältig. Und so wenig bleibt dem menschlich Gebliebenen, um dagegen ankämpfen zu können. Die Erfordernisse, um in irgendeiner Weise helfen zu können, sind immer listenreicher geworden. Was also ist, wenn wir alle unsere geheimen, oft aus dem Augenblick kommenden ›Listen‹ öffentlich herumerzählen – sozusagen für den ›Feind‹ greifbar, lesbar machen?«[142] – Trotz dieser Bedenken kam ein Interview zustande.

Das Interview selbst ist nur ein Arbeitsschritt innerhalb Oral History. Nach der Transkription müssen die gewonnenen Informationen in den historischen Rahmen gestellt, Unklarheiten, ob rein sprachlicher oder inhaltlicher Natur, nach Möglichkeit abgeklärt, Angaben von allgemeinen Daten und Ereignissen verifiziert werden. Die individuellen Erzählungen sollen kritisch hinterfragt und auf Plausibilität überprüft werden. Bei den sehr unterschiedlichen Erfahrungen und Erlebnissen, von denen U-Boote und Helfende erzählten, war dies nicht immer einfach. Während bereits zuvor beschriebene Quellenbestände vor allem auf Quantität, das heißt auf die numerische Suche nach U-Booten gezielt untersucht wurden, brachten die durch Oral History erlangten wesentliche Informationen und unerlässliche Erkenntnisse über das Alltagsleben und die Atmosphäre und die enorme psychische Belastung, in der sich die Betroffenen befanden.

142 Brief von Charlotte Becher an die Autorin, PUK.

»2. Pfeffergasse 1 – Wohnhaus Karl Klimbergers.

Hier wohnte Karl Klimberger (geb. 19.11.1878), Präsident des Verbandes sozialdemokratischer Gewerbetreibender und von 1927 bis 1932 Abgeordneter zum Nationalrat. In der NS-Zeit versuchte er, sich der Deportation zu entziehen. Er trug den vorgeschriebenen Judenstern nicht und fand unangemeldet Unterschlupf bei seinen sozialdemokratischen Freunden Karoline und Emil Lhotak, 4. Johann-Strauß-Gasse 39. Klimberger wurde am 25. Juni 1943 festgenommen, das Ehepaar Lhotak wenige Tage danach. Über das weitere Schicksal der drei Personen ist nichts bekannt.«[143]
Im Zuge des Projekts »Namentliche Erfassung der österreichischen Holocaust-Opfer« konnten die Schicksale von Karl Klimberger – deportiert am 12. Oktober 1943 nach Auschwitz und dort umgekommen – und Emil Lhotak – überlebte KZ Dachau und Natzweiler – eruiert werden, das Schicksal von Karoline Lhotak bleibt bis dato weiterhin unbekannt.[144]

Neben den beschriebenen Quellenbeständen, die nach der Opfergruppe U-Boote bzw. Helfende durchgesehen wurden, brachten Erwähnungen in sonstiger Literatur immer wieder neue Erkenntnisse, vorhandene Daten wurden einer Überprüfung unterzogen und ergänzt.

So fand sich in dem Buch »Musikleben« ein Beitrag zu Erwin Ratz, einem Lehrer an der Akademie für Musik und darstellende Kunst in Wien nach 1945, der U-Booten geholfen hatte.

---

143 Die Arbeiter von Wien. Ein sozialdemokratischer Stadtführer. Hrsg. von Kurt Stimmer im Auftrag des Bildungsausschusses der Wiener SPÖ. Jugend und Volk Wien 1988, S. 71f. Siehe auch Herbert Rosenkranz. Verfolgung und Selbstbehauptung. Die Juden in Österreich 1938–1945. Herold Verlag Wien 1978, S. 304.

144 DÖW 5734d und DÖW 8475. Emil Lhotak, geb. 26.1.1896, und Karoline Lhotak, geb. 6.9.1892.

»Erwin Ratz hat in seiner kleinen Wohnung in der Oberen Bahngasse 6 in Wien III und auch im Bäckerei-Haus seiner Familie in der Favoritenstraße 46 sogenannte ›U-Boote‹, also Personen, die sich vor der Verfolgung durch die nationalsozialistischen Machthaber durch Untertauchen zu schützen suchten, beherbergt und versorgt. /…/ Ratz' Wohnung in der Oberen Bahngasse war tatsächlich sehr klein: Im fünften Stock eines Gemeindebaus bestand sie aus einem Gang, der als Vorraum diente, einer kleinen Küche, Toilette, einem winzigen Abstellraum und einem ca. 25 m² großen Wohn- bzw. Schlafraum. Hier wohnten Erwin Ratz, seine Frau, sowie Lizzy Berner und die Herren Sidon und Buchwald.«[145]

Viktor E. Frankl erwähnte in einem seiner Bücher, dass eine Cousine verborgen in Wien überlebt habe: *»Drei Jahre verbrachte ich in vier Konzentrationslagern. Dann ging ich wieder nach Wien zurück. Immer wieder musste ich mir die Frage anhören: ›Hat man dir in Wien zu wenig angetan? Dir und den Deinen?‹ Mein Vater war im Lager zugrunde gegangen, meine Mutter war in Auschwitz ins Gas gegangen, mein Bruder war ebenfalls in Auschwitz umgekommen, und meine erste Frau, mit 25 Jahren, in Bergen-Belsen. Aber ich erwiderte mit einer Gegenfrage. ›Was hat mir wer angetan? Da gab es in Wien eine katholische Baronin, die unter Lebensgefahr eine Cousine von mir jahrelang in der Wohnung verborgen hielt, und dann gab es da einen sozialistischen Rechtsanwalt, /…/ der mir aber, wann immer er nur konnte, versteckt und verstohlen etwas zu essen brachte.«*[146]

145 Johannes Kretz. Erwin Ratz – Leben und Wirken. In: Musikleben Band 4. Studien zur Wiener Schule 1. Peter Lang. Europäischer Verlag der Wissenschaften Frankfurt am Main 1996, S. 48f. Die Autorin hatte schon zu einem früheren Zeitpunkt – 24.2.1989 – ein Interview mit Lizzy Berner geführt, der oben zitierte Literaturhinweis bekräftigte die Aussagen der Interviewten. Yad Vashem ehrte Erwin und Lonny Ratz posthum am 29.3.2016 in einer Veranstaltung im Wiener Rathaus.

146 Viktor E. Frankl. Die Sinnfrage in der Psychotherapie. Piper Verlag

Bei der Cousine handelt es sich um Valerie Laufer, die von Frida Meinhardt (eig. Friederike von Mühlwerth-Gärtner) fast drei Jahre versteckt wurde.[147]

In Zeitschriften jüdischer Gemeinden oder in Mitteilungsblättern der verschiedenen Opferverbände konnte ich auch immer wieder Artikel zu U-Booten finden, manchmal allerdings erst, wenn diese bereits verstorben waren und ein Nachruf abgedruckt wurde, wie im Falle von Berta Hirsch-Laufer, wo es hieß: *»Nachdem sie den Krieg im Untergrund in Wien überlebt hatte, /.../«*[148]

Daten der Israelitischen Kultusgemeinde Wien wurden zur Überprüfung einiger Personaldaten herangezogen, zu gescheiterten Versuchen waren die Deportationslisten wichtige Ergänzung. Die Israelitische Kultusgemeinde hatte nach Kriegsende Bestätigungen zur Vorlage bei Ämtern bzw. zur Meldung bei den Opferverbänden ausgestellt, die neben den Personalia Vermerke enthielten wie *»/.../ Genannte scheint auch auf der Liste jener Personen auf, die von der Gestapo gesucht wurden, da sie untergetaucht (U-Boot) waren, um sich der Verfolgung aus rassischen Gründen zu entziehen.«*[149]

In Verfahren gegen Gestapo-Beamte nach Kriegsende vor

München/Zürich 4.Aufl. 1992, S. 162. Prof. Dr. Viktor E. Frankl, 1905–1997. Arzt, Begründer der Logotherapie.

147 Korrespondenz und Telefonat mit Prof. Viktor Frankl. Zur Überlebensgeschichte von Valerie Laufer siehe Christine Kanzler. »Ich habe gehört, daß Sie judenfreundlich sind.« Geschichte einer Rettung. In: Christine Kanzler/Ilse Korotin/Karin Nusko (Hrsg.). »... den Vormarsch dieses Regimes einen Millimeter aufgehalten zu haben ...«. Österreichische Frauen im Widerstand gegen den Nationalsozialismus. Praesens Verlag Wien 2015, S. 191–207.

148 Der Bund. Organ des Bundes werktätiger Juden – Poale Zion. Nr. 111, März 1989, S. 4. Siehe zu Berta Hirsch auch Kapitel II. 2 Die Zentralregistrierung der Opfer des Naziterrors.

149 Derartige Bestätigungen finden sich u. a. in den KZ-Verband-Akten oder sind den Opferfürsorgeverfahren beigelegt.

dem Volksgericht – zum Beispiel gegen Johann Rixinger oder Karl Bergauer – kam es auch immer wieder zu Erwähnungen von U-Booten.[150]

Neben den oben angeführten Quellen erhielt ich zahlreiche Hinweise, die sich nicht immer als verifizierbar herausstellten, dennoch konnten durch gerade diese »privaten« Informationen etliche Fälle abgerundet werden.

150 Vgl. DÖW E 20118 oder DÖW 18961.

III. OBJEKTIVIERUNG UND AUSWERTUNG DER RECHERCHEN[151]

1. DEFINITION DES RELEVANTEN PERSONENKREISES

Der Aufbau einer Datenbank erwies sich als zusätzliche und auch notwendige Hilfestellung für die Aufarbeitung und die quantitative, statistische Auswertung der Daten, da die Frage, wie viele U-Boote es gab, immer im Vordergrund stand. Damit konnte auch eine Objektivierung der erfassten Daten erreicht werden, da zu den sehr persönlichen Lebensberichten allgemeingültige Aussagen über die Rahmenbedingungen hinzukamen. Die Datenbank bot die Möglichkeit einer Abfrage nach jeweils verschiedenen Merkmalen, in mehreren Kombinationen – zum Beispiel: Wie viele Helfer/Helferinnen hatte bzw. brauchte ein U-Boot? Kannten die Betroffenen einander bereits vor 1938? Hatten die Helfenden jüdische Wurzeln? Dazu wurden neben den reinen Personaldaten Einträge nach der Zuordnung – U-Boot, Helfer oder Helferin –, Quellenangabe, Verweise zu den einzelnen Wohnorten, zu Bezugspersonen, aber auch zur Verbindung zwischen den einzelnen Personengruppen gemacht. Die Heterogenität des erhobenen Datenmaterials verlangte eine sorgfältige Überprüfung und Bereinigung zur Vorbereitung für die statistische Auswer-

151 Die Auswertung der erfassten Daten erfolgte elektronisch. Die Autorin erhielt bei der Erstellung, Erweiterung und schließlich auch Auswertung Unterstützung von: Mag.a Piroska Kelemen, Florian Niederhofer, Dr. Gerhard Ungar. Zur Entstehung und Aufbau der Datenbank siehe Brigitte Ungar-Klein. Jüdische U-Boote in Wien 1938–1945. Phil. Diss. Universität Wien 2017.

tung.[152] Die erstellte Datenbank besteht aus insgesamt 5060 Datensätzen, wobei jeder Datensatz einer individuellen Person zugeordnet wurde. In wenigen Fällen wurde für eine Familie, eine Firma oder eine kirchliche Institution ein Datensatz angelegt, wenn keine Informationen zu den einzelnen Personen, oder im Fall der Familien zu den Vornamen, bekannt waren.[153]

Personendaten, die in den einzelnen Quellen mit Hinweisen auf »U-Boot«, »Leben im Verborgenen« oder »getarnt gelebt« gefunden wurden, wurden in die Datenbank aufgenommen, in weiterer Folge wurde jedoch überprüft, inwiefern sie in den diesem Buch zugrundeliegenden Definitionsrahmen »jüdisches U-Boot« passten. Diese Abgrenzung ist für die folgende Auswertung der Daten erforderlich, um zu erklären, weshalb welche Anzahl von Daten für welche Fragestellungen als relevant eingestuft und in weiterer Folge behandelt wurde.

Bei der Definition, was unter einem Leben im Verborgenen, einem U-Boot zu verstehen ist, muss das Augenmerk auf ein Leben in der Illegalität gelegt werden. Konkret bedeutet dies, dass eine Betroffene, ein Betroffener entweder tatsächlich in einem Versteck – wie immer das auch ausgesehen haben mag – oder getarnt, mit falschen Papieren, Ausweisen, mit einer anderen, geborgten Identität gelebt haben musste, unabhängig von der Dauer. Sich »nur« vor Kriegshandlungen verborgen gehal-

152 Zur Bearbeitung von Quellenbeständen in computerunterstützten Datenbanken siehe auch Gerhard Ungar. Erhebung, Erfassung und Bearbeitung der Quellen. In: DÖW (Hrsg.). Jahrbuch 2007, S. 30–35, sowie Brigitte Bailer/Gerhard Ungar. Quellen und Methode. In: DÖW (Hrsg.). Jahrbuch 2013, S. 101–110. Unterschiedliche Schreibweisen der Namen, Namensänderungen, z. B. bei Frauen durch Heirat, schwere Lesbarkeit bei handschriftlichen Einträgen zählen zu den häufigsten Fehlerquellen.

153 Die Zahlen und die daraus resultierende Auswertung beziehen sich auf den Eintragungsstand in die Datenbank vom Dezember 2016.

ten zu haben, wenn auch verständlich und nachvollziehbar, reichte hier nicht als Kriterium für eine Aufnahme. Gleiches gilt für in Wien auch legal lebende Jüdinnen und Juden, die sich in den letzten Kriegswochen in Kellern versteckt hielten – diese hatten aber eben legale Papiere. Einem Hinweis nachgehend, wonach Martha Rother-Stollewerk, eine Fürsorgerin, *»als Jüdin während der NS-Zeit mit ihrem Kleinkind als ›Unterseeboot‹ gelebt«* habe, ergaben die Recherchen, dass es sich um eine sogenannte Mischehe handelte. Man erzählte mir zwar, dass die Verhältnisse schwierig gewesen seien, dass man jedoch legale Papiere gehabt hatte.[154]

Bei der Frage nach der jüdischen Herkunft wurden die Einstufungen der Nürnberger Gesetze als entscheidendes Kriterium herangezogen. In einigen Sonderfällen sahen die Betroffenen sich selbst zwar nicht als »jüdische U-Boote«, wurden aber im Sinne der hier angeführten Definition in die Datenbank aufgenommen und auch mitgezählt.[155] Josef Pepi Meisel, den ich als ehrenamtlichen Mitarbeiter im DÖW kennengelernt hatte, war mit gefälschten Ausweispapieren, die ihn als französischen Fremdarbeiter auswiesen, nach Österreich zurückgekommen, um Widerstand zu leisten. In Gesprächen wies er die Einordnung als U-Boot von sich.[156]

Getarnt, mit dem Namen eines Freundes überstand der Schauspieler und Autor Fritz Eckhardt die NS-Zeit in Wien. In der eidesstattlichen Erklärung beim Verband der wegen ihrer Abstammung Verfolgten gab Fritz Eckhardt an, *»in Wien 1., Annagasse 3a mit falschen Papieren bei Frau Hirsch«*[157] gelebt zu

154 Vgl. Stefan Schemer. Donaustadt – Zukunftsland. Geschichte der Donaustädter Sozialdemokratie. Verlag der SPÖ-Wien 1993, S. 19 sowie persönliche Information der Familie vom 16.5.1994.

155 Zum Beispiel auch Gerty/Gertrude Schindel oder Ing. Walter Greif.

156 Vgl. DÖW 8475. Josef Meisel, 1911–1993.

157 DÖW 20100/1901.

haben. In einem persönlichen Gespräch meinte er, dass man ihn eigentlich nicht als U-Boot ansehen könne. Er habe lediglich für seine schriftstellerische Arbeit eine Deckperson benötigt – in der Person Franz Paul. In seiner Autobiografie »Ein Schauspieler muß alles können« liest sich das so: *»Meine Situation war 1938 deprimierend, war ich doch durch meinen jüdischen Vater aus dem deutschen Kulturleben ausgeschlossen. In Wien hatte ich zu dieser Zeit einen Freund und Mitarbeiter, den Autor Franz Paul, und mit dem sprach ich ein ernstes Wort: ›Paß auf, ich müßte eigentlich in die Emigration gehen, aber ich hänge an Wien und an Österreich und möchte nicht weg. Aber ich muß von etwas leben. Ich möchte also weiter schreiben. Wenn du mich tarnst und deinen Namen für mich hergibst, dann bleibe ich hier – und wir können, davon bin ich überzeugt – nächstes Jahr mindestens dreihundert Mark im Monat verdienen!‹ Franz gab seinen Namen her, und ich blieb!«*[158] Fritz Eckhardt berichtet in diesem Buch auch über seine Hilfstätigkeit als Kriegsdienstverpflichteter ab 1942, in einem Antrag im Sinne des Opferfürsorgegesetzes legte er in einer Niederschrift am 28. November 1973 dar: *»Mein Vater war Volljude und wurde am 27. Mai 1942 nach Minsk deportiert, von wo er nicht mehr zurückkehrte. Auch meine Mutter, die bereits 1916 verstorben ist, war Jüdin, doch konnte ich dies verheimlichen, sodass ich als Mischling galt. Ich lebte bis 1938 von gelegentlichen Arbeiten als Schauspieler, Kabarettist, hatte jedoch keine ständige Anstellung. Mein Vater war Theaterdirektor. Auch ich bekam als Mischling keine weiteren Anstellungen und lebte von Unterstützungen und Substanz. Im Juni 42 glaublich wurde ich dienstverpflichtet und arbeitete als Hilfsarbeiter …«*[159] Aus den

158 Fritz Eckhardt. »Ein Schauspieler muß alles können«. Mein Leben in Anekdoten. Herbig Verlag München 1989, S. 164ff. Telefonat mit Prof. Fritz Eckhardt (1907–1995) am 14.10.1994.

159 WStLA, M.Abt. 208, A 36, Akt Fritz Eckhardt sowie WStLA, M.Abt. 12, GZ. 43776. Viktor Eckhardt, geb. 18.11.1880, Vater von Fritz,

beschriebenen Gründen wurde Fritz Eckhardt für dieses Buch gelistet, da sowohl die jüdische Herkunft als auch ein Leben in Tarnung – in diesem Fall als sogenannter Mischling – als Kriterien zutreffen.

Im Sinne der dargestellten Kriterien bezieht sich die detaillierte Datenanalyse nur auf 1628 jüdische U-Boote plus sechs jüdische Widerstandskämpfer, Widerstandskämpferinnen.[160]

1827 Datensätze betreffen »Helfer und Helferinnen«, hier werden Personen erfasst, die U-Booten eine Unterkunft gewährt haben. Mit dieser Hilfestellung brachten sie sich oft in größte Gefahr, sie wurden im Falle des Scheiterns der Hilfe verfolgt, festgenommen, kamen in Konzentrationslager, etliche wurden ermordet.[161]

---

wurde laut DÖW-ODB am 27.5.1942 nach Maly Trostinec deportiert, wo er am 1.6.1942 umkam.

160 Unberücksichtigt in dieser Analyse blieben Personen, die im Ausland versteckt waren, Fahnenflüchtige, politisch Verfolgte, Roma sowie jene, bei denen keine eindeutige Zuordnung zur untersuchten Opfergruppe getroffen werden konnte.

161 Siehe dazu auch die Kapitel V und VI.

2. DEMOGRAFISCHE DATEN DER U-BOOTE[162]

Tabelle 1[163]

Altersgruppen der U-Boote		
0–14	57	3%
15–20	109	7%
21–30	202	12%
31–40	334	21%
41–50	396	24%
51–	406	25%
ohne Angabe	130	8%
Summe	1634	100%

Tabelle 2

Geschlecht der U-Boote		
weiblich	852	52,0%
männlich	773	47,0%
Familie[164]	4	0,5%
ohne Angabe	5	0,5%
Summe	1634	100%

Im April 1945 starb das älteste U-Boot, Hanni Pongrác (Johanna Pankratz, geb. Stern), im Alter von 88 Jahren. Im selben Monat wurde das jüngste U-Boot, Anna Uhl, geboren.

162 Im Sinne der besseren Lesbarkeit wird bei den Tabellen auf eine geschlechtersensible Formulierung weitgehend verzichtet. Es sei darauf hingewiesen, dass in jedem Fall Frauen und Männer gleichermaßen gemeint sind. Nicht für jede Fragestellung war es möglich, in den Quellen entsprechende Angaben zu finden. Vor allem bei Helferinnen und Helfern fand sich oft lediglich Namensangaben. Die Auswertung bezieht sich auf die tatsächlich gefundenen Daten.

163 Prozentangaben hier und in der Folge aufgerundet.

164 In diesen Fällen handelt es sich um Familien, die versteckt waren. Weitere Informationen zu diesen Personen wurden nicht gefunden.

Tabelle 3

Familienstand der U-Boote[165]		
verheiratet	400	24,5%
geschieden	170	10,4%
getrennt	6	0,4%
verwitwet	189	11,6%
ledig	391	23,9%
davon Kinder zwischen 0–14 Jahren	*27*	
und Jugendliche zwischen 15–20 Jahren	*61*	
ohne Angabe	478	29,3%

Tabelle 4 bezieht sich auf die zu NS-Zeit geltenden Einordnungskriterien nach den Nürnberger Gesetzen.[166] Die Einstufung war für das Gefahrenpotenzial der Verfolgung von größter Bedeutung: »Geltungsjuden« – dieser nationalsozialistische Begriff war für jene Personen gebräuchlich, die zwar nichtjüdische Eltern- und Großelternteile hatten, allerdings in der Kultusgemeinde registriert waren und/oder jüdische Ehepartner hatten und die per definitionem rechtlich als Juden galten, im Unter-

165 Die Dateneingabe erfolgte nach der jeweiligen Angabe in den Quellen und ist auf jede einzelne Person bezogen.

166 Den individuellen Status der jeweiligen Person zu dokumentieren ermöglicht die Mehrfachangabe im entsprechenden Feld des Datensatzes, z. B. Austritte aus der IKG oder erfolgte Taufen. Ein etwaiger Hinweis auf »Sternträger« in einem Dokument wurde ebenfalls vermerkt. In Tabelle 4 wurden die Eintragungen zusammengefasst – es wurde darauf geachtet, welche Personen Juden/Jüdinnen nach den Nürnberger Gesetzen waren bzw. als solche galten. Zu den Nürnberger Gesetzen siehe u. a. Joseph Walk (Hrsg.). Das Sonderrecht für die Juden im NS-Staat. Eine Sammlung der gesetzlichen Maßnahmen und Richtlinien – Inhalt und Bedeutung. Müller – Juristischer Verlag Heidelberg/Karlsruhe 1981 oder auch Rudolf Beyer (Hrsg.). Die Nürnberger Gesetze vom 15. September 1935 (Reichsflaggengesetz, Reichsbürgergesetz, Gesetz zum Schutze des deutschen Blutes und der deutschen Ehre) und das Ehegesundheitsgesetz vom 18. Oktober 1935. 7. Aufl. mit einem Nachtrag (Gesetzgebung bis Ende Mai 1939). Reclam Leipzig 1939.

schied zu den Personen, die als »jüdische Mischlinge« bezeichnet wurden. »Geltungsjuden« waren mit Einführung der Kennzeichnungspflicht zumeist auch »Sternträger«.[167] Die Einstufung als »Mischling« war somit bereits als gewisse Besserstellung und Mindergefährdung zu sehen, nicht ohne Grund bemühten sich Verfolgte, ihren Herkunftsstatus zu verändern, entweder offiziell über behördliche Verfahren, die mitunter auch mehrere Jahre andauerten, oder durch Besorgen falscher Dokumente. Die prekäre Situation der in sogenannter »Mischehe« lebenden Jüdinnen und Juden wird in etlichen Lebensberichten eindringlich geschildert, in manchen Fällen halfen die Ehepartner einander, in manchen Fällen glaubten die Eheleute, durch eine Pro-forma-Scheidung dem anderen zu helfen. Ein Irrglaube, da durch die Scheidung der jüdische Teil der NS-Verfolgung ausgeliefert wurde. Im Falle des Todes des nichtjüdischen Partners, der nichtjüdischen Partnerin war der jüdische Teil jedenfalls schutzlos den nationalsozialistischen Verfolgungsmaßnahmen ausgeliefert.

Tabelle 4

Einordnung der U-Boote nach den Nürnberger Gesetzen	
Jude/Jüdin/Geltungsjuden	975
Mischling 1. Grades	73
Mischehe	130
davon 23 geschieden, 25 mit verstorbenem Partner/verstorbener Partnerin	
2 getrennte Ehen, 1 Wiederverheiratung nach 1945	
ohne Angabe	456

167 Ab 1.9.1941 bestand eine Kennzeichnungspflicht für Juden ab dem sechsten Lebensjahr. Der »Judenstern« musste gut sichtbar an der Kleidung befestigt werden.

Tabelle 5

Religionszugehörigkeit der U-Boote	
altkatholisch	9
evangelisch	96
griechisch orthodox	2
katholisch	263
gottgläubig[168]	2
weitere	1
israelitisch	660
o.B.	115
ohne Angabe	486

Tabelle 5 schlüsselt die angeführte Zugehörigkeit zu den einzelnen Religionsbekenntnissen auf. Die größte Gruppe bekannte sich zum Judentum, war auch in der Kultusgemeinde eingetragen, sogenannte »Glaubensjuden«. Austritte aus der Kultusgemeinde hatten nach dem September 1935 für die Einstufung nach den Nürnberger Gesetzen keine Bedeutung, dennoch entschlossen sich viele zu diesem Schritt und versuchten überdies, durch Konversion zu anderen Religionsgemeinschaften ihre Situation zu verbessern. Einige Exilländer bevorzugten auch getaufte Einwanderer, wie zum Beispiel Hedwig Steiner erzählte, die den Plan verfolgt hatte, nach Südamerika zu gehen.[169] Einzelne Hilfsgemeinschaften kümmerten sich während der Verfolgungszeit gerade um ihre Mitglieder, wie

168 »Gottgläubig« war die Bezeichnung einer »Religionszugehörigkeit« für Personen, die aus einer Religionsgemeinschaft ausgetreten waren. Galt als Zeichen der Nähe zur Ideologie des Nationalsozialismus. Juden durften diese Bezeichnung nicht führen. Aus der Israelitischen Kultusgemeinde ausgetretene Jüdinnen und Juden mussten »glaubenslos« in Dokumenten anführen. Siehe dazu Walk. Sonderrecht, S. 343.

169 Siehe dazu Interview Hedwig Steiner, PUK und Jüdische Schicksale, S. 630.

zum Beispiel die Erzbischöfliche Hilfsstelle für nichtarische Katholiken.[170]

Tabelle 6

Berufsgruppen der U-Boote		
Arbeiter/Handwerker	224	20,8%
Eigentümer/Teilhaber	6	0,6%
Angestellte	156	14,5%
leitende Angestellte	23	2,1%
Ärzte	10	0,9%
Lehrer	23	2,1%
freie Berufe	102	9,5%
Handel/Gewerbe	210	19,5%
höhere Beamte	10	0,9%
Beamte	70	6,5%
Schüler/Studenten	36	3,3%
Pensionisten	20	1,9%
Geistliche Berufe	0	0,0%
Landwirte	3	0,3%
persönliche Dienstleistung	18	1,7%
Sonstige (Haushalt etc.)	167	15,5%
ohne Angabe	556	

Vorurteile halten sich beharrlich! Bis heute ist leider immer noch allzu oft zu hören, dass Juden, Jüdinnen »reich«, Bankiers oder vermögende Geschäftsleute waren. Es war mir daher bei der Dateneingabe von Anfang an wichtig, darauf zu achten, welche Berufe die Betroffenen ausgeübt, welchen sozialen Schichten sie angehört haben. Zur besseren Übersicht wurden 15 Berufsgruppen definiert und eine weitere als »Sonstige«, in der vorwiegend Tätigkeiten im Haushalt umfasst sind. Bis auf drei Personen wurde bei Frauen diese Berufsbezeichnung angegeben. Bei weiterer Betrachtung der angegebenen Berufs-

170 Siehe dazu Kapitel VI. 2 Hilfe durch Organisationen.

felder der jüdischen U-Boote fällt auf, dass die Betroffenen in erster Linie aus der unteren und der Mittelschicht kamen. Sie waren überwiegend als Arbeiter/Arbeiterinnen und Handwerker/Handwerkerinnen (20,8%), einfache Angestellte, Lehrer, Beamte (23,1%) oder im Handel und Gewerbe (19,5%) beschäftigt. Beim Berufsfeld Handel/Gewerbe sind Kaufmann, Geschäftsfrau, Schuhmacher, Friseur, Handelsvertreter, Marktfahrer, Kunstgewerbe und Ähnliches angeführt. Es kann davon ausgegangen werden, dass es sich in den meisten Fällen um Kleinbetriebe gehandelt hat.

Die starke Präsenz der Juden und Jüdinnen in Handel, Gewerbe und den freien Berufen lässt sich auch durch die offizielle Statistik der Israelitischen Kultusgemeinde Wien über die Steuerträger der Kultusgemeinde aus 1935 bestätigen. Demnach waren von den insgesamt 47.782 Steuerzahlern und Steuerzahlerinnen ca. 25.000 Kaufleute und Gewerbetreibende, 15.000 Angestellte und Arbeiter und 4.500 Vertreter freier Berufe.[171] Wobei aus dieser Statistik selbstverständlich keine Rückschlüsse über die Vermögenssituation der Einzelnen getroffen werden können, weil die Größe der Handels- und Gewerbebetriebe nicht bekannt ist.

Eine Gegenüberstellung der Beschäftigung in den einzelnen Berufssparten von Juden und Jüdinnen im Vergleich zur nichtjüdischen Wiener Bevölkerung enthält die Zusammenschau von Dr. Goldhammer aus 1934. Auch diese ergibt ein ähnliches Bild, wobei daraus auch der große jüdische Anteil im öffentlichen Dienst ersichtlich ist.[172]

171 Nach: Sylvia Maderegger. Die Juden im österreichischen Ständestaat 1934–1938. Geyer Edition Wien/Salzburg 1973 (= Veröffentlichungen des Historischen Instituts der Universität Salzburg 8), S. 219.

172 Ebenda, S. 220.

Tabelle 7

Berufsgliederung der Wiener Juden 1934 (Goldhammer)				
	Juden		**Nichtjuden**	
Berufszweige	absolut	prozent.	absolut	prozent.
Landwirtschaft	760	0,7%	9.342	1,1%
Gewerbe und Industrie	24.000	23,4%	413.759	48,5%
Handel und Verkehr	56.000	54,5%	214.453	25,1%
Öff. Dienst u. freie Berufe	20.700	20,1%	95.022	11,1%
Häusliche Dienste	1.300	1,3%	91.404	10,7%
ohne Angaben	0	0,0%	29.500	3,5%
Gesamt	102.760	100,0%	853.480	100,0%

3. UNTERKÜNFTE UND WOHNORTE VON U-BOOTEN

Wie viele Wohnorte benötigte ein U-Boot für das Überleben? In welchen Wiener Bezirken konnten in erster Linie Unterkünfte gefunden werden? Von den insgesamt 1634 U-Booten ließen sich bei 1510 genaue Hinweise auf die Wohnadresse finden.[173] 53 % der U-Boote haben sich über einen langen Zeitraum im selben Versteck, an derselben Adresse aufgehalten, es liegt der Schluss nahe, dass im Falle einer beständigen Unterkunft die Überlebenschancen größer waren, als wenn ein U-Boot mehrere Helferinnen und Helfer hatte und öfter von einer Adresse zur nächsten wechseln musste. 19 % hatten zwei Verstecke benutzt, 15 % zwischen drei und vier Wohnadressen. 13 % waren gezwungen, ständig neue »sichere« Unterkünfte zu suchen und hatten mehr als vier Wohnadressen. 176 waren ohne Unterkunft – o. U. –, diese Eintragung ist

173 Bis zu vier Adressen können in das Datenblatt eingegeben werden, der Eintrag in ein fünftes Feld weist auf weitere Adressen ohne genauere Angaben hin.

bei jenen U-Booten verzeichnet, die festgenommen und deren Daten mit dieser Buchstabenabkürzung in die Gestapo-Tagesrapporte aufgenommen wurden.

Tabelle 8

Verhältnisse der U-Boote mit einem Versteck oder mit mehreren Unterkünften		
1 Wohnort	804	53%
2 Wohnorte	290	19%
3 Wohnorte	146	10%
4 Wohnorte	74	5%
mehr als 4 Wohnorte	196	13%
Summe	1510	100%

Die Auswertung der konkreten Wohnadressen in den einzelnen Bezirken zeigte ein äußerst interessantes Ergebnis. Bezirke, in denen jüdische Familien vor 1938 häufig gelebt hatten, waren auch als U-Boot-Adressen am häufigsten, zumindest beim ersten Wohnort. In den Bezirken 1, 2 und 9 hatte es allerdings auch viele Sammelwohnungen gegeben, es kann da durchaus einen Zusammenhang geben. Erna Kohn hatte die Familie Kuttelwascher, ihre späteren Helfer, erst im Zuge der Wohnungsräumung und versuchter Verkäufe von Wohnungsgegenständen kennengelernt. Otto Kuttelwascher schilderte das Kennenlernen folgendermaßen: »*Wir haben noch in Kagran gewohnt, die neue Wohnung* [2., Körnergasse] *war aber schon leer, ich hab' schon allerhand herg'richt und bin durch die Hofenedergasse gangen. Da sehe ich an einer Hauswand verschiedene Zettel. Es war die ›Zettel-Zeit‹. An Häusern, wo jüdische Menschen g'wohnt haben, waren oft so Zettel, dass das und das und das zu verkaufen ist. So hab ich etliche Gegenstände gekauft. /.../ So bin ich zur Familie Kohn gekommen. Die Familie Kohn hat ein Schippel Kinder gehabt. Sie haben das Fenstergitter wahr-*

scheinlich auch einmal zu Sicherheit wo draufg'habt. Als ich dort hingekommen bin, da ist irgendwie ein Funken g'spritzt. /…/ Ich bin mit ihnen ins Reden kommen, und die Käthe – eine der Töchter – hat gesagt: ›Darf ich Sie zur Station begleiten?‹ Und da hat die Freundschaft begonnen.«[174]

Das Leben im Verborgenen war, wie die Aufzeichnungen zeigen, in nur wenigen Fällen »verborgen«, Betroffene mussten ihre Quartiere aus den unterschiedlichsten Gründen wechseln, nicht nur innerhalb von Wien. Manchmal ergab sich die Möglichkeit, in einem anderen Bundesland unterzukommen, zumeist durch Vermittlung der ursprünglichen Quartiergeberinnen und Quartiergeber. Weg von Wien, weg von der Gefahr, mit Bekannten aus früheren Zeiten zusammenzutreffen, das schien eine Option für das Überleben zu sein.

U-Boote unternahmen auch immer wieder Versuche, über eine Grenze zu kommen – sei es in die Schweiz oder in ein anderes Land, auch wenn dieses von den Nationalsozialisten beherrscht wurde. Die Hoffnung, dass es in einem anderen Teil des »Dritten Reiches« weniger schlimm sein werde, trieb viele an, die durchaus gefährlichen Reisen in Kauf zu nehmen. In diesem Zusammenhang muss auch erwähnt werden, dass nicht nur Österreicherinnen und Österreicher in Wien als U-Boote gelebt haben, auch Verfolgte aus anderen Ländern kamen hierher und versuchten ihr Glück. Sofern Personen mit diesem Hintergrund in einem Quellenbestand dokumentiert waren, durch Hinweise in Literatur oder persönliche Information der Autorin benannt wurden, wurden ihre Daten in die Tabellen einbezogen. Mit

174 Otto und Hermine Kuttelwascher haben Erna Kohn, die Schwester der hier angeführten Käthe, bei sich aufgenommen und ihr so das Leben gerettet. Siehe dazu Jüdische Schicksale, S. 636. Das Ehepaar Kuttelwascher zählt zu den ausgezeichneten »Gerechten« aus Österreich.

Zunehmen der Bombenangriffe und der daraus resultierenden Zerstörungen stieg die Plausibilität, dass Dokumente, Ausweise verbrannt, vernichtet worden waren, die Erklärung, eine ausgebombte Cousine, einen ausgebombten Cousin aufgenommen zu haben, wurde realistischer.

Wie lange mussten Verfolgte in ihren Verstecken, bei ihren Helferinnen und Helfern ausharren? Wie lange dauerte die Gefahr? Tabelle 9 zeigt, dass mehr als tausend Personen länger als ein Jahr im Verborgenen überlebt haben, bei mehr als 400 Personen blieb es beim Versuch. Gesondert wurden jene gelistet, die nur kurzfristig, zum Beispiel vor der Ausreise – legal wie illegal –, versteckt waren, ebenso wie die, die ab Herbst 1944 in den Untergrund gingen. Dies waren zumeist sogenannte »Geltungsjuden« bzw. »Mischlinge«, die bis zu diesem Zeitpunkt mit einem offiziellen Status gelebt hatten, jedoch einer Zuweisung zu besonders gefährlichen Zwangsarbeiten, wie zum Beispiel zum Bau des Ostwalls, nicht Folge leisten wollten.

Tabelle 9

Dauer des Verstecktseins	
vor Exil	39
Versuch	435
bis 1 Jahr	274
mehr als 1 Jahr	1022
ab Herbst 44	90
davon	
ab 9/44	*30*
ab 1/45	*40*
ab 3/45	*14*

4. DIE BEZIEHUNG ZWISCHEN U-BOOTEN UND HELFERN/HELFERINNEN

Neben dem Interesse an der Auflistung der demografischen Angaben sollten die aufgezeichneten Daten auch Auskunft über den Beziehungsstatus zwischen der verfolgten und der helfenden Gruppe geben können. Kannten die Betroffenen einander schon vor der Zeit der Verfolgung? Neben der Fragestellung: »Wie viele Helfer oder Helferinnen hat ein U-Boot für das Überleben benötigt?« stand eine weitere: »Nahmen Helfer, Helferinnen auch mehrere Verfolgte auf?« Nicht immer konnten zu diesen Fragestellungen die entsprechenden Daten in den Quellen gefunden werden, am ehesten kamen dazu Hinweise in den Interviews.

Tabelle 10

Wie viele Helfer/Helferinnen gab es pro U-Boot?	
1003 Angaben unter Bezugspersonen	
1 Helfer/Helferin	386
2 Helfer/Helferinnen	260
3 Helfer/Helferinnen	179
4 Helfer/Helferinnen	103
mehr als 4 Helfer/Helferinnen	75

Wie viele U-Boote wurden von den einzelnen Helfern/Helferinnen unterstützt?

Tabelle 11

U-Boote pro Helfer/Helferin	
1750 Angaben unter Bezugspersonen	
1 U-Boot	1404
2 U-Boote	260
3 U-Boote	57
4 U-Boote	29

Von den insgesamt 1827 Helfern/Helferinnen kannten 397 bereits vor 1938 die später von ihnen unterstützten U-Boote.

Im Krieg waren 452 Helfer/Helferinnen durch ihre Freundschaft dazu motiviert, eine Unterkunft zu geben.

Bei 194 Personen konnte eine familiäre Beziehung, bei 147 eine intime festgestellt werden. 47 Personen gaben andere Gründe an bzw. halfen mit Geld und falschen Papieren.

5. DEMOGRAFISCHE DATEN DER HELFER/HELFERINNEN

Die Quellenbestände wurden mit der Vorgabe durchgesehen, Verfolgte aufzuspüren, die die NS-Zeit im Versteck, im Verborgenen verbracht hatten. Sofern diese Personen auch Angaben über ihre Helferinnen und Helfer gemacht hatten, konnten die Daten hier dokumentiert werden. Manchmal wurden jedoch nur Namen genannt, manchmal sogar ohne Hinzufügen des Vornamens. Nur im Falle von amtlichen Aussagen oder eidesstattlichen Erklärungen sind genaue Personalia aufgezeichnet. Der Wissensstand zu der im Folgenden beleuchteten Gruppe ist deshalb weniger umfangreich als der über die U-Boote. Es kann auch angenommen werden, dass es mehr Helfende gegeben hat, als hier aufgelistet werden. Für die Fragestellung: »Wer waren die Menschen, die geholfen haben?« sind jedoch auch die wenigen Daten durchaus aussagekräftig, vor allem in der Gesamtschau mit den aufgefundenen Lebensberichten bzw. den geführten Interviews.

Tabelle 12

Geschlecht der Helfer/Helferinnen		
weiblich	1036	60%
männlich	621	36%
Familie	70	4%
ohne Angabe	100	
Summe	1827	100%

Tabelle 13

Daten zum Alter der Helfer/Helferinnen (nur von 555 Personen)[175]		
15–20	8	1,4%
21–30	57	10,3%
31–40	212	38,2%
41–50	161	29,0%
51–	117	21,1%
Summe	555	100%

Tabelle 14

Helfer/Helferinnen – Einordnung nach den Nürnberger Gesetzen (nur bei 250 angegeben)	
»arisch« (ohne jüdischen Background)	133
jüdisch	117

Tabelle 15

Helfer/Helferinnen – »arisch« – ohne Mischehe (Religion nur bei 119 angegeben)	
katholisch	92
evangelisch	14
gottgläubig	3
o.B.	10

175 Es wurden auch ein paar Datensätze für Kinder bis zum Alter von 14 Jahren angelegt, da sie im Familienverband angeführt wurden. Als Helfende traten sie nicht in Erscheinung, allerdings war die Präsenz von Kindern für die Gesamtsituation problematisch. Siehe dazu Kapitel IV. 10 Lebensumstände von Kindern und Jugendlichen.

In den Berufsbildern, sofern sie feststellbar waren, ähneln einander die Gruppen der U-Boote und der Helfenden in weiten Teilen, auch hier sind Kleingewerbetreibende bzw. Personen aus Handwerks- und Dienstleistungsberufen vorherrschend. Bei den Gewerbetreibenden gibt es u. a. Kohlenhändler, Weinhändler, Gastwirte, Fuhrwerker, Fischhändler, Trafikanten. Die zweitgrößte Berufsgruppe ist der Kategorie »persönliche Dienstleistung« zuzurechnen, davon führten die überwiegende Mehrheit Hauswart/in (in verschiedenen Bezeichnungen) als Beruf an. Im Haushalt waren bis auf zwei Männer ausschließlich Frauen vermerkt. Ein U-Boot beschrieb die Personen, die geholfen haben, folgend: *»Zwei Frauen möchte ich erwähnen, weil das zwei ältere, unschuldige, nicht raffinierte, nicht geschickte Frauen, waren. Verwitwet, eher verarmt, keineswegs in Luxus lebend, obwohl sie ursprünglich aus einer Kaufmannsfamilie kamen und ein großes Kaufhaus besaßen. Diese Frauen standen eigentlich dem Leben sehr hilflos gegenüber, und ich muss sagen, dass ich es ihnen unendlich hoch anrechne, dass sie den Mut gehabt haben. Viele Fülltage habe ich bei ihnen verbracht. Die eine wohnte im 4. Bezirk, die andere im 8. Bezirk. Sie waren in ihrer Naivität eigentlich unendlich heldenhaft. Ich weiß nicht, inwieweit sie sich der Gefahr bewusst waren, aber ich glaube schon, dass sie es wussten. Wie andere Freunde auch waren sie im Leben in keiner Weise erfolgreich und haben um ihre Existenz kämpfen müssen. In sozialer Hinsicht würde ich sie zum unbemittelten Mittelstand zählen. Kleine Angestellte waren die Freunde, die in der Rotenturmstraße wohnten, in der Nähe des Stephansplatz.«*[176]

176 Interview Lisa Schnitzler, PUK.

Tabelle 16

Berufsgruppen der Helfer/Helferinnen (soweit Angaben)		
Arbeiter/Handwerker	64	12%
Eigentümer/Teilhaber	7	1%
Angestellte	43	8%
leitende Angestellte	6	1%
Ärzte	10	2%
Lehrer	11	2%
freie Berufe	45	9%
Handel/Gewerbe	95	18%
höhere Beamte	9	2%
Beamte	28	5%
Schüler/Studenten	5	1%
Pensionisten	14	3%
Geistliche Berufe	18	3%
Landwirte	16	3%
persönliche Dienstleistung	67	13%
Sonstige (Haushalt etc.)	86	16%
Summe	524	100%

IV. LEBEN IM VERBORGENEN

1. JÜDISCHES LEBEN IN WIEN VOR 1938

Anlässlich einer Silvesterfeier von 1937 auf 1938 entbrannte ein Diskurs über die Atmosphäre in Österreich: *»Bei einer großen Gesellschaft, in einem der Nobelhotels am Semmering, es waren Juden und ihre nichtjüdischen Bekannten und Freunde am Tisch, da ist dieser Disput entstanden, soll man sich aus Österreich zurückziehen oder soll man bleiben. Da hat der Freund [ein Bekannter von Josef Rubin-Bittmann] gemeint, er bleibt, denn es gebe für ihn kein schöneres Land, und nirgendwo findet er sich so daheim und so mit der Atmosphäre und den Menschen verbunden wie in Österreich bzw. in Wien. Der Schwager meines Vaters, der aufgrund seiner gesellschaftlichen Position in der sogenannten türkischen Gemeinde sehr bekannt war, ein sehr erfolgreicher Geschäftsmann, /…/ hat die gegenteilige Auffassung vertreten und gemeint, dieses kleine Österreich sei nicht in der Lage sich à la longue gegenüber dem Zugriff Nazi-Deutschlands zu erwehren und er habe seine Übersiedlung schon in die Türkei eingeleitet, denn ihm erscheint die Zukunft in einem nicht rosigem Licht.«*[177] Diese in privatem Kreise geführte Diskussion weist auf die gespaltene Stimmungslage der Jüdinnen und Juden zu dieser Zeit hin.

Das Leben von Jüdinnen und Juden in Österreich war über Jahrhunderte geprägt vom Wechsel zwischen Ablehnung und

---

177 Interview Fritz Rubin-Bittmann, PUK. Die türkisch-jüdische Gemeinde in Wien wurde bereits 1736 gegründet und erhielt unter Karl VI. einige Sonderrechte. Sie bestand im Wesentlichen bis 1938, die Synagoge in der Zirkusgasse wurde im Novemberpogrom 1938 zerstört.

Vertreibung sowie Akzeptanz und Toleranz.[178] Den herrschenden Habsburgern, besonders aber Franz Joseph waren sie sehr verbunden, jüdische Soldaten in der k. u. k. Armee kämpften Seite an Seite mit ihren andersgläubigen Kameraden für die Monarchie im Ersten Weltkrieg.[179] Selbst im kleinen, nach dem Friedensvertrag von St. Germain erlaubten österreichischen Bundesheer gab es jüdische Offiziere, der 1932 gegründete »Bund Jüdischer Frontsoldaten« war einerseits als Veteranenbund gedacht, andererseits aber auch als Art Verteidigungstruppe gegenüber antisemitischen Anfeindungen und zum Schutz gegen die stetig zunehmenden nationalsozialistischen Tätlichkeiten.[180]

Doron Rabinovici beschreibt in seinem Buch »Instanzen der Ohnmacht« die Ressentiments gegenüber Jüdinnen und Juden, die schließlich zwischen 1934 bis 1938 immer deutlicher und offener zutage traten.[181] Vor allem im Berufs- und Geschäftsleben war die Situation deutlich spürbar: Übergehen bei Bewerbungen, Hindernisse im Aufstieg in eine höhere Position, oder im gravierendsten Fall Kündigungen vermutlich allein aufgrund der jüdischen Herkunft. Bekannt sind auch zahlreiche antisemitische Übergriffe auf Universitätsboden, zum Beispiel in der medizinischen Fakultät, und dass von Behördenseiten bei der Postenvergabe auf die »rassische« Abstammung Bedacht genommen wurde.[182] Antisemitische Hetzschriften

---

178 Zum Leben der Jüdinnen und Juden bis 1938 siehe u. a. Steven Beller. Wien und die Juden 1867–1938. Böhlau Verlag Wien 1993.

179 Siehe dazu Erwin A. Schmidl. Juden in der k.(u.)k. Armee 1788–1918. Österreichisches Jüdisches Museum Eisenstadt 1989 (= Studia Judaica Austriaca XI), S. 82ff.

180 Ebenda, S. 89f.

181 Doron Rabinovici. Instanzen der Ohnmacht. Wien 1938–1945. Der Weg zum Judenrat. Jüdischer Verlag im Suhrkamp Verlag Frankfurt am Main 2000, S. 52f.

182 Siehe dazu Elisabeth Klamper. Die österreichischen Studenten 1919–

heizten die Stimmung gegen jüdische Bürger und Bürgerinnen an, alte Vorurteile wurden als Aufmacher herangezogen. So wurden Berufsgruppen, in denen verhältnismäßig viele Juden tätig waren, als »verjudet« dargestellt, ja, diese »Verjudung der freien Berufe« wurde auch in der Politik Tagesthema. *»Der Stein ist im Rollen. Es ist in Österreich endlich soweit, dass die Judenfrage der theoretischen Sphäre entzogen und der so dringenden praktischen Regelung zugeführt werden soll ... Alles deutet darauf hin, daß die Regierung die Zeichen der Zeit vollkommen begriffen hat und gewillt ist, auch aus eigenem an eine Neuordnung zu schreiten. /.../ Die Überfremdung gerade in den freien Berufen ist geradezu beispiellos. /.../ Diese unmöglichen Zustände sind mit dem abgedroschenen Argument von der Überlegenheit des jüdischen Intellekts heute nicht mehr zu verteidigen, man sei denn der Ansicht, daß Geriebenheit, Schlauheit, Rücksichtslosigkeit und Skrupellosigkeit einen integralen Bestandteil der menschlichen Intelligenz bilden. Zudem setzt sich ein hoher Prozentsatz der in den freien Berufen tätigen Judenschaft aus zugewanderten Ostjuden zusammen, deren Kulturniveau beschämend tief ist. /.../ «*[183]

Die jüdische Gemeinde sah im Austrofaschismus einen Gegenpol zu Hitler-Deutschland, »das kleinere Übel«, man akzeptierte die Einschränkungen vonseiten der Regierung wie den geforderten Ausschluss der sozialistischen Listen aus dem Vorstand der IKG. Doron Rabinovici schreibt von einer Politik patriotischen Wohlverhaltens, die verfolgt worden sei, um Schutz vor den nationalsozialistischen Verbrechen in

1938. Ein Exkurs. In: Wien 1938. ÖBV Wien 1988, S. 180–185. Zur Situation der Ärzteschaft siehe auch Herbert Exenberger/Johann Koß/Brigitte Ungar-Klein. Kündigungsgrund Nichtarier. Die Vertreibung jüdischer Mieter aus den Wiener Gemeindebauten in den Jahren 1938–1939. Picus Verlag Wien 1996, S. 138f.

183 Ebenda. Siehe dazu auch Interview mit Dr. Franz Hahn. In: Jüdische Schicksale, S. 52f.

Deutschland und dem populären heimischen Antisemitismus zu finden. Aus diesen Gründen erhielt Bundeskanzler Kurt von Schuschnigg Unterstützung auch finanzieller Art für die für den 13. März 1938 angesetzte Volksbefragung über die Unabhängigkeit Österreichs, mit der der Kanzler dem wachsenden Druck NS-Deutschlands begegnen wollte. Man erachtete diese als einzige Hoffnung für den Weiterbestand des österreichischen Staates.[184] Ephraim Lahav – geboren als Erich Feier – erinnerte sich: *»Für viele war das ›Vaterländische‹ die große Lösung – für Erwachsene wie für die Jugend. Man trat auch der Vaterländischen Front bei, nur so bekam man z. B. eine Schulgeldermäßigung. Obwohl mein Vater eigentlich Sozialist war, trat er wegen des Geschäfts der Vaterländischen Front bei: Es kam ein Mann ins Geschäft und sagte: ›Treten Sie bei.‹ Es wäre meinem Vater nicht eingefallen, nicht beizutreten, das wäre nicht denkbar gewesen. Es wurde zwar nicht gedroht, aber man befürchtete offensichtlich doch irgendwelche Nachteile. Auch als Schüler sollte man die vaterländische Gesinnung offen zur Schau tragen. Es gab ein Jugendabzeichen: ein kleines Dreieck, rot-weiß-rot, mit einem Eichenlaub und der Aufschrift ›seid einig‹. Unser Religionslehrer hat immer kontrolliert, ob wir es haben, weil er der Meinung war: ›Wir Juden müssen ganz besonders darauf achten, dass wir vaterländische Gesinnung zur Schau tragen.‹ /…/ Rückblickend empfinde ich diese Situation als ›Fin-de-Siècle‹-Atmosphäre.«*[185]

Der Personenkreis der in der Israelitischen Kultusgemeinde eingetragenen Jüdinnen und Juden war keineswegs homogen, weder in religiöser noch in sozialer Hinsicht. Darüber hinaus waren sich viele, der in der Folgezeit Verfolgten – vor allem Getaufte – ihres »Judesein« bzw. ihrer jüdischen Herkunft we-

184 Rabinovici. Instanzen, S. 52f. Kurt von Schuschnigg, 1897–1977. Österreichischer Bundeskanzler von 1934 bis März 1938.

185 Interview Ephraim Lahav. In: Jüdische Schicksale, S. 77f.

nig oder gar nicht bewusst, von etlichen Betroffenen erfuhr man, dass sie »Dreitagesjuden« gewesen seien.[186]

Auch wenn bereits zu Zeiten der Monarchie und auf deren Boden die Idee des Zionismus unter Theodor Herzl geboren worden war, sich etliche zionistische Organisationen gegründet und Anhängerinnen und Anhänger zu rekrutieren versucht hatten, wollten tatsächlich nur wenige in das damalige Palästina auswandern. Hatte ein Familienmitglied mit dem Gedanken an die Emigration in das »Land der Väter« geliebäugelt, wurde diesem von einem anderen Familienmitglied »Verrücktheit« attestiert. *»Der Zionismus hat bei meinem Vater schon eine gewisse Rolle gespielt. Als er 1920 nach vier Jahren Abwesenheit aus dem Krieg zurückkam, hat er sich die Situation angeschaut und gesagt: ›Das is nix. Wir wandern nach Palästina.‹ Er hat auch eine Sparbüchse gehabt, wo er bei Familienfesten Geld für die Auswanderung zusammengeschnorrt hat. Aber mein Großvater mütterlicherseits war dagegen und hat sich da durchgesetzt. Er hat gesagt: ›Ein Meschuggner, ein Verrückter. Will dorthin in die Wüste!‹ Aber mein Vater wollte eigentlich immer nach Palästina. /.../ Das zionistische Ideengut hab' ich dann erst langsam mitbekommen. Ich war in Wien bei einem Jugendverein, Makkabi.«*[187]

Trotz verschiedenster Warnsignale – so hatte sich die Zahl der aus Deutschland kommenden vor Hitler flüchtenden Jüdinnen und Juden erhöht, viele davon mussten Unterstützung von der Israelitischen Kultusgemeinde erhalten – trafen die

186 Gemeint sind hier die Hohen Feiertage: zwei Tage Rosh Hashana (jüdisches Neujahr) sowie Jom Kippur (Versöhnungstag, strenger Fasttag), an denen die Synagoge besucht wird.

187 Interview Erich Friedmann. In: Jüdische Schicksale, S. 66f. Siehe dazu auch Erika Weinzierl. Das österreichische Judentum von den Anfängen bis 1938, S. 43ff. sowie Gabriele Anderl. Emigration und Vertreibung, S. 187ff. In: Erika Weinzierl/Otto D. Kulka (Hrsg.). Vertreibung und Neubeginn. Israelische Bürger österreichischer Herkunft. Böhlau Verlag Wien/Köln/Weimar 1992.

wenigsten der jüdischen Bürgerinnen und Bürger Österreichs, ebenso wenig wie die Israelitische Kultusgemeinde selbst, entsprechende Vorkehrungen. Tatsächlich fühlte man sich nach wie vor sicher – und vor allem: Man hatte Vertrauen in das Land, in dem man seit Generationen gelebt und für das man gekämpft hatte.[188]

Mit der Rundfunkrede von Bundeskanzler Schuschnigg am Abend des 11. März 1938, in der er seinen Rücktritt angesichts des Drucks des nationalsozialistischen Deutschen Reiches bekanntgab, wurde der Startschuss für erste Ausschreitungen gegen die jüdische Bevölkerung gesetzt. Der britische Journalist G. E. R. Gedye hat die Tage des »Anschlusses« in Wien miterlebt, seine Erlebnisse und Eindrücke zu Papier gebracht und so Zeugnis der ersten schrecklichen Machtdemonstrationen der Nationalsozialisten abgeliefert. *»Heute, da mir ein Wien gegenwärtig ist, aus dem mich die deutsche Geheimpolizei ausgewiesen hat, habe ich Mühe, mich selbst davon zu überzeugen, daß dieses letzte Bild nicht das wahre Wien ist. Es sind nicht so sehr die rohen Gewalttaten der österreichischen Nazi, die ich selber gesehen oder von denen ich durch ihre Opfer gehört habe, die mir das Bild, das ich mir von Wien gemacht hatte, verderben. Es sind vielmehr die herzlosen, grinsenden Menschen im Alltagsgewand auf dem Graben und der Kärntner Straße, die Typen des ›Herrn Maier‹ und der feschen blonden Mizzi, die sich stießen und drängten, um sich den erhebenden Anblick nicht entgehen zu lassen, wie ein jüdischer Chirurg mit aschgrauem Gesicht auf Händen und Knien auf dem Boden lag, von einem halben Dutzend junger Lümmel mit Hakenkreuzbinden und Hundepeitschen umgeben, seine schlanken Finger, die mit raschen und sicheren Bewegungen wohl vielen Wienern das Leben gerettet hatten, eine Ausreibbürste umklammernd. Ein*

188 Siehe dazu Jüdische Schicksale, S. 7 sowie: Rabinovici. Instanzen, S. 55.

SA-Mann goß ätzende Lauge über die Bürste – und seine Finger. Ein zweiter goß Wasser aus einem Kübel auf das Pflaster und bemühte sich dabei, die gestreiften Hosen des Arztes möglichst arg zu durchnässen. /.../ Das ist das Bild, das ich irgendwie in Einklang bringen muß mit dem des weichherzigen, übersentimentalen Volkes, das ich so gut zu kennen geglaubt hatte.«[189] Die sogenannten »Reibepartien« sowie erste wilde Plünderungen von Geschäften und Wohnungen erzeugten ein Klima von ungeheurer Angst und Panik, auf derartige Exzesse war man nicht vorbereitet gewesen, konnte ja gar nicht vorbereitet gewesen sein. Neben der reinen Lust, Terror auszuüben und möglichst viel zu rauben, also sich zu bereichern, stand in den folgenden Monaten auch noch das Ziel im Vordergrund, den Großteil der Jüdinnen und Juden aus dem Land zu vertreiben – unter Zurücklassung ihres Eigentums. In der Zeit nach dem »Anschluss« bis Kriegsbeginn am 1. September 1939 unternahmen auch viele Jüdinnen und Juden den Versuch, ein aufnahmewilliges Exilland zu finden, ein Unterfangen, das wahrlich kein leichtes war und oftmals auch scheiterte.[190]

---

189 G. E. R. Gedye. Die Bastionen fielen. Wie der Faschismus Wien und Prag überrannte. Danubia-Verlag Wien 1947, S. 17f.

190 Zur Problematik der Auswanderungspolitik siehe u. a. Gabriele Anderl/Dirk Rupnow. Die »Zentralstelle für jüdische Auswanderung« als Beraubungsinstitution. Oldenbourg Verlag Wien/München 2004 (= Veröffentlichungen der Österreichischen Historikerkommission Bd. 20/1), Theodor Venus/Alexandra-Eileen Wenck. Die Entziehung jüdischen Vermögens im Rahmen der Aktion Gildemeester. Eine empirische Studie über Organisation, Form und Wandel von »Arisierung« und jüdischer Auswanderung in Österreich 1938–1941. Wien/München 2004 (= Veröffentlichungen der Österreichischen Historikerkommission Bd. 20/2). Ein Überblick zur Problematik der Flucht aus Österreich: Peter Schwarz. Flucht und Vertreibung, Emigration und Exil 1934–1945. In: DÖW (Hrsg.). Katalog zur permanenten Ausstellung. Wien 2006, S. 56–74.

2. VOM »ANSCHLUSS« ZUM NOVEMBERPOGROM – GRÜNDE, IN WIEN ZU BLEIBEN: GEWOLLT UND UNGEWOLLT – DIE ERSTEN TAUCHEN UNTER

»Mein Vater war ein typischer österreichischer Jude, ein getaufter, der der Meinung war: ›Mir kann nix passieren. Ich bin Christ, ich bin Richter.‹ Er war Invalide vom 1. Weltkrieg, also was soll denn ihm passieren. Und dann hat er noch einen Ausspruch gemacht: ›Ich bin lieber in Wien ein Märtyrer als in Amerika ein Schnorrer.‹ Die Mutter war viel weitsichtiger und realistischer, die hat immer getrieben und versucht zu bewegen, dass wir emigrieren. Die Möglichkeit wäre auch gewesen, dass die Mutter eine Stelle kriegt und auch der Vater, aber er hat sich dann nicht entschließen können. Und dann im letzten Moment, wie es eigentlich schon zu spät war, haben sie sich dann doch entschlossen, wenigstens uns weg zu schicken.«[191]

Ähnlich sah das Josef Rubin-Bittmann, der, wie sich sein Sohn später erinnerte, die Situation wie viele andere offenbar völlig falsch einschätzte: *»Von Emigration war bei meinem Vater keine Rede. Wie andere auch schätzte er die Situation völlig falsch ein. Die Leute haben wirklich in einer Illusion gelebt. Eine Illusion in Bezug auf ihre eigene soziale Stellung, auf die zwischenmenschlichen Beziehungen zu ihren in der Mehrzahl ›arischen‹ Mitbürgern, eine Illusion in Bezug auf die Reaktion der Welt, die sogar nach dem ›Anschluss‹ weiter bestanden hat. Es gab von vielen die Überlegung, dass nach den anfänglichen Pogromen sich die Gemüter abkühlen und es zu einer Normalisierung kommen würde, schon alleine aus Nützlichkeitserwägungen der Nazis. Viele dachten, dass Hitler und die Nazis nicht lange an der Macht*

191 Interview Dr. Anna Wahle (Sr. Hedwig), PUK.

bleiben würden und dass der deutsche Generalstab diesem Spuk ein rasches Ende setzen würde.«[192]

Nicht immer war Optimismus die Ursache, von einer Flucht ins Exil Abstand zu nehmen. Krankheiten, die man entweder selbst hatte oder ein Familienmitglied – Paul Grosz erzählt von seinem Bruder, der ein sogenanntes »blaues Baby«, also herzkrank gewesen sei –, konnten ein unüberwindbares Hindernis sowohl in behördlicher als auch in moralischer Weise darstellen. Nach dem Tod des Bruders, so Paul Grosz, war es dann für eine Ausreise bereits zu spät.[193] Renée Pressburg pflegte ihren erkrankten Vater im Spital, als dieser verstorben war, war es nicht mehr möglich, wegzukommen.[194] Sorge um die Eltern war in vielen Fällen dafür ausschlaggebend, dass man zunächst an diese dachte, vorhandenes Eigentum, Firmen – mit welchem Wert auch immer – zu schützen bzw. zu veräußern versuchte, wenn diese nicht ohnehin im Zuge der »Arisierungen« bereits in die Hände der Nazis gefallen waren. Sidonie Rottenberg wiederum hatte ein Permit, um nach England auszureisen, allerdings wollte sie auf ihre Mutter warten, die nach Lemberg gereist war, um dort ihre Villa zu verkaufen. Nach anfänglichem Kontakt, in dem die furchtbare Lage in Lemberg beschrieben wurde, schwand die Hoffnung, die Mutter wiederzusehen. Die Mutter konnte nicht nach Wien zurück, die politischen Ereignisse, die Besetzung durch die Sowjets und der Beginn des Zweiten Weltkriegs machten alle Pläne zunichte.[195] Während die Nati-

192 Interview Fritz Rubin-Bittmann, PUK.

193 Vgl. Interview Paul Grosz, PUK. Hofrat Paul Grosz geb. 18.7.1925, gest. 29.8.2009 war von 1987–1998 Präsident der IKG Wien.

194 Vgl. Interview Hanka Labes, PUK. Renée Pressburg, geb. 21.5.1912, wurde mit Bescheid WStLA, M.Abt. 12, 24.667/E für das Leben im Verborgenen unter menschenunwürdigen Bedingungen vom April 1942 bis 13. April 1945 entschädigt.

195 Vgl. Interview Fritz Rubin-Bittmann, PUK. Sidonie Rottenberg, vh. Rubin-Bittmann, 1907–1968.

onalsozialisten die jüdische Bevölkerung raschest durch Vertreiben dezimieren wollten, fanden sich nicht genug Staaten, die bereit waren, die Flüchtenden aufzunehmen. Unterschiedliche Quoten der einzelnen Staaten zur Aufnahme von Flüchtlingen erleichterten die Suche nach einem Aufnahmeland keineswegs. Hedwig Steiners Gatte war bereits nach England ausgereist, sie selbst, da in Brünn geboren, sah sich auf der tschechischen Quote, da für das erforderliche Visum nicht die Staatsbürgerschaft, sondern der Geburtsort bestimmend war. Die positive Erledigung ihres Antrags, dem Ehemann nachzufolgen, ließ zu lange auf sich warten, Hedwig Steiner suchte nach anderen Optionen, musste jedoch schließlich in Wien bleiben und überlebte als U-Boot.[196]

Mit ihrer psychischen Gemütslage erklärte Lisa Schnitzler ihre Entscheidung zu bleiben: *»Ich glaube, ich blieb in Wien wegen des chaotischen Inneren, das ich damals hatte. Ich habe es irgendwie auch formuliert, dass ich im Zentrum der Hölle sein will – sehr närrisch! Ich habe auch u. a. gesagt, dass ich – ich nehme das heute gar nicht ernst – ich will da sein, wenn alles vorüber ist. Ich war überzeugt, dass es vorübergeht, da habe ich gesagt, wenn ich da bin, dass ich allen helfen kann, alles wieder aufzubauen. So ist das, was ich tun wollte. Das habe ich gehofft, natürlich hat dann niemand zurückkommen wollen. Die Idee, meine Idee ist in nichts zerfallen. Daran habe ich gedacht, ich werde da sein, ich werde dieses Wien, das doch unser aller Heimat war, nicht aufgeben.«*[197]

Kinder konnten nicht selbständig Entscheidungen treffen. Nicht alle Eltern vertrauten auf die Möglichkeit, ihre Kinder mittels organisierter Transporte ins Ausland[198] zu schicken.

196 Vgl. Interview Hedwig Steiner, PUK.
197 Interview Lisa Schnitzler, PUK.
198 Vgl. Gerda Hofreiter. Allein in die Fremde: Kindertransporte von

Elfriede Gerstl, 1938 ein sechsjähriges Mädchen, lebte in einem »Frauenhaushalt«. *»Meine Eltern haben sich lange vor 1938 scheiden lassen, und ich bin mit meiner Mutter, meiner Tante und meiner Großmutter aufgewachsen. Die drei Frauen, die sicher etwas verunsichert und unentschlossen waren, haben halt die Situation falsch eingeschätzt und bagatellisiert und haben gedacht, es wird schon nicht so schlimm kommen, wir haben ja nichts gemacht, was wird man uns schon tun oder nehmen? Und dann hat es die ersten Auswirkungen gegeben, Freunde gingen in die Emigration, es ist mit Bekannten in Amerika und England korrespondiert worden. Und keiner konnte sich entscheiden, wohin man gehen soll. Das Land zu verlassen wäre wahrscheinlich finanziell möglich gewesen, aber es waren psychologische Barrikaden schuld. Mein Vater emigrierte, aber es war überhaupt keine Rede davon, dass ich mitgehe.«*[199]

Der Nazi-Terror erreichte mit dem Novemberpogrom eine neue, dramatische Dimension. Willkommener Anlass für eine weitere Welle der Gewalt und der unmenschlichen Verfolgung der jüdischen Bevölkerung war das Schussattentat auf den deutschen Diplomaten Ernst vom Rath, durch den erst 17-jährigen Herschel Grynszpan in Paris. Grund für diese Tat war die verzweifelte Situation, in der sich Grynszpans Verwandte gemeinsam mit vielen anderen ausgebürgerten und aus Deutschland vertriebenen Jüdinnen und Juden befanden, die sich als nunmehr Staatenlose im Niemandsland zwischen Deutschland und Polen aufhalten mussten, da Polen keine Einreiseerlaubnis für diese Menschen erteilen wollte. Der Tod des Diplomaten gab nun den Nationalsozialisten die Möglich-

---

Österreich nach Frankreich, Großbritannien und in die USA 1938–1941. Studien Verlag Innsbruck/Wien 2010.

199 Interview Elfriede Gerstl, PUK. Siehe auch Jüdische Schicksale, S. 645. Elfriede Gerstl, 1932–2009, Lyrikerin, Schriftstellerin.

keit, »spontane« Vergeltungsmaßnahmen gegen die jüdische Bevölkerung im gesamten Deutschen Reich zu initiieren. Synagogen wurden in Brand gesteckt, Geschäfte, Häuser und Wohnungen geplündert, unzählige Festnahmen wurden vorgenommen, in manchen Städten auch gezielt Morde verübt, wie etwa in Innsbruck.[200]

In dieser angespannten Situation ersuchten etliche innerhalb der Familie – sofern man »arische« Familienteile hatte – um Unterkunft oder man bat Bekannte um Hilfe. Das Ehepaar Lingens hatte viele jüdische Bekannte, *»wir haben uns nicht verbieten lassen, mit Juden zusammenzukommen«*, und *»so kam dann die ›Reichskristallnacht‹. Es gab einen gewissen Ingenieur Wiesenfeld, der mit meiner Freundin Mia Schwarz befreundet war. /…/ Da war das Attentat und der Bernhard Wiesenfeld ist mit einem Pyjama und einem Zahnbürschtl zu uns gekommen. ›Kann ich bei euch übernachten?‹ Weil ihm sofort klar war, was passiert. Wir haben gesagt: ›Ja, selbstverständlich‹, und da ist er bei uns geblieben und hat dann circa drei Wochen bei uns gewohnt. Der Hausbesorger des Hauses war bei der sozialistischen Hausbesorgergewerkschaft gewesen und so konnte man sich auf ihn verlassen. Es sind dann aber auch noch andere zu uns gekommen, wir waren ja eine ›jugoslawische‹ Wohnung, es war eine sehr große Wohnung, es kamen aber dann so viele, die Wohnung war so voll, dass mein Mann und ich in ein Hotel gezogen sind.«*[201]

Anlässlich eines Gedenkgottesdienstes zum Novemberpogrom erzählte Paul Grosz, dass er sich mit seiner Familie für ein

200 Zum Novemberpogrom siehe u. a. Kurt Schmid/Robert Streibel (Hrsg.). Der Pogrom 1938. Judenverfolgung in Österreich und Deutschland. Picus Verlag Wien 1990 sowie Jüdische Schicksale, S. 97f. oder Rabinovici. Instanzen, S. 122ff. Der Begriff »Kristallnacht« bezieht sich auf die ungeheuren Zerstörungen, das zerbrochene Glas der Fenster.

201 Interview Ella Lingens, PUK.

paar Tage bei Freunden aufgehalten hätte, da die verschärfte Stimmung im Laufe des 9. November zu spüren gewesen sei.[202] Albert D. flüchtete von Baden nach Wien und hielt sich einige Zeit versteckt. In eidesstattlichen Erklärungen bestätigten zwei Bekannte seine Angaben fast gleichlautend. *»Ich kenne Albert D. noch von seiner frühesten Jugend an aus Baden. Am 9. November 1938 wurde in Baden eine Anzahl Jungens seines Alters verhaftet und eingesperrt. Er lebte unter furchtbarer Angst verhaftet zu werden und flüchtete am 9.11.1938 nach Wien ohne sich abzumelden. In Wien versteckte er sich bei verschiedenen Verwandten und Bekannten und befand sich auch einige Zeit im amerikanischen Kinderspital in Wien IX. versteckt. Da er in Wien nicht gemeldet war, litt er unter schrecklicher Angst und Hunger, unter fürchterlichen Bedingungen. Erst am 13. Jänner 1939 gelang es ihm mit einem Kindertransport nach England gebracht zu werden.«*[203]

Edmund R. hatte sich schon seit Juni 1938 immer wieder verborgen gehalten, da er fürchten musste, wie sein Bruder Leopold festgenommen und nach Dachau gebracht zu werden. Seine Schwester Ottie I. beschrieb die dramatische Zeit: »… *mein Bruder Edmund [verbrachte] während einiger Wochen den größten Teil des Tages und alle Nächte auf dem Dachboden des Hauses. Er hatte ein Seil am Dachfenster von außen angebunden, um sich im Notfall auf dem Dach von außen verstecken zu können. 10. November 1938: Zwei SA-Leute kamen ganz zeitig in der Frühe /…/ Bevor ich ihnen öffnete, kroch er – noch im Pyjama – auf das etwas breitere Fenstergesimse, wo er sich flach hinlegte. Ich zog den Vorhang vor das Fenster und ließ die SA-Männer eintreten. Auf ihre Frage nach meinem Bruder erwiderte ich, er*

202 Gedenkgottesdienst im Wiener Stadttempel am 10. November 1993. Siehe dazu auch Jüdische Schicksale, S. 209.
203 WStLA, M.Abt. 12, 2078/E, Akt unter Sh. A, Kopie in PUK.

sei früh weggefahren, um sich wegen Ausreisemöglichkeiten anzustellen. Dies glaubten sie nicht, weil sein Bett noch warm war, sie durchsuchten und durchwühlten die ganze Wohnung und zogen dann endlich wütend ab, jedoch nicht ohne Drohungen auszustoßen. Ich ließ meinen fast erfrorenen Bruder wieder in die Wohnung, er zog sich an und fuhr dann mit seinem Fahrrad weg, um Versteckmöglichkeiten bei christlichen Freunden und Tanten zu suchen. Die nächste Zeit bis zum Gelingen seiner Flucht ins Ausland Ende Mai 1939 konnte er dann meistens bei seinem Schulfreund Ernst F., größtenteils im Keller versteckt verbringen. Dieser Freund blieb während dieser ganzen Zeit fast die einzige Verbindung zwischen meinem Bruder Edmund und meinen Eltern und mir.«[204]

Freunde – wie wichtig waren sie gerade in dieser Zeit. Über seine Hilfe berichtete Bruno Sokoll: *»Ing. Kurt und Irene Deutsch waren seit vielen Jahren meine Freunde. In der Kristallnacht entzog ich sie den braunen Horden, indem ich sie durch einige Tage bei mir beherbergte. Nach der zwangsweisen Aussiedlung aus ihrer Wohnung wurden sie behördlich in das Judengetto* [gemeint ist hier wohl ein Haus, in dem sich sogenannte Sammelwohnungen befanden] *Herminengasse 7 mit vielen anderen Juden aus Floridsdorf eingewiesen. Eine Auswanderung war durch die weiteren Ereignisse unmöglich geworden. Ich wurde bei Beginn des Krieges zur Wehrmacht eingezogen, verblieb jedoch vorläufig im Standortsbereich Wien. Ich besuchte meine Freunde mehrmals in der Woche in Wehrmachtsuniform in der Herminengasse, brachte Lebensmitteln oder half mit Marken aus. Ich wurde immer sehnsüchtig erwartet und sie erblickten in der Uniform einen gewissen Schutz.«*[205] Neben einer sicheren Unterkunft be-

204 WStLA, M.Abt. 12, 28-606/1/E, Akt Edmund R., Kopie in PUK.
205 Bruno Sokoll, 1898–1989. Langjähriger ehrenamtlicher Mitarbeiter im DÖW. Dem Ehepaar Deutsch gelang schließlich die Flucht, es

nötigten die Verfolgten aber auch finanzielle Unterstützung, einerseits für Lebensmittel oder andere Dinge des täglichen Bedarfs, andererseits wurde verzweifelt trotz aller Schwierigkeiten nach Ausreiseoptionen gesucht, für die ebenfalls Geld gebraucht wurde. Der bekannte Komponist Robert Stolz, ein Gegner des Nationalsozialismus, hat vor seiner Abreise aus Österreich einem Rechtsanwalt eine große Summe Geld übergeben, mit dem Auftrag, verfolgten Freunden durch monatliche Zuwendungen zu helfen.[206]

Hatten Teile der jüdischen Bevölkerung bis zum November 1938 geglaubt, der anfängliche Terror würde sich mäßigen, ein Leben, wenn auch unter schwierigen Bedingungen, möglich sein, musste man sich jetzt eingestehen, dass es wohl doch nicht so einfach werden würde. Fluchtversuche in benachbarte Länder – vor allem in die Schweiz oder nach Ungarn – gelangen nicht immer. Fluchthelfer und -helferinnen wurden von Spitzeln der Gestapo beobachtet, unterwandert und dann oft mit den Personen, denen sie helfen wollten, festgenommen und der NS-Justiz überantwortet, wie zum Beispiel das Ehepaar Lingens.[207] Inge Neufeld und Otto Kollmann, die sich einige Zeit mit Unterstützung aus dem kommunistischen Lager hatten verbergen können, um ihre Flucht zu organisieren, glückte der Grenzübertritt in die Schweiz, allerdings wurden die Personen, die ihnen geholfen hatten, aufgegriffen und kamen bis auf eine ums Leben.[208]

überlebte in Mauritius und kam erst nach Kriegsende nach Israel. Brief von Bruno Sokoll an Erika Weinzierl, DÖW R557/3 sowie Schreiben von Ing. Kurt Deutsch an Dr. Herbert Rosenkranz, Yad Vashem, in Kopie in PUK.

206 Vgl. Die ganze Welt ist himmelblau. Robert und Einzi Stolz erzählen. Aufgezeichnet von Aram Bakshian jr. 2. Aufl. Bastei-Lübbe Bergisch-Gladbach1986, S. 324ff und 460. Robert Stolz, 1880–1975.

207 Vgl. Interview Ella Lingens, PUK.

208 Otto Kollmann, geb. 2.1.1916, Inge Neufeld, geb. 27.1.1922. Ge-

Walter K. misslang die Flucht in die Schweiz: »*Ich war damals sechzehn Jahre alt, sah aber viel jünger aus. Wie ein Kind hab' ich ausg'schaut. Eines schönen Tages komm' ich von der Schule, das war eben im November 1938, da sagt der Hausmeister zu mir: ›Du wohnst hier nicht mehr.‹ Also, was hab' ich gemacht? Ich hab' eine Tante gehabt, die in der Rotenturmstraße gewohnt hat. Zu der bin ich hinauf, die hat mir sofort gesagt, ich soll dableiben, ich soll nicht herumlaufen, sie wird mir helfen. Sie war von Ungarn, eine Jüdin, natürlich. Aber sie lebte hier schon seit 40 Jahren. Aber ich hab' gesagt: ›Pass auf, es kann irgendein Unglück passieren, und dann werden sie sagen, du hast mich versteckt. Und es wird schlecht ausgehen.‹ Ich hab' mich entschieden zu gehen. So hat sie mir 200 Schilling gegeben. Ich bin zur Bahn, kaufte eine Karte. Und ich hab' mich gesetzt in die Bahn und bin an die Schweizer Grenze gefahren. In meinem Leben war ich vorher noch nie an der Schweizer Grenze. Ich hab' keinen Pass gehabt. Gar nichts hab' ich gehabt. In Feldkirch bin ich raus aus der Bahn; ich hab' so überlegt, wenn ich mich in den letzten Waggon setze, sehe ich leicht, ob eine Kontrolle kommt, und habe Zeit, wegzulaufen. Außerdem konnte ich ausrechnen, wie lang so ein Bahnhof ist. Der letzte Waggon bleibt schon weit draußen stehen. So hoffte ich auf eine Möglichkeit, unbemerkt wegzukommen. /.../ Dann schon in der Schweiz, vielleicht einen Kilometer weit, treff ich auf einen Schweizer Landjäger. Der fragt, wer ich bin und was ich da mach. Sag ich ihm, man wartet auf mich in Zürich, ich bin vorm Hitler davongelaufen. Weil ich hab' nicht gewusst, ich war ein Kind, dass es solche Leute gibt, die mit dem einverstanden sind. Na, man hat mich genommen und gesagt: ›Solche ham ma schon*

sprächsprotokoll und Korrespondenz mit Inge Ginsberg, PUK. Siehe auch Ginsberg. Die Partisanenvilla. Zum Schicksal der Helfer und Helferinnen siehe TB Nr. 3 vom 8.–10.12.1942, DÖW 5733e sowie DÖW-ODB: Kurt, Harry, Gisela und Ernst Lichtblau.

genug‹, dann hat man mich über die Grenze zurückgejagt. Was hätt' ich machen sollen? Also bin ich zurückgefahren nach Wien. Wenigstens haben sie mich nicht der Gestapo übergeben.«[209]

3. DIE SITUATION DER JÜDISCHEN BEVÖLKERUNG MIT BEGINN DER DEPORTATIONEN

Die jüdische Bevölkerung war seit dem »Anschluss« bereits in vielfältigster Weise den wüstesten Ausschreitungen ausgeliefert gewesen und Jüdinnen und Juden hatten zusehen müssen, wie ihr Eigentum geplündert wurde, wie sich Fremde, die manchmal gar keine Unbekannten waren, den für sie so günstigen Moment ausnützend als »Ariseure« Geschäfte, Fabriken, Unternehmen aneigneten.[210] Mietverträge für Wohnungen wurden gekündigt – die Gemeinde Wien erfüllte hier eine Vorreiterrolle, es gab bereits wenige Wochen nach der nationalsozialistischen Machtübernahme eine groß angelegte Kündigungswelle – Ärzten, Juristen wurde die Approbation entzogen, Beamte, die jüdischer Herkunft waren, wurden gekündigt, Pensionisten wurde die monatliche Pension gekürzt. Infolge der Einziehung großer Vermögenswerte durch die nationalsozialistischen Behörden fehlte es Auswanderungswilligen an den notwendigen finanziellen Mitteln. Der Minister für

209 Interview Walter K., DÖW-Interviewsammlung Nr. 541. Zurück in Wien wechselt Walter K. öfter das Quartier, übernachtet in Schrebergärten oder auf Dachböden, wird schließlich verhaftet.

210 Zum Ausmaß der Beraubungen siehe Clemens Jabloner et al. Schlussbericht der Historikerkommission der Republik Österreich. Vermögensentzug während der NS-Zeit sowie Rückstellungen und Entschädigungen seit 1945 in Österreich. Oldenbourg Verlag Wien/München 2003 (= Veröffentlichungen der Österreichischen Historikerkommission Bd. 1), S. 85–155.

Finanzen hielt in einem Schreiben an den Reichsstatthalter in Österreich diese Problematik fest und unterstrich die Notwendigkeit, nach einer geeigneten Lösung zu suchen. *»Ich ersuche daher um Ermächtigung, die für die Ermöglichung der Auswanderung erforderlichen Mittel aus den zu Gunsten des Landes Österreich eingezogenen jüdischen Vermögenschaften zu verwenden.«* In einem sich darauf beziehenden Vermerk heißt es dazu, *»daß bei der Einziehung eines Gesamtvermögens eines Juden zumindestens soviel freigegeben wird, daß der frühere Eigentümer und seine Familienangehörigen ausser Landes gehen können.«*[211] Die Lebenssituation war demnach eine extrem herausfordernde.[212] Es sollte jedoch weitaus Schlimmeres folgen: Mit etlichen Maßnahmen wurde die »Judenschaft«, wie es in NS-Diktion hieß, in die Separation, die Isolation getrieben: forciertes Zusammenleben in eigenen Wohnhäusern, Wohnblöcken, erinnerten an Gettos. Durch Zuweisung mehrerer Familien in gemeinsame Wohnungen entstanden »Sammelwohnungen«, vor allem im 1., 2. und 9. Bezirk. Jüdinnen und Juden mussten zusätzliche Vornamen – Frauen Sara, Männer Israel – annehmen, sich spezielle Kennkarten besorgen, in eigenen »Judengeschäften« einkaufen.[213] Mit Kriegseintritt verschärfte sich die Dimension der Entrechtung weiter. Güter des täglichen Bedarfs wurden rationiert, Bezugsmarken und Lebensmittelkarten gab es zwar für alle, für die jüdische Bevölkerung jedoch gab es eigene

---

211 ÖStA. AVA-Reichsstatthalter G 4d-41/39-918, Kopie in DÖW 19400/53.

212 Siehe dazu Exenberger/Koß/Ungar-Klein. Kündigungsgrund Nichtarier. Die Approbation für jüdische Ärzte erlosch mit 30. September 1938, sie durften dann nur mehr jüdische Patienten als sogenannte »Krankenbehandler« betreuen, die für jüdische Rechtsanwälte mit 30. November 1938, diese durften als »Konsulenten« tätig werden, wie zum Beispiel Dr. Michael Stern. Zu den legistischen Maßnahmen siehe Walk. Sonderrecht, S. 234 und 242.

213 Vgl. ebenda, S. 233 und 237.

Karten, die mit einem »J« gekennzeichnet waren und auf die man weniger erhielt als auf die anderen. Ein weiteres Problem wurde mit Beginn des Krieges virulent, die Auswanderung kam zum Erliegen, da praktisch keine legale Möglichkeit zur Ausreise mehr gegeben war. Pläne, andere Wege zu suchen, um das »Judenproblem« viel radikaler zu lösen, hatten die Nazis bereits seit Längerem geschmiedet, außerdem war mit der Besetzung Polens eine weitere Millionenzahl an Jüdinnen und Juden unter Nazi-Herrschaft gelangt.[214] So folgten Abschiebungen, »Umsiedlungen nach dem Osten«, und schließlich wurde in letzter schrecklicher Konsequenz mit der Vernichtung des europäischen Judentums begonnen.

Die ersten von Wien weggehenden »Umsiedlungstransporte« waren die sogenannten »Nisko-Transporte«, die im Oktober 1939 zusammengestellt wurden. Die für die Transporte eingeteilten Männer – es waren für die ersten beiden Transporte ausschließlich Männer vorgesehen, erst für den dritten, der allerdings nicht mehr durchgeführt wurde, sollten Familien ausgesucht werden – erhielten die Auskunft, sie würden in einer von der polnischen Zivilbevölkerung verlassenen Gegend Haus und Hof zugewiesen bekommen. Tatsächlich wurden die Teilnehmer, es waren ca. 1500, nach der Ankunft größtenteils nicht in das bereits teilweise aufgebaute Barackenlager einquartiert, sondern weitergeführt und schließlich unter Zurücklassung ihrer Gepäckstücke vertrieben.[215] Nur wenige der nach Nisko Deportierten überlebten den Krieg und konnten Zeugnis über das Geschehen abgeben. Im Rahmen der Forschungen für dieses Buch wurden zwei Personen registriert,

214 Siehe dazu auch Rabinovici. Instanzen, S. 194f.

215 Nisko am San, Polen. TB Nr. 11 vom 24.–25.10.1939, DÖW 2528. Jonny Moser hat zu den Nisko-Transporten vielfach geforscht. Siehe u. a. Jonny Moser. Nisko: Die ersten Judendeportationen. Edition Steinbauer Wien 2012. Siehe auch Rabinovici. Instanzen, S. 194ff.

die eine Rückkehr nach Wien noch während des Krieges geschafft und in Folge als U-Boote überlebt haben: Julius Aberbach und Alfred Spitzer. War Nisko als Versuch gedacht, so folgten nach und nach weitere Umsiedlungen. Zwischen dem 15. Februar und dem 12. März 1941 gingen fünf Transporte in verschiedene Gettos – im ehemals polnischen Gebiet, nun im Generalgouvernement liegend – ab, wegen des Kriegsverlaufs erfolgte dann eine Unterbrechung, bis ab Herbst 1941 wieder regelmäßige Transporte zusammengestellt wurden und die Zahl der in Wien lebenden Jüdinnen und Juden sich rasch dezimierte.[216] So lebten nach Flucht, Vertreibung und Deportationen von den im März 1938 in Wien ansässigen 167.249 Jüdinnen und Juden im Dezember 1942 nur mehr 8053 Personen in der Stadt.[217] Diese Deportationen erzeugten naturgemäß eine immense Unruhe, die in der Zeit davor ergriffenen Maßnahmen wie die Gettoisierung der jüdischen Bevölkerung erleichterten das »Zusammenfangen« der Menschen nach Häusern und Straßen. Zumeist fanden diese Aktionen nachts statt, da während des Tages viele der Betroffenen, die ja zu verschiedenen Arbeiten zwangsverpflichtet worden waren, nicht zu Hause anzutreffen gewesen wären. Da es offenbar selbst zu diesem Zeitpunkt für die NS-Behörden noch erwähnenswerte Vermögenswerte gab,[218] wurde mittels Erlass

216 Vgl. Tagesrapport Nr. 7. vom 15.–17. 2.1941. Siehe auch die Forschungsergebnisse des DÖW im Rahmen der Namentlichen Erfassung der österreichischen Holocaust-Opfer, kurz zusammengefasst auf http://ausstellung.de.doew.at/chapter6.html (7.2.2019).

217 Jonny Moser. Demographie der jüdischen Bevölkerung Österreichs 1938–1945. Wien 1999 (= Schriftenreihe des DÖW zur Geschichte der NS-Gewaltverbrechen 5). Rund 48.000 Personen waren von Wien deportiert worden, die übrigen waren aus Österreich geflüchtet.

218 Das Eigentum der Deportierten wurde unter anderem im Zuge von Versteigerungen durch die Vugesta verwertet, siehe dazu u. a. Gabriele Anderl/Edith Blaschitz/Sabine Loitfellner/Mirjam Triendl/Niko

1941 eine Verfügungsbeschränkung über das bewegliche Vermögen für Juden erteilt. *»Mit Rücksicht darauf, dass die Juden wegen der Abschiebung nach dem Osten seit Mitte Oktober ds. Jrs. dazu übergegangen sind, in grossem Umfange ihr Vermögen zu verschieben, um es der Beschlagnahme und Einziehung zu entziehen, erweist es sich als notwendig, das bewegliche Vermögen der Juden erheblichen Beschränkungen zu unterwerfen. /.../ Sollten Juden ohne die notwendige Erlaubnis künftighin Verfügungen treffen, so ist selbstverständlich mit Schutzhaft unter gleichzeitiger Beschlagnahme ihres gesamten Vermögens mit dem Ziele der Einziehung einzuschreiten. Ebenso ist jedoch auch gegen den deutschblütigen Erwerber die Inschutzhaftnahme anzuordnen, wenn sein Verhalten dies nach dem hiesigen Runderlass, betreffend Verhalten Deutschblütiger gegenüber Juden, vom 24. Oktober 1941 – IV B 4 b 1027/41 rechtfertigt.«*[219]

Eine immer wieder gestellte und sehr unterschiedlich beantwortete Frage betrifft das tatsächliche Wissen über die Situation in den Gettos und den beginnenden Massenmord. Was wusste man, was ahnte man, wollte man ganz einfach nicht weg? Was war der entscheidende Anlass für den Schritt in den Untergrund?

»Sobald die für die sogenannte ›Umsiedlung‹ vorgesehenen Opfer argwöhnten, dass sich hinter diesem Wort ein schreckliches Schicksal verbarg, gerieten sie natürlich in Panik, und viele versuchten, irgendwie zu verschwinden. /.../ Nicht leicht vorzustellen, wie ein erwachsener Mensch mit einer ganzen Portion von Stolz auf seine bisherigen Erfolge, sich nun plötzlich diesen neuen Verhältnissen anpassen musste, in totale Hilflosigkeit gestürzt, zu

---

Wahl (Hrsg.). »Arisierung« von Mobilien. Oldenbourg Verlag Wien/München 2004 (= Veröffentlichungen der Österreichischen Historikerkommission Bd. 15), S. 105–160.

219 ÖStA. AVA-Reichsstatthalter a Pol 2704. Schreiben vom 10.12.1941 an Reichsstatthalter in Wien, Kopie in DÖW 19400/53.

der noch die lähmende Erkenntnis der absoluten Nutzlosigkeit trat.«[220]

Inge Deutschkron beschreibt ihr Wissen über das Schicksal der Deportierten: *»Über BBC hörten wir im November 1942 das erste Mal von Vergasungen und Erschießungen. Wir konnten und wollten es nicht glauben. /.../ Eines Tages hieß es, dass die Wiener Gestapo in Berlin eingesetzt würde. Wien sei bereits judenrein, Berlin dagegen säumig, die Berliner Gestapo nicht schnell genug.«* Schließlich erhielt sie von einer Bekannten, Frau Gumz, im November 1942 folgende Information, die für sie ausschlaggebend war, sich nicht deportieren zu lassen und sich zu verstecken: *»›Der Fritz von nebenan, Sie wissen schon, der junge Soldat, ist aus dem Osten zurückgekommen.‹ Dann fügte sie sehr leise hinzu: ›Er hat erzählt, was sie dort mit den Juden machen.‹«*[221]

Aus heutiger Sicht, mit der Kenntnis des Grauens der Vernichtungslager, ist es schwer zu beurteilen, was die Betroffenen selbst, was die Bevölkerung ganz allgemein wusste, was sie wissen konnte, welche Möglichkeiten es überhaupt gab, über die Ausmaße der Unmenschlichkeit zu erfahren. Trotz aller Verbote wurden ausländische Radiosender gehört, aus Nachrichten ging zum Teil hervor, mit welcher Perfidie die Nationalsozialisten mit ihren politischen Gegnern, mit Jüdinnen und Juden im Osten in den Gettos, in den Konzentrationslagern, in den reinen Vernichtungslagern verfuhren. Allerdings konnte man das Gehörte nicht glauben, man konnte sich dieses entsetzliche Töten und Morden nicht vorstellen, wollte es vermutlich auch gar nicht. Die Alliierten hatten zwar auch entsprechende Informationen, aber ob kriegsstrategische Gründe oder das Nichtglauben an das Unglaubliche für das

220 Paldiel. Gerechte, S. 14.

221 Inge Deutschkron. Ich trug den gelben Stern. dtv München 1985, S. 107ff. Inge Deutschkron überlebte mit ihrer Mutter in Berlin.

Nichteinschreiten ausschlaggebend waren, kann hier nicht beantwortet werden.[222] Dr. Willi Stern, der als Jugendlicher mit einem legalen Status in Wien überleben konnte,[223] berichtet von einem U-Boot, Passweg, der immer zur Kultusgemeinde kam, um Nachrichten, die er gehört hatte, zu bringen. *»Und da hat man die ersten Male von diesen Vernichtungslagern gehört.«*[224] Es kam aber auch immer wieder vor, dass bereits Deportierte nach Wien zurückkehrten – sie *»hatten sich unerlaubt aus dem Generalgouvernement«* entfernt, wie es immer wieder in den Tagesrapporten verzeichnet steht, wenn eine Festnahme vorgenommen wurde.[225] Diese Rückkehrer hatten bereits einiges gesehen und ihre Erfahrungen ihren Bekannten mitgeteilt. Alois Piperger erzählt, dass er mit einem jüdischen Genossen aus der Leopoldstadt befreundet war, der im Zuge der *»Um-*

---

222 Siehe u. a. die Versuche Jan Karskis, eig. Jan Kozielewskis (1914–2000), die polnische Exilregierung in London sowie britische und amerikanische Regierungsverantwortliche über die Gräueltaten der Deutschen zu informieren. In: Ausweg. Jüdische Zeitschrift für Aufklärung und Abwehr. 18. Jg., Nr. 3, September 1997, S. 17. Zu dieser Thematik siehe auch Bernward Dörner. Die Deutschen und der Holocaust. Was niemand wissen wollte, aber jeder wissen konnte. Propyläen Verlag Berlin 2007 sowie ders. Was wussten die Deutschen vom Völkermord an den Juden? In: Harald Roth (Hrsg.). Was hat der Holocaust mit mir zu tun? 37 Antworten. Pantheon München 2014, S. 57–64.

223 Jüdinnen und Juden, die in einer sogenannten »Mischehe« lebten, »Geltungsjuden« und »Mischlinge« sowie Funktionäre, Angestellte und Mitarbeiterinnen und Mitarbeiter der Israelitischen Kultusgemeinde (später Ältestenrat), hielten sich »legal« in Wien auf. Nicht immer schützte dies vor der Deportation. Siehe dazu Rabinovici. Instanzen.

224 Interview Willi Stern, DÖW-Interviewsammlung Nr. 424. Bei dem U-Boot handelt es sich um Jakob Passweg, 1902–1980. Er scheint auch auf der Liste von Yad Vashem auf: Dossier 105/140. Siehe auch Schilderung von Franzi Danneberg-Löw in Jüdische Schicksale, S. 193.

225 U. a. DÖW 8477, 5734a, 5733e. Zumeist wurden diese Rückkehrer bald aufgegriffen und erneut deportiert.

siedlungsaktion 1941 oder 1942 nach Polen« evakuiert worden war und von dem man dann nie mehr wieder etwas gehört hätte. *»Und dann hat man natürlich immer nur grauenhafte Dinge gehört, vergasen … das hat man schon gerüchteweise [gewusst]. Am Anfang hat man es ja nicht geglaubt. Über Auslandssender hat man mehr gehört.«*[226] Die offizielle Version für diese »Umsiedlungen« war, dass man von »Arbeitseinsätzen« sprach, wie es bereits bei der Vorbereitung für die Nisko-Transporte geheißen hatte. Das wollten die Betroffenen wahrscheinlich auch glauben. *»Denn die Nazis haben ja sehr wohl verstanden, die Psychologie und die Hoffnung ihrer Opfer auf Überleben für deren Vernichtung zu nutzen. Denn man hat also den Leuten vorgemacht, sie würden jetzt ausgesiedelt und würden als Arbeiter, als Zwangsarbeiter im Osten arbeiten. Was ja für viele der Leute Sinn gegeben hat, denn sie haben sehr wohl verstanden, wenn Hitler seine Soldaten an der Front hat, und die Mehrzahl der Männer, die zunächst im Berufsleben stehen, ausfallen, für eine sonstige Tätigkeit, weil sie Soldaten sind, dann braucht er eben halt andere Arbeitskräfte. Und daher war's für sie ja selbstverständlich und rational gedacht, dass jüdische Arbeitskräfte notwendig sind. Das heißt, die Leute sind auch insofern betrogen worden – gleichzeitig Opfer ihrer eigenen rationalen Überlegungen gewesen. Das haben die Nazis ja meisterlich zu handhaben verstanden.«*[227] Es kann keine für alle Betroffenen gültige Aussage getroffen werden, ob man sich tatsächlich in akuter Lebensgefahr sah, wenn man die »Einladung«, die Aufforderung erhielt, sich bei der Sammelstelle in der Kleinen Sperlgasse mit Gepäck einzufinden.[228] Lebensberichte und Schilderungen geben hier tiefe

226 Interview Alois Piperger, Sozialdemokrat, DÖW-Interviewsammlung Nr. 235.

227 Interview Dr. Fritz Rubin-Bittmann, PUK.

228 Wien 2., Kleine Sperlgasse 2a. Im hinteren Teil der Schulanlage war dieses Lager eingerichtet worden.

Einblicke in die individuelle Gefühlslage, die dann schließlich zur manchmal vorbereiteten, zumeist jedoch ganz spontanen Entscheidung geführt haben, unterzutauchen.

4. DIE ENTSCHEIDUNG, UNTERZUTAUCHEN

»Alexander Altschul«, im Zwangsarbeitseinsatz auf der Müllhalde, wo noch Brauchbares aus dem Wiener Hausmüll herausgesucht werden musste, berichtet davon, wie klein die jüdischen Lebensmittelrationen waren, sodass er aus dem Müll Reste heraussuchen musste. Unter anderem erzählte er von einer Spinataktion, Spinat in Dosen, wo etliche Dosen kaputt gegangen wären, die von der Bevölkerung weggeworfen worden waren und die er und seine Kameraden herausgefischt hätten. Jüdinnen und Juden hatten nachts Ausgehverbot, abgesehen von Ausnahmefällen und mit einer Sondergenehmigung, einem Passierschein ausgestattet.[229] *»Am 8. Jänner 1942, der eigentlich mein Schicksalstag war, sind dann unglaubliche Dinge passiert. Es war ein sehr kalter Tag, und über Nacht sind immer Züge mit dem Müll aus Wien gekommen. Das war die Nachttour, wie man sagte. Der, der normalerweise diese Tätigkeit über gehabt hat, war gerade krank, ein ›Arier‹ in dem Fall. Man suchte einen Ersatz. Da bin nur ich in Frage gekommen, und da*

229 Mit Kriegsbeginn durfte sich die jüdische Bevölkerung nur mehr innerhalb festgelegter Zeiten frei bewegen, auch Einkäufe wurden zeitlich extrem eingeschränkt. Vgl. dazu: Jüdische Schicksale, S. 164. Zu Bestimmungen zum Sonderrecht für die Juden im NS-Staat siehe Walk. Sonderrecht sowie Egbert Mannlicher (Hrsg.). Wegweiser durch die Verwaltung unter besonderer Berücksichtigung der Verwaltung im Reichsgau Wien sowie in den Reichsgauen Kärnten, Niederdonau, Oberdonau, Salzburg, Steiermark und Tirol mit Vorarlberg. Stand vom 1. Februar 1942. Deutscher Rechtsverlag Berlin/Leipzig/Wien 1942.

hat man mir einen Passierschein ausgestellt. /…/ Es war zu diesem Zeitpunkt schon Verdunkelung in Wien, und der Mond hat ganz licht geschienen, und es war alles schön verschneit, alles mit so glitzerndem Schnee, man hat ziemlich weit gesehen. Es war also klare Sicht. Na, ich bin in der Börsegasse gegangen, da ist diese Stiege zu Maria am Gestade hinauf, und da habe ich oben schon drei Wagen stehen gesehen, diese grauen, dunklen Wagen mit den Zeltplachen. Na, und was das zu bedeuten hatte, das wusste ich schon, so ein Illusionist war ich nicht. Sie sind gerade vor unserem Haus gestanden, /…/ Na, und da ist der Hausmeister, also unser Blockwart, beim Eingang gestanden, bei den Wagen war sonst niemand mehr, das habe ich vorher schon gesehen, die waren alle schon in die Wohnungen hinaufgegangen. Ich habe den gefragt, ob ich auf der Liste stehe, und er hat gesagt, ich stehe drauf, ich solle noch schnell hinaufgehen und mich fertigmachen für den Transport. Dann habe ich gemacht, als ob ich hinaufgehen würde, bin aber unten beim anderen Ausgang des Hauses hinausgegangen. So war das. /…/ Ja, und von da an, von diesem 8. Jänner an, begann mein illegaler Aufenthalt in Wien. Ich durfte mich nicht mehr zeigen.«[230]

Wie spontan manchmal der Weg in die Illegalität war, zeigt auch die Geschichte Mano Fischers, geboren 1927, der als Jude galt, da seine Mutter anlässlich der Heirat zum Judentum übergetreten war. Aus ihrer Wohnung im Karl-Marx-Hof gekündigt, finden Mutter und Sohn – dem Vater war die Flucht nach Shanghai geglückt – Unterkunft im Nebengebäude eines ehemaligen Schweinestalls in der Pirkergasse in Döbling. Eines Abends wurden sie abgeholt, Manos Fahrrad mit abtransportiert, die beiden landen in der Kleinen Sperlgasse: *»In den ehe-*

230 Jüdische Schicksale, S. 182f. Siehe auch Kapitel VI. 2.2 Hilfe durch die Schwedische Mission Stockholm. »Alexander Altschul« (anonymisiert für Jüdische Schicksale), geb. 1914.

maligen Klassenzimmern sind Matratzen gelegen, und dort haben halt die Leute solange campiert, bis sie weggeführt worden sind. Dieser Transport, soviel ich weiß, hätte nach Minsk gehen sollen. Man hat aber nicht gewußt, daß das in den Tod direkt geht. Man hat sich nicht vorgestellt, man wird auf Sommerfrische geschickt, aber man hat geglaubt, man wird dort arbeiten /.../. Es war keine Panikstimmung, die Menschen waren deprimiert und resigniert. /.../ Ich weiß nicht mehr, wie lang ich in dem Lager war, einige Tage wahrscheinlich. Eines Nachts geht meine Mutter mit mir aufs WC, oder was halt dort als WC bezeichnet war. Und da war die Tür zum Hof offen. Die Mutter tritt ein paar Schritte in den Hof, und – ein Kind merkt sich solche Sachen – dort steht mein Radl. Das war ja mein Heiligtum, nicht. Und wir sehen das, und das Gitter zur Straße war auch offen. Meine Mutter hat gesagt: ›Gehen wir‹, das Radl hat sie mitgenommen und ist bei dem Gitter dort hinausgegangen, es war drei Uhr in der Früh. Wir sind zurückgegangen in die Wohnung, und ab da war ich aber eine Unperson.«[231]

Rosalia Ista beschreibt die Entscheidung, in den Untergrund zu gehen, damit, dass sie, als sie von ihrer Arbeitsstelle gegen 11 Uhr nachts nach Hause ging, in der Novaragasse die »Ausheber« sah: »[Ich] *traute meinen Augen nicht. Menschen wurden von der SS mit Peitschen auf Lastwagen getrieben, wurden geschlagen und getreten. Sie haben mehrere Häuser ausgehoben, es war ganz furchtbar. Ich habe den gelben Stern sofort vom Kleid gerissen, denn der musste fest angenäht sein, und habe zur Wohnung geschaut. Ich ging gar nicht mehr in das Haus, denn ich sah schon, dass man auch dieses nicht verschonte. Es*

231 Jüdische Schicksale, S. 506f. Der Mutter gelingt es, ein Arbeitsbuch vom Arbeitsamt zu bekommen, und Mano arbeitet bis Kriegsende in einer Weberei in Klosterneuburg. Da er keine Kennkarte besitzt, ängstigt er sich vor etwaigen Ausweiskontrollen.

mag vielleicht unglaublich klingen, aber ich ging die ganze Nacht wie eine Verlorene durch die Straßen, wenn ich Schritte hörte, drückte ich mich in eine Nische oder ein Haustor. /.../ Um 5 Uhr früh wartete ich am Schwedenplatz auf meine Schwester, die von der Nachtarbeit kam.«[232] – *»Und da sind wir dann auf die Kultusgemeinde gegangen, weil wir wollten wissen, was mit unserer Mutter ist. Und auf der Kultusgemeinde hat man uns gesagt, die Mutter kommt nach Theresienstadt, wir kommen nach Polen. Und wie wir das gehört haben, dass wir nach Polen kommen und die Mutter nach Theresienstadt, na das war ganz arg und ganz fürchterlich. Und da hat meine Schwester damals zu mir gesagt: ›Weißt was? Wir gehen noch nicht nach Polen, wir gehen nach Meidling.‹ Meine gottselige Mutter hat immer gesagt: ›Wenn ihr euch das Leben retten könnt, dann rettet euch das Leben. Ich bin nicht mehr die Jüngste, ich weiß nicht.‹ Aber wer lässt schon eine Mutter, nicht? Und ich muss das zugeben, ich bin sehr an meiner Mutter gehangen, aber meine Schwester noch viel, viel mehr. /.../ Aber nachdem wir gewusst haben, dass wir nicht mit der Mutter wegkommen, sind wir nach Meidling gegangen. Zur Frau Cechal* [eine Bekannte der Familie], *und dort haben wir eine Nacht verbracht.«*[233] Versuche, in die Wohnung zu kommen, die versiegelt war, um einige Gegenstände, vor allem aber Lebensmittelkarten zu holen, gelingen erst, als sie mit dem Schwager, der in Uniform war [der Bräutigam der Schwester war »Arier« und bereits zur Wehrmacht einberufen worden], zurückkommen. Bei Erkundigungen in der Kultusgemeinde erfahren sie, dass die Mutter in der Seegasse sei und sie selbst gesucht würden.[234] Für kurze Zeit können sie in einem anderen »Judenhaus« in

232 Brief an das Institut für Zeitgeschichte, Prof. Erika Weinzierl, Kopie in PUK.

233 Interview Rosalia Ista, PUK. Rosalia Ista, 1918–2007. Schwester: Mina Hummer, geb. 1911.

234 Wien 9., Seegasse 9–11, Jüdisches Spital, Elternheim.

der Pazmanitengasse wohnen, da sie allerdings offiziell keine Papiere haben, keine Lebensmittelkarten, müssen sie sich entscheiden: *»Und da hab ich dann zu meiner Schwester gesagt: ›Ich weiß aber nicht, wo ich hingehen soll.‹ Sie hat schon gewusst, wo sie hingehen soll, aber ich nicht. ›Nein, ich geh nicht weg. Ich kann mich nicht verstecken.‹ Wir haben schon drüber gesprochen, dass wir uns verstecken werden. ›Ich weiß niemanden, der mir Unterschlupf gibt.‹ Und da bin ich in der Burggasse mit ihr gestanden und hab schon meinen Koffer gehabt und wollte schon in die Sperlgasse gehen. Ich hab gesagt – ich hab mich schon von ihr verabschiedet, hab gesagt: ›Mina, schau nur, dass du dir das Leben retten kannst. Ich weiß nicht, wo ich hingehen soll, ich werd mich freiwillig melden.‹ Und meine Schwester hat gesagt: ›Um Gottes willen! Mach doch das net. Das is ja a Blödsinn. Es ist noch nicht am Abend. Warte, vielleicht kannst du doch irgendwo schlafen.‹ Da wollte ich zu einer Bekannten nach Ottakring fahren und hab bei der Bellaria eine Freundin* [sie war keine Jüdin] *getroffen, mit ihrem Mann und dem kleinen Mäderl, mit der Lotte. Und wie die mich gesehen haben – die haben ja geglaubt, dass ich eine Halbjüdin bin, hat er mich natürlich sofort gefragt: ›Wie geht's dir denn? Du bist ja eh a Halbjüdin. Dir machen's ja nix.‹ Meine Freundin hat zu mir gesagt: ›Der Toni‹, das ist ihr Mann, ›der ist noch ein paar Tage auf Urlaub, komm uns einmal besuchen.‹«* Rosalia Ista kann einige Nächte dort, wo ihre Schwester untergekommen ist, bleiben, dann besucht sie ihre Freundin, die erkennt, dass mit Rosalia etwas nicht stimmt: *»›Du sag amal, was ist mit dir los?‹ Ich hab mich ja nicht deklariert, ich hab ja die Leute nicht so gekannt, was die für eine Einstellung haben. ›Erzähl mir nix, du schaust furchtbar abgehärmt aus. Das ist ganz entsetzlich. I hätt dich gar net erkannt. Wie schlecht du ausschaust und so mager bist.‹ Hab i g'sagt zu ihr: ›Anni, wenn du mir des scho so ankennst – du kannst mich zwar jetzt anzeigen, aber ich sag dir's halt, i bin* *a Volljüdin und i hab kein Heim. I waß net, wo i ... Und i will net nach Polen gehen, ich will nicht nach Polen gehen.«* Ohne viele Worte zu verlieren nimmt die Freundin, es handelt sich um Anna Kuchar, Rosalia bei sich auf.[235]

Ein anderes U-Boot, Irma Eisner, hatte vor ihrer Entscheidung einen »Geistesblitz«: Als sie sich nach Aufforderung des Arbeitsamts bei einem Tischler melden sollte, schickte sie mit dem handschriftlichen Vermerk »Deportiert nach Polen« diese zurück. Darauf sei sie vom Arbeitsamt gestrichen worden und hätte auch nie wieder etwas gehört.[236] Gertrude und ihre Mutter Regina Marx überlebten in der Illegalität, nachdem sie sich ganz spontan dazu entschlossen hatten: *»Am 17. Juli 1942 /.../ erhielt ich einen Telephonanruf, dass sich meine Mutter den Fuß gebrochen habe und ich sofort nach Hause kommen sollte. Das war allerdings nur ein Vorwand meiner Mutter, um mich nach Hause zu rufen. Wir wohnten damals im 2. Bezirk, in der Stadtgutgasse 18. Meine Mutter erzählte mir dann, dass sie beinahe vom Vertrauensarzt am Börseplatz verhaftet worden wäre und dass wir sofort untertauchen müssen. Wir verließen unsere Wohnung, d. h. ein Zimmer, welches wir in Untermiete hatten und kehrten nie mehr dahin zurück. Von diesem Tage an lebten wir unter den menschenunwürdigsten Verhältnissen, ohne jegliche Dokumente und ohne Lebensmittelkarten. Manchesmal mussten wir im Freien die Nächte zubringen, da wir nicht wussten, wo wir schlafen sollen.«*[237]

---

235 Interview Rosalia Ista, PUK. Rosalia Ista und ihre Schwester Mina überleben. Rosalia Ista strebte eine Ehrung für ihre Retterinnen an. Anna Kuchar, Franziska Cechal und Maria Böhm wurden am 4.12.1985 als »Gerechte« ausgezeichnet.

236 Interview Irma Eisner, PUK. Irma Eisner, geb. 9.3.1892.

237 WStLA, M.Abt. 12, 13670/E. Schädigungsbericht zum Ansuchen an Opferfürsorge Wien. Aus der Schilderung geht nicht hervor, um welchen »Vertrauensarzt« es sich gehandelt hat und weshalb die Mutter bei diesem gewesen war, Kopie in PUK.

Nur wenige hatten sich auf das Leben im Untergrund vorbereitet. Familie Busztin kannte einen Arzt, der bereit war zu helfen: *»Ein Freund der Familie, ein Schularzt, den ich noch aus der Schule in der Radetzkystraße kannte, hat eine ganze Reihe von jüdischen Familien unterstützt. Sehr viel konnte er ja nicht tun, aber er hat auf dem Markt Kartoffeln gekauft oder andere Lebensmittel, die man zu dem Zeitpunkt ohne Marken bekommen hat, und hat dann diese Dinge verteilt. So ist er auch häufig zu uns gekommen und hat in seinem grenzenlosen Optimismus geglaubt, dass das nur ganz kurz dauern wird. Eigentlich wollte er auch meinen Bruder aufnehmen, aber mein Vater war ängstlich, wahrscheinlich begreiflich, ohne ein Kind in dieses Lager einzurücken. Man wusste eigentlich auch gar nicht genau, was sicherer war, umgesiedelt zu werden – man wusste ja nicht wirklich, was passiert – oder aber ein Kind hierzulassen. Man wusste aber, wenn man geschnappt wird, dass das sehr unangenehme Folgen haben kann. Mein Vater hat sich also dann zu dieser salomonischen Lösung entschlossen, ein Kind mitzunehmen und eines dazulassen. Und so bin ich ganz einfach an dem Vormittag, an dem meine Eltern ins Lager in die Kleine Sperlgasse gegangen sind, in die Straßenbahn eingestiegen und bin in die Neubaugasse gefahren. /…/ Für mich war das damals kein besonderer Entschluss, als junger Mensch sieht man vieles anders. Ich meine aber, dass es für meinen Vater sehr schwierig war.«*[238]

Auf ganz andere Weise hatte sich das Ehepaar Dr. Hedwig und Dr. Karl Wahle auf das neue Leben vorbereitet. Ihre beiden Kinder, Anna und Francis, konnten sie mit Kindertrans-

---

238 Interview Hans Feldner-Busztin, PUK. Dr. Hans Feldner-Busztin 1925–1996. Die Eltern und der Bruder wurden Opfer der Shoah. Die Enkelin von Dr. Feldner-Busztin, Anna Goldenberg, recherchierte das Schicksal ihres Großvaters: Wochenmagazin Falter Nr. 17/15, S. 19f. sowie Anna Goldenberg. Versteckte Jahre. Der Mann, der meinen Großvater rettete. Zsolnay Wien 2018.

porten nach England retten, sie selbst hatten zu lange gezögert und sich für die Illegalität eine »Liebesgeschichte« ausgedacht, die letztlich erfolgreich war. Sie erreichten mit ihrer Geschichte, dass die unerlässliche polizeiliche Anmeldung bei Anmietung einer Wohnung oder eines Zimmers unterblieb.[239]

Angebotene Hilfe zu akzeptieren, war nicht für jeden eine Option. *»Mrs. Saidler was my parents' cook in Vienna. When the Nazis came and my parents were impoverished Mrs. Saidler continued to help my ailing mother without pay, she continued to do so even when she had to leave the house because Aryan women were not allowed to live in Jewish households. /…/ At this stage Frau Saidler offered my parents to hide them in her house. In view of my mother's ailment my parents unfortunately did not think that feasable. In due course they were taken to Theresienstadt where they were kept for 2 years. /…/ Since my parents declined to go ›underground‹ in Mrs. Saidler's house, Mrs. Saidler took another Jewish Lady, a Mrs. Sommer, in and kept her hidden, and supplied with food, until the liberation of Vienna from the Nazis.«*[240] Elise Stein lehnte die angebotene Hilfe durch Franz und Hilde Liebert, die im 17. Bezirk in der Wattgasse in einem Gemeindebau wohnten, ab. *»Frau Liebert kam einige Male zu mir und offerierte mir, mich und das Kind zu verstecken. Ich habe das abgelehnt, da diese Leute auch in einem Gemeindebau wohnten und ich dachte, dass ich sie nicht in die Gefahr einer Verhaftung ziehen dürfte.«*[241]

Wie konnte es nun gelingen, überhaupt zu »verschwinden«, »unterzutauchen«? Aus Berichten geht hervor, dass nach Flüchtigen gesucht wurde: Wenn Personen, die auf der »Liste«

239 Siehe dazu Jüdische Schicksale, S. 623ff.

240 Maria Saidler, geb. 1900, Anna Sommer, 1887–1953. Die Ehrung fand 1978 statt. Yad Vashem Dossier 1390. Siehe auch Keim. Judenretter, S. 126.

241 Brief von Elise Stein an Erika Weinzierl, 28.7.1973, Kopie in PUK.

standen, in ihren Wohnungen nicht angetroffen worden waren, suchte man bei der Arbeitsstelle bzw. kam erneut in das Wohnhaus und hielt Nachschau. *»Mehrere Tage danach sind sie dann noch gekommen und haben gewartet, bis ich nach Hause komme. – Aber einer hat gesagt ›da warten sie umsonst, ich weiß, die Frau Steiner ist über die Grenze nach Ungarn gegangen‹, das hat er erfunden. Die Beamten sind mehrmals gekommen, die hatten ja die Haushaltsliste. Ich war die Einzige, die nicht da war, weil ich eben in der Nacht nicht da geschlafen habe.«*[242] In einigen Fällen wurden Selbstmorde vorgetäuscht, in diesem Fall mussten Vorüberlegungen angestellt werden, wie Edeltrud Posiles später beschrieb: *»Im Sommer 1942 haben die Posiles die Einweisung für das KZ bekommen. Mit Walter war alles abgesprochen, dass seine Brüder auch kamen, war letztlich eine spontane Entscheidung. Jeder hat einen Abschiedsbrief hinterlassen, in denen sie ihren Selbstmord ankündigten: ›Wir gehen ins Wasser!‹ Und so sind sie eben hergekommen. Beim Franz-Josefs-Bahnhof habe ich auf sie gewartet, aber sie sind zum vereinbarten Tag nicht gekommen – ich habe dann die ganze Nacht nicht geschlafen, weil ich geglaubt habe, es ist irgendetwas geschehen.«*[243] Ähnlich wurde auch das Verschwinden von Walter Baumgarten organisiert. *»Man täuschte also einen Selbstmord vor, brachte Kleider von ihm gemeinsam mit einem Abschiedsbrief zur Donau.«*[244] Walter Baumgarten, der in der evangelischen Pfarrgemeinde sehr gut vernetzt gewesen und mit der Sekretärin, Eva Benes, befreundet war, überlebte die Nazi-Zeit, heiratete noch am 21. Juni 1945 seine Eva, wurde dann aber Anfang September 1945 tot aufgefunden. *»Ich habe ihn als Unterseeboot bei mir verborgen gehalten. Trotzdem erlitt er schweren gesundheitlichen*

242 Interview Hedwig Steiner, PUK.
243 Interview Edeltrud Posiles, PUK.
244 Persönliche Information Dr. Dexler.

Schaden durch die Verfolgungen und ist kurz nach der Befreiung, am 9. September 1945, in einem Anfall von Trübsinn durch Selbstmord gestorben.«[245] Die Strapazen, bzw. die nervliche Belastungen während der Zeit im Untergrund hatten sowohl die psychischen als auch die physischen Kräfte überfordert.[246]

5. DER ALLTAG IN DER ILLEGALITÄT – QUARTIERSUCHE, GEFAHREN UND SUCHE NACH LÖSUNGEN

Die Entscheidung war der erste Schritt, was waren nun die weiteren? Wie oben bereits in Lebensberichten geschildert wurde, gab es U-Boote, die eine Unterkunft hatten, zumindest für die erste Zeit, andere wieder irrten herum und lebten von einem Tag zum nächsten, von einer Nacht zur nächsten. *»Für sich war Anny nicht imstande, ein ständiges Versteck zu finden. Sie blieb ohne festes Quartier, streifte untertags durch die Stadt oder die Vororte und schlief jede Nacht woanders. Da sie Kosmetikerin war, hatte sie verschiedene Kundinnen, die sie in deren Wohnungen behandelte. So verdiente sie gerade genug, um überleben zu können, und hatte zugleich täglich ein Dach über dem Kopf. Nur wenige Freunde wußten, daß sie ein U-Boot war. Nach neun Uhr, wenn in den Stiegenhäusern die Lichter abgedreht und die Haustore zugesperrt waren, ging sie zu Freunden und verbrachte dort die Nacht. Sie wechselte immer wieder, um nieman-*

245 DÖW 20100/484.

246 Walter Baumgarten, 1895–1945. Eva Baumgarten, 1901–1984. Persönliche Information von Dr. Gertrude Dexler sowie DÖW 20100/484. Siehe auch Ljuba Arnautović. Im Verborgenen. Picus Verlag Wien 2018. Ljuba Arnautović ist die Enkelin von Eva Baumgarten.

den mehr als unbedingt nötig zu gefährden.«[247] Fahren mit der Straßenbahn von Endstelle zu Endstelle wird immer wieder erwähnt, wenn die Betroffenen nicht wussten, wo sie sich tagsüber aufhalten sollten, weil eben kein ständiger Aufenthaltsort gefunden werden konnte. Lina Hacker, die sich als Wäscherin durchbrachte und zumeist dann auch bei ihren Kundinnen und Kunden schlief, berichtete, dass sie, wenn sie einen Tag keinen Waschauftrag hatte bekommen können, von einer Kirche zur anderen gegangen war. Sie habe dann zu Gott gebetet, *»da wir doch nur einen Gott haben, um Erlösung«.*[248] Rosalia Ista beschreibt ihre Gefühle, die sie täglich beim Aufwachen hatte: *»Hoffentlich wird mir heute nichts passieren.«* Und weiter am Abend: *»/.../ habe ich den lieben Gott gebeten, er soll mir wieder für den nächsten Tag die Kraft geben, dass ich das überstehe. Wenn ich auf die Straße ging – natürlich ohne Stern – ich musste ja auch auf die Straße gehen – ich konnte mich ja nicht immer verstecken –, wenn ich auf der Straße zwei Männer mit Aktentaschen gesehen habe, mit einer ganz speziellen Art, den Hut zu tragen, habe ich schon versucht, auszuweichen. Das Hirn arbeitet in so einer Situation ganz anders – man hört und achtet auf jede Kleinigkeit, auf jedes Wort.«*[249] Es stellt sich die Frage, wie man in einer derart extremen Situation das tägliche Leben meistern und die letztendlich doch mehrere Jahre dauernde Phase der Isolation – selbst wenn man in Gesellschaft war, war man doch in gewisser Weise allein – überstehen konnte. Dr. Feldner-Busztin beschreibt den Optimismus seines Retters: *»Dr. Feldner war eine so vollkommen vertrauenswürdige Persönlichkeit, dass man gewusst hat, dass er das Beste aus einer Situation machen*

247 Elizabeth W. Trahan. Geisterbeschwörung. Eine jüdische Jugend im Wien der Kriegsjahre. Picus Verlag Wien 1996, S. 173ff.
248 Erlebnisbericht Lina Hacker, geb. 1897, PUK.
249 Interview Rosalia Ista, PUK.

wird. Sein Optimismus war ganz einfach ansteckend. Ich bin im September 1942 hier eingezogen, und wir haben uns gedacht, dass bei Jahresende die Sache erledigt sein wird. Dieser grenzenlose Optimismus – der war eigentlich die treibende Kraft.«[250] Für Hedwig Steiner war entscheidend, dass sie sich das alles getraut hatte. *»Man muss sich einfach nur trauen. Ich weiß nicht, ich hab' keine Angst gehabt, auch vor den Bomben nicht.«*[251] Prof. Erwin Ringel meinte dazu: *»Hat ein Mensch Selbstvertrauen, hat der Mensch Mut, hat der Mensch eine Überzeugung, hat er vielleicht eine Religion, wie schaut der aus, der ihm hilft, hat er zu dem* [Vertrauen], *glaubt er, dass der das schaffen wird, denn letztlich ist er ja von dem abhängig. Ich glaube, diese Dinge sind mehr entscheidend. Eine gefestigte Persönlichkeit hat da sicher eine größere Chance.«*[252] Eva Zilcher, Vertraute von Dorothea Neff, stellte ebenfalls die Frage, wie Neff das geschafft habe. Dorothea habe ihr geantwortet: *»Ja weißt du, wie man so was schafft, wenn man nur stundenweise denkt. Wenn man nur bis heute Abend* [denkt] *– er ist gut gegangen, der heutige Tag, hoffentlich geht der morgige* [Tag] *auch gut.«*[253] Humor war für Prof. Viktor Frankl erforderlich, um die dramatischen Situationen jener Zeit zu überstehen. Auch wenn er sich bei seinen Überlegungen hauptsächlich auf die Erfahrungen in Konzentrationslagern bezog, kann man diese Grundhaltung durchaus auf die Situation der U-Boote umlegen. *»Auch der Humor ist eine Waffe der Seele im Kampf um ihre Selbsterhaltung. Ist es doch bekannt, dass der Humor wie kaum sonst etwas im menschlichen Dasein geeignet ist, Distanz zu schaffen und sich über die Situa-*

250 Interview Dr. Feldner-Busztin, PUK.
251 Interview Hedwig Steiner, PUK.
252 Interview Erwin Ringel, PUK. Erwin Ringel war in die Rettung von Lilli Wolff involviert, die bei Dorothea Neff versteckt lebte.
253 Interview Eva Zilcher, PUK.

tion zu stellen.«[254] U-Boote mussten »Überlebensstrategien« entwickeln, Kreativität kannte dabei keine Grenzen. Hans Emmer beschützte seine Braut, indem er, wenn sie im Freien unterwegs waren, Bilder malte und vorgab, sie sei sein Modell. *»Um den Aufenthalt im Freien zu erleichtern und zu tarnen, hatte ich begonnen zu malen. Viele Bilder sind vor der Ubootzeit entstanden /.../ Die Bilder, welche in die Ubootzeit fallen, ab Mitte 1942, sind gekennzeichnet, dass sie unter außerordentlichen und ungewöhnlichen Verhältnissen beim Aufenthalt im Freien gemalt wurden, bei Dämmerung, Nachteinbruch, Regen, Schnee und in abgelegenen Gegenden, so vorzüglich hinter dem Lusthaus, in der Lobau und im Wienerwald auf dem Kobenzl. /.../ Ich malte den Umständen entsprechend auf irgendein Papier, wenn Leute in der Gegend uns beunruhigend erschienen.«*[255] Eine gewisse paranoide Haltung ist sicher nicht von der Hand zu weisen, so erwähnte Sabine Strassberger, dass sie beim Gehen stets einen Rückspiegel in der Hand gehabt hätte, um die Personen zu kontrollieren, die hinter ihr unterwegs waren.[256] Ausweiskontrollen gehörten zu den gefährlichsten Momenten, wenn sich U-Boote auf der Straße befanden. Die meisten hatten irgendeine Art Dokument bei sich, um im Falle einer Anhaltung wenigstens fürs Erste etwas zum Herzeigen zu haben. Diese Ausweise waren entweder auf falsche Namen ausgestellt oder in verschiedener Weise manipuliert. Das Ehepaar Wahle entschied sich für Namen aus dem Telefonbuch, die aber nach

254 Viktor E. Frankl. … trotzdem Ja zum Leben sagen. Ein Psychologe erlebt das Konzentrationslager. dtv München 10. Aufl. Juni 1991, S. 74f.

255 Schreiben von Dr. Hans Emmer an DÖW, DÖW 2395. Bei dem U-Boot handelt es sich um Irene Weiss, 1907–1995. Die beiden heirateten 1953. Emmer beschreibt, dass auf einigen der Porträts der fortschreitende physische und nervliche Zerfall von Irene Weiss sichtbar sei.

256 WStLA, M.Abt. 12, 23851/E/3/65, Kopie in PUK.

dem Klang dem eigenen nicht unähnlich waren, um im Falle eines Zusammentreffens mit Bekannten eine Ausrede parat zu haben. Edeltrud Posiles, die künstlerisch begabt war, konnte den Pass eines Verstorbenen derart verändern, dass ihr Freund für den Notfall einen Ausweis hatte. Er musste sich den Namen einprägen und die Unterschrift des ursprünglichen Inhabers üben. Relativ leicht konnte man sich auf der Post sogenannte Postausweise besorgen.[257] Mit einem Geburtsschein oder Taufschein oder mithilfe von Zeugen konnte man einen derartigen Ausweis bekommen, der für eine oberflächliche Kontrolle zumeist ausreichte. Im täglichen Straßenbild hatten es Frauen sicher leichter als Männer, da Männer vor allem tagsüber seltener anzutreffen waren. Die meisten befanden sich kriegsbedingt im Feldeinsatz oder waren in kriegswichtigen Betrieben beschäftigt. Nicht nur Männer im wehrfähigen Alter, auch junge Burschen waren gefährdet, da gegen Kriegsende bereits 14- und 15-Jährige zum Volkssturm eingezogen wurden. Männer fielen auf und liefen häufiger Gefahr, perlustriert zu werden. Paul Grosz schildert eine für ihn heikle Situation, als er auf der Mariahilfer Straße unterwegs war und fast von einer Streife der Feldpolizei aufgehalten worden wäre. *»Hab' ich die drei Mann Feldpolizei auf mich zukommen sehen. Und nun, wenn ich mich umdrehe, laufen sie mir nach. Wenn ich weiter gehe, halten sie mich auf. Ich hatte keine Wahl. Ich musste weiter gehen, und knapp bevor sie zu mir gekommen sind, haben sie einen anderen jungen Mann aufgehalten, und da durfte etwas nicht in Ordnung gewesen sein, alle drei haben sich mit ihm beschäftigt, und ich bin an ihnen noch vorbei gekommen.«*[258]

257 Postausweise galten für drei Jahre vom Zeitpunkt der Ausstellung und waren mit einem Lichtbild und einer Personenbeschreibung versehen. Siehe dazu Mannlicher. Wegweiser, S. 327.

258 Interview Paul Grosz, PUK.

Der junge Hans Busztin befand sich in ähnlicher Gefahr, sah aber die Tatsache, dass es viele Fremdarbeiter gab, für sich als Vorteil an. Die Idee, ein plausibles Argument für seine Anwesenheit zu haben, hätte sich wahrscheinlich bei einer genaueren Kontrolle als irrig erwiesen.[259] Mano Fischer spürte die Unsicherheit, wenn die Leute Fragen stellten, weshalb er nicht bei der Hitlerjugend sei, keine Schnürlsamthose wie die HJ-ler habe. Es fiel auch auf, wenn er sich bei der nichtjüdischen Familie zu lange aufhielt, das rief bei den Nachbarn Misstrauen hervor.

Die Beschaffung von Kleidung und Schuhen war neben der Unterkunft ein Hauptproblem, mit dem U-Boote im täglichen Leben konfrontiert waren. Viele hatten ihre Entscheidung so spontan getroffen, dass sie nur wenig von ihrer früheren Habe hatten mitnehmen können. Jahreszeitenwechsel erforderten Sommer- und Winterkleidung sowie entsprechendes Schuhwerk. All das war rationiert und nur gegen entsprechende Marken erhältlich. U-Boote hatten keine bzw. konnten nur mit Unterstützung anderer dazu kommen. Mano Fischers Mutter konnte nähen, für die Familie war daher Kleidung kein so großes Problem, auch wenn sich der junge Mano öfter für die »recht albern ausschauende« Art der Kleidung genierte, aber für einen Heranwachsenden waren Schuhe das weitaus größere Problem. *»Wie kommt ein junger Mensch zu Schuhen? Wenn er keine Schuhkarten hat? Bezugsscheine für Schuhe? Der Gatte meiner Tante war in Frankreich arbeiten, von dort hat er für mich Schuhe mitgebracht. Die waren um eine Nummer zu klein. Aber die hab' ich getragen, mit Blasen, das waren die einzigen Schuhe. Es sind ja so Kleinigkeiten, die einen zermürben können.«*[260] Elfriede Gerstl erinnert sich auch, dass sie immer

259 Interview Dr. Feldner-Busztin, PUK.
260 Interview Mano Fischer, DÖW-Interviewsammlung Nr. 641.

zu kleine Schuhe tragen musste und davon letztlich einen Fußschaden davongetragen habe.[261]

Unter welchen Bedingungen mussten, konnten die Betroffenen Unterkunft finden? Die Wohnsituation war überaus vielfältig, in den Lebensberichten liest man Schilderungen von relativ komfortablen Wohnmöglichkeiten, eigenen Zimmern bis zu Verschlägen und Behausungen, die schwere gesundheitliche Schäden nach sich zogen. Großteils waren U-Boote in Kleinwohnungen untergebracht, in vielen Fällen war die Wohneinheit nach heutigen Maßstäben Substandard, das bedeutete, dass Wasser auf dem Gang war, ebenso die Toilette – es waren sogenannte »Bassenawohnungen« – für Wien keine Seltenheit. Man kann sich die hygienischen Verhältnisse leicht vor Augen führen. Personen, die nicht existent waren, konnten auch nicht die Wohneinheit verlassen, um die Notdurft zu verrichten. U-Boote hatten nicht immer ein eigenes Bett, manchmal wurden nur Matratzen auf den Boden gelegt und bildeten so die Schlafstätte. Dr. Fani Schepejtin schildert in ihrem Antrag um Entschädigung vom 22. Juni 1962 ihre Unterkunft: *»Während dieser Zeit war ich bei Frau Marie Rieberer in Wien XVII., Schumanngasse Nr. 72, II. Stock, Tür 21 untergebracht. Die Wohnung der Frau Marie Rieberer bestand aus einer Küche mit einem Fenster auf den Gang und einem Gassenkabinett. Das Ausmaß der gesamten Wohnung war ca. 16–18 m². Im Kabinett war nur eine Schlafstelle (Bettbank) für Frau Marie Rieberer. Ich und meine Schwester Paula Schepejtin, die gleichfalls bei Frau Marie Rieberer untergetaucht war, mussten auf dem Fußboden auf Decken schlafen, weil zur Aufstellung einer weiteren Schlafstelle kein Platz war. Klosett und Wasserleitung befanden sich auf dem Gang. Das Haus XVII., Schumanngasse Nr. 72 ist ein mehr als 100 Jahre altes zwei Stock hohes Gebäude mit zahlreichen Kleinstwohnungen.*

261 Interview Elfriede Gerstl, PUK.

Da Frau Marie Rieberer fürchtete, dass mein und meiner Schwester illegales Wohnen von den zahlreichen im Hause wohnenden Mietparteien bemerkt werden könnte, hat sie uns die Benützung des auf dem Gange befindlichen Klosetts sowie der Wasserleitung untersagt, so dass wir unsere Notdurft in der Wohnung auf einem Kübel verrichten mussten, der jeweils von Frau Marie Rieberer im Klosett entleert wurde. Frau Rieberer hat das Klosett mit noch zwei Parteien geteilt.«[262] Maria Kramer beherbergte drei ihr unbekannte jüdische Personen in ähnlich dürftigen und beengten Räumlichkeiten. Die Wohnung, die sich in einem ehemaligen Fleischerladen befand, daher ebenerdig lag, bestand aus einem größeren Zimmer und einer winzigen Küche. WC war außerhalb dieser Wohneinheit. Im Mai 1943 kam es allerdings zur Verhaftung – sowohl Maria Kramer als auch die von ihr Beherbergten wurden in Konzentrationslager deportiert. Anna und Markus Löbl sowie Moritz Klein kamen zunächst nach Theresienstadt, die beiden Männer schließlich nach Auschwitz, sie überlebten nicht. Maria Kramer wurde ins Frauenkonzentrationslager Ravensbrück verbracht, sie kam als schwerkranke Frau nach Wien zurück, wie in einem Brief an Erika Weinzierl beschrieben wird.[263] Eine Betroffene musste oftmals bei Bekannten auf einem Sessel sitzend oder auf dem Boden liegend die Nächte verbringen und hatte tagelang keine Möglichkeit, sich zu waschen. Auch wenn das Quartier relativ komfortabel war, im Falle von Besuchen mussten U-Boote mitunter in Kästen verschwinden. Familie P. hatte Stühle in einen Kasten gestellt,

---

262 WStLA, M.Abt. 12, 15081/E/2, Kopie in PUK.

263 Brief vom 11.7.1969 an Erika Weinzierl, DÖW R557/3. Während in dem Brief, der von einer Bekannten verfasst wurde, von unentgeltlicher Hilfe ausgegangen wird, kann man anderen Akten entnehmen, dass Maria Kramer für ihre Hilfe bezahlt wurde. Siehe auch DÖW 5734c, DÖW 20100/6223 und DÖW-ODB. Anna Löbl überlebte laut ODB.

da Besuche oftmals auch mehrere Stunden dauern konnten. Da eines der beiden U-Boote an Asthma litt, waren die langen Aufenthalte in dem Kasten für die Kranke äußerst schwierig.[264] Lucia wiederum war mit ihrer Mutter in einem großen Gebäude untergebracht, in dem verschiedene Werkstätten eingemietet waren – ein »Werkstättenhof«. Es gab viele unterschiedliche Betriebe, aber immer wieder gingen dieselben Menschen ein und aus, man musste daher aufpassen, nicht gesehen zu werden. Da sonntags nicht gearbeitet wurde, die Werkstätten geschlossen waren, war niemand im Haus. Niemand erwartete, Geräusche aus dem Gebäude zu hören oder eine sichtbare Bewegung. Aus diesem Grund mussten die beiden sehr leise sein, sie durften kein Wasser verwenden oder das WC benützen.[265] Versteckte und deren Helferinnen und Helfer mussten auch für Notfälle Geheimzeichen vereinbaren, um den/die andere/n warnen zu können. Dr. Hertha Dressler, die Lotte Beran in ihrer Wohnung versteckt hatte, nahm öfters das Medikament Pervitin – das ist ein Weckmittel, ein Muntermacher, sie nahm es in gefährlichen Situationen, um auf jeden Fall wach zu bleiben. Dr. Dressler hatte eine Katze. Wenn es an der Tür läutete und sie »gefährliche« Leute sah, miaute sie selbst wie die Katze, das war für Lotte Beran das Zeichen, dass sie sich verstecken musste.[266] Dachböden wurden oft als Verstecke genützt, auch wenn Suchmannschaften gerade dort, wie auch in Kellerabteilen, besonders intensiv nach Flüchtigen Ausschau hielten. Prof. Dr. Anna

264 Interview Dr. P., PUK.

265 Dr. Lucia Heilmann und ihre Mutter, Dr. Regina Steinig-Treister. Persönliche Information sowie Dokumentarfilm »Wer ein Leben rettet, rettet die ganze Welt« von Alisa Douer, Prisma Film Wien 1993. Die Geschichte von Lucia Heilmann erzählt auch Erich Hackl in Am Seil. Diogenes Verlag Zürich 2018.

266 Telefonat mit Dr. Hilde Wagner am 1.8.2002. Dr. Hertha Dressler, geb. 1898, Lotte Beran, geb. 1909.

Mathä versteckte mehrere Personen, darunter auch den 1923 geborenen Paul Sondhoff, zunächst in einem kleinen Zimmer, wobei die Fensterläden geschlossen bleiben mussten und der junge Mann in absoluter Bewegungslosigkeit und Totenstille verharren musste. Als das Zimmer von den eigentlichen Mieterinnen benötigt wurde – die allerdings nicht davon informiert worden waren, dass während ihrer Abwesenheit ein U-Boot dort Unterkunft gefunden hatte –, adaptierte Prof. Mathä eine zur Wohnung gehörende Dachkammer, die durch eine Treppe erreichbar war. Als Bettstatt wurden Matratzen auf den Boden gelegt und davor stapelte sie Schachteln, als eine Art Wand zur Abschirmung. Wasserkrug, Lavoir und Kübel standen auf der Treppe bereit. Nur wenn Prof. Mathä ein Zeichen gab, dass keiner der anderen Bewohner oder Bewohnerinnen der Wohnung anwesend war, konnte Paul Sondhoff seine Dachkammer verlassen. Mehrmals gab es kritische Momente, zum Beispiel als einmal der Wasserkrug umfiel und das Wasser durch die Dachbalken zu tröpfeln begann. Elizabeth Trahan beschreibt in ihrem Buch »Geisterbeschwörung« eine Situation, in der eine Razzia auf Kriegsdienstverweigerer gemacht wurde und für Paul Sondhoff höchste Gefahr bestand. In der Not versteckte sie ihn in einem tiefen offenen Kamin, wo er auf weitere versteckte Personen traf.[267]

Still halten, ruhig sein – den ganzen Tag über, wenn die Wohnungsbesitzer nicht zu Hause waren, das konnten nicht alle aushalten. Die junge Frau, die beim Ehepaar Lingens unangemeldet lebte, machte sich eines Tages so auffällig bemerkbar, dass die Situation äußerst gefährlich wurde und sie nicht länger bleiben konnte. *»Sie ist entweder im Herbst 1941 oder Anfang 1942 zu uns gekommen und war nicht ganz bis zu unserer Verhaftung bei uns. Wir haben das so organisiert, dass ich ihr ge-*

267 Vgl. DÖW 8061 und Trahan. Geisterbeschwörung, S. 173ff.

sagt habe, sie darf nicht zur Tür gehen, wenn es läutet, nicht zum Telefon gehen, einmal in der Woche – aber nicht immer zur selben Tageszeit – kann sie weggehen. Es war einmal in der Woche, an wechselnden Wochentagen, um jede Regelmäßigkeit zu vermeiden, damit nicht irgendjemand sagt, ›ich sehe da jeden Donnerstag jemanden kommen oder gehen‹. /.../ Sie sollte sich auch ein bisserl um den Kleinen kümmern, das hat sie, glaub' ich, nicht sehr gern getan, aber ich konnte sie schon mit ihm allein lassen. Das ging bis in den Sommer hinein, dann hat sie aber etwas gemacht, das die Situation wirklich völlig unmöglich gemacht hat: sie hat – es war natürlich sehr heiß in dieser Atelierwohnung, natürlich ist es schrecklich, fünf Tage in der Wohnung zu sitzen. Aber, was hat sie gemacht? Da gab es ein Atelierfenster mit einem breiten Vorsprung, der war breit genug, dass man drauf liegen konnte. Vis à vis des Hauses, dort an der Ecke, wo die Maria-Treu-Kirche ist, diese hübsche Barockkirche, da ist das Piaristengymnasium und ein Studentenheim. Und sie hat sich nackt auf diesen Vorsprung gelegt, um ein Sonnenbad zu nehmen, ja, sie hat geglaubt, man sieht sie nicht. Hat geglaubt, die Schule ist unten und dass da oben Studenten sind, hat sie nicht gedacht. Die Studenten haben geglaubt, sie wäre eine Selbstmörderin, und haben die Polizei alarmiert. Die Polizei ist gekommen, hat an der Tür geläutet, sie hat natürlich nicht aufgemacht. Daraufhin haben die Polizisten angerufen, und sie ist nicht zum Telefon gegangen, da haben sie beschlossen – haben gedacht, sie ist vielleicht geisteskrank –, wiederzukommen und die Tür aufzusprengen.«[268] Mit viel Glück konnte die Situation bereinigt werden, Grund für die später erfolgte Verhaftung des Ehepaares Lingens waren Versuche,

268 Interview Ella Lingens, PUK. Mit dem »Kleinen« ist der Sohn, Peter Michael, geb. 1939, gemeint. Bei dem U-Boot handelte es sich um Erika Felden. Siehe dazu Schalom – Zeitschrift der Österreichisch-Israelischen Gesellschaft 31.Jg., Nr. 3, September 1998, S. 6.

verfolgten Personen über die ungarische Grenze zu verhelfen. In einer geräumigen Wohnung jemanden unterzubringen, war mit Sicherheit eher möglich und zumeist bequemer als in Bassenawohnungen. Die Gefahr, dass in Zeiten der zwangsweisen Einquartierungen von Ausgebombten völlig fremde Personen plötzlich eingemietet werden konnten, war sehr real und wurde mit den immer immenseren Bombenschäden immer realer. Mieter, Mieterinnen, Eigentümer, Eigentümerinnen von Großwohnungen, die sich zumeist in Altbauten befanden, setzten daher einige Maßnahmen, um diese Bedrohung so gering wie möglich zu halten. Familie P., die eine Wohnung in der Spiegelgasse bewohnte und zwei gefährdete Familienmitglieder als U-Boote versteckt hielt, kam auf die Idee, die Wohnung zu teilen. Es wurden Maurer beauftragt, und aus der einen Wohnung wurden zwei kleine gemacht. In einem Teil verblieb man selbst, der andere Teil wurde vergeben. So konnte man einer zwangsweisen Einquartierung entgehen.[269] Dorothea Neff nahm in ihre Wohnung in der Annagasse im 1. Wiener Bezirk eine frühere Arbeiterin, eine Näherin aus dem Modebetrieb ihrer Freundin Lilli aus Köln auf, die ausgebombt worden war.[270] Dr. Feldner berief sich auf seine Funktion als Arzt, so konnte er eine ungewollte Einquartierung verhindern.

»Ich habe ja nicht jüdisch ausgesehen!« Diesen Satz vernimmt man häufig, wenn über das tägliche Leben eines/einer in der Illegalität Lebenden berichtet wird. Was ist schon »jüdisches Aussehen«? So wie man in den Verhetzungskarikaturen Jüdinnen und Juden darstellte. U-Boote versuchten daher – sofern sie nicht ohnehin blond und blauäugig waren –, ihr äußeres Erscheinungsbild so zu verändern, dass man auf den ersten Blick keinesfalls an eine jüdische Herkunft denken konnte. Entspre-

269 Interview Dr. P., PUK.
270 Interview Eva Zilcher, PUK.

chende Kleidung und ein Wienerischer Dialekt waren ebenfalls durchaus hilfreich. Wanda Specht entsprach ganz offensichtlich dem »Idealbild der deutschen Frau«, wie sie mehrmals erfahren durfte. Zum Beispiel als sie einmal bei der Behörde einen neuen Heimatschein beantragen musste, sagte der Beamte, der ihr einen »arischen« Schein ausgestellt hatte, zu ihr: *»Schauen Sie, bei keiner anderen hätt' ich's getan, aber wie ich Sie gesehen hab', hab' ich mir gedacht, das ist ein Irrtum. Die schaut doch so arisch aus. Ihre Augen, ihre Sprache und ihre ganze Art, wie Sie sich benehmen, kein Mensch hält Sie doch für eine Jüdin.«* Ein anderes Mal sagte jemand zu ihr in einem Lokal: *»Wenn ich Sie so anschau', seh' ich, wie recht der Hitler hatte. Sie haben die Augen so weit auseinander und haben eine so arische Nase und haben eine so arische Art, Sie könnten direkt als Musterbeispiel* [dienen]. *«*[271] Paul Sondhoff verließ sein Dachkammerversteck als blonder, im Wiener Dialekt sprechender Hans Fritsch, war gekleidet in ein blaues Arbeitsgewand, sah damit wie ein durchschnittlicher jugendlicher Arbeiter aus.[272] Auch Josef Stein wurde oft in einem Schlosseranzug gesehen.[273] Entsprach man allerdings nicht diesem Idealbild, musste man erfinderisch sein: Betty Beckermann erzählte, dass ihre Mutter eine Taubstumme gespielt habe, da sie nur Jiddisch sprach. *»Die Mama hat sich als Bäuerin verkleidet, ›jüdisch‹ hat sie ja nicht ausgeschaut. Sie hatte graublaue Augen, die Haarfarbe war braun. Ein Problem war die Sprache. Obwohl sie schon 1911 nach Wien gekommen ist, hat sie Jiddisch gesprochen, ein jiddisches Deutsch. Wenn sie gesprochen hätte, wäre sie natürlich sofort aufgefallen. So hat sie die meiste Zeit eine Taubstumme gespielt.«*[274]

271 Interview Wanda Specht, PUK.

272 Vgl. DÖW 8061.

273 Vgl. WStLA, M.Abt. 12, 01777/E/2, Kopie in PUK. Josef Stein, geb. 24.6.1903.

274 Interview Betty Beckermann, PUK. Rosa Deutsch, 1884–1958.

Vor allem wenn U-Boote gezwungen waren, sich in der Öffentlichkeit zu bewegen, um Quartiere zu suchen oder zu wechseln, um sich Lebensmittel zu beschaffen, lautete die Überlebensstrategie: nur nicht auffallen, in der Menge untergehen. Ungepflegt sollte man natürlich auch nicht wirken, wie auch Martin Katz in seiner Autobiografie anmerkt: *»Gut gekleidet zu sein war und ist Grundvoraussetzung für ein sicheres Auftreten. /…/ Immer wollte ich möglichst gut gekleidet sein. Nicht nur aus Eitelkeit, sondern weil ich in diesen letzten Jahren gelernt hatte, wie sehr Kleider Leute machen. Es war eben etwas anderes, ob man einem SS-Mann oder auch nur einem Parteimitglied in einem erstklassigen Anzug gegenüber trat oder ob er einem schon an der Kleidung ansehen konnte, dass man um seine Existenz kämpfte und sich gerade noch über Wasser hielt. Gute Kleidung in jener Zeit signalisierte, dass man aus irgendeinem Grund abgesichert war – sei es durch eine gewichtige Stellung, durch einflussreiche Freunde oder eben durch Geld, selbst wenn man es am Schwarzmarkt verdiente.«*[275]

In einer Zeugenaussage wird von einem Haarschnitt gesprochen, damit der Verfolgte auf die Straße gehen konnte.[276] Zusätzlich gab es unterschiedliche Möglichkeiten, um das Aussehen zu verändern, wie Haare färben oder auch Schminke auflegen, wie Irma Eisner oder Marie Steinbach das taten. Harry Turkof schildert seine Maskerade folgendermaßen: *»Ich habe viel riskiert, aber mit Kopf, ich habe es durchdacht. Ich habe mir meine roten Haare schwarz gefärbt. Meine Haare waren ganz*

275 Martin Katz. Meine neun Leben. In Wien von den Nazis gejagt, in München die Prominenz erobert. Kremayr & Scheriau Wien 2011, S. 88 und 114. Siehe auch DÖW 5734b. Martin Katz wurde im April 1943 festgenommen, da er rumänischer Staatsbürger war, gelang es, ihn aus der Haft zu befreien, mit der Bedingung, sich zu einem Arbeitseinsatz in Rumänien zu melden.

276 WStLA, M.Abt. 12, 1227E2. Leopold Stier, geb. 1892, Kopie in PUK.

glatt, und die habe ich zurückgekämmt. Nach der Rassenideologie sollten Juden welliges, krauses Haar haben, so hat der ›Stürmer‹ gemeint. Ich habe nicht wie ein Judenbub ausgesehen, so war es viel leichter. Ich war ganz irrsinnig mutig, fast verrückt. ›Ich schaue nicht aus wie ein Jude, also kann mir nicht sehr viel passieren.‹ Wahnsinnig, wahnsinnig! /…/ In puncto Kleidung habe ich mich gut getarnt, ich war wie ein Nazibursche angezogen: eine braune Hose, Stiefel, braunes Hemd und schwarze Krawatte. Das hat wie eine Uniform gewirkt. Etwas hätte dabei gefährlich werden können. Wenn ich auch nicht wie ein Jude ausgeschaut habe, so hätte ich doch ein Deserteur sein können.«[277]

Jedes U-Boot ging mit den Gefahren des täglichen Lebens unterschiedlich um, abhängig von der jeweiligen individuellen Situation: Art und Größe der Quartiere, war man mit den Helferinnen und Helfern freundschaftlich verbunden oder war man geduldet? War die Notwendigkeit gegeben, sich auf der Straße aufzuhalten, konnte man sich bewegen oder musste man sich tage- oder wochenlang ruhig verhalten, das waren die wesentlichsten Rahmenbedingungen. Ein in Holland Untergetauchter schrieb zur Situation als U-Boot: *»Das sogenannte ›Untertauchen‹ würde mir entweder schwerfallen oder mich schwerelos machen. Das aber bedeutete: neue Organe entwickeln, wie ein Fisch durch die Kiemen atmen.«*[278] Für Lisa Schnitzler, die sich, wie sie selbst erzählt, in einer psychisch labilen Phase befunden hatte, war es eine *»ereignislose Zeit – in einem gewissen Sinne. Ich habe im Haushalt ein bisschen mitgeholfen. Eigentlich bin ich auch in Österreich mit Freunden auf Ausflügen gewesen. Das riesige Problem, wie soll man in ein Geschäft gehen, soll man ›Heil Hitler‹ sagen, ›Grüß Gott‹, ›Guten Tag‹ – weil das Leben davon*

277 Interview Harry Turkof, DÖW-Interviewsammlung Nr. 606.
278 Claus Victor Bock. Untergetaucht unter Freunden. Ein Bericht Amsterdam 1942–1945. Castrum Peregrini Presse Amsterdam 1985, S. 45.

abhängig war. Diese Überlegung – ich erinnere mich, einmal war ich in einem Gasthaus oder einem Kaffeehaus, nichtsahnend, dass Hitler eine Rede halten würde. Ich war allein. Wenn Hitler eine Rede hielt, konnte – durfte – man das Lokal nicht verlassen. Es war wirklich grauenhaft. Ich war damals noch nicht 40 – habe jünger ausgesehen, wahrscheinlich nicht sehr verdächtig.«[279]

6. VON BEZUGSMARKEN BIS ZUM TÄGLICHEN STAMMGERICHT IM WIRTSHAUS. VON SCHWARZARBEIT UND SCHWARZHANDEL

»1.12.39 RMfLand

Nicht zur Veröffentlichung in der Presse!

Kürzung der Rationen für Juden:

Juden erhalten keine Lebensmittel-Sonderrationen für die Zeit vom 18.12.39 bis 14.1.40 (weniger Fleisch und Butter, keinen Kakao, keinen Reis).

7.12.39 RWM

Keine Kleiderkarten für Juden:

Kleiderkarten, die Juden zugeteilt worden sind, sind ihnen sofort zu entziehen. Das gilt nicht für Juden, die in Mischehen leben, wenn die Nachkommen aus der Ehe nicht als Juden gelten.

3.1.40 RMfLand

[Kürzung der Lebensmittelrationen für Juden]:

Die Sonderrationen für Juden sollen erneut gekürzt werden für Zuteilungszeitraum 15.1.40–4.2.40 (kein Fleisch und kein Gemüse).«[280]

---

279 Interview Lisa Schnitzler, PUK.

280 RMfLand: Reichsministerium für Ernährung und Landwirtschaft.

Während die geringen Rationen für Juden noch gekürzt wurden, gab es für U-Boote natürlich gar keine Marken. Trat man den Weg in die Illegalität an, konnte man offiziell auch keine Marken mehr beziehen. Da praktisch alles für alle rationiert war, blieben nur mehr illegale Wege, zu den erforderlichen Waren zu kommen: Man versuchte es auf dem Schwarzmarkt. Ein Unterfangen, das nicht ganz ungefährlich war, denn auch Schwarzhandel wurde behördlich verfolgt. U-Boote und ihre Helferinnen und Helfer waren aber gezwungen, Gegenstände auf dem Schwarzmarkt zu verkaufen, um zu Geld zu kommen, um damit wieder etwas einkaufen zu können. Tauschgeschäfte standen ebenfalls auf der Tagesordnung. In vielen Gesprächen wurde davon berichtet. »[Lebensmittelkarten] *hab' ich nicht gehabt. Nur geschenkte Schuhe – hab' die Füße mir ruiniert – und geschenkte Kleider. Was ich gehabt hab', hab' ich aufgebraucht. Und ich hab' Kleinigkeiten, die ich noch gehabt hab', Schmuck, das hab' ich verkauft –* [an] *Vertrauenswürdige, die gewusst haben, von wo es ist. Aber viel hab' ich natürlich nicht bekommen.«* Wer Verbindung zu Bauern hatte, eventuell auch Quartiere auf dem Land, der konnte von dort Lebensmittel bekommen bzw. mit den Bauern mitessen, obwohl selbst bei Bauernhöfen streng kontrolliert wurde, wie viel Lebensmittel vorrätig waren. *»Draußen in Rückersdorf hab' ich ja gar nichts gebraucht, außer natürlich Zucker – Schmalz, Brot, Mehl, alles war zuhause. Eier, alles war zuhause. Wir haben zwar nur von Erdäpfel gelebt unter der Woche und haben Sonntag Fleisch gehabt.«*[281] Leopold Stier lebte vom Erlös seiner Kleider, Wertgegenstände und Hausratsgegenstände und wurde von den Familien, bei denen er Aufnahme und Unterkunft gefunden hatte, mit Lebensmit-

RWM: Reichswirtschaftsministerium. Zitiert nach Walk. Sonderrecht, S. 312 und 314.

281 Interview Irma Eisner, PUK.

teln unterstützt.[282] Elizabeth W. Trahan beschreibt einen fast schiefgelaufenen Versuch ihrer Freundin, die versucht hatte, einen Pelzmantel zu verkaufen: »*Als sie einmal dringend Geld brauchte, brachte sie ihren Pelzmantel in ein Pelzmodengeschäft. ›Ich brauche tausend Mark, den Rest können Sie behalten.‹ Die Frau bestellte Anny zu sich in die Wohnung, um das Geld zu kassieren.*«[283] Allerdings hörte sie, wie die Frau telefonierte und so lief sie in Panik weg.

Die Schwestern Erna und Ruth Hecht waren 1943 aus Polen nach Wien gekommen, konnten eine Zeit lang bei Ernas Freund Unterkunft finden. Als dieser aber zur Wehrmacht einberufen worden war, hatten die beiden nur mehr wenig Unterstützung und versuchten daher, sich mittels Schwarzhandel über Wasser zu halten. »*Meine Schwester hatte eine Bekannte, deren Mann in einer Schirmfabrik beschäftigt war – er hat uns Knirpse verkauft. So sind wir mit unseren Sachen herumgegangen, dann noch mit den Schirmen. Es war schwer, zu verkaufen, ich habe versucht, Geschichten zu erzählen. Zum Beispiel: ich hätte mir zwei Schirme gekauft, nur sei mir aber das Geld ausgegangen, ob sie* [die angesprochene Person] *mir daher die Schirme nicht abkaufen würden. So habe ich das auch mit anderen Sachen, zum Beispiel mit Kleidern gemacht. Meine Schwester konnte herrlich organisieren und Sachen zum Verkaufen besorgen. Wir hatten da auch ein kleines Kaffeehaus, kein besonderes, kein vornehmes, da sind wir manchmal hingegangen. Manche Leute, die dort verkehrten, werden schon ›übernasert‹ haben, was mit uns los war.*«[284] Alleinstehende Mädchen, junge Frauen wurden im Zuge ihrer Festnahme mitunter auch der Prostitution verdächtigt, wie Elsa Steinfeld oder auch Gertrude Mihaly, die sich

---

282 WStLA, M.Abt. 12, 122/E/2, Kopie in PUK.
283 Trahan. Geisterbeschwörung, S. 175.
284 Interview Ruth Geissler 1984, PUK. Ruth Geissler, 1924–2003.

in *»Begleitung mehrerer Männer in einer Gaststätte«* aufgehalten hatten.[285] Neben den Versuchen, auf dem Schwarzmarkt zu reüssieren, waren die meisten U-Boote in den Haushalten, in denen sie lebten, mittätig, halfen bei den täglichen Hausarbeiten, verrichteten diverse Näharbeiten und nahmen jede Arbeit an, die zu finden war. Es kam aber auch vor, dass U-Boote sich durch kleinere Diebstähle weiterhelfen mussten, wie zum Beispiel Walter Podiebrad, der im Juni 1943 festgenommen wurde.[286] Julius Korneli lebte von »Gelegenheitsverdiensten«, erledigte für Bekannte verschiedene Arbeiten wie »Verdunklungs- und Elektrikerarbeiten«.[287] Josef Krenberger schildert in einem Schreiben aus dem Jahr 1946: *»Am 1. Mai 1942 holte man mich nebst meiner Frau und Schwägerin* [Ida Hirschkron], *welche ebenfalls kurze Zeit bei mir wohnte, da sie gerade aus dem KZ Ravensbrück kam, wo sie 2 Jahre politisch eingesperrt war, um uns nach Polen zu verschleppen. Wir flüchteten alle drei, im letzten Augenblick, und so mussten wir uns 3 Jahre ohne ständiges Quartier und Lebensmittelmarken durchschlagen. Wir hatten während dieser Zeit 18 Quartiere. Ich selbst habe diese 3 Jahre als Kohlenträger gearbeitet, meine Frau und Schwägerin gingen in Bedienung, und so verdienten wir uns den Lebensunterhalt.«*[288] Dazu als Ergänzung Ida Hirschkron: *»Wir lebten von schwerer Arbeit, Kohlenaustragen, Dachbodenumlagen, Küchengehilfin, Bedienerin, usw. vom frühen Morgen bis spät in die Nacht mussten wir arbeiten, da wir kein Vermögen hatten und wir alles im*

285 Vgl. DÖW 5734 und ODB. Elsa Steinfeld, geb. 1921, überlebte die Nazi-Zeit nicht. Gertrude Mihaly, 1928–1983, DÖW 8479.

286 Vgl. DÖW 5734c und ODB. Walter Podiebrad, geb. 1885. Er wurde zunächst nach Theresienstadt und von dort nach Auschwitz deportiert, hat nicht überlebt.

287 WStLA, M.Abt. 12, K838/51. Aussage von Julius Korneli, geb. 17.8.1884, vor MA 12 am 11. August 1952, Kopie in PUK.

288 DÖW 20100/6331. Josef Krenberger, geb. 1899.

Schleichhandel kaufen mussten.[289] Max Süsser erwarb ein wenig Taschengeld durch eine Beschäftigung als Eiszusteller, eine ständige Unterkunft konnte er allerdings nicht finden, und nach Aussage einer Zeugin musste er *»während der warmen Jahreszeit die Nächte auf der Donauwiese verbringen«.*[290] Manchmal war auch einfach kein Essen aufzutreiben, wie Josefine Jäger vermerkt, *»sodass ich von verfaulten Kartoffeln leben musste«.*[291] Hedwig Steiner konnte einer Freundin, die in einem Molkereigeschäft Arbeit hatte, bei den monatlichen Abrechnungen helfen. *»Das waren große Bögen, wo die Marken geklebt wurden, dann bekam ich Lebensmittelmarken, ein paar Reisemarken, ein Viertel Kilo Butter, eine Schachtel Käse.«*[292] Das Ehepaar Wahle konnte sich mit Nachhilfeunterricht und Buchhaltungsarbeiten durchschlagen, Irma Eisner wiederum konnte als Urlaubsvertretung für Hausmeisterinnen etwas dazuverdienen. Über einen längeren Zeitraum, etwa bis Anfang 1945, gab es in Gasthäusern ein sogenanntes »Stammgericht«, das ohne Bezugsmarken zu erhalten war, wollte man Brot dazu, musste man die entsprechenden Marken abgeben. Dr. Feldner ging daher öfter mit seinem Pflegesohn ins Gasthaus, Dr. Wahle und seine Gattin berichteten ebenso von dieser Möglichkeit. Was gab es da zu essen? Zumeist waren das *»fettlose Gerichte aus Erdäpfeln und in Wasser gekochtes Gemüse«.*[293] Edeltrud Posiles erzählt von den seltenen Gelegenheiten, einmal *»Henderl«* zu essen. Das habe

---

289 DÖW 20100/4424. Ida Hirschkron, geb. 1903. Für sie selbst schien es ein »Irrtum« zu sein, dass sie aus dem KZ Ravensbrück entlassen worden war. Siehe DÖW 50104/376 und 823, Schilderung von Ida Hirschkron.

290 WStLA, M.Abt. 12, 28908/E/3, Kopie in PUK. Max Süsser, geb. 1900.

291 WStLA, M.Abt. 208, A 36 OF. Josefine Jäger, geb. 1923.

292 Interview Hedwig Steiner, PUK.

293 Hedwig Wahle. Mutter, Vater, Bruder, ich. Geschichte einer Familie, die den Holocaust überlebte. In: Entschluß. 46. Jg., Nr. 5/1991, S. 18.

man im Rathauskeller bekommen. »*Dort hat man ohne Marken Henderl gekriegt. Brathenderl oder Suppenhenderl. Das war natürlich eine Aufbesserung. Denn wir haben ja die meiste Zeit von Erdäpfelgulasch gelebt, manchmal haben wir Erdäpfelgulasch mit Fremdkörpern gehabt, mit Wurst.*«[294] Die künstlerisch begabte Edeltrud war aber auch imstande, Lebensmittelmarken zu manipulieren. »*Man konnte ja die Lebensmittelmarken umtauschen in Reisemarken. Da hat man die Lebensmittelmarken abgestempelt zurückgekriegt, da war ein Stempel drauf ›ungültig‹. Man hat die Reisemarken gekriegt, die haben anders ausgeschaut, die waren perforiert. Na, ich hab' beide genommen und habe die ungültigen mit dem Tintentod entfernt, den Stempel ›ungültig‹ – war's wieder gültig. Aber natürlich haben sie die Farbe verloren, jetzt musste ich wieder die Farbe nachfärben, denn die waren orange und gelb und grün, usw. Aber wir haben die doppelte Ration an Lebensmittelmarken gehabt.*«[295] Franzi Löw war als Fürsorgerin der Israelitischen Kultusgemeinde – des Ältestenrates – tätig, und in dieser Funktion betreute sie auch ca. 30 U-Boote, wie sie erzählte. »*Die Hauptsache war, daß ich den ›Unterseebooten‹ Lebensmittelmarken gegeben habe, da mußte ich besonders vorsichtig sein, da habe ich immer den Stern herunternehmen müssen und habe nie mit irgendeinem Gepäck gehen dürfen. Ich trug nur eine Handtasche bei mir, in der ich sehr viele Lebensmittelmarken hatte, die ich von Nichtjuden bekommen habe und nicht hätte besitzen dürfen.*«[296]

294 Interview Edeltrud Posiles, PUK.
295 Ebenda.
296 Jüdische Schicksale, S. 192f. Franzi Danneberg-Löw, 1916–1998.

7. »UND DA SPRANG ICH IN DEN DONAUKANAL!« – DRAMATISCHE UND TRAGISCHE EREIGNISSE

Das Leben im Verborgenen war generell dramatisch, der Alltag gezeichnet von Herausforderungen, die oft spontan und mit viel Ideenreichtum gelöst werden mussten, um die eine gefährliche Situation, den Tag und den nächsten Tag usw. zu überstehen. Dennoch gab es Erlebnisse, die die »U-Boot-Normalität« noch übertrafen und die prägend im Gedächtnis blieben.

Josef Rubin-Bittmann sprang in einer brenzligen Situation in den Donaukanal, als er eines Abends unterwegs war, wie sein Sohn Fritz erzählt. *»Und plötzlich hört er Schritte, und es waren zwei Polizisten. Jetzt hat er natürlich Angst gehabt, denn er hat keinen Judenstern gehabt, aber zur damaligen Zeit waren ja die Männer seines Alters vorwiegend beim Militär, und er hat Angst gehabt, dass die ihn perlustrieren und ist rascher gegangen. Und wie er seine Schritte beschleunigt hat, haben die ihre Schritte beschleunigt. Und er hat zu laufen begonnen, und die haben auch zu laufen begonnen. Und auf der Höhe der Friedensbrücke, hat er schon nicht mehr aus und ein gewusst, und* [so dachte er] *die sind womöglich rascher und ist im November in den Donaukanal von der Friedensbrücke rein gesprungen und hat sich bis zur Urania treiben lassen, so ist er in der Dunkelheit entkommen.«* Problematisch war für Josef Rubin-Bittmann auch die Tatsache, dass einer der Helfer, der Hausmeister Herr Rathpoller, immer wieder sehr lautstark gegen Juden wetterte. Obwohl er – wenn auch gegen Bezahlung – einer Beherbergung zugestimmt hatte, war er unberechenbar. *»Letztlich war man als Versteckter, Verfolgter auf Gedeih und Verderb den Menschen, die einen versteckt haben, ausgeliefert.«*[297]

---

297 Interview Fritz Rubin-Bittmann, PUK. Siehe auch Jüdische Schicksale, S. 651f.

Manus Diamant, der als polnischer Fremdarbeiter mit falschen Papieren nach Wien gekommen war, wollte eines Tages ins Dianabad, ein bekanntes Wiener Hallenbad, gehen, wollte dort den Tag verbringen, da er Angst hatte, auf der Straße aufgegriffen zu werden. *»Zwei Gestapo-Beamte standen plötzlich, wie aus dem Boden gewachsen, vor mir. ›Papiere!‹ Ich zog meinen gefälschten Ausweis hervor. Sie prüften ihn sorgfältig und fragten: ›Du gehst wohl spazieren, wie? Arbeitest du nicht?‹ Ich antwortete in gebrochenem Deutsch: ›Ich polnischer Arbeiter, Fremdarbeiter aus Polen, hier Arbeit suchen.‹ ›Wann bist du angekommen?‹ fragte der eine. ›Vor zwei Tagen‹, antwortete ich. Das Unglück wollte es, dass aus meiner Brusttasche eine Kinokarte hervorlugte.«*[298] In diesem Fall gelang keine weitere Ausrede oder gar die Flucht. Manus Diamant wurde nach einiger Zeit Gefangenschaft in der Rossauer Kaserne wegen Verstoßes gegen die Arbeitspflicht als Fremdarbeiter ins Arbeitserziehungslager Maria Lanzendorf überstellt. Das Ehepaar Wahle geriet einmal in eine Razzia, die eigentlich gegen eine Gruppe von Schleichhändlern geführt worden war, und sah sich plötzlich auf einer Polizeistation und dann auf der Elisabethpromenade. *»Sie wurden getrennt, offenbar wurden Männer und Frauen getrennt, sie konnten sich aber noch vorher zuflüstern, dass sie ihre Geschichte* [sie wären ein Liebespaar, und könnten sich nur heimlich treffen] *aufrecht halten müssen, weiterhin lügen und probieren.«* Tatsächlich schafften die beiden es mit viel Glück, freizukommen.[299] Natürlich war es überaus riskant, in ein Lokal zu gehen, aber wie erwähnt waren gerade die Stammgerichte ausreichende Motivation. Rosalia Ista besuchte ein ihr unbekanntes Lokal in der Prater-

298 Manus Diamant. Geheimauftrag: Mission Eichmann. Aufgezeichnet von Moshe Meisels. Jugend und Volk Wien 1995, S. 95f. sowie persönliche Information.

299 Interview Anna Wahle, PUK.

straße. »*Es war schon am späten Nachmittag, gegen Abend. Als ich es betreten hatte, sah ich gleich lauter so Damen sitzen. Dachte ich, na ja, das Stammgericht bestelle und esse ich, dann gehe ich ja gleich wieder. Auf einmal höre ich, wie am Nebentische eine der ›Damen‹ zu einer anderen sagt: ›Die Kieberei kommt!‹ – Also, die Polizei – ›Um Gottes willen!‹ Ich schaue zur Tür, auf einmal sehe ich schon zwei Männer mit Ledermänteln, den Hut vorne und hinten hinuntergezogen* [gemeint ist die Krempe des Hutes] – *Um Gottes willen, was mache ich jetzt? Ich ging zum Klo – aber: die werden doch auch aufs Klo schauen, aber ich konnte nicht mehr bei der Tür hinaus. Also bin ich aufs Klo gegangen, bin beim Klofenster hinaus, ins andere Haus hinübergesprungen, und von dort bin ich dann weg. Mein Glück war, dass das Fenster nicht so hoch war. Wenn ich mir wehgetan oder das Bein gebrochen hätte, wenn sie mich erwischt hätten – entweder sie hätten mich der Prostitution bezichtigt, sie hätten wissen wollen, bei wem ich wohne, usw. Ich weiß nicht, ich glaube nicht, dass ich jemanden verraten hätte – aber ich bin Gott sei Dank nie in diese Situation gekommen.*«[300] Spontane Entscheidungen konnten für die Betroffenen lebensrettend sein. Elsa Koditschek musste einmal bei schlechtem Wetter in Hausschuhen und Schürze hinaus auf die Straße und am späten Abend ein Quartier suchen, da bei der Dame, bei der sie untergebracht war, plötzlich die Gestapo aufgetaucht war. Die Quartiergeberin dankte Elsa für ihre Hilfe beim Geschirrwaschen und sagte, sie könne jetzt gehen, da sie mit den Herren etwas zu besprechen habe. So machte sich diese so, wie sie eben in der Küche gestanden war, auf den Weg.[301]

---

300 Interview Rosalia Ista, PUK. Mit »lauter so Damen« sind Prostituierte gemeint.

301 Vgl. Brief von Lizzy Berner an die Autorin. Elsa Koditschek, geb. 1884.

Im Tagesrapport Nr. 8 der Gestapo-Staatspolizeileitstelle Wien vom 24.–28. Juni 1943 wird die Festnahme von »*Wolf I. Spinnrad, ehe. Spirituosenfabrikant, 23.6.1893 Stryj, DRA, mos, verh, 5., Bacherg. 17 whg.*« vermerkt, er sei seit eineinhalb Jahren ohne Unterkunft in Wien aufhältig gewesen. Bei seiner Anhaltung sei er aus einem fahrenden Stadtbahnzug gesprungen, um sich durch Flucht der Festnahme zu entziehen, es sei ein größerer Geldbetrag und wertvoller Schmuck bei ihm gefunden worden.[302] Der Friseur Arthur Baumgarten lebte mit einer Frau – einer Christin – zusammen in der Novaragasse. »*Sie hat ihn im Schrank versteckt. Er hat nur in der Nacht zum Fenster gehen dürfen, wenn alles finster war. Sonst war er die ganze Zeit im Kasten. Eines Abends war er gerade heraußen, da hat wer geklopft, die Gestapo. Hat sie zu ihm gesagt: ›Geh eini ins Klosett, schnell!‹ Die Wohnung war im dritten Stock. Sie war eine dicke, resolute Frau und hatte einen Revolver unter ihrer Schürze versteckt. Dann hat sie die Tür aufgemacht. ›Wo ist der Herr Baumgarten?‹ Sie suchen die ganze Wohnung durch und gehen auch zur Toilette, reißen die Tür auf, aber er ist nicht drinnen gewesen. ›Na, wir kommen schon wieder‹, haben die g'sagt und sind weggegangen. Ist sie sofort in die Toilette und hat geschaut. Ist er vom dritten Stock außen an der Wand am Fenster g'hängt. Unten war ein Lichthof. Hat sie g'nommen ein Leintüchel, hat ihm damit die Händ' zugebunden, und das Tuch hat sie an der Klosettmuschel anbunden. So hat die Frau ihn wieder hineingezogen.*«[303]

302 Vgl. DÖW 5734c sowie ODB. Wolf Spinnrad hat nicht überlebt.
303 Interview Walter Kehrhaus, PUK. Arthur Baumgarten, 1890–1957, im Interview als »Anton Baumgartner« erwähnt.

8. BESONDERS »MENSCHENUNWÜRDIGE« UNTERKÜNFTE UND TRAGISCHE UMSTÄNDE

Rudolf Rauchwerger, im Tagesrapport Nr. 5 der Gestapoleitstelle Wien vom 10.–12. Juli 1942 als »unterstandslos« festgenommen, »wohnte« eigentlich auf dem Matzleinsdorfer Bahnhof, da er keine andere Unterkunft zu finden imstande gewesen war. Er wurde wegen eines nach damaliger Gesetzeslage »rassenschänderischen«[304] und ehebrecherischen Verhältnisses mit der »Arierin« Pauline Krecek, geb. Reicher verhaftet. Er wurde verurteilt und musste seine Strafe in Stein an der Donau absitzen. Er konnte die Nazi-Zeit überleben.[305] So wie in diesem Fall das Gelände des Matzleinsdorfer Bahnhofs dienten mitunter Bänke in Parkanlagen, auf Friedhöfen, Grüfte oder Kellerabteile U-Booten für kürzere oder längere Zeiträume als Quartiere. Martha Kohn bezeugte, dass sie ihren späteren Gatten, Oskar Kohn, mit Essen versorgt habe, *»und zwar hat er die ersten Monate am Meidlinger Friedhof, teilweise unter der Philadelphiabrücke versteckt gehaust«.*[306] Karl Balner hat nach seiner eidesstattlichen Aussage vor dem Verband der wegen ihrer Abstammung Verfolgten die Zeit der Verfolgung auf verschiedenen Friedhöfen und in einer Lehmgrube verbracht. Diese Angaben wurden durch Zeugen bestätigt. Karl Balner konnte ab Herbst 1944 über Vermittlung der Erzbischöflichen Hilfsstelle bei den Jesuiten unterkommen.[307] Josefa Blauner hatte ihren Gatten von 1942 bis 1945 in einem selbst

304 Juden war Geschlechtsverkehr mit »Arierinnen« aufgrund der Nürnberger Gesetze bei Strafe untersagt, Ausnahme waren die sogenannten »Mischehen«, die 1938 schon bestanden hatten.

305 Vgl. DÖW 5733d und 20100/9310.

306 WStLA, M.Abt. 12, K587/61/E, Kopie in PUK.

307 Vgl. DÖW 20100/342. Deckname für Karl Balner: »Josef«. Siehe auch Kapitel VI. 2.1 Der »Stall«.

gebauten Bunker versteckt. *»Mit großen Opfern und Einsatz meines Lebens, rettete ich sein Leben. Leider hat er durch die vielen Strapazen und vielen Aufregungen ein schweres Herz- und Lungenleiden davon getragen. Ich konnte ihm keinen ärztlichen Beistand verschaffen, da ja die Zeit sehr gefährlich war. Die Freude über die Befreiung und leider der schlechte Gesundheitszustand, haben ihn dennoch hinweggerafft.«*[308] In einer äußerst beengten Lage musste Sigmund Löwenheck verharren: Er kam bei Emma Ritter unter, die er über Bekannte kennengelernt hatte. Da Emma Ritter Verwandte hatte, die *»dem damaligen Regime nicht unfreundlich gesinnt waren«* und fast täglich bis in die Nacht hinein zu Besuch kamen, musste sich Sigmund Löwenheck im Speisekammerl aufhalten. *»Dies ist ein Raum von ca 1m² Fläche. In dieser ›Zelle‹ musste Herr Löwenheck sitzend die meiste Zeit verbringen. /.../ Ich selbst war durch die Anwesenheit Herrn Löwenhecks nervlich sehr belastet und drängte ihn wiederholt sich eine andere Unterkunft zu suchen. Er versprach dies auch, verschob sein Vorhaben aber immer wieder, da er ja fast nie auf die Straße kam und daher keine Verbindungen aufnehmen konnte.«*[309] Es kam aber auch vor, dass in der Not fast skurril anmutende Quartiere angenommen werden mussten. Lisa Schnitzler erzählte von einer Übernachtung im Museum neben den ägyptischen Mumien. *»Die Nacht werde ich nie vergessen. So um 6 Uhr musste ich weg, weil der Heizer kam. Es war eine Novembernacht. Ich erinnere mich noch, wie ich hinauskam, es war so nieselig und hässlich, und es war kein Kaffeehaus offen und ich bin durch die Straßen gewandert. Aber es war alles mehr komisch als tragisch. Die Nacht bei den Mumien habe ich wirk-*

308 WStLA, M.Abt. 12, B1186/53 und WStLA, M.Abt. 208, A 36, Akt Josefa Blauner.

309 WStLA, M.Abt. 12, 07932/E. Niederschrift einer Aussage von Emma Ritter vom 26.1.1965 für Sigmund Löwenheck, geb. 1897, Kopie in PUK.

lich genossen. Wer hat das schon erlebt?«[310] Marianne Schmid musste in einer Kammer neben einem Sarg auf dem Boden schlafen, den sich ihre Quartiergeberin schon gekauft hatte.[311] Jede, aber auch wirklich jede nur erdenkliche Räumlichkeit wurde in der Not genützt, selbst wenn es ein Klosett war. *»Als die großen Deportationen* [begannen], *es war Mitte 1942, wandte sie* [Amalia Rosensal] *sich hilfesuchend an mich und ich riet ihr, sich in einem Klosett in unserem Haus zu verstecken. /.../ Das Klosett war ein kleiner Raum, der früher als Toilette für einen im Haus befindlichen jüdischen Tempel gedient hatte. Der Tempel war gesperrt worden und genau so wie das Klosett für die Öffentlichkeit nicht zugänglich. Dadurch blieb Frau Rosensal in ihrem Versteck unbemerkt. Lebensmittel erhielt sie durch Bekannte, die von ihrem Versteck wussten.«*[312] Ratten, Mäuse und Ungeziefer waren oftmals Zimmer- und Bettgenossen für die U-Boote. Schlafen mussten sie auf dem Boden, auf Kisten, auf alten Säcken. Elisabeth Wolf geriet in akute Gefahr, deportiert zu werden, als ihr Gatte, der als »Arier« galt, verstarb.[313] Sie fand bei Bekannten im Keller ein Versteck: *»Der Keller war auch voll von Ratten und wirklich als menschenunwürdig zu bezeichnen.«*[314] Versteckt in einem Kohlenkeller oder im Klosett einer Dienstwohnung musste der Kriegsinvalide Markus Fessel

310 Interview Lisa Schnitzler, PUK. Es handelte sich vermutlich um das Kunsthistorische Museum.

311 Vgl. WStLA, M.Abt. 12, 13.076/E/2, Kopie in PUK. Marianne Schmid, geb. 1892.

312 WStLA, M.Abt. 12, 06188/E. Dieses Quartier befand sich in Wien 2., Floßgasse 9. Zeitweise waren noch zwei weitere Frauen dort untergebracht. Siehe auch Interview Ida Beck, PUK.

313 Jüdische Partner in aufrechter Mischehe blieben bis 1945 von der Deportation verschont, der Schutz erlosch aber mit dem Tod des Partners.

314 WStLA, M.Abt. 12, 24.863/E, Kopie in PUK. Elisabeth Wolf, geb. 1895.

übernachten. Fessel hatte zwei Fußprothesen und wechselte ständig seine Schlafplätze, da er keine dauernde Beherbergung hatte finden können.[315]

Leben im Schrebergarten! Wie das doch verlockend klingen mag! In fast 50 Fällen wurde angegeben, in einer Hütte oder in einem Schuppen in einer Schrebergartensiedlung versteckt gewesen zu sein. Allerdings war die Lebenssituation in derartigen Unterkünften äußerst trist und bescheiden. Die Sommerhäuschen waren ausschließlich für den Sommerbedarf ausgerichtet, das heißt, dass es keinerlei Heizmöglichkeit gab. Selbst wenn ein Ofen in der Hütte oder dem Häuschen vorhanden war, konnten ihn die Betroffenen nicht benutzen, um sich nicht bemerkbar zu machen. Im Winter waren die Siedlungen menschenleer, Besitzer kamen höchstens von Zeit zu Zeit, um nach dem Rechten zu sehen. Es wäre also aufgefallen, wenn jemand den Ofen in Betrieb genommen hätte. Bei Schneefall wäre das Verlassen der Hütte schon wegen der Spuren, die man im Schnee hinterlassen hätte, verräterisch gewesen. Die Siedlungen waren selten an das Kanalnetz angeschlossen, Wasser gab es vom Brunnen und die Toilette – vorwiegend handelte es sich um sogenannte »Plumpsklos« – war zumeist außerhalb der Hütte. Die Versorgung mit dem Nötigsten war demnach äußerst problematisch, es musste mit größter Vorsicht vorgegangen werden. *»Die einzige Chance für meinen Mann war, sich nur mehr im Haus an der Alten Donau aufzuhalten, in einem kleinen Kabinett, welches keine Fenster besaß und dessen Tür mit einem Kasten verstellt war.«* So beschreibt Sophie K. die Situation, in der sie ihrem damaligen Verlobten Ernst K. half, die Nazi-Zeit zu überleben. Es gelang in der Folge, falsche Papiere zu beschaffen, mit denen Ernst K. dann eine Beschäftigung

315 Vgl. WStLA, M.Abt. 12, 4259/1/E, Kopie in PUK. Markus Fessel, geb. 1889.

als Gärtner erhielt. Im Herbst 1944, kurz vor der Geburt des gemeinsamen Kindes – Sophie verschwieg vor den Behörden den Namen des Vaters –, wurde die Gartenhütte durch einen Bombentreffer völlig zerstört, und die restlichen Monate bis zur Befreiung konnte Ernst K. in der Gärtnerei wohnen.[316]

9. KRANKHEIT – TOD – GEBURT

Vor Erkrankungen hatten alle U-Boote Angst, besonders vor schwerwiegenden, bei denen die Hilfe eines Arztes erforderlich geworden wäre. Wo nur einen vertrauenswürdigen Arzt finden? Wo einen Zahnarzt, der einen von den stechenden Zahnschmerzen erlösen würde. Harmlose Infekte konnten ohne Behandlung zu lebensbedrohlichen Erkrankungen werden. Prof. Erwin Ratz beschreibt den Gesundheitszustand seines ehemaligen Lehrers, Dr. Josef Polnauer, als sehr angegriffen, sodass des Öfteren ärztliche Hilfe nötig gewesen wäre. *»Es konnte jedoch nie ein Arzt geholt werden.«*[317] Ähnlich erging es der Musikstudentin Sylvia B., die zweimal an Gelbsucht erkrankte. Behandelt habe sie der Sohn des Hauses, der Medizinstudent war.[318] Für Rosalia Ista waren Zahnschmerzen das größte Problem. *»Wenn ich starke Schmerzen hatte, bekam ich von meinen Freundinnen das Geld, ging zu einem Zahnarzt oder Dentisten und ließ den Zahn ziehen – ein zweites Mal wäre ich nicht zu demselben Arzt gegangen, ich hätte befürchten müssen,*

316 Vgl. Sophie K., Ansuchen zur Ausstellung eines Opferausweises vom November 1967 sowie Ernst K., Ansuchen aufgrund 12. Novelle d. OFG vom Juni 1961, Kopien in PUK.

317 WStLA, M.Abt. 12, P191/61/E/2, Aussage Prof. Erwin Ratz vom 5. Februar 1962, Kopie in PUK. Dr. Josef Polnauer, geb. 4.6.1888.

318 Vgl. WStLA, M.Abt. 12, B29365/E/3/64, Kopie in PUK. Sylvia B., geb. 1925.

die Gestapo wartet dort auf mich.«[319] Da sie sich niemals auf längere Behandlungen einlassen konnte bzw. wollte, keine Plomben oder Wurzelbehandlungen machen ließ, verlor sie während der Zeit als U-Boot mehrere Zähne. Jüdinnen und Juden hatten – auch wenn sie nicht im Verborgenen lebten – Schwierigkeiten, ärztliche Hilfe zu erhalten, da ein Großteil der jüdischen Ärztinnen und Ärzte nicht mehr im Land war oder nur mehr in beschränktem Ausmaß ordinieren durfte. Das Rothschild-Spital, Wien 18, Währinger Gürtel 97, war während der NS-Zeit das einzige, das Jüdinnen und Juden zur Behandlung aufnehmen durfte, es waren in diesem Spital auch ein jüdisches Ärzteteam und jüdisches Pflegepersonal beschäftigt. Wiederholt kam es allerdings zu Razzien, Patientinnen und Patienten, Besucherinnen und Besucher wurden eingehendst kontrolliert, um die tatsächliche Notwendigkeit eines Spitalsaufenthalts zu bestätigen, aber auch um sicherzustellen, dass sich keine »arischen« Gäste im Spital befanden. *»Es ist öfters vorgekommen, dass die Herren von der Gestapo im jüd. Spital Kontrollgänge durchführten. Der Grund hiefür ist darin zu suchen, dass nach versteckten (nichtkranken) Juden gefahndet wurde.«*[320] Bedingt durch die Deportation Tausender Jüdinnen und Juden wurde das Spital für die in Wien Verbliebenen zu groß, außerdem wollte die SS in dem Spitalsgebäude ein Lazarett errichten, daher erfolgte Ende 1942 die Übersiedlung in die Malzgasse 16, ursprünglich eine Talmud-Thora-Schule, die entsprechend adaptiert werden musste. War zunächst das Personal des Rothschild-Spitals von den Deportationen zurückgestellt, verblieben schließlich lediglich jene Personen, die »arisch

319 Interview Rosalia Ista, PUK.

320 Niederschrift der Aussage von Karoline Schwarz, die als Krankenschwester im jüdischen Spital tätig war, vom 5.1.1946. Verfahren gegen Johann Rixinger. Vg 11g Vr 1866/46. Kopie in DÖW E20118.

versippt« waren, also nichtjüdische Verwandte hatten. Ende 1943 waren dies 16 »Krankenbehandler« und 22 Pflegerinnen und Pfleger.[321] Dr. Emil Tuchmann war seit 1940 »Vertrauensarzt der Kultusgemeinde für den gesamten Gesundheitsdienst«, er war jedoch nicht nur mit ärztlichen Aufgaben beschäftigt, er unterstand der Kontrolle der Gestapo, und immer wieder musste er mit den NS-Behörden über administrative Beschränkungen, aber vor allem über Personen, die er vor der Deportation bewahren wollte, verhandeln. Auch gab es immer wieder Anzeigen, er habe unerlaubte medizinische Behandlungen durchgeführt oder er wolle illegal nach Ungarn gehen, wie er nach 1945 als Zeuge im Prozess gegen Johann Rixinger, Leiter des »Referats für Judenangelegenheiten« bei der Gestapo Wien, aussagte. Dr. Tuchmann selbst hatte sich gegen den Vorwurf der Kollaboration mit dem NS-Regime zu verantworten, wie es bei vielen Mitgliedern des »Ältestenrates«, dem Nachfolgeorgan der Israelitischen Kultusgemeinde, der Fall war.[322]

---

321 Nach: Erich Stern. Die letzten zwölf Jahre Rothschild-Spital Wien 1931–1943. Europäischer Verlag Wien 1974, S. 14f. sowie Ruth Koblizek. Der Spitalsbetrieb von 1873 bis 1938. In: 125 Jahre Rothschild-Spital, S. 22f.

322 Vgl. DÖW E20118 und Michaela Raggam-Blesch. Zwischen Rettung und Deportation. Jüdische Gesundheitsversorgung unter der NS-Herrschaft in Wien. In: Österreichische Ärzte und Ärztinnen im Nationalsozialismus. Hrsg. von Herwig Czech/Paul Weindling im Auftrag des DÖW. Wien 2017 (= Jahrbuch 2017), S. 75f. Zu Dr. Tuchmann siehe auch Rabinovici. Instanzen, S. 275ff. Dr. Emil Tuchmann, 1899–1976. Johann Rixinger, geb. 20.1.1897, wurde 1947 zu zehn Jahren schweren Kerkers verurteilt und 1952 aus der Haft entlassen.

9.1. Vom angesehenen Arzt zum »jüdischen Krankenbehandler«[323] – Wichtige Helfer für U-Boote

Schon bald nach dem »Anschluss« wurden in den Bereichen des öffentlichen Lebens nationalsozialistische Prinzipien durchgesetzt. Für das Gesundheitswesen bedeutete dies, dass die Rassenlehre als wegweisend galt, in der Praxis wurden daher deren Proponenten eingesetzt, Berufsorgane und -institutionen entsprechend umstrukturiert. Massive Einschränkungen für jüdisches Personal, jüdische Ärztinnen und Ärzte waren sehr rasch die Folge, in Wien gab es noch lange vor Inkrafttreten der legistischen Maßnahmen eine groß angelegte Aktion der Reichsärzteschaft gegen ihre jüdischen Kollegen und Kolleginnen: Man hatte es zuallererst auf die in kommunalen Wohnhausanlagen untergebrachten Praxen abgesehen und kündigte den circa 65 jüdischen Ärzten und Ärztinnen ihre Räumlichkeiten. Auf diesem Weg sollten »arischen« Ärzten geeignete Lokalitäten prompt zur Verfügung gestellt werden. Mit dem 30. September 1938 erloschen die Approbationen für Ärzte und Zahnärzte. Für Zahntechniker und Tierärzte erfolgte eine ähnliche Bestimmung wenige Monate später. *»Vom 1. Oktober an gerät kein deutscher Volksgenosse mehr in die peinliche Verlegenheit, beim Eintritt in das Behandlungszimmer feststellen zu müssen, dass der Mann, dem er seinen Körper anvertrauen wollte, ein Jude ist.«*[324] Ärzte und Ärztinnen, die nicht flüchten konnten oder wollten, hatten die Möglichkeit,

323 Zur Problematik von Kündigungen jüdischer Ärzte und Ärztinnen aus Wiener Gemeindebauten siehe Brigitte Ungar-Klein. Die Kündigungsaktion gegen jüdische Ärzte. In: Exenberger/Koß/Ungar-Klein. Kündigungsgrund Nichtarier, S. 137–151. Zur Entrechtung der jüdischen Ärzteschaft siehe auch Czech/Weindling. Österreichische Ärzte und Ärztinnen im Nationalsozialismus.

324 Kleine Volks-Zeitung vom 5. August 1938, S. 8.

sich als sogenannte »jüdische Krankenbehandler« einsetzen zu lassen. Vielfach waren dies Personen, die mit »Ariern« verheiratet waren, also einen gewissen Schutz genossen. Ähnlich wie Geschäfte mussten auch die Behandlungsorte der verbliebenen »Krankenbehandler« besonders gekennzeichnet werden. *»Um auf den ersten Blick kenntlich zu machen, dass ein Arzt Jude ist, wurde verfügt, dass die Grundfarbe des Ankündigungsschildes ein lichtes Blau sein muß. Name und Ordinationszeit sowie die Bezeichnung ›Zur ärztlichen Behandlung nur für Juden berechtigt‹ sind in schwarzer Farbe gehalten. In der linken oberen Ecke des Schildes muß in einem Kreis mit gelber Grundfarbe in tiefblauen Linien der Zionsstern angebracht sein.«*[325]

Dr. Ernst Pick war einer dieser »Krankenbehandler«, in zahlreichen Fällen gewährte er U-Booten Hilfe, obwohl er selbst der Gruppe der Gefährdeten zuzurechnen war. Dr. Pick, niedergelassener Arzt im 14. Bezirk, Hicklgasse 15, war jüdischer Herkunft, er hatte sich römisch-katholisch taufen lassen und war mit der »Vollarierin« Emma verheiratet, kirchlich getraut. Die Tochter wurde folgend auch römisch-katholisch getauft. Nach den geltenden Gesetzen handelte es sich daher um eine »privilegierte Mischehe«, dennoch erhielt die Familie die Kündigung aus dem städtischen Wohnhaus.[326] Dr. Pick durfte seinen Beruf nur mehr als »Krankenbehandler« ausüben. Die Familie hatte sich zwar um eine Ausreisemöglichkeit gekümmert, allerdings zu spät, wie Emma Pick anmerkt: *»Mein Mann leistete von Anfang 1916 bis Ende 1918 als Mediziner Felddienst auf der Seuchenabteilung des Feldspitals Nr. 212 an der rumänischen Front. Er ist mit dem Goldenen Verdienstkreuz am Bande der Tapferkeits-Medaille sowie mit der Preußischen Ro-*

325 Kleine Volks-Zeitung vom 17. November 1938, S. 6.
326 Vgl. Exenberger/Koß/Ungar-Klein. Kündigungsgrund Nichtarier, S. 82.

te-Kreuz-Medaille ausgezeichnet. /.../ In der Annahme, dass mein Mann als Frontkämpfer und auf Grund seiner sozialen Qualifikation nicht gezwungen sein würde, sofort auszuwandern, sowie durch das Fehlen irgendwelcher Auslandsbeziehungen, versäumten wir es, uns schon frühzeitig zur Auswanderung anzumelden. Nach Erhalt einer Bürgschaft aus USA holte mein Mann dies im August v.J. nach. Im Herbst v.J. hofften wir in diesem Frühjahr das Einreisevisum nach USA bereits zu besitzen. Durch die schleppende Behandlung am hiesigen Konsulat der USA dürfte sich aber die Erledigung noch einige Monate hinziehen.«[327] Dr. Pick musste in die Haidgasse in den 2. Bezirk ziehen und ordinierte in der neuen Wohnung. *»Die Wohnung war klein, natürlich wesentlich kleiner, als wir's gebraucht hätten, /.../ drei Zimmer, mit Vorhängen haben wir ein Zimmer für die Ordination abgeteilt.«*[328]

Wie schwer es sein konnte, einen hilfsbereiten Arzt zu finden, schilderte Edeltrud Posiles: *»Es war furchtbar, wie Walter so schwer krank geworden ist: Lungen- und Rippenfellentzündung. Man hat uns einen Arzt genannt, der in Mischehe mit einer Jüdin gelebt hat. Dieser Arzt ist ein paarmal gekommen, hat die Diagnose gestellt und hat Walter Injektionen gegeben. Als es aber schlechter und schlechter geworden ist, wollte der Arzt Walter ins Spital einweisen. Da mussten wir ihm die volle Wahrheit sagen. Er ist saugrob geworden und hat gesagt: ›Geben Sie mir sofort alle Rezepte zurück, ich bin verpflichtet, Sie anzuzeigen.‹ Ich war sehr verzweifelt, habe auf ihn eingeredet, bis er schließlich gesagt hat, er wird nichts machen, möchte aber mit der ganzen Sache nichts mehr zu tun haben. Abschließend hat er uns noch geraten den Kranken, wenn er wirklich sterben sollte, runter – in den kleinen Beserlpark zu tragen. Einen anderen Arzt, der kam, Walter die nötigen Injektionen zu geben, habe ich in keiner guten Erinnerung. Schließlich haben wir*

327 Zit. nach ebenda.
328 Interview Emma Pick, PUK.

über eine Verwandte den Namen von Herrn Dr. Pick bekommen. Vor jeder Tür musste ein Kisterl mit Sand stehen, wegen der Brandbomben. Nun habe ich einmal bemerkt, dass in unserem Kisterl jemand gegraben hatte, weil es nicht wie sonst ausgeschaut hat. So habe ich nachgeschaut, was da los ist und sehe einen Zettel, ziehe ihn heraus – es stehen zwei Namen darauf, geschrieben mit der Handschrift meiner Tante. Einer der Namen war eben der von Dr. Pick. /…/ Dr. Pick erklärte sich bereit, die Behandlung zu übernehmen. Natürlich hat er gewusst, dass es sich um U-Boote handelt. Natürlich war es auch für ihn ein Risiko, ein U-Boot zu behandeln. Es hat sich mit Dr. Pick eine regelrechte Freundschaft entwickelt, weil es wirklich großartig war, was er getan hat. Zweimal hat er Walter punktiert, es hat ziemlich lange gedauert, bis er ganz gesund geworden ist, aber er ist ganz gesund geworden. Wir wissen, dass Walter nicht das einzige U-Boot war, das Dr. Pick behandelt hat. Er war der U-Boot-Spezialist von Wien.«[329] Dazu Emma Pick in einem Gespräch: *»Obwohl die Posiles in einem anderen Bezirk wohnten, hatten sie von meinem Mann erfahren. Mein Mann hat mir aber nicht alles erzählt, die medizinische Schweigepflicht hat er auch mir gegenüber gewahrt. Ich bin nur noch über einen weiteren, tragischen Fall informiert: Ein Ehepaar, er Nichtjude, sie Jüdin, hatten die Mutter der Frau als U-Boot aufgenommen. Mein Mann hat diese Frau auch behandelt, die aber dann leider gestorben ist. Und nun war die Sache: Was macht man mit einem toten Juden, der U-Boot ist? Der Mann war bei einer Molkerei in Preßburg beschäftigt, hatte dadurch die Möglichkeit, mit einem Wagen von Wien nach Preßburg zu fahren. So hat er den Leichnam mit Hilfe eines anderen in einen Teppich verpackt, schließlich auf den Wagen geladen und ist so Richtung Preßburg gefahren.«*[330]

---

329 Interview Edeltrud Posiles, PUK.

330 Interview Emma Pick, PUK. Siehe dazu auch Kapitel IV. 9.2 Todesfälle im Verborgenen.

Dr. Pick hatte Glück, er wurde von niemandem denunziert und konnte so vielen Verfolgten helfen, die großes Vertrauen in ihn setzten. Emma Pick erzählt von einem Vorfall, der sie in großen Schrecken versetzt hat. *»Man hat ja immer mit der Gefahr gelebt, wir haben uns auch etwas zurechtgelegt, wenn etwas sein sollte – über einen Lichthof hätte man fliehen können – so glaubten wir jedenfalls. Nur einmal – das war bereits 1945. Da kamen zwei Männer in SS-Uniform und haben ihn* [ihren Gatten, Dr. Pick] *ohne Kommentar geholt. Eine Patientin, deren Kind schwer krank war, hat sich vor meinen Mann gestellt und wollte ihn nicht gehen lassen. Sie hatte Angst, dass er nicht wiederkäme. Es hat aber nichts genützt, er musste mit den Männern gehen, kam aber tatsächlich bald zurück. Es hat sich herausgestellt, dass er zu einem Verwundeten geholt worden ist.«*[331]

Lucie Herzog zählte ebenfalls zu den Patientinnen von Dr. Pick. Bei ihr kam »aggressiver Irrsinn« zum Ausbruch, nach einem Nervenzusammenbruch durch mehrwöchiges Alleinsein und Aufregungen: *»Im Sommer 1942 sollte ich, da damals der Buchstabe ›H‹ aufgerufen wurde, nach Polen verschickt werden. Rechtzeitig gewarnt, wurde ich in das Atelier des bereits verstorbenen Malers Anton Trcka, 9. Alserstr. 35 gebracht. Ich konnte ohne Wissen der Untermieter in einem unlüftbaren Kämmerchen, das der Verlassenschaftsbehörde unterstand, und dessen Schlüssel sich meine Mutter verschaffte* [mich verstecken]. *In diesem Raum verbrachte ich in der Augusthitze mit fast keiner Nahrung und Trinken 40 Tage. Als ich durch die unerträglichen Verhältnisse schließlich ohnmächtig wurde, musste ich mich nach dem Erwachen schließlich durch Klopfzeichen einer Untermieterin bemerkbar machen, die menschenfreundlich meine Mutter verständigte. Da meines Bleibens dort nicht mehr möglich war und ich in bereits geistesgestörtem, sinnverwirrtem Zustand war, brachte mich meine*

331 Ebenda.

Mutter für wenige Tage zu Verwandten meines Mannes, der Familie Panesch, wo mein sinnesgestörter Zustand so arg wurde, dass ich die ganze Menschengruppe in Gefahr brachte. Der zugezogene Arzt Dr. Pick konnte mich in den nächsten Tagen durch Medikamente soweit herstellen, dass ich heimlich in die Wohnung zu meiner Mutter transportiert werden konnte.«[332] Otto und Hermine Kuttelwascher hatten eine junge Jüdin, Erna Kohn, bei sich aufgenommen: *»Einmal musste sie zum Arzt gehen – in einer Telefonzelle auf der Praterstraße hat sie ins Telefonbuch geschaut, um einen passenden Arzt zu finden, er sollte möglichst weit weg sein. /.../ Schließlich ist sie zu einem Arzt nach Mariahilf gefahren. Der Arzt hat natürlich überzogen, dass sie Jüdin ist, der hat gelächelt, wie sie ihre Legitimation – den Ausweis einer Reichsbahnangestellten mit dem Namen ›Fröhlich‹ gezeigt hat. ›Aber Krankenschein haben Sie keinen?‹ – Hat gelächelt und gewusst, was los war. Nach der Untersuchung sagte er: ›Bleiben Sie weiter fröhlich.‹«*[333] Nicht immer konnte medizinische Hilfe in Anspruch genommen werden. Baruch Elias war zur Arbeit im Arbeitslager Traunkirchen verpflichtet und wegen einer Blasenblutung von dort entlassen worden. Er lebte dann im Verborgenen, und da ärztlicher Beistand für ihn nicht möglich war, *»führte er sich selbst einen Katheter ein, welcher zerbrach und als Fremdkörper in der Blase blieb«*.[334] Körperliche Schäden davongetragen hat auch Karl Zelingher, der die meiste Zeit – auch im strengsten Winter – in nicht heizbaren Schrebergartenhütten hausen musste: *»Obwohl*

332 WStLA, M.Abt. 12, H702/48. Schädigungsbericht, Kopie in PUK. Lucie Herzog wird von Emma Pick sowohl im Interview als auch in einem von Edeltrud Posiles getippten Bericht an die Autorin vom November 1994 erwähnt. Anton Josef Trcka, österreichischer Dichter, Maler, Fotograf, 1893–1940.

333 Interview Familie Kuttelwascher, PUK.

334 WStLA, M.Abt. 12, 08461. Bestätigung des Amtsarztes von 1949, Kopie in PUK.

ich damals schon 50 Jahre alt war, war ich vor dem Leben im Verborgenen nie krank. Erst nach dem April 45 konnte ich wegen meiner Leiden wie Hungerödem, Dysenterie, Magenleiden und Rheuma ärztliche Hilfe in Anspruch nehmen. So wurden damals alle meine Zähne wegen meines Rheumas gezogen.«[335] Monika Taylor, die in Wien sowie in anderen Bundesländern Quartiere bei Freundinnen und Freunden bekommen konnte, erinnerte sich an dramatische Stunden in ihrem U-Boot-Dasein: »*Einmal hab ich ein ganz verschwollenes Gesicht gekriegt. Irrsinnige Zahnschmerzen! Ich konnte aber zu keinem Zahnarzt gehen. Es ist immer schlimmer geworden, das ganze Gesicht ist immer schwerer geworden, und ich habe zu fiebern begonnen. Eine Freundin hat dann doch einen Arzt aufgetrieben. Der schaut mir in den Mund, und ich seh ihn noch heute, wie er so macht: Um Gottes Willen! Mit so einer Schwellung bringen sie die Leute in der Nacht mit der Rettung zu uns ins Spital. Es besteht höchste Lebensgefahr.« Dann fragte er: Ist ein Messer da? Das muss geschnitten werden.« Von meinem Freund war ein Seziermesser im Haus, so ein großes zum Sezieren von Pferden. Dann musste der Vater meines Freundes eine Taschenlampe nehmen, und ich hab einen Weidling in die Hand gedruckt gekriegt. Den hab ich gehalten im Bett, mit dem Rücken an die Wand gelehnt. Das kann man nicht beschreiben. Die ganze eine Seite war so dick wie eine große Knackwurst. Der Arzt hat einen Schnitt gemacht bis zum Ohr. Ohne Betäubung. Und es ist überhaupt nichts geschehen. Kein Tropfen Blut, nichts. Ich war vollkommen erstarrt. Er hat mich gepackt und gerüttelt. Auf einmal ist es wie ein Strom über mich gekommen. Schweiß, Blut und Eiter. Tagelang bin ich nachher noch krank gelegen, aber dann hab ich mich wieder erfangen.«*[336]

---

335 WStLA, M.Abt. 12, 399/E/2. Berufung von Karl Zelingher v. 9.7.1968 an die MA 12, Kopie in PUK. Karl Zelingher, 1889–1974.

336 Interview Monika Herlitschek-Taylor, Jüdische Schicksale, S. 660f.

9.2. »Eine Leiche im Keller« – Todesfälle im Verborgenen[337]

Frieda Jägers Leben im Untergrund war von derart vielen Entbehrungen gekennzeichnet, dass sie nicht mehr mit ihrem Überleben rechnete und Vorkehrungen für den Fall ihres Todes traf. Sie überlebte, es gab jedoch sehr wohl Unglücksfälle, wo das U-Boot verstarb und eine Möglichkeit gefunden werden musste, den Leichnam »loszuwerden«, so pietätlos das vielleicht aus heutiger Sicht auch klingen mag. Gertrude Dexler erinnerte sich an eine aufgeregte Situation, als sie eines Tages in die Schellinggasse ins Sekretariat der evangelischen Unterrichtskanzlei gekommen war. Die Anwesenden sprachen von einer großen Gefahr und dass man niederknien und beten müsse. Hinterfragt habe sie, die sich als sehr gläubig bezeichnete, diese Aufforderung nicht. Erst nach Kriegsende habe sie den wahren Grund für dieses Verhalten erfahren: Eine Mittelschulprofessorin, die bei Freunden untergetaucht war, war an Lungenentzündung gestorben und nun gab es das Problem, wie man die Verstorbene beerdigen würde. Kirchenrat Dr. Fischer hatte einen Bekannten, der dann einen Fleischhauer auftrieb. Die Fleischhauer hatten damals große Basttaschen, um Fleisch zu transportieren. Er konnte überredet werden, die Leiche abzutransportieren. Im Schutz der Dunkelheit wurde der Leichnam in der Donau versenkt.[338] Frieda Jäger beschrieb exakt, wie man im Falle ihres Todes mit dem Leichnam verfahren sollte: *»Mit 47 Jahren beauftragte ich meine Tochter, mich sofort wie ich meine Augen schließen sollte (was jeden Moment zu erwarten war), in*

Siehe dazu auch DÖW-Interviewsammlung Nr. 708. und WStLA M.Abt. 12, 01631/1/E/64, Kopie in PUK.

337 Siehe zu Todesfällen auch die Erzählung von Emma Pick im Kapitel IV. 9.1 Vom angesehenen Arzt zum »jüdischen Krankenbehandler«.

338 Information Dr. Gertrude Dexler, 12. Juli 2005.

einen Sack zu stecken, mit einem Hammer die Masse möglichst zu zerkleinern, bevor ich steif geworden bin, so dass sie den Sack unbemerkt in der Nacht zur Donau wegtragen kann, damit die liebe, gute Frau Richter [Helferin von Frieda Jäger] *nicht durch meinen Tod ihr Leben gefährdet. Gott wollte es anders haben.«*[339]

Das Ehepaar P. wohnte in einem Altbauhaus im 1. Bezirk und nahm zwei Frauen als U-Boote auf. Eine der beiden Frauen hatte Asthma, sodass das zeitweise Verstecken im Kleiderkasten das Leiden noch verschlimmerte. Bei der zweiten Frau, die von Opole, wohin sie deportiert worden war, zurück nach Wien geflüchtet war, traten verschiedene Krankheitssymptome auf, eine Art manisch-depressives Zustandsbild, wie eine Ärztin nach Kriegsende bescheinigte. *»Der Zustand wurde monatlich schlechter, sie begann zu schreien, dass man ihr den Mund zuhalten musste.«* Der zugezogene Facharzt war auch nicht in der Lage zu helfen, und Stefanie T. verstarb im Oktober 1944. Die Familie P. war verzweifelt und »nervlich zermürbt«, bis über Bekannte, die einer Widerstandsgruppe nahestanden, ein Plan entwickelt wurde. Der Leichnam wurde in ein Metallbehältnis gelegt und im Keller, wo man mehrere Tage lang an einem Grab geschaufelt hatte, versenkt.[340] Im Garten der Gärtnerei von Rosa Pscherer fand das Ehepaar Hajek eine vorläufige Ruhestätte. Max Hajek, der gemeinsam mit seiner Gattin in dieser Gärtnerei am Rande Wiens, in der Schafberggegend, Aufnahme gefunden hatte, erkrankte schwer und verstarb, kurze Zeit danach auch seine Frau. Beide Leichen wurden von ihrer Helferin vergraben. *»Er war ein großer, starker Mann, 62 Jahre alt, und mit einer guten Bekannten habe ich ihn im Leintuch ins*

339 WStLA, M.Abt. 208, A 36, Akt Frieda Jäger. Schreiben von Frieda Jäger. Unterstreichungen im Original.

340 Gespräch mit Dr. P., Sohn des hier angeführten Ehepaares. Siehe auch DÖW 11.148/d, Jochmann Liste sowie WStLA, M.Abt. 12, G.Zl. 10506, Kopie in PUK.

Grab gesenkt.« In einem Brief an Erika Weinzierl schreibt Rosa Pscherer, dass sie auch noch einen Zettel mit dem Namen und der Schilderung der Todesumstände in eine Flasche gegeben habe, um nicht in den Verdacht einer kriminellen Handlung zu kommen. *»Auf den Leichnam habe ich ungelöschten Kalk gegeben, weil ich ja nicht wusste, ob ich noch den Frieden erlebe.«*[341]

Eine etwas makabre und kuriose Geschichte beschreibt Hilde Spiel: *»Fast den gesamten Krieg lang hatten Freunde von ihm eine ältere Frau versteckt gehalten, die aus rassischen Gründen verfolgt gewesen war. Eines Tages wurde sie krank. Man holte einen Arzt, einen ›Halbjuden‹, dem gewisse Rechte versagt waren und der selbst in ständiger Angst davor lebte, den Arbeitsgruppen der Organisation Todt zugeteilt zu werden.*[342] *Er erkannte sofort, dass die Krankheit lebensgefährlich war: nur eine Operation konnte helfen. Nachdem er die Diagnose gefällt hatte, verließ ihn sein Mut und er stürmte davon, um der Entscheidung zu entgehen. Ohne zu zögern, fassten Stefans Freunde einen verhängnisvollen Beschluß. Eine Stunde später verließ die kranke alte Frau, versehen mit den Dokumenten ihrer Wirtin das Haus in einer Ambulanz und fuhr ins nächste Spital. Am selben Abend wurde sie operiert. Tags darauf war sie tot. Jetzt konnte man nicht mehr zurück: sie wurde unter ihrem falschen Namen eingesegnet und begraben. Ihr Beschützer, ein bekannter Mann, musste den Tod seiner Frau in den Zeitungen inserieren. Ihre Verwandten kamen vom Land und folgten schluchzend dem Sarg, in dem die*

---

341 Brief von Rosa Pscherer an Erika Weinzierl vom 20. Juni 1969. Siehe auch Hellmut Laun. So bin ich Gott begegnet. Eine ungewöhnliche Bekehrung. Franz-Sales-Verlag Eichstätt 2004, S. 112–116.

342 Organisation Todt: Einrichtung zur Durchführung kriegsentscheidender Bauaufgaben aller Art. Die OT-Lager wurden gegen Kriegsende zu Zwangsarbeitslagern umgewandelt, in denen viele sogenannte »Mischlinge«, aber auch nichtjüdische Männer aus sogenannten »Mischehen« zur Arbeit gezwungen wurden.

jüdische Freundin lag. Inzwischen hatte die Frau sich selbst in's Versteck begeben und verbrachte den Rest des Krieges in einem verschlossenen Raum ihrer Wohnung, ein lebender Leichnam, bis drei Monate später der alliierte Sieg ihr das Leben wiedergab.«[343]

9.3. »Sonderfall – Fritz Rottenberg – 5.IX.44 geb. Kind« – Als U-Boot geboren

Margarete Mezei, Angestellte des »Ältestenrates«, erinnerte sich an die Situation, als Sidonie Rottenberg schwanger wurde: *»Sie suchte einen Ort für die Geburt, da sie als U-Boot in kein Spital kommen konnte. Ich habe nach der Geburt des Kindes erfahren, dass das Kind bei einer Hausbesorgerin im 2. Bezirk, Rembrandtstraße auf die Welt gekommen ist. Dort konnte es nicht lange bleiben, und es musste mehrere Male das Versteck für das Kind gewechselt werden.«*[344] Dr. Emil Tuchmann war ebenfalls in die Schwangerschaft eingeweiht und vermittelte Dr. Adolf Rotter, den Gynäkologen des jüdischen Spitals, der dann *»in einem Kabinett unter menschenunwürdigsten Umständen«* eine operative Entbindung durchführte. Als Narkotiseur fungierte Dr. E. Pick.[345] Aber offenbar nicht nur als Narkotiseur, er wurde dann auch gerufen, um das Baby zu beschneiden. *»Er hatte gar keine Ahnung davon, musste das erst aus Büchern lernen.«*[346] Josef Rubin-Bittmann, der mit seiner Lebensgefährtin Sidonie Rottenberg an verschiedenen Plätzen als U-Boot versteckt

343 Hilde Spiel. Rückkehr nach Wien. Tagebuch 1946. Nymphenburger Verlagshandlung München 1968, S. 85f.

344 WStLA, M.Abt. 12, 49.427/E. Dr. Fritz Rubin. Aussage von Margarete Mezei, Kopie in PUK.

345 Bestätigung von Dr. Adolf Rotter vom 28.11.1962, Kopie in PUK. Dr. E. (Ernst) Pick.

346 Interview Charlotte Becher, PUK.

lebte, teilweise für die Unterbringung auch bezahlen musste, war trotz aller notwendigen Vorsichtsmaßnahmen »vernetzt«, er ging auch immer wieder zu den in der Seitenstettengasse stattfindenden Gottesdiensten, nur so war es möglich, für einen derartigen »Sonderfall« entsprechende Unterstützung zu bekommen und ein Baby zur Welt zu bringen.[347]

Die Recherchen ergaben mehrere Geburten in der Illegalität zwischen 1939 und April 1945. Zumeist war allerdings der Vater das U-Boot, die Mutter zwar »arisch«, jedoch ebenso gefährdet, wenn die näheren Umstände bekannt geworden wären. Adele Brüll konnte ihren Verlobten, Heinrich Ehlers, aufgrund der geltenden NS-Gesetze nicht heiraten, nahm ihn aber gemeinsam mit seiner Mutter Henriette Ehlers auf. Im Keller des Hauses Wien 5., Zeinlhofergasse 11, wurde eine Behausung geschaffen. Zwischen Juni 1939 und April 1944 gebar sie drei Kinder, zwei Söhne, Heinrich und Erich, sowie die Tochter Hermine. In allen drei Fällen gab Adele Brüll unterschiedliche Väter an, Männer, deren Aufenthalt nicht nachprüfbar war, nur so konnte sie ihre Familie und sich selbst vor der Verfolgung schützen. *»Ich war an der Adresse Zeinlhofergasse im Parterre in einem Einzelraum polizeilich gemeldet. Im Keller befand sich ein Abteil, in welchem mein späterer Mann /.../ mit seiner Mutter lebte. (im Verborgenen) Für meine 39 und 40 geborenen Kinder gab ich falsche Väter an (einer sei gestorben, einer sei nach Polen ausgereist), so dass eine Überprüfung nicht stattfinden konnte. Ich hatte für meine Söhne Geburtsurkunden und jedenfalls zeitweise Lebensmittelkarten.«* Adele fuhr von Zeit zu Zeit zu ihren bäuerlichen Verwandten aufs Land zur

347 Die inneren Räume der Synagoge in der Seitenstettengasse waren während des Novemberpogroms verwüstet worden, dennoch dürften regelmäßig Gottesdienste in einem adaptierten Raum stattgefunden haben, wie Dr. Fritz Rubin-Bittmann von seinem Vater erzählt bekam.

Besorgung von Lebensmitteln. Dann mussten die Kinder im Keller bleiben. Nach einer Anzeige schien die Gefahr so groß geworden zu sein, dass die Kinder dann auch ständig im Keller blieben.[348] Andere Mieter des Hauses in der Zeinlhofergasse wussten über das Versteck und die Menschen, die dort ihr Leben fristeten, Bescheid, doch trotz einiger Anfeindungen und Drohungen überlebte die Familie. Um die Anerkennung als Opfer der NS-Verfolgung, vor allem aber um die Anerkennung als U-Boote mussten die Mitglieder der Familie Ehlers jahrelang kämpfen. Im Bescheid des Bundesministers für soziale Verwaltung vom 18. September 1980 wird festgestellt, dass *»der BW* [Berufungswerber, Heinrich Ehlers] *nicht als Mischling 1. Grades gegolten haben* [kann]. *Ein Versteckleben sei daher nicht nachgewiesen. /…/* [es] *kann nicht als erwiesen angesehen werden, dass der BW in der NS-Zeit von Verfolgungen aus rassischen Gründen bedroht war.«* Weiter heißt es in diesem Bescheid: *»Zu den Berufungsausführungen ist zu bemerken, dass sogenannte Mischlinge ersten Grades in der NS-Zeit zwar gewissen Beschränkungen in der Ausbildung und beruflichen Tätigkeit unterworfen waren, von Deportationen, die ein Leben im Verborgenen erforderlich gemacht hätten, grundsätzlich aber ausgenommen waren.«*[349] Die Behörde hat hier in zynischer Weise nach den Buchstaben des Opferfürsorgegesetzes eine Beurteilung getroffen, ohne auf die Besonderheiten in diesem Fall Rücksicht zu nehmen. Die Situation für sogenannte »Mischlinge 1. Grades« war keineswegs eine dermaßen »gesicherte«, wie sie oben präjudiziell beschrieben wurde, bis zum Ende des

348 Vgl. WStLA, M.Abt. 12, 44574/E. Aussage von Adele Ehlers, Kopie in PUK.

349 WstLA, M.Abt. 12, 47.942/OA. Bescheid Bundesministerium f. soz. Verwaltung Zl. 240.094/7-5/1980. In einem Nachsichtsverfahren erhielt Heinrich Ehlers schließlich einen Opferausweis zugesprochen, Kopie in PUK.

NS-Terrors gab es Diskussionen betreffend einer »Lösung« für das »Mischlingsproblem«.[350] Für den konkreten Fall kann angenommen werden, wären die Kinder im Kellerversteck entdeckt worden, wäre eine Verschickung gemeinsam mit den anderen Familienmitgliedern in ein Konzentrationslager sehr wohl wahrscheinlich gewesen.

Robert Schindel wurde am 4. April 1944 geboren. Legal, gleichzeitig aber illegal, da seine Eltern im kommunistischen Widerstand aktiv tätig gewesen und als französische Fremdarbeiter nach Österreich gekommen waren, um hier ihre politische Arbeit fortzusetzen. *»Meine Mutter hieß Suzanne Soël – mit den 2 Stricherln über dem E – ein typischer elsässischer Name. Mein Vater (Pierre Lutz) – wie ich auf die Welt gekommen bin, Robert Soël. Die beiden sollten deswegen nach Linz, weil man meine Mutter in Wien vielleicht erkannt hätte. In Linz war sie nie vorher, da hätte man sie nicht erkannt. Dort haben sie eine Widerstandsgruppe aufgebaut, wie immer die ausgesehen haben mag, es war eine berühmte Gruppe, sie war bekannt, sind aber alle umgekommen. Im August 44 sind alle verhaftet worden, durch Verrat, und wurden auch enttarnt.«* Nach der Festnahme der Eltern kam das Baby schließlich nach Wien und konnte unter Verschleierung der jüdischen Herkunft gerettet werden.[351]

Jede einzelne Geburt unter diesen dramatischen Umständen zeigt den Überlebenswillen der Verfolgten, und es bedurfte sicher auch eines ungeheuren Optimismus, mit dieser außergewöhnlichen Situation fertig zu werden.

---

350 Siehe dazu Jüdische Schicksale, S. 304f. sowie Michaela Raggam-Blesch. »Mischlinge« und »Geltungsjuden«. Alltag und Verfolgungserfahrungen von Frauen und Männern »halbjüdischer« Herkunft in Wien 1938–1945. In: Andrea Löw/Doris L. Bergen/Anna Hájaková (Hrsg.). Alltag im Holocaust. Jüdisches Leben im Großdeutschen Reich 1941–1945. Oldenbourg Verlag München 2013, S. 81–97.

351 Siehe dazu Kapitel VIII. 11 Interview mit Robert Schindel.

10. SIE WOLLTE KEINE ÜBERLEBENDE ANNE FRANK SEIN – LEBENSUMSTÄNDE VON KINDERN UND JUGENDLICHEN, DIE ALS U-BOOTE ÜBERLEBT HABEN[352]

Elfriede Gerstl wollte nicht immer an ihre Zeit als U-Boot erinnert werden, dennoch war ihr Leben davon geprägt. Sie hat die Ratschläge ihrer Freundinnen und Freunde, ihrer Schriftstellerkolleginnen und -kollegen nicht aufgegriffen, sie hat keinen mehrhundertseitigen Roman über ihre Erlebnisse als kleines Mädchen im Versteck geschrieben. Sie hat kleine Dichtungen, kleine lyrische Arbeiten verfasst, wie das Gedicht »Mein Lichtstrahl«, in dem mit sehr berührenden Worten beschrieben wird, was sie erlebt, was sie gefühlt hat.[353] Gemeinsam mit ihrer Mutter, Renée, konnte das zehnjährige Mädchen Elfriede mehrere Jahre als U-Boot überleben, musste sich so still wie möglich verhalten, lag zumeist auf dem Bett, ließ die Gedanken schweifen, malte Figuren an Wände und Decken. Und wunderte sich, wie leise ihre Mutter sein konnte, nicht einmal Elfriede selbst hörte sie, wenn sie mit Essen oder Trinken kam. Das Geräusch, das Stiefel auf der Treppe verursachten, hat sich tief in die Kinderseele eingegraben und auch das Verhalten,

---

352 »Als Kind habe ich einmal einen Lichtstrahl gekannt …« Die Lebensumstände von Kindern und Jugendlichen, die als U-Boote überlebt haben. Unter diesem Titel wurde ein Aufsatz der Autorin publiziert. In: Forschungen zum Nationalsozialismus und dessen Nachwirkungen in Österreich. Festschrift für Brigitte Bailer. Hrsg. vom DÖW. Wien 2012, S. 67–77. Textteile daraus finden in diesem Kapitel Verwendung.

353 Elfriede Gerstl. Mein Lichtstrahl. In: Jüdisches Echo Vol. 4, Nr. 2/3, 1955, S. 8. Siehe dazu auch Raphaela Kitzmantel. »Ich möchte nicht als lebend gebliebene Anne Frank gesehen werden.« Elfriede Gerstls jüdische Identität im Licht des Überlebens im Versteck. In: Christa Gürtler/Martin Wedl (Hrsg.). Elfriede Gerstl. »wer ist denn schon zu hause bei sich«. Zsolnay Verlag Wien 2012 (= Profile 19), S. 42–58, hier S. 42f.

wenn das Geräusch auftauchte: »Totstellreflex« – wie sich auch Tiere verhalten, die sich in Lebensgefahr wissen. Elfriede wurde, wie sie selbst erzählt, 1932 in eine »liberal jüdische Familie« geboren. Im Bekanntenkreis gab es Juden und Nichtjuden – das war kein Thema.[354] Mit der Machtübernahme der Nationalsozialisten 1938 änderte sich ihr Leben jedoch grundlegend. Elfriede meinte rückblickend, dass ihre Mutter – die Ehe der Eltern war geschieden – wohl mit der Situation völlig überfordert gewesen sei. Der Vater ging ins Exil, aber es war keine Rede davon, dass die Tochter mitgehen sollte. 1942 drohte die »Evakuierung«. *»1942 packte mutter den kleinen fluchtkoffer«*[355] – Im Haus, in dem sie früher gewohnt hatten, konnten die beiden eine Zeit lang unterkommen, mussten aber mehrmals das Quartier wechseln, Hilfe erhielten sie von nichtjüdischen Verwandten und Bekannten. Für Elfriede blieb der winzige Lichtstrahl im Gedächtnis haften.

Viele seelische Narben verheilten auch nach Jahrzehnten nicht, wie auch bei zahlreichen anderen Kindern und Jugendlichen. *»Die Leiden der versteckten jüdischen Kinder waren mehr seelischer Natur. Ihnen wurden die schrecklichen körperlichen Qualen erspart, welche die anderen (zumeist Erwachsene) in den Konzentrationslagern erlitten. Diese seelischen Leiden begannen für sie in der frühen Jugend, wenn Kinder noch besonders viel Zuwendung, Aufmerksamkeit und Liebe erfahren müssen. Daher ist der Schock umso größer, wenn diese Faktoren plötzlich ersetzt werden durch Traurigkeit und Furcht.«*[356]

---

354 Interview Elfriede Gerstl, PUK. Siehe auch Jüdische Schicksale, S. 645ff. und 683f.

355 Aus: »Kleiderflug« (1995), zitiert nach Herbert Wiesner. Schmeichelseide und Survivor Syndrome. Überlegungen zum Leben und Schreiben von Elfriede Gerstl. In: Gürtler/Wedl. Elfriede Gerstl, S. 35–39, hier S. 35.

356 Paldiel. Es gab auch Gerechte, S. 63f.

Kinder und Jugendliche waren zumeist gemeinsam mit wenigstens einem Elternteil bei Verwandten versteckt oder wurden bei hilfsbereiten Menschen untergebracht. Mit der Machtübernahme der Nationalsozialisten in Österreich wurde versucht, möglichst viele Kindertransporte in das sichere Ausland zu organisieren. Kinder, die in Belgien, Frankreich oder Holland Zuflucht bei Pflegefamilien gefunden hatten, wurden allerdings von den Nazis wieder eingeholt. Tausende Kinder, die von ihren Familien oder von Hilfsorganisationen bei Pflegeeltern untergebracht worden waren, wurden bei drohender Gefahr an verlässliche Personen weitervermittelt, die dann andere Plätze aufzutreiben versuchten.[357] Zumeist wurden diese Kinder in christliche Familien integriert, eine nicht unbeträchtliche Anzahl konnte in klösterlicher Umgebung überleben. Wir kennen Schilderungen von derartigen Rettungsaktionen aus verschiedenen europäischen Ländern, nicht immer konnten – oder wollten – nach 1945 die Kinder an ihre Familien zurückgegeben werden.[358] Kinder hatten ihre Namen vergessen, wussten kaum mehr, woher sie gekommen waren, erkannten aber auch manchmal ihre Eltern nicht mehr und konnten nur sehr schwer die familiäre Beziehung wieder aufnehmen. Ihre Helfer und Helferinnen wieder waren aber auch interessiert, die Geretteten in ihrer Obhut weiter zu behalten und zu erziehen. Oftmals konnten diese Kinder erst nach Jahrzehnten des Schweigens ihre Geschichten erzählen.[359] 1991 gründete sich in Polen die »Gesellschaft der Kinder des Holocaust«, sie wollte

357 Zum Beispiel Interview Karl Blaumann, PUK sowie Jüdische Schicksale, S. 613–617.

358 Zum Beispiel der Sorgerechtsstreit um Robert und Gérald Finaly. https://de.wikipedia.org/wiki/Affäre_Finaly (24.1.2019)

359 So beschreibt z. B. Jane Marks 1993 diese Thematik und veröffentlicht Lebensberichte von Kindern: The Hidden Children. The Secret Survivors of the Holocaust. Ballantine Books New York 1993.

zunächst Betroffene finden, in weiterer Folge sollte im Rahmen von Zusammenkünften das Erlebte, das zumeist verdrängt worden war, gemeinsam aufgearbeitet werden.[360]

In den für dieses Buch durchsuchten Quellen wurden 57 Kinder bis zum 14. Lebensjahr und 109 Jugendliche bzw. junge Erwachsene gefunden, die als U-Boote hatten leben müssen. In beiden Altersgruppen gab es etwa gleich viele Mädchen wie Burschen. Die Gruppe der jungen Erwachsenen lebte bereits in der Mehrzahl auf sich allein gestellt, bei den gescheiterten Versuchen überwog die Zahl der männlichen U-Boote. Gerade diese Gruppe hatte es besonders schwer, geeignete Unterkünfte zu finden. Bei notwendigen Ausgängen, um zum Beispiel von einer Unterkunft zu einer anderen zu gelangen, fielen männliche Jugendliche im Straßenbild sofort auf, da sie entweder im Kriegsdienst oder im Volkssturm vermutet wurden, bei polizeilichen Anhaltungen wurden die Ausweispapiere, sofern überhaupt ein Ausweis vorgelegt werden konnte, genauestens überprüft, da man neben flüchtigen Juden auch nach Deserteuren suchte. Durch die Zirkumzision konnten Burschen ihre jüdische Herkunft nicht lange verbergen. Einige der versteckten Kinder und Jugendlichen stammten ursprünglich aus Polen oder Ungarn und waren erst im Zuge der Verfolgungsmaßnahmen in den jeweiligen Ländern nach Österreich gekommen, oder auch aus Deutschland Vertriebene, die auf ihrer Flucht hier gestrandet waren. Fälle, in denen ein jüdischer Junge als »Deutscher«, als Hitlerjunge sogar mitten unter Nazis überlebte, sind wenige bekannt, waren aber möglich, wie bei Sally Perel, der erst 40 Jahre nach den Ereignissen sein Schicksal aufgeschrieben hat. Als »Ich war

360 Vgl. dazu auch: Kinder des Holocaust sprechen … Lebensberichte. Übersetzt von Roswitha Matwin-Buschmann, mit einem Geleitwort von Jerzy Ficowski. Reclam Verlag Leipzig 1995.

Hitlerjunge Salomon« erschienen seine Erlebnisse, die schließlich auch verfilmt wurden.[361]

War es schon für eine erwachsene Person schwierig genug, geeignete Unterkünfte und Hilfe zu finden – wie problematisch war die Situation mit einem oder mehreren Kindern! Zum Beispiel Familie Ehlers: Bei Kriegsende waren es insgesamt fünf Personen, davon drei Kleinkinder, die in dem Kellerabteil ihr Leben fristeten, geduldet von den Hausparteien und verteidigt von einer Frau, die ihre Lieben wie eine Löwin verteidigte. Wie war es nur möglich, die Kinder zum Stillhalten zu bewegen? Elfriede Gerstl durfte sich »nur lautlos bewegen«, wie sie in dem bereits oben zitierten Gedicht »Mein Lichtstrahl« schreibt. Auch die helfenden Familien hatten mitunter Kinder, kleine Kinder – wie konnten diese instruiert werden, nichts auszuplaudern? Nicht mit Absicht, aber Kinder plappern eben und können die Tragweite ihrer Erzählung nicht beurteilen.

Otto und Hermine Kuttelwascher hatten drei kleine Kinder, eine befreundete junge Jüdin, Erna Kohn, war bei der Familie versteckt: *»Das war eine Entscheidung, und das war kein Heldentum und das war auch keine Unvernunft, weil vernünftig kann man in so einem Fall gar nicht denken. /…/ Die Loisi war neun Jahre, die Otti ist auch schon in die Schule g'angen, nur der Sepperl war noch klein. Und das war die Gefahr. Das war die Gefahr. Den Kindern haben wir eingeredet: ›Wenn ihr nur ein Wort sagt, dass wir die Tante Erna da haben, ist das unser aller Leben.‹ Das haben die Kinder gewusst. So klein wie sie waren, das haben sie verstanden«.*[362] »Otti« erinnert sich bis heute an die überaus strengen Worte, die ihre Eltern, vor allem aber der Vater, gebraucht haben, damit die Kinder gehorchten, auch Schläge

361 Sally Perel. Ich war Hitlerjunge Salomon. Aus dem Französischen von Brigitta Restorff. Nicolaische Verlagsbuchhandlung Berlin 1992.

362 Jüdische Schicksale, S. 635ff.

gehörten damals zum Erziehungsprinzip. *»Es wurde auch mit uns Kindern nicht viel gesprochen. Es wurde gerade* [auf] *die Gefahr eindringlich* [hingewiesen], *aber leider – man hat nicht über etwas gesprochen. Wenn etwas nicht gepasst hat, wurde geschlagen. Nein, mit uns Kindern wurde nicht gesprochen. Überhaupt nicht, ich erinnere mich nicht – es gab nur Befehle, die befolgt werden mussten. Die Schreckgeschichten waren stark genug, wir kommen dann ins KZ, die Eltern werden getötet.«*[363] Trotz aller Vorsichtsmaßnahmen wurde die Fremde im Haus von einer Nachbarin bemerkt und Frau Kuttelwascher daraufhin angesprochen: *»Frau Kuttelwascher, Sie können Ihre Kinder nicht gerne haben, wenn Sie so etwas tun. Denken Sie an Ihre Kinder. Die Jüdin muss raus!«* In diesem konkreten Fall änderte die Nachbarin jedoch ihre Meinung, nachdem sie eine »Aushebung« in ihrer unmittelbaren Wohnumgebung miterlebt hatte.[364]

Pflegefamilien hatten mit der Aufnahme eines Kindes eine besondere Verpflichtung übernommen, vor allem, wenn es sich um sogenannte »nichtarische« Kinder handelte. Als besonders aufopfernd beschreibt Elisabeth W. ihre nichtjüdische Pflegemutter, die als Weißnäherin tätig war: *»Die Mutter war eine hochanständige, feine, gute Frau, die sehr viel auf sich genommen hat, denn sie musste zwei- oder dreimal ausziehen, die Wohnung wechseln, als man erfahren hat, dass sie ein jüdisches Kind beherbergt. So etwas sickert ja komischerweise immer durch, sie hat auch mit ihrem Mann Schwierigkeiten gehabt, der mit der ganzen Sache nie sehr einverstanden war. Die Wohnungen waren* [klein] *– Zimmer, Küche, Bassena auf dem Gang. Manchmal noch ärger. Zeitweise waren wir sogar in Kellern versteckt, wenn*

363 Interview Ottilie Sch., PUK.

364 »Aushebung«: Mit brutaler Härte planmäßig durchgeführte Räumung von sogenannten »Judenhäusern«. Jüdische Familien wurden zumeist nachts aus ihren Wohnungen geholt, auf Lastautos getrieben und zur Sammelstelle gebracht, um einige Tage darauf deportiert zu werden.

es ganz arg geworden ist – war sie mit mir als U-Boot. Sie war immer mit mir.«[365]

Der 1924 geborene Kurt Martinetz hatte seit seinem zweiten Lebensjahr in Pflege bei Maria Potesil gewohnt. Mit der Machtübernahme durch die Nationalsozialisten 1938 wurden für den Jungen, der jüdischer Herkunft war, die für die jüdische Bevölkerung diskriminierenden Bestimmungen schlagend, so durfte er zum Beispiel nicht mehr zum Unterricht in die Schule gehen, Maria Potesil erhielt vom Jugendamt kein Pflegegeld mehr. Sie versuchte eine Adoption durchzusetzen und brachte auch einen Antrag ein, um Kurt als »Mischling 1. Grades« einstufen zu lassen, beide Anträge wurden abschlägig beurteilt. Sie zog mit ihrem Pflegesohn sogar in ein »Judenhaus« im 2. Bezirk und war zahllosen Anfeindungen ihrer Nachbarinnen und Nachbarn ausgesetzt. Im Herbst 1942 wurde Kurt des Nachts aus der Wohnung abgeholt, zur Sammelstelle in die Kleine Sperlgasse gebracht und sollte deportiert werden. Maria Potesil konnte dies verhindern, schaffte es, ihn freizubekommen und bis Kriegsende zu schützen.[366]

Die 1933 geborene Gertrude B. lebte bei ihren »arischen« Verwandten in Wien, da es ihren Eltern – die Mutter war bei der Eheschließung zum Judentum übergetreten – gelungen war, eine Passage nach dem damaligen Palästina zu bekommen, allerdings ohne ihre kleine Tochter mitnehmen zu können. Die Familie bemühte sich nun, unter der Behauptung, der eingetragene Vater sei gar nicht der richtige, eigentlich sei ein Däne der Vater, eine Einstufung als »Mischling« zu

365 Interview Elisabeth W., PUK. 1937 geboren, kam sie schon bald nach der Geburt zu der Pflegefamilie. Erst lange nach Kriegsende, schon als Erwachsene, konnte sie nähere Informationen zu ihren leiblichen Eltern in Erfahrung bringen.

366 Maria Potesil wurde für ihre aufopfernde Hilfe für Kurt Martinetz 1978 als »Gerechte« ausgezeichnet. Yad Vashem, Dossier 1400.

erreichen.[367] Dazu wurde das kleine Mädchen einer rassenbiologischen Untersuchung unterzogen, die sie noch Jahrzehnte später schaudern lässt. »*Sie* [Personen, die die Untersuchung durchgeführt haben] *haben das aber nie geglaubt, weil die gesagt haben, nach meiner Rasse nach kann ich nur von einem Juden abstammen. Die haben Haare gemessen und haben gesagt, solche Haare, wie ich* [sie habe], *haben sie überhaupt nicht auf der Liste, das ist überhaupt keiner Rasse zuzuordnen. Aber zu Dänen gehöre ich auf jeden Fall nicht. Da haben sie in den Popo was reingesteckt und abgemessen, und ganz nackt* [war ich], *und für ein Kind war das natürlich furchtbar. Und alles* [haben sie] *genau gemessen, die Augen, die Ohren und die Nase, und so weiter, weil sie eben wissen wollten, ob ich eine Volljüdin bin.*«[368] Auch wenn es immer wieder Schwierigkeiten gab, innerhalb der Familie konnte das Mädchen überleben. »*Die Familie meiner Mutter hat eisern zusammengehalten und geholfen. Es waren viele Kleinigkeiten – eigentlich ›Großigkeiten‹.*«[369]

Je nach Alter waren die Bedürfnisse, aber auch die Empfindungen der Kinder und Jugendlichen unterschiedlich. Jugendliche hielten sich öfter auf der Straße, in der Öffentlichkeit auf als Kleinkinder. Junge Burschen empfanden die Zeit in der Illegalität mitunter sogar als nicht so dramatisch, wie zum Beispiel Hans Busztin, oder auch Harry Turkof.[370]

Immer nur laufen, laufen, laufen! So schildern Lucia Heilmann und Elfriede Gerstl den lange unterdrückten Bewegungsdrang. Jahreszeiten fühlen, Sport treiben, alles, was für

---

367 Gertrude B.s Mutter hatte in den zwanziger Jahren für einige Zeit in Dänemark gelebt und aus dieser Zeit Dokumente, die nun für das Verfahren die Geschichte untermauern sollten.

368 Interview Gertrude B., PUK.

369 Ebenda.

370 Vgl. Interview Dr. Feldner-Busztin, PUK und Interview Dr. Harry Turkof (Tourkoff), DÖW-Interviewsammlung Nr. 606.

einen sehr langen Zeitraum nicht existieren durfte. Laufen, bewegen – das war nach der Befreiung zunächst einmal wichtig. So lange hatten sie sich ruhig verhalten müssen, ohne Natur und Freiheit auskommen müssen. Lucia hatte ganz selten die Möglichkeit gehabt, von ihrem Versteck aus bis zum Cobenzl zu laufen. *»Wie die Russen gekommen sind und ich war endlich befreit, war das ein Gefühl, das man nicht beschreiben kann. Ein ungeheuer belebendes Gefühl! Ich war glücklich, ich war selig, ich konnte endlich laufen, wohin ich wollte, und ich konnte mich auf jede Parkbank setzen.«*[371]

Vielen Kindern, die im Verborgenen gelebt hatten, fehlte es an der altersadäquaten Schulbildung, das soziale Verhalten war vom Erlebten geprägt und sollte noch Jahre, ja Jahrzehnte weiter wirken, die Notwendigkeit psychologischer Hilfe sah man vielleicht, Geld für eine Therapie war allerdings zumeist nicht vorhanden. In seinem Antrag auf Entschädigung schrieb ein Betroffener im Oktober 1961: *»Ich wurde in meiner geistigen und körperlichen Entwicklung durch dieses Leben unter menschenunwürdigen Verhältnissen auf das schwerste geschädigt. Ich konnte nur 3 Volksschulklassen besuchen, und unter den Umständen, in denen dieser Schulbesuch vor sich ging, ist es begreiflich, dass ich damals nicht einmal richtig lesen und schreiben konnte. Ich musste dies alles nach 1945 wie ein kleines Kind erst richtig lernen. Nach 1945 konnte ich gar keine öffentlichen Schulen besuchen, denn mit 15 Jahren hätte man mich in einer Volksschule nicht mehr aufgenommen, und die Reife, um z. B. in die letzte Klasse der Hauptschule aufgenommen zu werden, hatte ich nicht, da mir die Vorbildung fehlte.«*[372]

---

371 Interview Dr. Lucia Heilmann, PUK. Vgl. auch den Film »Wer ein Leben rettet, rettet die ganze Welt«, 1993, und Interview Centropa (http://www.centropa.org/biography/lucia-heilman, 7.2.2019).

372 WStLA, M.Abt.12, 08854. Fritz Bihseliches, Auszug aus Ansuchen um Entschädigung nach dem OFG, Kopie im Rahmen des Interviews

Was geschah mit dem Lichtstrahl von Elfriede Gerstl? *»Wo er auf den Fußboden auffiel zeichnete er goldene Ringe und Netze, die sich langsam auflösten und verschwanden.«*[373] Die Schatten der Vergangenheit, die lösten sich eigentlich nie wieder auf.

11. »...UND VERWANDELTE MICH VOM SCHMETTERLING ZURÜCK IN EINE RAUPE« – ÜBERLEBEN MIT EINER FALSCHEN ODER VERFÄLSCHTEN IDENTITÄT

»Blick in den Spiegel« – das war für Mordecai Paldiel der erste Schritt, um an das Annehmen einer anderen Identität überhaupt denken zu können. *»Hat man ein ›typisch jüdisches‹ Gesicht? Nur keine ausgesprochen jüdischen Züge, wie etwa gelocktes Haar und durchdringende, traurige Augen.«* Vertrautheit mit der Sprache, den örtlichen Gepflogenheiten musste man haben oder sich aneignen. *»Man musste in die Haut eines anderen hineinschlüpfen, sich eine Verhaltensweise zulegen, die nicht auffallen ließ, am besten die eigene Existenz vergessen ließ.«*[374] Natürlich war nicht das Aussehen allein entscheidend, es musste auch für geeignete Papiere gesorgt werden, mit denen man in weiterer Folge die für ein Überleben notwendigen Ausweise, eine Kennkarte und diverse Markenkarten erhalten konnte. Nach außen hin wurde dann ein völlig »normales« Leben geführt, mit der neuen Identität übernahm man gleichzeitig nationalsozialistische Haltung, fügte sich in die Masse ein, ja, musste sich

---

erhalten, PUK. Fritz Bihseliches, 1930 geboren, lebte an verschiedenen Adressen in Wien, kam schließlich über Vermittlung eines Verwandten zu einem Zirkus, mit dem er einige Zeit reiste und bei dem er auch mitarbeitet. Interview Fritz Bihseliches, PUK. Siehe Kapitel VIII. 10.

373 Elfriede Gerstl. Mein Lichtstrahl, S. 8.

374 Paldiel, Es gab auch Gerechte, S. 15.

einfügen. Edith Hahn verwandelte sich in Grete Denner und lebte einen Albtraum, aber sie überlebte. Edith Hahn, wie viele andere junge Frauen zum Spargelstechen zwangsverpflichtet,[375] hatte immer wieder besorgniserregende Nachrichten von ihrer Familie in Wien erhalten, und als sie endlich nach Wien zurückkehren durfte, war ihre Mutter bereits deportiert worden.[376] Edith meldete sich nicht wie vorgeschrieben bei der Sammelstelle in der Kleinen Sperlgasse, sie tauchte unter und konnte zunächst in unterschiedlichen Quartieren übernachten. Über Vermittlung gelangte sie an Johann Platter, einen »Sippenforscher«, der entscheidende Anweisungen für einen Identitätstausch erteilte: *»Suchen Sie eine junge Frau, die Ihnen ähnlich sieht, die eine ähnliche Haut-, Augen- und Haarfarbe hat und ungefähr in Ihrem Alter ist. Diese Frau soll zur Lebensmittelkartenstelle gehen und melden, dass sie die Absicht hat, in Urlaub zu fahren. Man wird ihr eine Bescheinigung geben, die sie berechtigt, während ihres Urlaubs Lebensmittel zu beziehen, wo immer sie sich aufhält. Danach soll sie ein paar Tage warten und dann zur Polizei gehen und melden, dass ihr im Urlaub beim Segeln auf der Alten Donau ihre Handtasche ins Wasser gefallen und versunken ist, mit allen Papieren, auch der bewussten Bescheinigung. Halten Sie sich genau an diese Erklärung. Sagen Sie nicht etwa, es habe einen Brand gegeben oder der Hund habe*

375 Junge Jüdinnen wurden zu verschiedenen Arbeiten verpflichtet und in Lagern oder unzureichend eingerichteten Unterkünften untergebracht. Viele Frauen erzählten, dass sie zum Spargelstechen an verschiedene Plätze, zum Beispiel nach Aschersleben, verschickt worden waren. Auch Herma Braun oder Erna Kohn waren zum Spargelstechen zwangsverpflichtet worden.

376 Klothilde Hahn wurde am 9. Juni 1942 deportiert. Siehe Edith Hahn Beer mit Susan Dworkin. Ich ging durchs Feuer und brannte nicht. Eine außergewöhnliche Lebens- und Liebesgeschichte. Aus dem Englischen von Otto Bayer. Scherz Verlag Bern/München/Wien 2. Aufl. 2000, S. 126f.

die Papiere zernagt, sonst wollen sie die Schnipsel sehen. Nur der Fluß kann das Geheimnis wahren. Die Polizei wird ihr dann ein Duplikat ausstellen.«[377] Ihre Freundin Christl Denner ist bereit zu helfen. *»Auf der Fahrt nach München ›ermordete‹ ich den Menschen, als der ich zur Welt gekommen war, und verwandelte mich vom Schmetterling zurück in eine Raupe. In dieser Nacht lernte ich, den Schatten aufzusuchen und Stille zu bevorzugen.«*[378] So schildert Edith ihre Empfindungen, nachdem sie endgültig eine andere Identität übergezogen hatte Sie war jetzt *»Margarethe Denner. Aber alle nennen mich … Grete!«*[379] In München begann ihr neues Leben, sie heiratete 1943 Werner Vetter, einen überzeugten Nazi, 1944 wurde sie Mutter einer Tochter, Angela. Ein Albtraum, unter »Komplizen« leben zu müssen, die indirekt am Tod der Mutter mitschuldig waren.

So radikal wechselten nur wenige ihre Identität, die meisten U-Boote, die ihr wahres Ich zu verschleiern versuchten, probierten, durch Manipulieren ihrer eigenen Papiere oder durch Erlangen fremder Geburts- oder Taufscheine durchzukommen. In den untersuchten Quellen führen über 340 Personen an, »getarnt«, mit verschleierter Identität und mit falschen Papieren die Zeit als U-Boot überdauert zu haben, Frauen waren dabei in einer kleinen Überzahl. In den Tagesrapporten der Gestapo-Staatspolizeistelle Wien finden sich Festnahmen wegen des Verkaufs von Taufscheinen oder anderer Dokumente. So wurde zum Beispiel *»am 14.12.1942 der Jude Heinrich Israel Josef Kornfeld, ehem. Kaufm. Angestellter, 12.6.1891 geb., DRA., rk., verh., Wien, III, Streicherg. 5 wh., festgenommen. Er hat der*

377 Edith Hahn Beer/Johann Plattner. Sippenforscher. In: Harald Roth (Hrsg.). Mit falschem Pass und fremdem Namen. Junge Menschen im Holocaust. Mit einem Vorwort von Paul Spiegel. Bleicher Verlag Gerlingen 2002, S. 42–45.

378 Hahn Beer. Ich ging durchs Feuer, S. 152.

379 Der volle Name lautete Christina Maria Margarethe Denner.

ihm bekannten Jüdin Luise Sara Freund, geb. Steiner, 5.12.1901 Wien geb., DRA., rk., verw., Wien I., Neutorgasse 12 whg., einen Taufschein auf den Namen der deutschblütigen Freundin seiner arischen Ehefrau um den Betrag von 600,- RM verkauft. Den Taufschein verschaffte ihm seine deutschblütige Ehefrau Valerie Kornfeld, geb. Höbartner, 9.10.1901 Wien geb., DRA., rk., verh., ohne Wissen ihrer Freundin bei der zuständigen Pfarre. Valerie K. wurde gleichfalls festgenommen. Die Jüdin Luise Sara Freund ist auf Grund des ihr vom Kornfeld beschafften Taufscheins in die Provinz gereist und hat sich dort, um der Evakuierung zu entgehen, aufgehalten. Sie hat sich s. Zt. in Baden der Festnahme durch Flucht aus dem Fenster entzogen. Freund wurde zusammen mit Kornfeld in Wien aufgegriffen und festgenommen.«[380] Selbst Beamte des Gausippenamtes wollten offenbar die Zwangslage der Verfolgten ausnützend Geld lukrieren und gerieten in den Verdacht, falsche Nachweise ausgestellt zu haben, wie Anton Ristel: [Er ist] *»geständig, in 9 Fällen an J. Abstammungsnachweise ausgestellt zu haben, wodurch diese teils als Mischlinge, teils als Dtbl. anerkannt worden sind.«* Für diese »Gefälligkeit« soll er zwischen 500,- und 1000,- RM erhalten haben.[381]

Was konnte man an den Papieren manipulieren? Manchmal war es schon hilfreich, das Austrittsdatum aus der Israelitischen Kultusgemeinde auf ein Datum vor September 1935, dem Stichtag für die Nürnberger Gesetze, zu verändern oder von einem Priester einen Taufschein ohne Hinweis auf einen Austritt zu bekommen. Paul Grosz, dessen Mutter zum Judentum übergetreten war und auf deren Taufschein »ausgetreten« vermerkt war, beschritt diesen Weg. *»Sie ist also zu diesem Pfarrer – es war damals üblich, dass man sich Taufscheine zum Nachweis hat ausheben lassen – sie hat ihm ihre Geschichte erzählt,* [und er] *hat*

380 Tagesrapport Nr. 5 vom 15.–17.12.1942, DÖW 5733e.
381 Tagesrapport Nr. 33 vom 17.5.1944, DÖW 8479.

ihr einen neuen ausgestellt, hat nicht vermerkt, dass sie ausgetreten ist. Dieses Dokument und 21 Fotos von ihr in verschiedenen Lagen wurden nach Berlin geschickt. Nicht sehr lange später hat sie dann ein Dokument bekommen, das sie als ›Vollarierin‹ ausgewiesen hat. Auf diese Art und Weise ist die Tatsache, dass sie Jüdin war, verschwunden.«[382] Mit derart »geschönten« und »bereinigten« Papieren stiegen die Chancen auch der Kinder, als »Mischling« anerkannt zu werden, und das erachteten die Betroffenen bereits als Vorteil, da für diese Personengruppe weniger diskriminierende Bestimmungen galten als für »Geltungsjuden« oder »Volljuden«. »Mischlinge 1. Grades« – auch »Halbjuden« – hatten einen jüdischen und einen nichtjüdischen Elternteil und waren zum Stichtag, das war der 15. September 1935, nicht in der Israelitischen Kultusgemeinde eingetragen. »Geltungsjuden« hatten zwar auch jeweils einen jüdischen und einen nichtjüdischen Elternteil, waren aber als »Glaubensjuden« in der Kultusgemeinde eingeschrieben oder nach dem Stichtag ausgetreten und waren u. a. der Kennzeichnungspflicht unterworfen, das heißt, sie mussten den »Judenstern« ab 1. September 1941 »gut sichtbar auf der Kleidung befestigt« tragen.[383] Wenn auch die gesetzlichen Bestimmungen zur Ausgrenzung für »Mischlinge« und zum Teil auch für »Geltungsjuden« Raum für Interpretationen ließen, geringe Verstöße gegen diese, Hilfestellung für Jüdinnen und Juden oder kriminelle Kleindelikte konnten neben einer gerichtlichen Verurteilung rasch zum Vorwand für die Deportation werden.

Die Verleugnung des Vaters war auch eine Möglichkeit, ei-

382 Interview Paul Grosz, PUK. Die Mutter war Waise und wuchs bei verschiedenen Familien in Ungarn und Wien auf.

383 Zur Situation der »Mischlinge«, »Geltungsjuden«, »Mischehen« siehe Jüdische Schicksale, S. 302–335 sowie Raggam-Blesch. »Mischlinge« und »Geltungsjuden«, S. 81ff. Zur Kennzeichnungspflicht: Walk. Sonderrecht, S. 347.

nen jüdischen Elternteil »loszuwerden«. *»Meine Mutter musste beeiden, dass mein Vater nicht der leibliche Vater war, sondern dass es eigentlich jemand anderer war.«*[384] Der Rechtsanwalt, der in diesem Fall behilflich gewesen war, fiel den Nazi-Behörden Anfang 1945 auf, und es wurde begonnen, alle von ihm bearbeiteten Fälle zu überprüfen. Für Mai 1945 hatte die Familie schon eine Vorladung, da war der Krieg aber bereits vorbei.[385] In oft selbsterniedrigender Form, dieselbe Terminologie wie die Nazis gebrauchend, wurden Anträge gestellt und um eine »rassenbiologische« Untersuchung gebeten, um die Bestätigung der »deutschblütigen und arischen« Merkmale zu erlangen.[386] Diese herabwürdigenden Verfahren zogen sich zumeist in die Länge und waren allein schon deswegen manchmal lebensrettend. So dauerte das Verfahren, das Fritz Eichberg und seine Tochter Annemarie 1941 angestrengt hatten, bis ins Jahr 1944.[387] Ernst Egger und weitere vier Familienmitglieder wurden im Mai 1944 festgenommen und der Dokumentenfälschung bezichtigt, da sie Dokumente vorgelegt hätten, die sie als »Mischling 1. Grades« ausweisen sollten, allerdings hätte sich bei einer Überprüfung durch das Reichssippenamt herausgestellt, dass sie »Volljuden« bzw. »Geltungsjuden« waren.[388]

Hermann Melzer lernte eine Frau kennen, die ihm bei der Beschaffung von falschen Papieren gegen einen nicht allzu hohen Geldbetrag zu helfen versprach: *»Sie wird mir für den Vater einen Geburtsschein von Polen verschaffen, worin der Vater als*

384 Interview Gertrude Göschl, PUK.

385 Ebenda. Gertrude Göschls Schwester, Freida Schneebalg, hatte diese Vorladung erhalten.

386 Vgl. dazu Untersuchung des Mädchens Gertrude B. Interview Gertrude B., PUK.

387 Tagesrapport Nr. 11 vom 8.–10.2.1944, DÖW 8478.

388 Tagesrapport Nr. 32 vom 5.–11.5.1944, DÖW 8479.

geborener Christ aufscheint. Die Mutter jedoch als Findelkind erklärt wird. /.../ Ich war mit allem einverstanden, um die schwere Zeit zu überstehen.« Nach erfolgter Taufe wurde der Taufschein nach Berlin geschickt, am 25. April 1942 erhielt Hermann Melzer schließlich einen günstigen Abstammungsbescheid.[389]

Mit »guten« Papieren konnte man auch versuchen, eine Beschäftigung zu finden, nicht unbedingt am eigenen Wohnort, um die Gefahr, erkannt zu werden, zu minimieren. Als Kellner zum Beispiel am anderen Ende von Österreich, wie etwa Johann Weiss-Rotter, den es bis nach Tirol verschlug. Manus Diamant, der als Fremdarbeiter aus Polen gekommen war, arbeitete einige Zeit in Graz in einem Spital als Pathologe, ohne zuvor jemals medizinische Kenntnisse erworben zu haben, in der »kalten Klinik«, wo sich *»die Patienten jedenfalls nicht über* [ihn] *beklagten.«*[390] Johanna Froszt gelang es mithilfe einer Tante, als Küchengehilfin auf einem Donauschiff unterzukommen und so zu überleben, wie sie selbst schildert: *»Meine Tante Antonia Frost war auf einem Zugschiff der Donau-Dampfschiffahrts-Gesellschaft (DDSG) Köchin. /.../ Meine Tante durfte eine Küchengehilfin halten und so ging ich zu ihr auf das vor der Gestapo sichere Schiff. Die Schiffahrt ist ein gänzlich anderes Milieu, man ist nirgends gemeldet, da man ja ständig unterwegs ist und immer an einem anderen Ort. Nur so gelang es mir, den Klauen der Geheimen Staatspolizei zu entgehen.«*[391]

Personen, die mit falschen oder mit manipulierten Ausweisen ausgestattet waren, hatten oftmals ihre eigenen Dokumente

389 Lebenslauf Hermann Melzer, PUK.
390 Diamant. Geheimauftrag, S. 116.
391 Schreiben von Johanna Froszt an das Amt der Burgenländischen Landesregierung bezgl. Ausstellung eines Opferausweises vom 6.2.1978. In den Unterlagen wird der Familienname unterschiedlich geschrieben, Kopie in PUK.

vernichtet, um sich nicht selbst durch unabsichtliches Zeigen zu verraten. Auch konnte das Auffinden der echten Unterlagen den Nazi-Behörden unter Umständen Anlass zu Nachforschungen geben. Nach Kriegsende war es dann manchmal problematisch, wieder das eigene »Ich« zu werden. Berta M., die als »Edith Molnar« gelebt hatte, konnte nach Kriegsende lange keine Papiere auf ihren richtigen Namen bekommen und erhielt dafür von der Polizeidirektion Wien auch eine entsprechende Bescheinigung. *»Bisher gelang es ihr nicht, die notwendigen Papiere zu erhalten und sich unter dem richtigen Namen polizeilich zu melden. Bis zu deren Erledigung bleibt daher die Meldung unter dem Namen Edith Molnar aufrecht.«*[392]

12. »... DA ICH MIT EINER LIQUIDIERUNG DER RESTLICHEN JUDEN RECHNETE.«[393] – DIE LETZTEN MONATE UND WOCHEN ALS U-BOOT

»Im Herbst 1944 kam aus Berlin ein Erlass, dass sämtliche Mischlinge 1. Grades und Juden, die mit Ariern verheiratet sind, der OT. zu melden sind, bzw. durch die Polizei festzunehmen und zu überstellen sind.«[394] Im Nachkriegsverfahren gegen den Gestapobeamten Johann Rixinger sagte Dr. Emil Tuchmann, der Mitarbeiter des Ältestenrates gewesen war, aus, dass er von dem Transport der »Mischlinge« im Februar 1945 nur

392 WStLA, M.Abt. 208, A 13, Berta M. Bescheinigung vom 13.9.1945. Unterstreichung im Original.

393 Aussage von Ernst Kunke, »Geltungsjude«. Er versteckte sich immer wieder für einige Tage. DÖW 20100/6592.

394 DÖW E 20118, Hauptverhandlung gegen Johann Rixinger, persönliche Angaben des Angeklagten. Vg 11g Vr 1866/46. Original im WStLA.

»mittelbar« gewusst habe. *»Eines Tages kam der Auftrag, dass alle arisch Versippten wegkommen. Wir hätten damals die Hälfte oder zwei Drittel wegschicken müssen. Das waren alte Leute, die bei uns im Asyl in der Versorgung waren. Der arische Teil hat in Wien frei gelebt. Es handelte sich um aufrechte Ehen mit Ariern oder Witwen, die arische Kinder hatten.«*[395] Die Fürsorgerin Franzi Danneberg-Löw erzählte in einem Interview, dass man gewusst habe, dass es den Plan gebe, Wien »judenrein« zu machen, das heißt, dass alle noch in Wien verbliebenen Jüdinnen und Juden deportiert werden sollten.[396] Die Angst, das absehbare Ende des Schreckens vor Augen, doch noch deportiert zu werden, war also durchaus berechtigt und die Gefahr real. Ab Herbst 1944 suchten fast hundert Personen, wesentlich mehr Männer als Frauen, schützende Unterkünfte. Es waren vor allem Personen, die aufgrund ihrer Einstufung nach den Rassegesetzen bis zu diesem Zeitpunkt legal in Wien hatten bleiben können. Bei Männern war es eben vorwiegend die Angst vor der Einberufung zur OT, bei Frauen vermutlich mehr eine gefühlsmäßige Ahnung, noch im letzten Moment verschleppt werden zu können, wie zum Beispiel Gertrude Göschl erzählte. Sie war als »Geltungsjüdin« in einem Rüstungsbetrieb dienstverpflichtet und nahm das Angebot einer Freundin, die als Luftnachrichtenhelferin Informationen über Transporte erlangen konnte, an, bei ihr von Zeit zu Zeit zu übernachten. Ab Jänner 1945 blieb sie dann ständig bei der Freundin.[397]

Leopoldine Sch. hatte Angst um ihren Sohn Franz, geboren 1927, der eine Zeit lang als Pflasterer arbeitsverpflichtet war

395 DÖW E 20118. Aussage Dr. Tuchmann im Verfahren gegen Johann Rixinger. Vg 11g Vr 1866/46.
396 Siehe dazu Jüdische Schicksale, S. 197.
397 Interview Gertrude Göschl, PUK.

und den sie ab Mai 1944 an Adressen in Wien und Niederösterreich hatte unterbringen können. *»Da im Arbeitsamt die Deportierungen laufend durchgeführt wurden.«*[398]

Paul Grosz vermied es in den letzten Monaten, regelmäßig zu seinem Arbeitsplatz zu gehen, da er befürchtete, »weggeschleppt« zu werden. *»Wir hatten ja keine Arbeit mehr; die Leiterin des Betriebes war eine junge Person, die war bereits im Sommer 1944 so demoralisiert, die haben schon alle nicht geglaubt, dass es gut ausgehen wird.«*[399] Mit seinem Vater begab sich Paul Grosz dennoch in den 2. Bezirk, in die Castellezgasse, um sich für die Einberufung zum Ostwallbau zu melden. *»Lange ist man dort gestanden, in langen Zweierreihen, es war sehr kalt, ich wusste, dass in dem Haus die Entscheidung fallen würde.«* Als die beiden an die Reihe kamen, unterbrach ein Telefonat die Amtshandlung und nach einem »Geht's!« verließen sie den Raum, das Gebäude und versteckten sich bis Kriegsende.[400]

Die Bombardements wurden immer heftiger, die Schäden immer größer, für viele war das Ende abzusehen, dennoch ließen die Nazi-Schergen nichts unversucht, flüchtige Jüdinnen und Juden aufzuspüren. Noch in den letzten Monaten wurden U-Boote und deren Helferinnen und Helfer festgenommen und ins Konzentrationslager, vornehmlich nach Mauthausen, gebracht, wie zum Beispiel Leopold Schulz, Architekt und Stadtbaumeister, der zweieinhalb Jahre bei seiner Lebensgefährten Lilly Hladisch im Verborgenen leben konnte. Nach einem Bombentreffer auf das Haus, in dem sie wohnten, wurde eine andere Wohnung gefunden, wo allerdings ein Nachbar die beiden zur Anzeige brachte. Leopold Schulz wurde nach

398 WStLA, M.Abt. 12, 06325/2/E. Aussage von Leopoldine Sch., Kopie in PUK,
399 Interview Paul Grosz, PUK.
400 Ebenda.

Misshandlungen noch am 19. Februar 1945 nach Mauthausen gebracht, wo er am 28. April1945 ums Leben kam.[401]

Die andauernden Luftangriffe bedeuteten für U-Boote eine zusätzliche Gefahr, da sie in den seltensten Fällen in den Luftschutzkeller gehen konnten. Eigens abkommandierte Luftschutzwarte mussten Namenslisten führen, die offiziell nicht existierenden U-Boote hatten so keine Möglichkeit, Schutz zu suchen, und verblieben zumeist in den Wohnungen oder im Kellerabteil, wo sie ohnehin die ganze Zeit schon untergebracht waren. Olga Supanz, die mit ihrem Mann doch einmal den Weg in den Luftschutzkeller mitmachte, wurde von einem Mitbewohner des Hauses erkannt und als Jüdin beschimpft, worauf sie in ein anderes Haus flüchtete. So musste sie nach den vielen Jahren im Untergrund noch als Höhepunkt diese Beschimpfung erleben.[402]

Adele T. ging praktisch nie in den Keller, da sie im Haus, in dem sie versteckt wurde, und auch in der näheren Umgebung bekannt war. *»Da hätte sie auffallen können. Das war zu riskant. Im April 1945 fiel eine Bombe ins Hinterhaus, ab diesem Zeitpunkt ging sie dann mit. Den anderen Leuten wurde gesagt, sie wäre zurückgekommen.«*[403] Anna Wöginger, die ab September 1941 im Verborgenen in Wien und Niederösterreich leben musste, hatte einen Ausweis auf den Namen ihrer Freundin, Maria Tupy. Als die beiden einmal beisammen waren, ertönten die Sirenen, die Zeichen für einen Fliegerangriff. *»Wir konnten nicht in den Keller, da wir dieselben Papiere hatten.«*[404] Das Haus, in dem Lucia Heilmann und ihre Mutter versteckt waren, wurde im Spätherbst 1944 ausgebombt, für einige Tage brachte

401 DÖW 18961, Akt Bergauer. Zeugenvernehmung mit Lilly Hladisch, und DÖW 20100/4446. Original im WStLA.

402 Vgl. WStLA, M.Abt. 12, 12761/E, Kopie in PUK.

403 Interview Dr. P., PUK.

404 WStLA, M.Abt. 12, 07611/1/E, Kopie in PUK.

sie ihr Retter, Reinhold Duschka, in seinem Sommerhaus am Stadtrand von Wien unter.[405] Er stellte sie den Nachbarn als Verwandte aus Deutschland vor, die durch die Kriegsereignisse ausgebombt worden waren. Eine Ausrede, die aber nicht aus der Luft gegriffen war, tatsächlich strömten Menschen aus allen Richtungen herbei, um Zuflucht vor den Bomben zu suchen. Die meisten U-Boote erlebten die Bombenangriffe aber grundsätzlich positiv. Es war für sie deutliches Anzeichen, dass ihr Verstecktsein ein baldiges Ende nehmen würde, jeder Bombenalarm bedeutete wieder einen Schritt näher zur Befreiung, auch eine gewisse Genugtuung machte sich breit. *»Für meine Schwester und mich war die schönste Zeit, wenn Bombenalarm war. Ich muss das zugeben. /…/ Da waren die ›Naziweiber‹ mit sich so beschäftigt, dass sie uns ›Judenmenschen‹ nicht gesehen haben, obwohl manche uns von Kindheit an gekannt haben. Meine Schwester und ich waren ruhig – wir haben uns überhaupt nicht gefürchtet – nicht, dass wir es nicht verstanden hätten, dass wir auch dabei zugrunde gehen können.«*[406] Ähnliches berichtete Hedwig Steiner, die das Fenster aufgemacht hat, sich ein Lorgnon genommen und hinausgeschaut hat.[407] Ruth Geissler ging mit ihrer Schwester herum und [wir] *»haben geschaut, was alles kaputtgegangen ist. Es hat uns nicht leid getan. Warum sollte es?«*[408] Bei den Bombardements kamen leider auch etliche U-Boote, manchmal gemeinsam mit ihren Helferinnen und Helfern, ums Leben, wie Hans Posiles und Maria Fasching.[409]

405 Vgl. »Wer ein Leben rettet, rettet die ganze Welt«, 1993. Ein Gespräch mit Lucia Heilmann über ihre Erlebnisse wurde in der Sendung »Thema« am 16.5.2017 in ORF 2 ausgestrahlt.

406 Interview Rosalia Ista, PUK.

407 Interview Hedwig Steiner, PUK. Lorgnon: Stieleinglas.

408 Interview Ruth Geissler, PUK.

409 Interview Edeltrud Posiles, PUK. Maria Fasching wurde posthum als »Gerechte« aufgenommen. Yad Vashem, Dossier 1427.

Die Rache der unbelehrbaren, fanatischen Nazis fürchtend, deren Ende nun wirklich bevorstehen sollte, versteckten sich etliche Personen, die im Sinne dieses Buches nicht als U-Boote zu bezeichnen sind – vor allem in Kellerabteilen, aber auch in Gartenhäusern am Stadtrand von Wien.[410] Im 2. Bezirk, in der Förstergasse, fanden am 11. April 1945 Erschießungen durch die SS statt. Bewohner der umliegenden Häuser hatten in den Kellern Zuflucht gesucht, einige Jüdinnen und Juden wurden aus den Kellern geholt und erschossen. Neun Männer und Frauen fanden so den Tod. Heute erinnert eine Gedenktafel am Haus Förstergasse 7 an dieses Massaker.

13. »UM GOTTES WILLEN, ICH HABE ES ÜBERLEBT ...« – NEUBEGINN – FREUDE UND TRAUER ÜBER DAS ENDE

»Mein Bräutigam ist gefallen – er hat mir durch seine Briefe, die er mir zu seiner Schwester geschrieben hat, Halt gegeben. Immer hat er geschrieben: ›Wir werden es überleben, wir müssen es überleben.‹ Dadurch hatte ich eine so große Hoffnung. /.../ Ich dachte nie, dass ich das überleben würde, durch ihn hatte ich Hoffnung – und am 15. März 1945 fällt er!«[411] Rosalia Ista und ihre Schwester, die getrennt voneinander im Verborgenen gelebt, überlebt hatten, verloren sich gegen Kriegsende aus den Augen. *»Wir haben eigentlich dann gar nichts voneinander gewusst, wir konnten uns nicht verständigen. Ich habe sie erst gesehen, als die Russen bereits hier waren. Sie hat von den Russen*

410 Erich/Arik Brauer, österreichischer Maler, erzählt immer wieder davon, wie er sich in den letzten Tagen in einem Schrebergarten versteckt hat.

411 Interview Rosalia Ista, PUK.

Brot und Marmelade bekommen. Sie war eine bildschöne Frau – sie hat das Glück gehabt, dass in Meidling, ins Nebenhaus, ein russischer Offizier, der Jude war, einquartiert wurde. Als meine Schwester gehört hat, dass er gut Deutsch spricht, eigentlich war das so ein Jiddisch, hat sie ihn um Hilfe gebeten, was er auch getan hat.«[412]

Irma Eisner war so froh über das Ende des Krieges, dass sie einmal sogar für Soldaten der Sowjetarmee über hundert Palatschinken machte.[413] U-Boote halfen nun ihrerseits in manchen Fällen ihren Retterinnen und Rettern in kritischen Zusammentreffen mit Sowjetsoldaten, indem sie durch das Vorweisen des »gelben Sterns« darauf hinwiesen, dass die Soldaten keine versteckten Nazis vor sich hätten. Monika Taylor erlebte das Kriegsende folgendermaßen: *»Die Russen waren schon bei uns im Haus. Ich sitz' in der Wohnung unter uns und will hören, was los ist, wie die Kämpfe stehen. Von den Leuten habe ich einen Radioempfänger mit Kopfhörer gehabt. Das steht plötzlich so ein Mongole mit angeschlagenem Gewehr vor mir. ›Spionska!‹ Reißt mir den Hörer vom Kopf mit einem Büschel Haaren gleich mit und rennt davon. Und ich hab' mir gedacht: ›Nix wie weg, ich wart' nicht, bis der zurückkommt.‹«*[414] Monika Taylor versteckte sich aus Angst mehrere Tage, nach ihrer Rückkehr in die Wohnung wagte sie weiterhin nicht, sich offen zu zeigen, bis schließlich *»ein total besoffener Soldat zum Bett gekommen* [ist] *und mit seinem Bajonett überall hineingestochen* [hat]. *Als ein Offizier zu Hilfe geholt wurde, kam die Idee, den Stern zu zeigen. Er nimmt den Stern in die Hand, dreht ihn, das seh ich noch genau vor mir, dann schaut er mich an, dann wieder den Stern: ›Es geschieht Ihnen nichts mehr, solange ich hier bin. Ich bin auch*

412 Ebenda.
413 Interview Irma Eisner, PUK.
414 Interview Monika Herlitschek-Taylor. In: Jüdische Schicksale, S. 663.

Jude.‹ /.../ Dann hat er einen Posten aufgestellt beim Tor, und ich hab' endlich einmal ruhig schlafen können.«[415]

Hans Busztin steckte sich nun – nachdem er zweieinhalb Jahre illegal in Wien überlebt hatte – den Stern an, *»um in irgendeiner Weise vor den Russen geschützt zu sein, weil die ja auch gefährlich waren.«*[416] Da er sämtliche Dokumente aus seinem früheren Leben aufbewahrt hatte, konnte er bald mit seinem neuen Leben beginnen. Als junger Bursche fiel ihm das – auch mithilfe seines Retters, der ihn adoptierte – relativ leicht. *»Im Jahr 1945 war ich 20 Jahre alt, die Zeit nach 1945 hat sich für mich nicht sehr wesentlich unterschieden – es waren auch schlechte Zeiten. Erst bis es meinem amerikanischen Verwandten gelungen ist, mir eine Unterstützung zukommen zu lassen, ist es mir im Vergleich zu der Wiener Bevölkerung etwas besser gegangen.«*[417] Hans absolvierte ab Oktober 1945 einen einjährigen Maturakurs für Kriegsheimkehrer, die von seinen Verwandten gewünschte Auswanderung in die USA kam aber nicht infrage, da er seinen Adoptivvater wegen dessen Alters nicht hätte mitnehmen können. Seine Eltern und sein Bruder wurden Opfer der Shoah.

So knapp lagen Freude, alles überstanden zu haben, und Trauer um einen geliebten Menschen beieinander. Bald kam auch das Wissen um die furchtbaren Gräueltaten in den Vernichtungslagern der Nationalsozialisten dazu, bei vielen drängte sich sehr rasch die Frage »Warum habe gerade ich überlebt?« auf und belastete die ohnedies angegriffene Psyche. Für den Psychologen und langjährigen Vorsitzenden von AMCHA, Natan Kellermann, ist es ebenso die Frage von »reason to live« – welchen Sinn gab und gibt es, nach der Shoah weiter-

415 Ebenda.
416 Interview Dr. Feldner-Busztin, PUK.
417 Ebenda.

zuleben –, die die Betroffenen plagt, aber nicht nur sie. Die Ängste und Sorgen werden auf die nachfolgenden Generationen – wir sind derzeit bei der Enkelgeneration, bald sind es die Urenkel – weitergegeben, Traumata, die haften bleiben und nur sehr schwer durch Therapie aufgelöst werden können.[418] Lucia Heilmann plagen bis zum heutigen Tag Ängste: *»Angst, das erste Gefühl ist Angst, Angst, wenn es an der Tür läutet, den ganzen Tag Angst.«*[419] Dieses Gefühl schilderten viele Betroffene. Sie hatten zwar überlebt, waren aus ihren Verstecken »aufgetaucht«, aber an das frühere Leben anschließen – das konnte niemand. *»Das Leben hat sich eigentlich nie mehr so richtig normalisiert. Die Familie war zerrissen. Mein Bruder hatte in Holland geheiratet. Seine Frau ist als Wrack aus dem KZ zurückgekommen. /.../ Mein Vater war vollkommen gebrochen. Der konnte nichts mehr tun, hat auch beruflich nichts mehr unternommen. Mein Gott, er hat erfahren, dass sie alle seine Brüder umgebracht haben. Wir haben wohl gelebt, aber ... Auch wie wir schon befreit waren, hab ich mich nicht befreien können.«*[420]

Irgendwie musste das Leben aber weitergehen. Verschiedene Behördenwege waren erforderlich, neue Dokumente, neue Ausweise mussten besorgt werden. Nicht nur Berta M. hatte Schwierigkeiten, eine Legitimation auf ihren richtigen Namen zu bekommen, wie oben schon beschrieben, Hedwig Steiner erhielt einen »vorläufigen Personalausweis«, ausgestellt am 16. Juni 1945. *»... ist Volljüdin und lebte seit dem Jahre 1942*

418 Dr. Natan Kellermann in einer Rede anlässlich der Veranstaltung »Gedanken zur Psychotherapie und zur psychosozialen Betreuung von Überlebenden des Holocaust am 16. Juli 2002 in Wien. AMCHA (Hebräisch für eine/r von uns) wurde 1987 in Jerusalem gegründet mit dem Ziel, Überlebende des Holocaust und ihre Familien in der Bearbeitung ihrer oft schweren Traumata zu unterstützen.

419 Interview Lucia Heilmann in der Sendung »Thema« vom 16.5.2017, ORF 2.

420 Interview Monika Herlitschek-Taylor. Jüdische Schicksale, S. 663f.

unangemeldet an verschiedenen Stellen in Wien, um der Verschleppung durch die Deutschen zu entgehen. Sie besitzt derzeit keinerlei Personaldokumente. Ihre Identität wurde ha. einwandfrei durch zwei Zeugen erwiesen, weshalb ihr dieser vorläufige Personalausweis ausgestellt wurde.«[421]

Hans Buchwald erhielt einen »Notausweis«, legitimiert durch Carola Fischmann (23.7.1885) und Felice Berner (7.10.1907), ausgestellt vom Polizeikommissariat Josefstadt am 8.5.1945 – *»Herr Hans Buchwald, geb. 28.9.1901 in Berlin, derzeit wohnhaft in Wien 4., Favoritenstraße 46 Tür 6, hat während des Naziregimes in Wien als ›Unterseeboot‹ gelebt und besitzt daher keine Ausweise.«*[422]

Nur wenige konnten in den ursprünglichen Beruf zurück, der Richter Dr. Karl Wahle zählte sicher zu den Ausnahmen, ebenso hatten selbständige Rechtsanwälte, wie zum Beispiel Dr. Michael Stern, der während des Krieges als Rechtskonsulent hatte tätig sein können, die Möglichkeit, wieder eine Kanzlei zu eröffnen. Alter und Beruf waren hier sicher ein mitentscheidender Faktor. Elisabeth Györi, eine Sängerin, hatte während ihrer U-Boot-Zeit nur im Flüsterton sprechen dürfen und damit ihre Singstimme verloren.[423]

Wohnungsbeschaffung im zerbombten Wien war kein einfaches Unterfangen, die Versorgungslage war äußerst schlecht, es gab weiter Rationierungen, weiter Lebensmittel und andere Produkte des täglichen Bedarfs nur auf entsprechende Bezugsmarken. Wieder gab es Versuche, durch verbotene Käufe, Verkäufe oder durch Tauschen auf dem Schwarzmarkt zu rationierten Waren zu gelangen, um damit die Lebenssituation

421 Kopie des Ausweises in PUK.

422 WStLA, M.Abt. 208, A 13, Hans Buchwald.

423 Elisabeth Györi konnte bei ihrem Freund, ihrem späteren Ehemann, überleben. Die Hochzeit fand am 7.7.1945 statt. DÖW 20100/3704. Siehe dazu auch die Eigendarstellung in Kapitel VIII. 3.

verbessern zu können. »Schleichhandel« wurde das Vergehen genannt, das auch gerichtliche Verfahren nach sich zog. So wurde Nuchem Norbert Wachtel wegen *»Handels mit bezugsbeschränkten Waren, ohne sich an die vorgeschriebenen Bedingungen zu halten«* angezeigt, das Verfahren endete aber schließlich mit einem Freispruch.[424]

Schon bald nach Kriegsende wurde bekanntgegeben, dass sich Betroffene bei der »Zentralregistrierung der Opfer des Naziterrors« im Rathaus melden könnten, zum Zwecke der Erfassung und auch um »befürsorgt« zu werden. Es meldeten sich Tausende, darunter auch Personen, die als U-Boote überlebt hatten.

---

424 WStLA, LG I Vr 3898/45. Nuchem Wachtel war, wie er in dem Verfahren aussagte, U-Boot. In einigen weiteren für dieses Buch eingesehenen gerichtlichen Verfahren erklärten Betroffene, während des Krieges als U-Boote gelebt zu haben.

V. »... HAT SICH SEIT 1942 IN WIEN UNTERSTANDSLOS UMHERGETRIEBEN, UM SICH DER EVAKUIERUNG ZU ENTZIEHEN.« – GESCHEITERTE VERSUCHE, ALS U-BOOT ZU ÜBERLEBEN[425]

Der blinde Jude Isak Goldstajn und Theresia Löffler wurden am 1. Dezember 1943 festgenommen. *»Er hat seinen Lebensunterhalt durch Almosen von Deutschblütigen, denen er seine jüdische Abstammung verschwiegen hat, gefristet. Die letzten Monate hat er unangemeldet bei der Löffler gewohnt. Goldstajn wurde nach Auschwitz evakuiert. Gegen Löffler wird Schutzhaft beantragt.«*[426] Noch am selben Tag wurde Isak Goldstajn deportiert.

Der österreichische Schriftsteller, Kabarettist und Grafiker Peter Hammerschlag war in Stella Kadmons legendärem Kabarett »Der liebe Augustin« bekannt geworden. Als Hausautor, Conférencier, vor allem aber als Blitzdichter hatte er sich in Wien Ruhm erworben. Peter Hammerschlag reagierte dabei blitzartig auf Zurufe aus dem Publikum, dichtete ganz spontan, gleichzeitig nahm er dabei zu aktuellen Ereignissen Stellung. Ein zu dieser Zeit äußerst beliebter Programmpunkt, Meister in diesem Genre waren auch Fritz Grünbaum und Karl Farkas.[427] Peter Hammerschlag gelang die Flucht nach

425 Siehe dazu Kapitel II. 5 Die Tagesrapporte der Gestapo-Staatspolizeileitstelle Wien.

426 Tagesrapport Nr. 27 vom 1.–3.12.1943, DÖW 8477. Isak Goldstajn überlebte laut DÖW-ODB nicht. Siehe auch Evelyn Adunka/ Gabriele Anderl. Jüdisches Leben in der Wiener Vorstadt – Ottakring und Hernals. Mandelbaum Verlag Wien 2013, S. 342.

427 Peter Hammerschlag, 1902–1942 (deportiert nach KZ Auschwitz).

Belgrad, wo er auf Stella Kadmon traf, die schon früher Österreich verlassen hatte und schließlich in das damalige Palästina gelangte. Peter Hammerschlag hatte nicht das nötige Glück, aber auch nicht die nötige Geduld, um auf ein rettendes Visum zu warten. Für Stella Kadmon, die ihm in Belgrad zu helfen versuchte, verfasste er ein kleines Gedicht – das war am 9. November 1938, wie Stella Kadmon später erzählte.

»Heute wohnt Augustin
Nah beim Muezzin
In dem schönen Städtchen Beograd
Und ihr fragt: ›Warum:‹
›Ist die Welt so krumm?‹
›Weil der Adolf ihn vertrieben hat!‹
Und der Augustin
Spricht zum Muezzin:
›Weißt es, unsereiner braucht Geduld!
Doch die Herrn Spanjoln
Mit den Augen wie Kohln
Stehen dennoch in Jehovas Huld!‹«[428]

Siehe dazu auch Georg Markus. »Auch die Brünetten sind gern allein in Ihren Betten«. Peter Hammerschlag. Der Tod eines Humoristen. In: Kurier, 1. Juni 2017, S. 20. Fritz Grünbaum, 1880–1941. Er war beim Versuch, außer Landes zu flüchten, gescheitert, ebenso beim Versuch, sich zu verstecken, wurde schließlich verhaftet und zunächst nach Dachau gebracht, später nach Buchenwald und wieder zurück nach Dachau, wo er verstarb. Karl Farkas, 1893–1971 (Exil in Paris und New York), bekannter Kabarettist, langjähriger Direktor des »Simpel«. Stella Kadmon, 1902–1989 (Exil im damaligen Palästina), nach 1945 u. a. Direktorin des »Theaters der Courage«.

428 Henriette Mandl. Cabaret und Courage. Stella Kadmon – Eine Biographie. WUV-Universitätsverlag Wien 1993, S. 109.

Als sein Versuch, ein Ausreisevisum nach Amerika zu bekommen, scheiterte, kehrte Hammerschlag nach Wien zurück und konnte bei seinem Freund Alexander Steinbrecher in dessen Untermietzimmer in Döbling Unterschlupf finden. Ob es die Beengtheit war oder tatsächlich die Sucht nach einer Zigarette? Jedenfalls hielt er es nicht lange bei seinem Freund aus und unternahm es, *»in einem blauen Schlosseranzug den kurzen Weg ins nahe Beisl zu wagen. Dort ereilte ihn das Schicksal. Eine SA-Razzia war im Gange und da er keine Papiere besaß, wurde er verhaftet.«*[429] Peter Hammerschlag wurde am 17. Juli 1942 nach Auschwitz deportiert, er hat laut Opferdatenbank des DÖW nicht überlebt.

Es ist äußerst schwierig, geeignete Quellen zu den gescheiterten Versuchen, als U-Boot zu überleben, zu finden. Nicht bei allen Festnahmen, die im Rahmen der Tagesrapporte der Gestapo-Staatspolizeistelle Wien aufgezeichnet wurden, handelte es sich um Personen, die sich durch ein Leben in der Illegalität ein Überleben erhofft hatten. Es wurde bereits ausgeführt, welche speziellen Formulierungen einen Hinweis geben können, wie zum Beispiel: »unterstandslos herumgetrieben« oder »ohne Unterkunft« usw. Eine weitere Quelle sind Gerichtsverfahren, die nach 1945 gegen Beamte der Gestapo geführt wurden, sie geben Auskunft, welche Anstrengungen unternommen wurden und mit welchen Mitteln die Nationalsozialisten vorgegangen sind, um der U-Boote habhaft zu werden. Innerhalb des Sachbereichs IV B 4e, der im April 1942 gebildet worden war, stand die Aufgabe im Vordergrund, versteckte Jüdinnen und Juden zu finden bzw. ein Verbergen grundsätzlich zu unterbinden.[430]

429 Ebenda, S. 111f. Alexander Steinbrecher, 1910–1982, österreichischer Komponist, Kapellmeister.

430 Franz Weisz. Die Geheime Staatspolizei Staatspolizeileitstelle Wien 1938–1945. Organisation, Arbeitsweise und personale Belange. Phil. Diss. Universität Wien 1991, Band III/1a, S. 623.

Als im Frühjahr 1943 die Zentralstelle für jüdische Auswanderung aufgelöst wurde, gingen deren Agenden für »Judenangelegenheiten« auf die Gestapo Wien über.[431] Bereits vor diesem Zeitpunkt war die Gestapo federführend, wenn es um die Verfolgung von Jüdinnen und Juden ging, die in welcher Form auch immer auffällig geworden waren oder gegen die immer strikter werdenden und enger ausgelegten Bestimmungen verstoßen hatten. Selbst geringfügige Übertretungen wurden in den überwiegenden Fällen mit der sofortigen Einweisung in ein Konzentrationslager geahndet.[432] Auch wenn es mitunter nicht möglich war, allen Hinweisen, die durch »Vernaderung« bei den Behörden eingegangen waren, nachzugehen, ein von den Nazi-Behörden gut durchdachtes und organisiertes Spitzelwesen machte sich das Leid, vor allem aber die Hoffnung der für Spitzeldienste Rekrutierten auf ihre eigene Rettung zu Nutze, die aus dem Kreis der Verfolgten kamen. Eine Hoffnung, die sich als Schimäre erweisen sollte, so wie einer der umtriebigsten Spitzel, Rudolf Klinger, kamen auch andere jüdische Konfidenten letztlich auf die Deportationslisten.[433] Walter Lackenbacher, der am 25. September 1942 verhaftet worden war, führte in seiner Zeugenaussage im Nachkriegsverfahren gegen Anton Brunner an, dass es Rudolf Klinger gewesen sei, der seine illegalen Adressen ermittelt habe, was in Folge zur Verhaftung geführt habe. Klinger habe ihm zwar Hilfe versprochen, jedoch

431 Zur Auflösung der Zentralstelle für jüdische Auswanderungen siehe Anderl/Rupnow. Die »Zentralstelle für Jüdische Auswanderung«, S. 293f.

432 Siehe dazu u. a. Anklageschrift der Staatsanwaltschaft Wien gegen Johann Rixinger vom 18. Juli 1947, Vg 11g Vr 1866/46, DÖW 19859.

433 Siehe dazu Diana Albu/Franz Weisz. Spitzel und Spitzelwesen der Gestapo in Wien von 1938 bis 1945. In: Wiener Geschichtsblätter, 54. Jg., Heft 3 1999, S. 169–208, hier S. 182. Rudolf Klinger spielte auch bei der Verhaftung des Ehepaares Dr. Kurt und Dr. Ella Lingens eine Rolle.

dieses Versprechen nicht eingehalten. Im Zuge der Verhaftung hätten die Gestapoleute auch Gegenstände geraubt. Walter Lackenbacher gelang die Flucht von einem Transport, er wurde allerdings erneut festgenommen und im darauf folgenden Verhör von Anton Brunner misshandelt. *»... mit der Faust ins Gesicht geschlagen, mit Stiefelabsätzen ins Kreuz getreten, auch wurde ich gezwungen, mit einer Zahnbürste in einer ganz erniedrigenden Weise den Fußboden rein zu bürsten.«*[434] Nach einem weiteren Fluchtversuch zwang Anton Brunner Walter Lackenbacher *»anstrengende gymnastische Turnübungen zu machen«* und schlug ihn währenddessen mit einem *»Rohrstab über die ausgestreckten Fingerspitzen, über die Ohren und das Gesicht.«*[435] Dr. Felix Friedlaender, der als sogenannter jüdischer Konsulent/Rechtsberater bei »Gildemeester« etliche Fälle betreut hatte, schilderte in seiner Aussage in dem Verfahren gegen Anton Brunner ebenfalls dessen ungeheuerliche Brutalität. *»Im Sept. bezw. Okt. 1942 wurde ich selbst in das Sammellager Sperlgasse eingeliefert und war einmal bei einer Kommissionierung in der Sperlgasse und einmal bei einer solchen im Lager Malzgasse als Objekt beteiligt. Auch diesmal hat Brunner II das gleiche brutale, rücksichtslose und jeder Menschlichkeit hohnsprechende Verhalten gegenüber alten und gebrechlichen Leuten an den Tag gelegt und in meiner Gegenwart eine Frau, die untergetaucht und aufgefunden worden war, mehrmals heftig mit der Hand ins Gesicht geschlagen, weil sie ihre Quartiergeber nicht nennen wollte.«*[436] Auch

434 DÖW 9359. Zeugenaussage Walter Lackenbacher vom 14. August 1945 vor Polizeidirektion Wien, Staatspolizei Ref I/e. LG f. Strafsachen Wien, Vg1g Vr 4574/45, Verfahren gegen Anton Brunner (= Brunner II). Todesurteil vom 10.5.1946, die Hinrichtung erfolgte am 24.5.1946.

435 Ebenda. Walter Lackenbacher überlebte mithilfe seiner geschiedenen Gattin.

436 DÖW 9359. Aussage Dr. Felix Friedlaender vor Polizeidirektion Wien, Staatspolizei Ref. I/e vom 10. Oktober 1945. Verfahren gegen

weitere in dem Judenreferat der Gestapo tätige Beamte wurden in Verfahren nach 1945 beschuldigt, Aufgegriffene drangsaliert zu haben. Dr. Heinrich Hirschler schilderte in seinem Brief an die Staatspolizei nicht nur seine eigenen Erlebnisse mit dem Gestapobeamten Karl Zeitlberger, sondern er berichtete auch über ein aufgegriffenes *»Unterseeboot, Olga Schwarz«*, dem Zeitlberger *»die Nägel von den Fingern gerissen haben und so misshandelt haben«* soll, *»dass sie als Halbtote im Juli 1942 nach Auschwitz gebracht wurde«*.[437] Paul Roman sagte in seiner Zeugenvernehmung in der Strafsache gegen Karl Zeitlberger aus, dass er festgenommen worden sei, weil er die Meldung unterlassen habe, in einer »Mischehe« zu leben. *»Im Jahr 1944 wurde ich deshalb verhaftet. Ich wurde damals in der Wohnung meiner Frau verhaftet. /…/ Ich wurde damals gefragt, wer mich die ganze Zeit verborgen gehalten hat und wer mich unterstützte. Ich habe aber immer unbestimmte Angaben gemacht. Im Laufe dieser Vernehmung, bei der ich stehen musste, hat mich der Besch. sehr unsanft auf einen Sessel gedrückt und mir auch einige Ohrfeigen gegeben. Er drohte mir auch, dass meine Frau und mein Kind, die auch bereits verhaftet waren, in ein Konzentrationslager verschickt würden, wenn ich unwahre Angaben mache. Er sagte mir dann, dass ich erschossen werde. Ich wollte damals Selbstmord mit einer Rasierklinge begehen und wurde deshalb in eine Einzelzelle gesperrt. Dann wurde ich nach Auschwitz verschickt.«*[438]

Hermann Melzer half einer Jüdin, Dorothea Fischer, obwohl

Anton Brunner (s. o.). Dr. Friedlaender lebte ab Februar 1942 selbst im Verborgenen.

437 DÖW 19841. Brief von Dr. Heinrich Hirschler an die Staatspolizei Wien vom 22. Juli 1947. Verfahren gegen Karl Zeitlberger, Vg 4r Vr 5597/47. Karl Zeitlberger wurde zu dreieinhalb Jahren verurteilt und 1951 aus der Haft entlassen. Olga Schwarz überlebte laut DÖW-ODB nicht.

438 Zeugenvernehmung Paul Roman. Verfahren gegen Karl Zeitlberger (s. o.), DÖW 19841. Paul Roman: DÖW 8479.

er selbst »getarnt« mit gefälschten Papieren in Wien lebte. Gemeinsam mit anderen waren die beiden auch im Widerstand tätig, und im März 1945 flog die Gruppe auf und Hermann Melzer wurde verhaftet. Da er den Aufenthalt von Dorothea Fischer nicht verraten wollte, wurde Melzer mit Schlägen dermaßen misshandelt, dass er nach seiner Überstellung in das Gefangenenhaus Rossauer Lände tagelang weder sitzen noch gehen, nur auf dem Bauch liegen konnte. Das Kriegsende rettete ihn.[439] Dorothea Fischer hatte kurz vor dem Zugriff in Nachtkleidung aus der Wohnung flüchten können, in der sie versteckt gewesen war.

Etwas mehr als 430 Personen wurden namentlich als »gescheiterte U-Boote« festgestellt, mehr als die Hälfte waren Männer, der überwiegende Teil der aufgegriffenen Jüdinnen und Juden wurde deportiert und ist umgekommen.[440] Oftmals wurden Quartiergeberinnen und Quartiergeber ebenfalls festgenommen und in Konzentrationslager verbracht, wo sie mitunter auch zu Tode kamen. Der größte Teil der in den Quellen gefundenen 176 Helferinnen und Helfer waren Frauen, 30 Personen haben nicht überlebt. Den Helferinnen und Helfern wurde »judenfreundliches Verhalten« vorgeworfen, in dem Schutzhaftbefehl gegen Theresia Korn vom 19. März 1943 heißt es: *»Sie gefährdet nach dem Ergebnis der staatspolizeilichen Feststellungen durch ihr Verhalten den Bestand und die Sicherheit des Volkes und Staates, indem sie dadurch, dass sie ungeachtet staatspolizeilicher Verwarnung das Verhältnis mit dem Juden Wetreich fortsetzt und ihm bei der Verbergung vor der Evakuierung Beihilfe leistet, Maßnahmen des Staates sabotiert und erhebliche Unruhe und Erregung in weite Kreise der Bevölkerung trägt.«*[441] Nach den Nürnberger

439 Lebenslauf Hermann Melzer, PUK.
440 Die Zahlen beziehen sich auf die für dieses Buch analysierten Quellen.
441 Die Maschinenarbeiterin Theresia Korn war 1938 wegen einer »staats-

Gesetzen, die das Zusammenleben von Jüdinnen und Juden mit »arischen« Personen regelten, galt intimer Verkehr zwischen diesen Bevölkerungsgruppen als »Rassenschande« und wurde entsprechend verfolgt und geahndet. *»Für das Verbrechen der Rassenschande ist der Mann verantwortlich; keine Bestrafung der beteiligten Frau wegen Teilnahme, Begünstigung, Verhehlung oder falscher uneidlicher Aussage.«*[442] Auch wenn die beteiligte Frau eigentlich nicht zur Verantwortung gezogen werden sollte, kam es bei Theresia Korn dennoch zur Ahndung durch Überstellung nach Ravensbrück.

Emil Bruck, der seine langjährige Freundin im März 1942 aus Furcht vor der Evakuierung nachts in seine Wohnung gebracht und dort versteckt hatte, wurde nach der Entdeckung am 9. Februar 1943 angeklagt und schließlich nach einem Verfahren am 14. September 1943 verurteilt, da er *»als Staatsangehöriger deutschen Blutes mit der Jüdin Käthe Sara Kohn a.e. Geschlechtsverkehr gepflogen* [habe]. *Er hat hiedurch das Verbrechen gegen das Gesetz des deutschen Blutes und der deutschen Ehre begangen und wird hiefür zu einer Zuchthausstrafe in der Dauer von 18 (achtzehn) Monaten und zum Ersatze der Kosten des Strafverfahrens und des Strafvollzuges verurteilt.«*[443] In der

feindlichen Äußerung« kurze Zeit inhaftiert. Am 18.2.1943 wurde sie wegen »judenfreundlichen Verhaltens« von der Gestapo erkennungsdienstlich erfasst und am 1.4.1943 in das KZ Ravensbrück überstellt. Dort blieb Theresia Korn bis 9.3.1945 in Haft, zit. nach DÖW-ODB (14.3.2019). Theresia Korn überlebte. Siegfried Wettreich wurde am 3.3.1943 nach Auschwitz deportiert, wo er laut DÖW-ODB umkam.

442 Verordnung zur Ergänzung der I. Ausführungsverordnung zum Blutschutzgesetz. Zit. nach Walk. Sonderrecht, S. 317.

443 Verfahren gegen Emil Bruck wegen § 2 Bl.Sch.Ges. 107 b Vr 1102/43. Abschrift des Urteils in DÖW 20100/1227. Käthe Kohn wurde am 30.3.1943 nach Theresienstadt und von dort am 18.5.1944 nach Auschwitz deportiert, wo sie umkam, vgl. DÖW 5734a und DÖW-ODB.

Urteilsbegründung wurde im Zusammenhang mit der Strafbemessung vermerkt: *»Die Strafkammer hat auf Zuchthaus erkannt, da der Angeklagte, welcher als deutschblütiger Mann eine Jüdin fast 1 Jahr lang in seiner Wohnung Unterschlupf gegeben und verborgen gehalten hat, schon hiedurch ein solches Maß von Verantwortungslosigkeit gegenüber der Volksgemeinschaft an den Tag gelegt hat, dass die Verhängung einer Zuchthausstrafe unter allen Umständen geboten ist.«*[444] Emil Bruck suchte nach Kriegsende um eine Entschädigung nach dem Opferfürsorgegesetz an, wurde jedoch abgewiesen, da er nach Ansicht der Behörde nicht aufgrund einer »politischen Widerstandstätigkeit« inhaftiert gewesen sei, wie er in einem Schreiben an Rosa Jochmann ausführte.[445]

Der Rassenwahn der Nationalsozialisten dauerte auch an, als das Ende ihrer Herrschaft bereits absehbar war. Bis in die letzten Wochen wurde immer weiter nach illegal lebenden Jüdinnen und Juden gesucht. Adolf Fruchthändler war die Flucht aus Opole gelungen, nachdem er am 15. Februar 1941 dorthin deportiert worden war, er lebte dann in Wien als »U-Boot«. Am 17. Juli 1944 wurde er von der Gestapo erkennungsdienstlich erfasst und kam am 10. März 1945 im KZ Mauthausen ums Leben, wie vermutlich auch Otto Flaschner, der am 25. März von der Gestapo verhaftet und nach Mauthausen verbracht wurde. Sein Bruder, Richard Flaschner, meldete die Abgängigkeit bei der Registrierstelle im Wiener Rathaus: *»Kann als gesunder, kräftiger Mensch nur gewaltsam ums Leben gekommen sein. Nachrichten fehlen.«*[446] Das Ehepaar Cornelia

444 Verfahren gegen Emil Bruck, ebenda.

445 Vgl. DÖW 51087/1 und WStLA, M. Abt. 12, B771/52. Im Juni 1953 wurde zumindest für einen Teilzeitraum ein positiver Bescheid erlassen.

446 WStLA, M.Abt. 208, A 13, Otto Flaschner. Zu Adolf Fruchthändler siehe DÖW-ODB.

und Karl Salzer wurde am 25. November 1944 festgenommen. Karl, am 20. Februar 1945 nach Mauthausen verbracht, kam am 5. April 1945 in Mauthausen/Ebensee ums Leben. Cornelia wurde noch am 21. März 1945 nach Theresienstadt deportiert, wo sie die Befreiung erleben konnte.[447] Peter Buxbaum, 1923 geboren, galt als »Mischling 1. Grades«. Nach dem Tagesrapport Nr. 1 vom 1.–6. Juli 1944 wurden er und seine Mutter am 27. Juni festgenommen: *»Anna und Peter Buxbaum sind überführt, Juden und anderen Personen illegal Quartier um ihres persönlichen Vorteiles willen durch lange Zeit hindurch gewährt zu haben. Konecny, der polnischer Jude ist und mit falschen Papieren illegal aus dem GG. einwandert, hat zugegeben, Partisanen in Tarnopol begünstigt zu haben. Das Erforderliche wird veranlasst.«*[448]

Jahre später schilderte Peter Buxbaum sein Schicksal:

»Wir wohnten in der Zollergasse. Eines Tages hat bei uns ein junger Mann angeklopft, ein ungefähr Zwanzigjähriger aus Berlin. Er nannte sich Heinz und erzählte, seine Eltern wären in Berlin ausgesiedelt worden. Er hätte sich mit falschen Papieren ausgerüstet in den Zug gesetzt und unter Umgehung der Kontrollen nach Wien durchgeschlagen. Bis zu einer Bekannten. Diese hatte unseren Namen genannt und da wäre er. Er bat: ›Bitte, eine Nacht schlafen, noch eine Nacht‹, u.s.w. Meine Mutter hat das erlaubt. Das war Anfang 1943. So hat der junge Mann dann einige Zeit bei uns gewohnt. Er hatte kein Geld, war aus irgendeinem Grund nicht beschnitten, das ist für später wichtig. Ich hab damals ein bisserl Schleichhandel betrieben und hatte dadurch ein bisserl Geld. So hat es keine Rolle gespielt, ihn durchzufüttern.

447 Vgl. DÖW E21290 und DÖW-ODB.

448 Tagesrapport Nr. 1 vom 1.–6.7.1944, DÖW E21290 sowie WStLA, M.Abt. 208, A 13/Kt. 2. Mit »GG« ist das »Generalgouvernement« gemeint, polnisches Gebiet, von Nazi-Deutschland besetzt.

Ende 1943 war uns aber die Last zu viel. Wir haben immer Angst gehabt, dass er bei einer Razzia erwischt wird. So habe ich es über zwei Bekannte, die aus Ungarn stammten, geschafft, ihn schwarz über die Grenze nach Ungarn zu bringen. Und er war gerettet. /…/

Meine Frau stammt aus Kattowitz. Damals waren wir noch nicht verheiratet. Bei ihr war eine Jüdin, Lotte, versteckt. Diese Frau hatte relativ gute Papiere, außerdem brauchte man bei einer Frau vor einer Kontrolle nicht so eine Angst haben. Durch die Beschneidung sind Männer leicht als Juden zu erkennen.

Lotte erzählte uns, dass die Nazis Juden vergasen. Das schien uns unglaubwürdig, obwohl wir den Nazis alles zugetraut haben. Lotte war es auch, die einen Bekannten zu uns vermittelte: Jan, so hieß er, hatte Papiere als polnischer Fremdarbeiter, aber er war beschnitten. Aus Mitleid haben wir ihn bei uns schlafen lassen. Es gelang mir, auch ihn nach Ungarn zu bringen. Aber, es war etwa März 1944. Da waren bereits die Deutschen einmarschiert und begannen dort mit der Verfolgung der Juden. So ist dieser Jan wieder zurück nach Wien und kam erneut zu uns. Wir haben schon gewusst, was das für eine Gefahr war, trotzdem ließen wir es zu. /../

Heinz, der schon länger in Budapest lebte, ist im März 1944 von den Deutschen geschnappt, verhaftet worden. Er konnte sehr gut Englisch, und da er nicht beschnitten war, hat er sich als Engländer ausgegeben. Der Erfolg war aber, dass die Deutschen ihn noch ärger behandelt haben. Jedenfalls hat er gesagt, wo er in Wien gewohnt hat. Daraufhin gelangte der Akt nach Wien, und hier war man der Ansicht, dass unsere Wohnung ein englisches Agentennest sein müsse. Und so sind sie am 27.6.1944 zu uns gekommen und haben auch den Jan gefunden. Sie haben ihm sofort die Hose runtergezogen und haben festgestellt, dass er Jude war.

Die Beamten haben meine Mutter und mich mitgenommen.

Mich haben sie vier Stunden geschlagen und mit Fahrradketten gefesselt.

Meine Mutter ist nach Ravensbrück gekommen und ist nicht mehr zurückgekommen. Ich bin im September nach Auschwitz verschickt worden, Ende Jänner 1945 begann die Evakuierung. Im Mai bin ich von den Amerikanern aus Mauthausen befreit worden.

Von meinem Vater weiß ich nur, dass er am 4. Dezember 1944 zum Westbahnhof gebracht worden ist, er kam aber in keinem Lager an. Ich habe nichts mehr von ihm gehört.«[449]

Tabelle 17

Helferinnen/Helfer – Versuch – 30 (von 176), die nicht überlebt haben	
Name	**Vorname**
Burian	Otto
Buxbaum	Anna
Buxbaum	Fritz
Daler	Klara
Dusseiler	Johanna
Gurtner	Gisela
Herson	Josef
Kluger	Ladislaus
Koch	Gerda
Koch	Theodor
Kornfeld	Heinrich Josef
Krecek	Pauline
Kriz	Anna
Kroneisl	Friederike
Lhotak	Karoline
Lichtblau	Kurt
Lichtblau	Harry

449 Peter Buxbaum, DÖW-Interviewsammlung Nr. 374. Das Interview wurde für den Band »Jüdische Schicksale« bearbeitet.

Lichtblau	Gisela
Meller	Theresia
Motesicky	Karl
Newikluf	Gabriele
Pecinovszky	Marie
Schuppa	Amalia
Silber	Julius
Sonnenschein	Fritz
Sonnenschein	Jakob
Sonnenschein	Rosa
Utz	Emil Theodor Friedrich
Wagner	Franz
Wewerka	Riza

Das tragische Schicksal der in dieser Tabelle aufgelisteten Personen konnte nachgezeichnet werden. In vielen anderen Fällen war dies nicht möglich.

VI. »TAPFERE WIDERSETZLICHKEIT« – HILFESTELLUNG FÜR U-BOOTE

1. ALLGEMEINE VORAUSSETZUNGEN – MOTIVE DES HELFENS

»Der Nationalsozialismus hat den Rassenwahn aufgebracht. In Wirklichkeit gibt es aber nur zwei Menschenrassen, nämlich die ›Rasse‹ der anständigen Menschen und die ›Rasse‹ der unanständigen Menschen.«
Viktor E. Frankl[450]

Am 19. April 2001 wurde am Misrachi-Haus, Wien 1., Judenplatz 8, eine Tafel zum Dank an die »Gerechten unter den Völkern« enthüllt. Damit wird an jene Frauen und Männer erinnert, die unter Einsatz ihres Lebens Jüdinnen und Juden geholfen haben, dem Nazi-Terror zu entgehen. Elfriede Gerstl sprach als eine dieser Geretteten von dieser »tapferen Widersetzlichkeit« und dankte ihren Retterinnen und Rettern. *»In einer Diktatur, die Anteilnahme für Ausgegrenzte mit Gefängnis, Wohltaten mit Todesstrafe ahndet und Denunziation belohnt,* [braucht man] *Hilfe – wie wir sie von – allesamt armen Menschen – zum Teil von Nachbarn erfahren haben. Selbst das Unterlassen von Denunziation, des Vernaderns, wie das in Wien heißt (der Verzicht also auf Vorteil und dem Risiko bestraft zu werden),*

450 Viktor E. Frankl. Rede am 10. März 1988 am Wiener Rathausplatz: In memoriam 1938. http://logotherapie.net/Rathausplatzrede_In%20memoriam%201938.pdf (28.1.2019).

erhält in diesem Licht den Glanz einer moralischen Leistung.«[451] An anderer Stelle, und zwar im 2. Bezirk, war bereits im Mai 1999 eine Gedenksäule für die Helden des »stillen Widerstandes« errichtet und enthüllt worden. In der Inschrift heißt es u. a.: *»Ihre Namen sind meist unbekannt. Wir gedenken ihrer in Achtung und Dankbarkeit.«*[452]

Hier sollen diese Heldinnen und Helden nicht unbekannt, nicht unbenannt bleiben. In einer Zeit, in der das »Verhalten Deutschblütiger gegenüber Juden« behördlich vorgeschrieben und Unterstützung für Verfolgte nicht selten mit Strafverfolgung und Verschickung in ein Konzentrationslager geahndet wurde, kann eine Hilfestellung nicht hoch genug angerechnet und gewürdigt werden. *»Deutschblütigen Personen, die in der Öffentlichkeit freundschaftliche Beziehungen zu Juden zeigen, sind aus erzieherischen Gründen vorübergehend in Schutzhaft zu nehmen bzw. in schwerwiegenden Fällen bis zur Dauer von drei Monaten in ein Konzentrationslager, Stufe I, einzuweisen. Der jüdische Teil ist in jedem Falle bis auf weiteres unter Einweisung in ein Konzentrationslager in Schutzhaft zu nehmen.«*[453] Die Konzentration der jüdischen Bevölkerung in bestimmte, eng begrenzte Wohngebiete führte diese Personengruppe in eine Isolation, »arische« Bürgerinnen und Bürger sollten möglichst keinerlei Kontaktmöglichkeiten zu ihnen haben. Hinter dieser

451 Rede Elfriede Gerstl anlässlich der Tafelenthüllung. Zit. nach Illustrierte Neue Welt Nr. 8/9, Aug./Sept. 2001, S. 45. Misrachi: zionistisch-orthodoxe Bewegung. Im Haus Wien 1., Judenplatz 8, befindet sich das Bethaus der Misrachi-Bewegung Österreichs. In diesem Gebäude ist außerdem ein Ausstellungsraum des Jüdischen Museums Wien untergebracht; der Zugang zu den Ausgrabungen der 1421 zerstörten Or-Sarua-Synagoge ist von dort möglich.

452 Die Gedenksäule befindet sich 2., Im Werd/Ecke Leopoldsgasse.

453 Runderlass d. RSHA [IV B 4 b – 1027/41] vom 24.10.1941. Zit. nach Walk. Sonderrecht, S. 353. Konzentrationslager waren in Stufen I–III eingeteilt, wobei die Lebens- und Haftbedingungen variierten.

Maßnahme steckte auch die Absicht, Deportationen durchführen zu können, ohne größere Aufmerksamkeit zu erregen. Zusätzlich zur lokalen Separierung wurden immer weitere Verschärfungen verlautbart, die den Umgang zwischen den Bevölkerungsgruppen hintanhalten sollten. Ab April 1942 war Jüdinnen und Juden per Anordnung der Besuch von »Ariern« und in »Mischehe« lebenden Personen in deren Wohnung untersagt, wenige Monate später wurde die Meldepflicht für Juden bei Aufenthaltsänderungen verschärft. *»Personen, die nicht ordnungsmäßig gemeldete Juden beherbergen, werden staatspolizeiliche Maßnahmen angedroht.«*[454]

Angesichts dieser eindeutigen Strafandrohungen stellt sich die Frage: Warum wurde dennoch geholfen? War es Menschlichkeit? War es Solidarität mit den Verfolgten? War es Freundschaft oder Liebe zu einer, einem Betroffenen? War es eine religiöse Grundhaltung? Geschah es aus finanziellen Gründen? Wer waren sie, die Jüdinnen und Juden zur Seite standen? Die Antworten fallen aus naheliegenden Gründen sehr individuell aus.

Adélaïde Hautval, eine französische Psychiaterin, wurde 1942 beim Versuch, illegal in das sogenannte Vichy-Frankreich zu gelangen, verhaftet und protestierte, als sie die Behandlung, eigentlich die Misshandlung einer jüdischen Familie durch die Deutschen mit ansehen musste. *»Sie sind Menschen, wie andere auch, lassen Sie sie in Ruhe.«* Selbst im Gefängnis bezog sie Stellung, worauf das Wachpersonal folgend reagierte: *»Wenn Sie Juden so gerne verteidigen, können Sie ebenso gut ihr Schicksal teilen.«* Adélaïde Hautval musste auf Befehl der Gestapo einen Davidstern und ein Band mit der Aufschrift »Judenfreund« auf

454 Anordnung vom April 1942 bzgl. Besuchsverbot zit. nach Walk. Sonderrecht, S. 369. Anordnung zur Meldepflicht zit. nach ebenda, S. 384.

den Mantel nähen. Sie wurde Anfang 1943 nach Auschwitz gebracht und musste als Ärztin arbeiten, weigerte sich jedoch, an medizinischen Experimenten teilzunehmen.[455]

Anna Kuchar, die ihre Freundin Rosalia Ista vor der Deportation retten konnte, erklärte ihr Verhalten mit den Worten: *»Man hat es einfach gemacht.«* Ihr hätte es gar nicht gepasst, dass man ihre Freundin als Jüdin verfolgt hätte. Auch ihre Jugend und Unbekümmertheit hätten sicher dazu beigetragen.[456] Charlotte Becher zu ihren Motiven: *»Es ist alles recht banal, man schlitterte eben so hinein. /…/ Ich war evangelisch und in unserem Haus gab es keine Religionsfragen. Und wahrscheinlich hätte ich bei deren Rettung* [gemeint sind die Brüder Posiles] *mitgeholfen, egal welcher Konfession oder Hautfarbe sie gewesen wären, sondern einfach, weil sie ungerecht verfolgt waren und ich das Bedürfnis hatte, Walter, den ich gern hatte, für meine Schwester zu ›retten‹. /…/ Die Nazis mochte ich nicht.«*[457] Der Staat Israel zeichnet die »Righteous Among the Nations« – die »Gerechten unter den Völkern« nach gestelltem und überprüftem Antrag aus.[458] Die Frage, wer die Helfenden waren und was ihre Beweggründe, begleiten die Mitarbeiterinnen und Mitarbeiter von Yad Vashem Tag für Tag. *»There were not a few Gentiles who risked their own lives, and imperilled their families, in aiding Jewish fugitives, feeding and clothing them, sheltering them, furnishing them with forged ›Aryan‹ papers. Conscious of the hideous consequences if they were caught, they yet rendered sal-*

455 Zit. nach Eric Silver. Sie waren Stille Helden. Frauen und Männer, die Juden vor den Nazis retteten. Hanser Verlag München/Wien 1994, S. 100. Adélaïde Hautval, 1906–1988. Sie wurde 1965 von Yad Vashem ausgezeichnet.

456 Kurier vom 19.4.2001, S. 3.

457 Brief von Charlotte Becher an die Autorin vom 27.11.1983, PUK.

458 Siehe dazu auch Kapitel II. 7 Die Auszeichnungsverfahren von Yad Vashem.

vation, and the deeds of these Righteous People are all the more to be marvelled at and be thankful for against the background of an overwhelming populance either careless of Jewish torment or even ready to betray hidden Jews to the Gestapo for a price. /…/ What inspired them? Some had Jewish friends before the war and clung to them fearlessly. Some had perhaps never known a Jew before but were men and women of integrity and a sense of justice that fortified them to champion the persecuted. /…/ There were many believers in racial equality. /…/ Modesty and humility were the common virtues of all these Righteous People.«[459] Im Rahmen der Auszeichnungszeremonien wird nicht nur auf die individuelle Geschichte eingegangen, die Motive, die Anlass zur Hilfe waren, finden ebenfalls Erwähnung. Ende Jänner 2016 fand in Washington, DC eine derartige Zeremonie in Anwesenheit des damaligen Präsidenten der USA, Barack Obama, statt, der in seiner sehr berührenden Rede nicht nur zu dem weltweit ansteigenden Antisemitismus Stellung bezog, sondern auch die Bedeutung des »Never Forget« unterstrich. Obama wiederholte die Worte eines der posthum ausgezeichneten Gerechten, dessen Ansicht gewesen war: *»When any Jew anywhere is targeted just for being Jewish, we all have to respond, ›We are all Jews‹.«*[460]

Solidarität mit den Verfolgten und Humanität standen wohl bei den meisten Helfenden im Vordergrund – ohne lange über die möglichen Folgen der Hilfestellung nachgedacht zu haben. Die Personen, die von Maria Grausenburger versteckt worden waren, erinnerten sich an das von »zutiefst menschlichen Motiven« geprägte Verhalten ihrer Retterin. Maria Grausenburger habe nach der Befreiung ausgesagt: *»Ich war die ganze Zeit von*

459 Bauminger. Roll of Honour, S. 10f.
460 Zit. nach www.yadvashem.org/events/28-january-2016 (29.1.2019). Die Zeremonie fand in der Botschaft des Staates Israel in Washington, DC am 27.1.2016 statt.

der Angst beherrscht, dass diese Frau und ihre herrlichen Kinder getötet werden könnten.«[461] Die Schlussworte des israelischen Botschafters Ben Yaacov anlässlich der hier zitierten Zeremonie lauteten: *»Wir gehen von hier gestärkt in unserem Glauben an die Gerechtigkeit und an die Fähigkeit des Menschen, dass er, wenn er Mensch sein will, Mensch sein kann.«*[462]

2. HILFE DURCH ORGANISATIONEN

Nach dem »Anschluss« wurden verschiedene Organisationen tätig, um Jüdinnen und Juden in unterschiedlichster Weise zu helfen. Anfangs lag der Fokus vor allem in Bemühungen, Unterstützung bei der Ausreise aus Österreich zu leisten. Dies war auch im Interesse der Nationalsozialisten, die im Palais Rothschild die »Zentralstelle für jüdische Auswanderung« eingerichtet hatten und auf einzelne Organisationen, wie zum Beispiel die Schwedische Israelmission, Druck ausübten, in diesem Sinne tätig zu werden und auch mit finanziellen Mitteln dazu beizutragen, die Auswanderung – es handelte sich eigentlich um Vertreibungen – beschleunigt abzuwickeln. Die christliche Gruppe der Quäker (offiziell Religiöse Gesellschaft der Freunde) hatte bereits in den Jahren 1934–1938 verfolgte Sozialdemokraten unterstützt, nach dem »Anschluss« wurde sie für die jüdische Bevölkerung tätig. Die Quäker waren auch für die Organisation von Kindertransporten nach England mitverantwortlich, durch die etwas mehr als 2800 Kinder die Möglichkeit zur rettenden Ausreise erhielten. Malla Horn-Granat,

461 Bericht über die Zeremonie vom 11.12.1979. In: Die Gemeinde. Offizielles Organ der Israelitischen Kultusgemeinde Wien, Nr. 265 vom 9.1.1980, S. 1.

462 Ebenda.

die von 1938–1944 in Wien für die Hilfsaktion der Quäker gearbeitet hatte, erinnerte sich sehr schmerzhaft an die Geschehnisse und daran, dass sie eigentlich nicht allzu viel hatte ausrichten können.[463]

Die Gildemeester-Aktion stellte ebenso eine Auswanderungshilfe dar, und zwar für jene Menschen, die nach den Nürnberger Gesetzen als Juden galten, ohne jedoch der jüdischen Religion anzugehören, sogenannte »nichtmosaische« Juden.[464] Wohlhabende Jüdinnen und Juden sollten mit ihrem Vermögen mittellosen Glaubensschwestern und -brüdern die Ausreise ermöglichen. Frank van Gheel Gildemeester, ein Holländer, Namensgeber dieser Aktion, hatte sich durch Unterstützung von verfolgten, inhaftierten Deutschen nach dem Ersten Weltkrieg einen Namen gemacht, er hatte aber ebenfalls in der Zeit des »Ständestaates« 1934–1936 Kontakt zu Nationalsozialisten und war daher für die Israelitische Kultusgemeinde nicht unbedingt ein erwünschter Partner. Anfang Mai 1938 begann die Tätigkeit, zunächst in Wien 1., Kohlmarkt 8, später, Anfang 1939 wurde das Büro der Gildemeester-Aktion nach Wien 1., Wollzeile 7 verlegt und verfügte zu diesem Zeitpunkt über 98 Angestellte und freiwillige Mitarbeiter, wie im Tagesrapport Nr. 4 vom 10.–11. Jänner 1939 vermerkt wurde.[465] Eine Zusammenarbeit mit anderen Organisationen wie den Quäkern oder der Schwedischen Mission wird durch Berichte von Mit-

463 Vgl. Malla Horn Granat. Einige Impressionen aus Wien 1938–1944. In: Schweden – Österreich. Hrsg.: Österreichisch-Schwedische Gesellschaft. 11. Jg., Nr. 2 1988, S. 11.

464 Siehe dazu ausführlich Venus/Wenck. Die Entziehung jüdischen Vermögens sowie Jonny Moser. Die Gildemeester-Auswanderungshilfsaktion. In: DÖW (Hrsg.). Jahrbuch 1991, S. 115–122, hier S. 116.

465 Tagesrapport Nr. 4 vom 10.–11.1.1939, DÖW Film Nr. 71. Siehe auch DÖW (Hrsg.). Widerstand und Verfolgung in Wien 1934–1945. Eine Dokumentation. Band 3: 1938–1945. Österreichischer Bundesverlag/Jugend und Volk Wien/München 1975, S. 272.

arbeiterinnen und Mitarbeitern sichtbar. In einem Schreiben des Juristen Dr. Felix Friedlaender heißt es: »*Vom 1. Jänner 1939 bis Februar 1941 war ich ohne Einkommen, die Ermöglichung der Ausreise für meine Familienangehörigen sowie deren Ausstattung hatte den größten Teil meines Vermögens, das nicht groß war, verschlungen. Ich erhielt eine laufende Unterstützung von der Schwedischen Mission Stockholm, Missionsstation Wien, IX., Seegasse 16, wo ich auch ehrenamtlich als Rechtsberater tätig war, sowie durch einige Monate hindurch eine Unterstützung von monatlich RM 40,- von der Reichsrechtsanwaltskammer in Berlin. Mit 30. Jänner 1941 wurde ich vom Oberlandesgerichtspräsidenten in Wien zum jüdischen Konsulenten bestellt und übte meine Praxis in dieser Eigenschaft bis zum 16. September 1942 aus, an welchem Tage ich von zwei ›Ordnern‹ der Kultusgemeinde ausgehoben und in das jüdische Sammellager in die Sperlgasse gebracht wurde, obwohl ich nach Verbot der Tätigkeit der Schwedischen Mission bei der sogenannten ›Gildemeester-Aktion‹ als Rechtsberater, ebenfalls ehrenamtlich und unbesoldet, arbeitete.*« [466]

2.1. Der »Stall« – Die erzbischöfliche Hilfsstelle für nichtarische Katholiken

»›Ich bin der Josef‹ – Eines Tages kam ein kleiner untersetzter Mann in die Hilfsstelle. Abgesehen von dem, was er auf dem Leibe trug, besaß er nur eine Blechdose, in der außer seinen Dokumenten noch sein Rasierzeug war. Sie diente ihm auch als Trinkgefäß und Rasierschale. Er hatte auf dem Lande gelebt, in einem Kloster gearbeitet. Um dem Kloster wegen seiner nichtarischen Abstammung keine Unannehmlichkeiten zu bereiten, tauchte er unter. In der

466 WStLA, M.Abt. 208, A 13/Kt. 10. Schreiben von Dr. Friedlaender vom 18.6.1945.

guten Jahreszeit wohnte er in einer Gruft auf einem Friedhof und lebte von gelegentlichen Aushilfen in Gärtnereien in der Nähe des Friedhofes oder bei Straßenarbeiten. Abends ließ er sich im Friedhof einschließen und schlief in seiner Gruft friedlich bei den Toten. Als der Winter kam, konnte er auf dem Friedhof nicht bleiben, ohne entdeckt zu werden. Die Spuren im Schnee hätten seine Unterkunft verraten.«[467] »Josef« war nicht der Einzige, dem geholfen werden konnte.

Ausgehend von zunächst individueller Hilfestellung durch einzelne Angehörige des katholischen Klerus, die mit Einverständnis Kardinal Innitzers – so zumindest nach Aussage von Pater Born, des Leiters der Hilfsstelle – Unterstützung gewährten, unternahm der Jesuitenpater Georg Bichlmair SJ den Versuch, die Hilfe für »nichtarische« Katholikinnen und Katholiken – in einer anderen Formulierung »nichtmosaische« Jüdinnen und Juden – in organisierte Bahnen zu lenken. Bichlmair stand unter Beobachtung der Gestapo, wurde im November 1939 verhaftet und nach Schlesien verbannt.[468] Die Situation der »nichtarischen« Katholikinnen und Katholiken war vor allem geprägt von ihrer Nichtzugehörigkeit zur Israelitischen Kultusgemeinde, die sich um »Glaubensjuden« kümmerte, Personen jüdischer Herkunft, die getauft waren, hatten somit zunächst keine Stelle, die sich ihrer Belange annahm. In psychologischer Hinsicht war erschwerend, dass viele aus dieser Personengrup-

467 P. Ludger Born SJ. Die Erzbischöfliche Hilfsstelle für nichtarische Katholiken in Wien. Hrsg. und bearbeitet von P. Lothar Groppe SJ. Privatdruck 1978 (= Wiener Katholische Akademie Wien Miscellanea XII), S. 56. Bei »Josef« handelt es sich um Karl Balner, er fand im Kloster bei den Jesuiten, Wien 1., Dr. Ignaz-Seipel-Platz (früher: Universitätsplatz, neuer Platzname seit 1949) bis Kriegsende Aufnahme.

468 Vgl. Otto Molden. Der Ruf des Gewissens. Der österreichische Freiheitskampf 1938–1945. Beiträge zur Geschichte der österreichischen Widerstandsbewegung. Herold Verlag Wien/München 1958, S. 67. Theodor Kardinal Innitzer, 1875–1955.

pe nichts von ihrer jüdischen Abstammung gewusst hatten, bereits ihre Eltern waren getauft, sie selbst waren gleich nach der Geburt getauft worden. Erst bei der Erstellung der vorgeschriebenen »Ariernachweise« gelangten sie zur Erkenntnis, der nun geächteten Bevölkerungsgruppe anzugehören. Sogenannte »Mischlinge«, Personen mit einem jüdischen Elternteil, waren überhaupt in einer Art »Zwitterstellung«. Mitte 1940 betraute Kardinal Innitzer Ludger Born, ebenfalls Jesuitenpater, mit der Leitung einer Hilfsorganisation, die nun offiziell unter dem Namen »Erzbischöfliche Hilfsstelle für nichtarische Katholiken« operierte. Aufgrund der Räumlichkeiten, in denen die Hilfsstelle fungierte, kam die allgemeine Bezeichnung »der Stall« auf. *»Der Stall war so groß wie dieser Raum* [ca. 15 m^2], *und der war noch abgeteilt mit einem Vorhang, mit einem langen roten Vorhang. Und dieser Raum war ganz klein. Da war das Eck mit dem Schreibtisch, dann war nebenan ein Sessel, da hat man sich niedergesetzt, und draußen haben sie gewartet. Das sind Stallungen gewesen, das waren die ehemaligen Stallungen.«*[469] Johanna Schiller erzählte, dass Pater Born äußerst bemüht war zu helfen, aber *»die Hilfe von ihm war eigentlich doch mehr ideeller und seelischer Art. Es ist schwer, diese Zeit zu beschreiben, aber man konnte manchmal etwas erreichen.«*[470] Wie andere Hilfsstellen stand auch diese unter Beobachtung der Nazi-Behörden, konnte daher auch nur in einem sehr engen Rahmen tätig werden, hatte jedoch Zugang zu Entscheidungsträgern, wie beispielsweise zum Leiter des Judenreferates der Gestapo, Johann Rixinger, wie Zeugenaussagen in dessen Volksgerichtsverfahren nach 1945 belegen.

---

469 Interview Johanna Schiller, PUK. Johanna Schiller, geb. 1921, war nach den Nürnberger Gesetzen »Geltungsjüdin«, die Mutter war bei der Eheschließung zum Judentum übergetreten. Sie kam mit Pater Born in Verbindung, wurde getauft und war in einer Mädchengruppe, die regelmäßig bei der Hilfsstelle zusammentraf.

470 Ebenda.

»Von unserer Hilfsstelle für nichtarische Katholiken, deren Leiter Pater Born war, sowie von Schwester Verena und Dr. Michael Stern habe ich wiederholt gehört, dass man mit Rixinger sprechen kann.«[471] Schwester Verena, bürgerlich Helene Buben, gehörte der Frauenkongregation Caritas Socialis an, arbeitete eng mit Pater Born und der Hilfsstelle sowie mit weiteren Organisationen zusammen. Sie unterstützte mit drei Mitarbeiterinnen unter Gefährdung ihrer eigenen Sicherheit zahllose Betroffene, nach 1945 wurde sie dafür vielfach ausgezeichnet, 1997 wurde vom Wiener Gemeinderatsausschuss für Kultur die Benennung eines Fußweges im 9. Bezirk zwischen Pramergasse und Seegasse auf ihren Namen beschlossen. Schwester Verena hat über die Zeit und ihre Bemühungen selbst nicht viel gesprochen, lediglich festgestellt: *»Alles, was ich getan habe, war mir so selbstverständlich, dass man darüber gar keine Worte verlieren muss.«*[472]

In 35 Fällen gaben Betroffene an, dass ihnen von kirchlicher Seite geholfen wurde: Pfarrer hielten ohne viel Nachfragen Taufen ab, die im Sinne der Nürnberger Gesetze in Wahrheit nicht wirklich einen Schutz boten, aber man hatte ein »arisches« Dokument in Händen, in Pfarrgemeinden stellten die Mitarbeiter neue, verfälschte Geburts- und Taufscheine aus, und einige Verfolgte konnten in kirchlichen Räumlichkeiten zeitweise auch Unterkunft erhalten, oder sie wurden an vertrauenswürdige Personen weitervermittelt. Paula Weidholz war einige Zeit im Schottenkloster versteckt, bis ihr dann im Herbst 1942 die Flucht nach Ungarn glückte.[473] Carola Fischmann, die 1938 aus ihrer Wohnung in einem Wiener Gemein-

---

471 DÖW E 20118. Zeugenaussage von Domdechant Josef Wagner im Verfahren gegen Johann Rixinger, Vg 11g Vr 1866/46.

472 WStLA, M.Abt. 8, A-499/95, Amtsblatt der Stadt Wien. Nr. 40, 2. Oktober 1997, S. 29, Kopie in PUK. Gemeinderatsausschuss, Sitzung vom 12.9.1997. Helene Buben, 1900–1982.

473 Vgl. WStLA, M.Abt. 12, 11119/1/E, Kopie in PUK.

debau gekündigt worden war, überlebte als U-Boot, musste immer wieder ihre Unterkünfte wechseln und wurde unter anderem auch von kirchlicher Seite unterstützt. *»Auch in einem Kloster nahm man meine Schwester liebevoll auf, sie durfte sich dort aber nur tagsüber aufhalten, weil bei einer Kontrolle durch die Gestapo, die mitunter am Abend stattfand, sämtliche Schwestern gefährdet gewesen wären.«*[474] Um Unterstützung nach dem Opferfürsorgegesetz ansuchend, beklagte Carola Fischmann später, dass man das »Leben im Verborgenen« nicht berücksichtigen würde, dafür aber über »Befriedungsaktionen für Nationalsozialisten« diskutiere.[475]

2.2. Hilfe durch die Schwedische Mission Stockholm – Die Schwedische Israelmission

Die Schwedische Israelmission wurde 1876 in Stockholm gegründet, mit dem Ziel der »Judenmission«, in Wien war diese Organisation ab 1920 tätig.[476] Die große Anzahl hier lebender Jüdinnen und Juden schien eine gute Voraussetzung für die Missionstätigkeit in Wien zu sein, immerhin zählten etwa zehn Prozent der Wiener Bevölkerung zur jüdischen Gemeinde. Da der Fokus der Israelmission auf Kinder- und Jugendarbeit gelegt wurde, herrschte zwischen ihr und der Israelitischen Kultusgemeinde kein friktionsfreies Klima. Auch die evangelische Kirche

474 Schreiben von Rosa Fischmann an Erika Weinzierl vom Juni 1969. In: Weinzierl. Zu wenig Gerechte, S. 203.

475 Siehe dazu Exenberger/Koß/Ungar-Klein. Kündigungsgrund Nichtarier, S. 84. Carola Fischmann verstarb 1956, erst ab der 12. Novelle OFG 1961 wurde das »Leben im Verborgenen unter menschenunwürdigen Bedingungen« entschädigt.

476 Siehe dazu Thomas Pammer. Hilfsaktionen der Schwedischen Israelmission. In: Dialog – Du Siach. Christlich-jüdische Informationen Nr. 97, Oktober 2014, S. 24–42.

sah die Bemühungen der Mission nicht allzu positiv, da in breiten Teilen der Evangelischen Kirche eine durchaus distanzierte, eher als antijüdisch, wenn nicht sogar antisemitisch zu bezeichnende Einstellung vorherrschte. Thomas Pammer betonte in einem Vortrag im Rahmen der Veranstaltungsreihe »Mechaye Hametim« in der Evangelischen Akademie Wien, dass sich vermehrt *»starke, völkisch-nationalsozialistische Tendenzen«* durchzusetzen begannen, *»also die Ansicht vieler evangelischer Christen und Pfarrer, man wolle eine ›reine‹, ›arische‹ Kirche haben.«*[477]

Eine Zeit lang führte ein Pfarrer jüdischer Abstammung, Friedrich Forell, der nach der Machtübernahme der Nationalsozialisten 1933 in Deutschland nach Österreich geflüchtet war, die Mission, er musste aber nach dem »Anschluss« Wien verlassen. Nachfolger wurde Pfarrer Göte Hedenquist, der, wie er später beschrieb, zu Adolf Eichmann ein von Distanz, aber auch von Zuversicht und Hoffnung getragenes Verhältnis aufbauen und dadurch gewisse Erleichterungen für die Mission und deren Mithelfende erreichen konnte.[478] Das war allerdings zu einem Zeitpunkt, als es um die möglichst rasche »Auswanderung« von Jüdinnen und Juden ging. Die Mission hatte sogar eine eigene Repräsentanz im Rahmen der Auswanderungsstelle in der »Zentralstelle für jüdische Auswanderung« im Rothschild-Palais in der Prinz-Eugen-Straße. Nach Aussage von Anna-Lena Peterson, die ab Juli 1938 in Wien für die Mission tätig war, wurden evangelisch getaufte Personen von ihrer eigenen Kirche zur Mission geschickt, wo ihnen weitergeholfen werden sollte.[479] Vor diesem schwierigen Hintergrund bemühte sich die Schwedische Mission, die ihren Sitz in Wien 9., See-

477 Ebenda, S. 24.

478 Göte Hedenquist. Meine Begegnung mit Adolf Eichmann. In: Schweden–Österreich 11. Jg., Nr. 2 1988, S. 8ff.

479 Anna-Lena Peterson. Meine Tätigkeit für die Schwedische Israelmission. In: Schweden–Österreich 11. Jg., Nr. 2 1988, S. 13.

gasse 16 hatte, dieser Verfolgtengruppe zur Seite zu stehen und Ausreisemöglichkeiten zu finden. Im Februar 1939 konnte ein Transport mit 60 Kindern nach Schweden zusammengestellt werden, insgesamt sollen etwa 3000 Jüdinnen und Juden mit Unterstützung der Mission ins Ausland gelangt sein.[480]

Hilfestellung gab es aber auch bei der Suche nach Quartieren und der Beschaffung von Lebensmitteln für die Verfolgten. Die Mission war dabei auf Spenden angewiesen, zum Teil wurden die Mitarbeiterinnen und Mitarbeiter von systemfreundlichen Nachbarinnen und Nachbarn heftigst angefeindet, andere wiederum ließen der Mission heimlich Nahrungsmittel zukommen.[481] *»Die Nachbarin beobachtete, dass wir jeden Tag im Geschäft Milch abholten. Der Geschäftsfrau wurde verboten, Milch an uns zu verkaufen. Einen Haushalt für 25 Personen zu führen, ohne einen Tropfen Milch, war nicht leicht. Vis à vis wohnte ein altes Gärtnerehepaar. Bei ihnen zu kaufen war auch verboten. Dann und wann ging ich zu ihnen auf Besuch. Ich erzählte, dass wir keine Milch kaufen dürften. Sie sagten: ›Wir haben drei Ziegen, sie geben viel Milch. Am Abend, wenn es dunkel wird, legen wir eine Flasche Milch in den Straßengraben, dann haben Sie wenigstens etwas Milch zum Frühstückskaffee.‹ Einmal begegnete ich einer Nachbarin auf der Straße. Sie sagte, ohne mich anzuschauen: ›Heute Abend können sie einen Sack Kartoffel hinter dem Strauch dort oben abholen.‹«*[482]

»Alexander Altschul«, der einige Zeit als Müllarbeiter Zwangsarbeit leisten musste, war der Aushebung durch spontane Flucht

480 Ebenda, S. 12f. Thomas Pammer schreibt von 1500–3000 Personen, denen die Ausreise ermöglicht werden konnte. Siehe Pammer. Hilfsaktionen der Schwedischen Israelmission, S. 25.

481 In den Räumlichkeiten der Mission waren etliche Mitarbeiterinnen und Mitarbeiter untergebracht, die auch versorgt werden mussten.

482 Pammer. Hilfsaktionen der Schwedischen Israelmission, S. 14f.

entgangen und benötigte Unterstützung.[483] *»Durch die Hilfe der Schwedischen Mission konnte ich mich in einem kleinen Haus am Wienerberg verstecken. Es war ein kleines, verschneites Häuschen, hie und da hat man mir Konserven rausgebracht. Es war, um den Winter zu überdauern. Der Winter war ziemlich hart, und es gab viel Schnee. Wie es wieder wärmer geworden ist, ging ich. Ich wollte die Leute nicht mehr gefährden. Das erste, was ich tat, war, dass ich ins Amalienbad ins Tröpferlbad gegangen bin. /.../ Zu diesem Zeitpunkt war ein junger Mann ohne Uniform in Wien sehr auffällig. /.../ Über die Mission hatte ich den Taufschein eines Mannes bekommen, der zwei Jahre älter war als ich, und ich musste dessen Daten auswendig lernen. Zeitweilig war ich unter diesem Namen sogar in Pensionen. Ich musste aber ständig wechseln, das war klar. Je länger man wo blieb, umso gefährlicher ist es geworden. Die Zeit nach der Ermordung Heydrichs*[484] *war besonders schwer, da man den Mörder suchte und die Kontrollen derart verschärft wurden, dass es praktisch unmöglich war, in einer normalen Unterkunft zu bleiben. Einmal bin ich noch ganz knapp davongekommen, da war die Gestapo schon im Nebenraum, ich musste alles zurücklassen und musste flüchten. In der Nacht waren auch immer Kontrollen, Straßenkontrollen. SS-Truppen haben sich eingehängt, so die ganze Straße abgesperrt und alles durchgekämmt. Ich habe mich in Wien sehr gut ausgekannt. Das war jetzt ein Vorteil. Ich kannte viele Durchhäuser, Nebengässchen, die den anderen nicht so bekannt waren. So konnte ich oft ausweichen.«* Nach neun Monaten als U-Boot – »[es] *war ein Kampf mit Wiener Witz gegen deutsche Sturheit«* – gelang ihm schließlich die Flucht in die Schweiz.[485]

---

483 Siehe dazu Jüdische Schicksale, S. 183 und Kapitel IV. 4 Die Entscheidung, unterzutauchen.

484 Reinhard Heydrich, 1904–1942. General der Polizei, SS-Obergruppenführer, ab 1941 stellvertretender Reichsprotektor von Böhmen und Mähren. Am 4.6.1942 bei einem Attentat getötet.

485 WStLA, M.Abt. 12, 13231/E/1.

Im Juni 1941 musste die Mission schließlich auf Anordnung der NS-Behörden geschlossen werden, die Mitarbeiterinnen und Mitarbeiter kehrten nach Schweden zurück, Anna-Lena Peterson verließ Wien im November 1941.

Jahrzehnte später entbrannte ein Diskurs um die Motive der Hilfeleistungen der Israelmission. Anlass war das Erscheinen eines Buches im Jahr 2011, in dem publizierte Briefe eines nach Auschwitz deportierten Ehepaares an ihren damals 13-jährigen Sohn, der mithilfe der Mission nach Schweden gelangt war, ein differenzierteres Bild auf die Tätigkeit der Mission ergaben.[486] Den Missionaren wurde einerseits der Vorwurf gemacht, dass es ihnen in der Hauptsache um die »Seelen« gegangen sei, die es zu retten galt, und dass die Taufen nicht immer wirklich ganz so freiwillig erfolgt seien, andererseits tauchte in den Diskussionen auch der Verdacht auf, dass das konkrete Wissen um die dramatische Entwicklung bei der Verfolgung der jüdischen Bevölkerung nicht entsprechend deutlich an das schwedische Heimatland weitergegeben worden sei. Nicht zuletzt wurde die Frage in den Raum gestellt, inwieweit man evangelisch Getauften Priorität eingeräumt habe.[487] Es soll hier dieser Diskurs nicht weitergeführt werden, da die Möglichkeiten zur Hilfe grundsätzlich gering waren und auch andere Kirchen, andere Organisationen ihren speziellen »Kundenkreis« hatten, dem sie bevorzugt geholfen haben. Nicht zuletzt sei angemerkt, dass die Evangelische Kirche Österreichs von einigen individuellen Ausnahmen abgesehen – es ist hier zum Beispiel auf DDr. Franz Fischer, Leiter des evangelischen Religionsunterrichtes in Wien, hinzuweisen, der gemeinsam mit seiner Sekretärin, Eva Arnau-

486 Elisabeth Åsbrink. Und im Wienerwald stehen noch immer die Bäume. Ein jüdisches Schicksal in Schweden. Arche Verlag Zürich/Hamburg 2014. Das Buch wurde 2011 als bestes schwedisches Sachbuch ausgezeichnet.

487 Pammer. Hilfsaktionen der Schwedischen Israelmission, S. 27ff.

tović, wertvolle Arbeit geleistet hat[488] – »komplett versagt hat«, wie Thomas Pammer meint, und dass der evangelische Bischof Dr. Michael Bünker positive Worte zur Schwedischen Mission findet, indem er sie als »eine Insel, die aus der Versagensgeschichte der evangelischen Kirche herausragte« bezeichnete.[489]

3. »DU BLEIBST BEI MIR!« – INDIVIDUELLE HILFESTELLUNG

Mit den Worten »Du bleibst bei mir!« soll Dorothea Neff den spontanen Entschluss geäußert haben, ihre Freundin Lilli Wolff bei sich aufzunehmen und vor der Deportation zu retten.[490] In ihrer Biografie, die Michael Kunze nach zahlreichen Gesprächen mit der Schauspielerin verfasst hat, wird eindrucksvoll die Gefühlsstimmung beschrieben, in der sich die beiden Frauen befunden haben müssen und die schließlich zu dieser Entscheidung geführt hat.[491] Wie oft mögen sich solche Szenen abgespielt haben? Nach den Lebenserinnerungen Betroffener zu schließen, ziemlich oft. Entscheidungen, wie sie in diesen Fällen nötig waren, waren selten vorbereitet.[492] Alois Pi-

488 Persönliche Information von Dr. Gertrude Dexler, die als Schülerin im Sekretariat der Evangelischen Kirche freiwillige Korrekturarbeiten durchführte. In den Wohnräumlichkeiten der Sekretärin Eva Arnautović (vh. Baumgarten) wurde auch Walter Baumgarten versteckt.

489 Pammer. Hilfsaktionen der Schwedischen Israelmission, S. 41. Aussage Bischof Dr. Michael Bünker vom 8. November 2001, zitiert nach Pammer, ebenda.

490 Vgl. die Schilderung der Entscheidung, die Freundin aufzunehmen in Kapitel IV. 5 Der Alltag in der Illegalität.

491 Vgl. Kunze. Dorothea Neff, S. 94. Siehe auch Kapitel II. 7 Die Auszeichnungsverfahren von Yad Vashem.

492 Siehe dazu Beispiele in Kapitel IV. 4 Die Entscheidung, unterzutauchen.

perger schildert die Entscheidung mit folgenden Worten: »*Ein Wagnis: wir nehmen ein U-Boot auf. In diesen letzten Monaten bis zum Kriegsende hatten wir einer Jüdin, einem sogenannten U-Boot, Unterschlupf gewährt. /.../ Wir kannten Frau Kohn, so hieß unser U-Boot, vorher gar nicht. Freunde hatten ihre Aufnahme durch uns als einzige Chance bezeichnet, so nahmen wir sie zu uns. Ich kann heute unsere damalige Waghalsigkeit kaum verstehen: /.../ Um – vielleicht – einen Menschen zu retten, gefährdeten wir unser Leben. Man tat es unter arger Angst. Es liegt mir fern, unsere Hilfe rühmen zu wollen. Was wir taten, taten damals manche unter unseren Freunden, etliche büßten dafür mit ihrem Leben. Wir hatten Glück, Frau Kohn blieb unerkannt, bis sie zu Kriegsende wieder auftauchen konnte.*«[493] Von Angst sprachen nicht allein die U-Boote, natürlich hatten auch die Helferinnen und Helfer Angst, die an den Nerven zehrte, wie Dorothea Neff in einem Interview darlegte: »*Das nervliche Massaker, das ich damals erlebte, war nichts gegen das, wovor ich diesen Menschen bewahrt habe. /.../ Ich lebte unter Ausschluss der Öffentlichkeit, ich lebte vier Jahre lang ohne jede private Beziehung, nach außen hatte ich nur mit meinen Kollegen vom Theater* [Kontakt]. *Es war das einzige, was ich tun konnte für Lilli.*«[494] Einerseits musste man äußerst vorsichtig im Verhalten sein, möglichst unauffällig, andererseits konnten allseits bekannte Gewohnheiten nicht so ohne Weiteres verändert werden, das wäre vermutlich aufgefallen und hätte Anlass zu Fragen gegeben. Hausbewohner, Freunde, Arbeitsverpflichtungen, alle Bereiche des Lebens mussten auf die Situation abgestimmt, mög-

493 Alois Piperger. Zu meiner Zeit. Ein Leben im Spiegel unseres Jahrhunderts. Böhlau Verlag Wien 1988, S. 284. Vgl. auch Interview mit Alois Piperger, DÖW-Interviewsammlung Nr. 235. Alois Piperger, 1904–1991, sozialdemokratischer Politiker. Die hier erwähnte »Frau Kohn« konnte nicht näher identifiziert werden.

494 »Du bleibst jetzt bei mir«. Kurier vom 5.3.1979.

liche Gefahren schon im Vorhinein erkannt werden. Was kann im Fall des Falles getan werden, um nicht entdeckt zu werden? Verstecke innerhalb des Verstecks mussten bestimmt, ausprobiert werden, es gibt Schilderungen, nach denen U-Boote immer wieder in Kleiderkästen oder Küchen- oder Kohlenkisten verharren mussten, bis ein Besuch, eine Gefahr vorbei war. Erna Kohn musste immer wieder, wenn es an der Tür geläutet hat, in einer Kiste Unterschlupf nehmen.[495] »*Es ist nur schwer vorstellbar, worauf man sich dabei eingelassen hat, nachdenken hätte man nicht dürfen. In einem Fall – ein Bekannter war in Belgien versteckt, der wurde verraten, da hat man den Retter blutig geschlagen. Der Mensch* [gemeint ist das U-Boot] *ist mit den Nerven total unten. Erstens hat er seine Familie verloren und zweitens kann er es nicht aus dem Gedächtnis bekommen, dass der Mensch, der ihm das Leben retten wollte und auch gerettet hat, vor seinen Augen blutig geschlagen wurde. In vielen Menschen lebt bis heute die Furcht, nach dem, was sie mitgemacht haben.*«[496]

Beengtes Wohnen – manchmal war in der Wohneinheit kein Platz für ein weiteres Bett, das Teilen der ohnehin kleinen Lebensmittelrationen – es ist wirklich schwer vorstellbar, wie so ein Zusammenleben über einen langen Zeitraum möglich war. Innerhalb der Familie war es vermutlich ein wenig leichter, da man einander ja gut kannte und eine Zusammengehörigkeit existierte, bei befreundeten Personen war es durchaus vorstellbar – aber bei Personen, die einander völlig fremd waren, die nur durch die dramatischen Ereignisse und Notwendigkeiten aufeinandertrafen? Viktor Frankl, dessen Verwandte als U-Boot in Wien überleben konnte, beschreibt die Bekanntschaft der beiden Frauen als »oberflächlich« und »ursprünglich nicht besonders«. Erst in späterer Zeit habe sich eine innige

495 Interview Otto und Hermine Kuttelwascher, PUK.
496 Ebenda.

Freundschaft entwickelt, die dann in der lebensrettenden Hilfe gipfelte. *»Von Seiten der Baronin – so vermute ich – war es ein plötzliches Aufbäumen, eine Art Pflichtgefühl – sie war tief religiös. Es war jedenfalls eine moralische und menschliche Großtat.«*[497] Anna Maria Haas, die Josef Rubin-Bittmann geholfen hatte, meinte später: *»Das war doch selbstverständlich, einem Mensch in äußerster Not zu helfen.«*[498] Diese »Selbstverständlichkeit« war keine Selbstverständlichkeit, zu viele haben weggeschaut oder sich sogar an der Verfolgung und Vertreibung ihrer jüdischen Nachbarinnen und Nachbarn beteiligt. Die Gefahr für die Helfenden konnte nicht verleugnet werden, da »Judenfreundlichkeit«, »Gemeinschaftsleben mit Juden« oder gar »Beherbergung« ahndungswürdige Delikte waren. Dennoch gab es jene, die Zivilcourage bewiesen und die Gefahren der Verfolgung in Kauf nahmen. Mehr als 1800 Personen konnten namentlich erfasst werden, etwas mehr als 1000 davon waren Frauen, die helfend Verfolgten zur Seite standen, ungeachtet der möglichen Folgen. Hilfe bedeutete nicht ausschließlich Quartiergeberin, Quartiergeber zu sein, die/der Versteckte benötigte auch Lebensmittel, Kleidung – auch derartige Hilfestellungen waren verboten. Georg Engelhardt, im »Völkischen Beobachter« zynisch als »Engel mit kleinen Fehlern« bezeichnet, hatte an eine jüdische Familie – frühere Kunden – markenpflichtige Waren geliefert. Georg Engelhardt befand sich deshalb elf Monate in Gestapohaft und wurde am 17. Jänner 1942 in das Konzentrationslager Groß-Rosen deportiert, wo er am 7. Mai 1942

497 Gespräch Viktor E. Frankl. Bei der Verwandten handelt es sich um Valerie Laufer, bei der Retterin um Friederike von Mühlwerth-Gärtner.

498 »Ich hab' unterm Hitler nur meine Pflicht erfüllt«. Das Tagebuch der Anna H., die im Gemeindebau eine jüdische Familie vor den Nazis versteckte. In: Magazin Österreich Nr. 3, Juni 1991, S. 8f.

umkam.[499] Die Kohlenhändlerin Camilla Plaschka wurde von ihrem Gatten angezeigt und im Februar 1943 in Schutzhaft genommen, da sie eine Jüdin in der Wohnung beherbergt und Juden bei der Flucht ins Ausland unterstützt hatte. *»Im Jahre 1938 nach der Machtergreifung durch Hitler wurde er* [Richard Plaschka, Gatte] *auf einmal sehr aggressiv gegen die Juden, da ich die Juden schätzte. Aus Mitleid hielt ich bei mir eine bekannte Jüdin versteckt.«* Durch eine Anzeige, dass seine Gattin »besonders judenfreundlich« sei, wurde Camilla Plaschka von der Gestapo genauer beobachtet, es kam zu Hausdurchsuchungen. Da die Gefahr, entdeckt zu werden, damit bedrohlich wurde, sollte Salka Bergmann, die bei ihr versteckte Jüdin, nach Ungarn gebracht werden, wobei diese Absicht von Richard Plaschka verraten wurde und es zur Verhaftung kam. Camilla Plaschka wurde nach Auschwitz überstellt, wo sie bis Jänner 1944 verblieb. Salka Bergmann wurde am 3. März 1943 nach Auschwitz deportiert, das weitere Schicksal konnte nicht geklärt werden.[500] In der Anzeige gegen Richard Plaschka vom Jänner 1947 heißt es: *»Bemerken möchte ich, dass ich kaum eine Stunde bei der Gestapo war, als mein Mann erschien und mir schon die Geschäftsschlüssel abforderte. /.../ Während meiner Haft reichte mein Mann gegen mich die Scheidung ein, welche auch durch mein alleiniges Verschulden durchgeführt wurde, was mir durch die Lagerverwaltung zur Kenntnis gebracht wurde.«*[501]

Leonore Rollig wurde am 19. November 1942 festgenommen. »[Sie] *hat trotz staatspolizeilicher Warnung, die am 14.2.1942 wegen Umganges mit Juden erteilt wurde, neuerdings einer Jüdin mehrere Tage Unterschlupf in ihrer Wohnung ge-*

499 Vgl. DÖW-20100/2102. Völkischer Beobachter Nr. 278 vom 5. Oktober 1941, S. 7. Georg Engelhardt, 1897–1942 (Groß-Rosen).

500 Vgl. DÖW 20000/P278 und DÖW 20100/8813/14.

501 DÖW 20000/P278. Anzeige gegen Richard Plaschka vom 20. Jänner 1947.

währt, um sie auf diese Weise vor der Evakuierung nach dem Osten zu schützen. Sie stand außerdem mit Juden, die aus dem Sammellager in Wien in die Nähe von Warschau flüchteten, in Verbindung und hat diese mit Leibwäsche versorgt.«[502] Nur wenige Wochen zuvor war Dr. Ella Lingens festgenommen worden. Im Schutzhaftbefehl vom 19. November 1942 werden als Gründe angeführt, dass *»sie* [Ella Lingens] *nach dem Ergebnis der staatspolizeilichen Feststellungen durch ihr Verhalten den Bestand und die Sicherheit des Volkes und Staates* [gefährdet], *indem sie die Verbringung der Juden Goldsteins* [sic] *in die Schweiz organisiert und mit Geldmitteln finanziert hat, den Interessen des Reiches zuwiderhandelt und zu der Befürchtung Anlass gibt, sie werde bei Freilassung ihr staatsabträgliches Treiben weiter fortsetzen.«*[503] Im Zusammenhang mit dem Ehepaar Lingens wurde auch deren Freund Karl Motesiczky festgenommen, er *»hatte von dem Treiben des Ehepaares Lingens Kenntnis und gestattete die Verbergung der Juden in der Hinterbrühl«.*[504] Dr. Ella Lingens kam in das Konzentrationslager Auschwitz und musste unter dem berüchtigten Lagerarzt Dr. Josef Mengele arbeiten, ihr Gatte Dr. Kurt Lingens wurde einer Strafkompanie zugeteilt, jedoch bald schwer verwundet, womit sein Kriegseinsatz

---

502 Tagesrapport Nr. 6 vom 17.–19.11.1942, DÖW 5733e. Laut DÖW-ODB wurde Leonore Rollig am 20. Februar 1943 nach dem Frauenkonzentrationslager Ravensbrück überstellt. Ihr weiteres Schicksal ist unbekannt.

503 WStLA, M.Abt. 12, 03088/61. Abschrift des Schutzhaftbefehls.

504 TB Nr. 5 vom 13.–15.10.1942. Karl Motesiczky, 1904–1943 (Auschwitz). Siehe dazu u. a. das Interview mit Ella Lingens: »Wenn jemand Hilfe braucht, dann werden wir nie Nein sagen. Darauf haben wir uns die Hand gegeben …« DDr. Ella Lingens im Gespräch mit Brigitte Ungar-Klein. In: Ilse Korotin (Hrsg.). »Die Zivilisation ist nur eine ganz dünne Decke …« Ella Lingens (1908–2002). Ärztin – Widerstandskämpferin – Zeugin der Anklage. Praesens Verlag Wien 2011, S. 118ff.

beendet war.[505] Die Beispiele zeigen sehr deutlich, wie rigoros das NS-Regime vorgegangen ist, Hilfe für Jüdinnen und Juden widersprach dem Geist des Nationalsozialismus, jede, jeder, der diesem Geist trotzte, wurde erbarmungslos verfolgt, wobei es nicht von Belang war, ob der Helfende dies aus humanitären Gründen tat oder sich die Hilfeleistung bezahlen ließ. *»Die Retter waren nicht immer nur die ›stillen Helden‹, die selbstlos den Verfolgten Obdach, Nahrung und Schutz boten. Hab und Gut der Juden wechselte oft gegen Hilfe den Besitzer, auch Arbeitsleistungen mussten erbracht werden.«*[506] Für dieses Buch wurden in den Quellen 18 Fälle erfasst, in denen entweder eine Bezahlung oder Arbeit eingefordert worden war. Bei einigen Festnahmen wurde ein materieller Gegenwert als Grund für die Hilfe angeführt. Im Falle der Familie Hirsch-Bing wurde auch gleichzeitig der Baumeister Franz Witzany von der Gestapo vernommen, da dieser oftmals mit der Familie in Kontakt gestanden war. Bei den Ermittlungen wurde festgestellt, dass Franz Witzany Wohnhäuser der Familie ankaufen wollte beziehungsweise in deren Testament als Erbe eingesetzt worden war.[507]

Anton Ristel, Sachbearbeiter im Gausippenamt, geriet in den Verdacht, Abstammungsnachweise gefälscht zu haben, deshalb erfolgte die Festnahme am 17. Mai 1944. Ristel gestand, in neun Fällen Abstammungsnachweise an »Mischlinge« ausgestellt zu haben, damit diese einen »günstigeren« Status erlan-

505 Zu Ella Lingens' Kampf um Anerkennung als »Opfer« siehe Kapitel VII Der Umgang Österreichs mit den Opfern der NS-Verfolgung.

506 Wolfgang Benz. Retter und Gerettete. »Stille Helden«: Solidarität mit Juden während der NS-Zeit. In: Tribüne. Zeitschrift zum Verständnis des Judentums. Hrsg. von Elisabeth Reisch. 40. Jg., Heft 159 2001, S. 19–26, hier S. 24.

507 Vgl. ÖStA. AVA-Reichsstatthalter. Schreiben der Gestapo-Staatspolizeileitstelle Wien an Reichsstatthalter in Wien Reichsleiter Baldur von Schirach vom 28. April 1942, Kopie in DÖW 19400/127.

gen konnten. Für diese Hilfe hatte er zwischen 500 und 1000 RM erhalten.[508] Von *»unmenschlich schwerer«* Arbeit auf einem Wirtschaftshof berichtete Chana Silberschlag, wo sie sich vor allem um die Tiere – Kühe, Schweine, Kälber, Ziegen und ein Pferd kümmern musste. *»Sie quälte und peinigte mich, wie man sich es kaum vorstellen kann. Ich musste bei strengstem Winter Tag und Nacht draußen arbeiten, bei größtem Regen, Schnee und Frost, in einem großen Hof mit weichem Boden, wo man direkt versunken ist in Kot und den ich auch reinigen musste. /…/ Sie ließ mich nicht weg und drohte mir mit der Polizei, nur dorthin will sie mich übergeben, wenn ich weg will. Sie scheute auch nicht vor dem Schlage zurück.«*[509] Derartige Schilderungen werfen kein gutes Licht auf die Helfenden, aber nur bei einem verschwindenden Anteil der von mir untersuchten Fälle wurde die Hilfe ausschließlich gegen Bezahlung gewährt. Mitarbeit, wie sie in einem gemeinsamen Haushalt üblich ist, Hilfe beim Putzen oder Wächschewaschen etwa, sind ein Beitrag zum täglichen Lebensaufwand und keine Form der Bezahlung. Freundschaft, Liebe, humanitäre Gründe waren in der Mehrzahl der Fälle das Motiv für die Hilfe. Diese Motivation bot vermutlich auch eine relativ größere »Sicherheit« für die Verborgenen als ausschließlich materielle Interessen. Denn waren Geld, Schmuck und andere Werte aufgebraucht, hatte der Helfende keinen Grund mehr, das U-Boot weiter zu verbergen. In vielen Fällen wären die Betroffenen gar nicht in der Lage gewesen, zu bezahlen. *»Ich habe nie eine Mark oder einen Schilling bezahlen müssen, dass mir jemand geholfen hat. Das gab's nicht. Ich hätt's vielleicht gar nicht gehabt.«*[510] Elfriede Gerstl berichtete davon,

508 Tagesrapport Nr. 33 vom 12.–18.5.1944, DÖW 8479. Siehe dazu auch Kapitel VII. 11 Überleben mit einer falschen oder verfälschten Identität.

509 WStLA, M.Abt. 208, A 36, OF-S-495/49.

510 Interview Walter Volk, PUK.

dass sich alle helfenden Personen als *»sehr anständig und hilfsbereit erwiesen und für sie* [Mutter und Tochter] *eingekauft und sie versorgt haben«*. Dass Schmuck und andere Wertgegenstände der Mutter dabei die Besitzer gewechselt hätten, betrachtete Elfriede Gerstl als verständlich, *»das war ja lebensgefährlich, das war ein großes Risiko«*.[511] Zu bedenken ist dabei ebenfalls, dass die Versorgung zumeist nur auf dem Schwarzmarkt zu organisieren war, wofür man bezahlen musste. Geld, das sich Otto Honcza, Helfer der Schwestern Ruth und Erna Hecht, von den Eltern »ausgeborgt«, das heißt heimlich genommen hatte. *»Otto hat nachher erzählt, dass seine Eltern oft Goldstücke und andere Dinge gesucht haben – es war weg – er hat es für uns genommen, natürlich musste er, wie hätte es denn sonst gehen können? Zwei Menschen brauchen ja doch einiges.«*[512]

Bei der Rettung der U-Boote spielten viele Faktoren mit, ein Faktor war das Verhalten der Mitbewohnerinnen und Mitbewohner des Hauses, wo man im Verborgenen lebte, da nicht immer vollkommene Geheimhaltung möglich war. Die Familie Ehlers, die im 5. Bezirk in einem Kellerabteil hauste, war mit unterschiedlichen Reaktionen konfrontiert. Gewusst hatten es alle – eine Hauspartei war den Ideen des Nationalsozialismus besonders zugeneigt und gab immer wieder Drohungen von sich, dass sie die Familie verraten würde, unterließ es letztlich aber doch.[513] Eine Nachbarin der Familie Kuttelwascher wollte auch Anzeige erstatten, nahm aber dann davon Abstand, als sie sah, wie Jüdinnen und Juden auf einen Lastwagen zum Abtransport getrieben und dabei auf brutalste Weise geschlagen worden waren.[514] Eine Gruppe von Personen

511 Interview Elfriede Gerstl, PUK.

512 Interview Ruth Geissler, PUK.

513 Interview Heinrich Ehlers, PUK.

514 Interview Otto und Hermine Kuttelwascher, PUK. Siehe auch Kapitel IV. 10 Sie wollte keine überlebende Anne Frank sein.

scheint für das Gelingen oder Misslingen der Rettungsaktionen von nicht geringer Bedeutung gewesen zu sein: Die Hauswartinnen, die Hauswarte – Hausbesorgerinnen und Hausbesorger, wie sie in Wien genannt werden – hatten ihre Augen und Ohren überall, was »ihr« Haus betraf. Manche waren auch sogenannte Hausvertrauensleute der NSDAP, das heißt, dass sich diese dann als eifrige Anhänger des Regimes kenntlich machten und besonderes Augenmerk auf ungewöhnliche Vorkommnisse legten. Es kann angenommen werden, dass die Nazi-Behörden auf die indirekte Mitarbeit dieser Berufsgruppe hofften. Listen der Mieterinnen und Mieter, Bestellungen von diversen Markenkarten wurden von Hausbesorgerinnen und Hausbesorgern gemacht, sie wussten daher sehr genau über legal im Haus wohnende Personen Bescheid. *»Damals kam ich als Hauswart in IX., Sechsschimmelgasse 7. Ich kann bestätigen, dass Frau Leistler im Geschäft der Eltern gearbeitet hat. Nach dem Tod* [der Mutter] *verschwand Fr. Leistler aus dem Haus, ich erstattete auf der Polizei die Abgängigkeitsanzeige. Lebensmittelkarten habe ich ab damals (Mitte 1942) keine mehr für die Genannte behoben.«*[515] Amalia Siegl gab im April 1962 folgende Erklärung ab: *»Ich war seit 1933 Hausbesorgerin im Hause Goldeggasse 32. /…/ Im April oder Mai 1942 stellte mir Herr Oestreicher, der das baufällige, nur aus 1 Raum bestehende Gartenhäuschen bewohnte, eine Frau Mizzi Gruber als seine Lebensgefährtin vor. Ich verlangte öfters von ihr Dokumente, um sie ordnungsgemäß anzumelden. Sie gebrauchte dann immer Ausflüchte und behauptete, dass bereits alles hinsichtlich ihrer Anmeldung in Ordnung wäre. Mir stiegen im Laufe der Zeit Bedenken auf, weil ich annahm, dass sie nicht gemeldet werden wollte und ich immer mehr* [zur] *Überzeugung* [kam], *dass sie eine Jüdin*

515 WStLA, M.Abt. 12, 06965/E/2. Zeugenaussage von Anna Schindl vom 13.10.1964, Kopie in PUK.

wäre. Da ich Mitleid mit ihr hatte, und sie auch stets hilfsbereit war, ließ ich sie in Ruhe.«[516]

In einigen Fällen verbargen Hauswartinnen oder Hauswarte selbst die Verfolgten, wie zum Beispiel Elise und Albert Haas, die den Rechtsanwalt Dr. Felix Friedlaender einige Zeit beherbergten und dann schließlich in einer anderen Wohnung des Hauses unterbringen konnten.[517] Etwas mehr als 50 Personen gaben an, als Hauswart/in, Hausbesorger/in oder Hausmeister/in tätig gewesen zu sein und in dieser Funktion auch über die Existenz des U-Bootes im Haus Bescheid gewusst zu haben, in einigen wenigen Fällen wurde ihr Schweigen durch materielle Zuwendungen erkauft. *»Der Hauswart war nicht nur zuständig für das Auf- und Zusperren des Haustors und die Reinigung von Stiegen und Gängen, er hatte auch die Aufsicht über das Haus. Gewöhnlich unterstützt die Ehefrau diese Tätigkeiten. Gemeinsam beobachteten sie alles und jeden, kontrollierten genau jede verdächtige Handlung – ob womöglich ein Radio auf einen Feindsender eingestellt war, oder das wiederholte Auftauchen von Hausfremden, denn das wies entweder auf Schleichhandel hin oder darauf, dass sich jemand versteckte, ein sogenanntes U-Boot. Jeder war in der Hand des Hauswarts. Einige Mieter nahmen verstopfte Toiletten und tropfende Wasserhähne in Kauf, um nur ja nicht aufzufallen. Andere versuchten, sein Wohlwollen mit Lebensmitteln, Textilien oder sogar Zigaretten und Tabak vom Schwarzmarkt zu erkaufen. Obwohl das ziemlich gefährlich war, wurden meistens keine Fragen gestellt. Natürlich konnte der Hauswart einem jederzeit zum Feind werden, wenn ihm etwas nicht passte. Der Hauswart musste den Blockwart, seinen unmittelbaren Vorgesetzten, ein Parteimitglied, informieren. Dieser wiederum hatte der Gestapo alles über*

516 WStLA, M.Abt. 12, 09732/E/1, Kopie in PUK.

517 Vgl. Schreiben von Anton Doujak an den Bürgermeister vom 7. Dezember 1972, DÖW R557/2, Kopie in PUK.

die wenigen Juden, die es in seinem Block noch gab, zu berichten, wo sie sich aufhielten und was sie trieben.«[518]

Wie schwierig es gewesen sein muss, jemanden zu verbergen, bei sich aufzunehmen und zu versorgen, wurde bereits ausführlich beschrieben, um wie viel schwieriger und gefährlicher muss es gewesen sein, gleich mehrere Personen aufzunehmen. Dr. Anna Mathä, Marie Maibaum, Lucia Pollreisz oder Emilie Sellner sind nur einige von jenen, die das Unmögliche schafften und gleich mehrere U-Boote retten konnten. *»Wir alle überlebende gefertigte U-Boote erklären hiemit, dass Frau Marie Maibaum sich zu uns, ihren U-Boot-Schützlingen, wie eine wahre Mutter benommen hat, jeder von uns, der verfolgt und in Not war, konnte bei ihr Hilfe finden, durch bereitwillige Aufnahme, manchmal waren wir 6–7 Personen gleichzeitig bei ihr in Schutz genommen. Wir sind überzeugt, dass Frau Marie Maibaum in Anbetracht der mit dieser ihrer Haltung verbundenen Risiken und Opfer vollste Berücksichtigung und Unterstützung verdient, dies umso mehr, da der eigene Mann, /…/ Herr Architekt Michael Maibaum, als verschickter Jude aus Polen bisher noch nicht zurück gekehrt ist.«* Unterschrieben wurde diese Erklärung von Ludwig Neumark, Cornelia von Lorentz, Norbert Wachtel und Maria Neumann.[519]

»Ich habe Frau Emma Widhalm am 21.8.45 geheiratet. Vom Jahre 1941 bis zur Befreiung habe ich meine jetzige Gattin in meiner Wohnung XVII., Bergsteigg. 42 als U-Boot versteckt gehalten. Sie hat in dieser Zeit keinerlei Einkommen gehabt und besaß auch keine Lebensmittelkarten und keine Kleiderkarte.«[520]

In knapp 90 Fällen überlebten U-Boote beim späteren Ehepartner, bei der späteren Ehepartnerin oder im Kreis des spä-

---

518 Trahan. Geisterbeschwörung, S. 70.
519 WStLA, M.Abt. 12, 13.642/E, Kopie in PUK.
520 WStLA, M.Abt. 12, 07591/2/E, Kopie in PUK.

Edeltrud und Walter Posiles 1943

teren Familienverbands. In drei Fällen kam es zu einer Wiederverheiratung. Auch in diesen Fällen hatten die Partner einander über die schwere Zeit geholfen. Intime Verhältnisse gab es vielfach zwischen U-Boot und Helferin beziehungsweise Helfer, nicht immer aber blieben die Partner nach Ende des Schreckens zusammen. Gründe gab es dafür viele. Eva Zilcher, Vertraute von Dorothea Neff in der Zeit nach 1945, konnte nachvollziehen, dass die Beziehung der beiden Frauen sich verändern musste. *»Für sie* [Lilli Wolff] *war Dorothea eine absolute Retterin – ein Wesen, das alles kann, sie war ja auch übermenschlich, sie hat Übermenschliches getan. Sie tat Dinge, die gespenstisch waren, wenn man heute überlegt. Für Lilli war Dorothea einfach ein überirdisches Wesen. Nun die Beziehung abzubrechen, war sehr schwer für sie und sie hat lange darunter gelitten. Dorothea hat das dann eher als Art Befreiung empfunden. Es ist auch eine gewisse Art Eifersucht entstanden. Einerseits hat sie* [Lilli] *sich gefreut – natürlich hat Dorothea wieder ihr Leben geführt, wie sie es nun einmal gewöhnt war – ist ausgegangen – natürlich nicht immer mit Lilli.«*[521] Edeltrud und Walter Posiles heirateten im Juni 1947,

521 Interview Eva Zilcher, PUK.

nach einigen Jahren wurde die Ehe aber geschieden. Gemeinsam hatten sie es geschafft, die dramatische Zeit zu überleben, Edeltrud hatte alles für ihren Freund unternommen, um ihn retten zu können, für ein gemeinsames Leben danach fehlte vielleicht die Kraft. Edeltrud Posiles gestaltete sich ein eigenes, ein neues Leben, begann zu studieren und arbeitete lange Zeit als Bibliothekarin der Städtischen Büchereien. Unermüdlich war sie auch unterwegs, Schülerinnen und Schülern ihre Geschichte zu erzählen, bis ins hohe Alter war sie jederzeit offen für Gespräche. Edeltrud Posiles verstarb kurz nach ihrem 100. Geburtstag.

»Mit jedem verstorbenen Zeitzeugen verlieren wir so etwas wie eine moralische Instanz gegen das Vergessen, denn Erinnerung ist Widerstand gegen das Vergessen-Machen, gegen die Relativierung oder gar die Leugnung des Verbrechens. /.../ Der Einsatz von Edeltrud Posiles gibt ein Lehrbeispiel für Zivilcourage und mutiges Handeln inmitten unvorstellbarer Barbarei. Ihre Geschichte muss nun von uns weitergetragen werden. Diese historische Verantwortung wahrzunehmen sind wir nicht nur dem Vermächtnis dieser außergewöhnlichen Frau und allen Opfern nationalsozialistischer Gewalt und Verfolgung schuldig, sondern auch der Zukunft unseres Landes im Sinne einer humanen und demokratischen Entwicklung.«[522]

522 Heimo Gruber. Trauerrede gehalten bei der Beerdigung von Edeltrud Posiles am 11.8.2016. Heimo Gruber, langjähriger Vertrauter von Edeltrud Posiles, war Bibliothekar in den Wiener Städtischen Büchereien. Edeltrud Posiles verstarb am 23.7.2016.

VII. »AUCH U-BOOTE SIND OPFER« – DER UMGANG ÖSTERREICHS MIT DEN OPFERN DER NS-VERFOLGUNG

Groß war die Freude, es überstanden zu haben, groß aber auch die Trauer, als zu Bewusstsein kam, was in den Jahren der NS-Herrschaft alles geschehen war, welche Verluste man zu beklagen hatte. Diese Jahre bedeuteten für alle Verfolgten eine tief greifende Zäsur, sie waren ein Bruch in der Lebenslinie. Kaum jemand konnte dort anknüpfen, wo sie oder er 1938 aufgehört hatte, ein »normales« Leben zu führen – als Kinder, als Jugendliche, Studierende, Berufstätige, Verliebte, Ehepartner, Mutter oder Vater. Das musste zwangsläufig Spuren hinterlassen, vor allem Spuren auf der Seele, Spuren, die nicht so leicht erkennbar waren wie zum Beispiel die eintätowierten KZ-Nummern, die nach außen sichtbar waren. Narben auf der Seele lassen sich auch schwer behandeln, sofern überhaupt an eine Behandlung gedacht wurde. Aus vielerlei Gründen war diese oft gar nicht durchführbar. Das Erlebte wurde verdrängt und überdeckt – der Wiedereintritt in das Nachkriegsleben, der Zwang zur »Normalität« machte dies auch sicher erforderlich. Ähnlich den Überlebenden der Konzentrationslager konnte bei U-Booten auch ein »Überlebenden-Syndrom« beobachtet werden, der Identitätsverlust hatte bei den Opfern Schuldgefühle und Scham ausgelöst. »Viele fanden ihre Identität nicht wieder, sie leiden ein Leben lang.«[523] Etwa seit den achtziger Jahren benennt man das »Posttraumatic Stress Disorder«, das sich durch verschiedenartige Krankheitssymptome

523 Rede von Prof. Dr. Alfred Pritz, österreichischer Psychoanalytiker, anlässlich der Veranstaltung »Gedanken zur Psychotherapie und zur psychosozialen Betreuung von Überlebenden des Holocaust« am 16. Juli 2002.

äußert: psychisch, somatisch, physisch, sozial. Erwin Ringel, der im selben Haus wie Dorothea Neff wohnte, hatte Lilli Wolff als junger Medizinstudent medizinisch betreut. Zur Frage, ob und wie man eine derartige Situation, wie sie bei einem Leben im Verborgenen geherrscht haben musste, überwinden kann, meinte er: *»Psychisch gesehen bedeutete ein ›U-Boot-Leben‹ Zittern und Bangen. Jeden Tag kann man durch irgendeine blöde Zufälligkeit auffliegen. Es ist eine ›provisorische Existenz‹, wie das Viktor Frankl nennt, von der Hand in den Mund, wo man nicht weiß, was am nächsten Tag sein wird – es war bestimmt eine unbeschreibliche Angst.«*[524] Der hier angesprochene Viktor Frankl, Begründer der Logotherapie, Überlebender der Shoah, unternahm den Versuch eines Vergleichs zwischen der Anhaltung in einem Konzentrationslager und dem Leben im Verborgenen und war der Ansicht, dass man beides keinesfalls miteinander vergleichen könne. Frankl sah das Fehlen der ständigen Wachmannschaft, der man stündlich ausgeliefert war, wie er es am eigenen Leib hatte erfahren müssen, als den großen Unterschied, räumte aber auch ein, dass es sicher individuelle Verschiedenheiten gegeben habe.[525] Ein Symposium mit dem Titel »Überleben der Shoah – und danach« beschäftigte sich mit diesen Fragen. Historikerinnen und Historiker können Beiträge zur Aufarbeitung der Geschichte liefern, sie können auch die von den Betroffenen geschilderten Belastungen und Krankheiten dokumentieren. Ärzte, Psychiater, Psychologen müssen diese im Rahmen ihrer Wissenschaftsgebiete bewerten und beurteilen.[526]

---

524 Interview Erwin Ringel, PUK. Lilli Wolff dankte für die ihr zuteilgewordenen Hilfe, indem sie aus den USA, wohin sie ausgewandert war, zahlreiche Care-Pakete an ihn schickte. Sie korrespondierte mit Ringel bis zu ihrem Tod.

525 Gespräch mit Viktor Frankl, PUK.

526 Das Symposium fand im November 1997 in Wien statt. Siehe dazu

Welche Symptome traten nun bei den Personen auf, die im Verborgenen überlebt hatten? Gemütsschwankungen, Angstzustände, Schmerzen, die sich über alle Körperteile verbreiteten, Schlafstörungen, Magen-Darm-Beschwerden, Albträume, um nur einige zu nennen. Platzangst, Zusammenzucken bei bestimmten Geräuschen, ja sogar das permanente, wie automatisiert wirkende, fast zwanghafte Glattstreichen von Sitzmöbeln oder Pölstern, wenn man von einem Platz gerade aufgestanden ist, können als Folgesymptome angesehen werden. *»In Wirklichkeit war meine Mutter gar nicht so resolut. In Wirklichkeit war das nur in der Abwehrstellung. Meine Mutter war nach dem Krieg zu fertig mit den Nerven, wenn jemand geklopft hat bei der Tür. Wenn es geklopft hat, hab' ich geglaubt, sie kriegt einen Herzinfarkt.«*[527] Renée Pressburger war depressiv und musste verschiedene Schlafkuren machen, wie eine Bekannte erzählte.[528] Mano Fischer klagte über Durchfälle, die sicher psychosomatischer Natur waren.[529] Therese Engel litt an Verfolgungswahn, kam 1947 in die Nervenheilanstalt Am Steinhof, sie erholte sich bis zu ihrem Tod 1954 nicht mehr.[530]

In Anträgen zu Entschädigungen im Rahmen des Opferfürsorgegesetzes werden derartige Krankheitssymptome immer wieder angeführt. Einige der Betroffenen haben es erst nach Jahrzehnten geschafft, eine Therapie zu beginnen oder suchten nach anderen Möglichkeiten, ihr versäumtes Stück Leben nachzuholen. Elfriede Gerstl hatte als eine Art Therapie für sich das Sammeln von Kleidungsstücken, Schuhen, Taschen ent-

---

Alexander Friedmann/Elvira Glück/DavidVyssoki (Hrsg.). Überleben der Shoah – und danach. Spätfolgen der Verfolgung aus wissenschaftlicher Sicht. Picus Verlag Wien 1999.

527 Interview Vilma Neuwirth, PUK.

528 Interview Henka Labes, PUK.

529 Interview Mano Fischer, DÖW-Interviewsammlung Nr. 641.

530 WStLA, M.Abt. 208, A 13/Kt. 3.

deckt. Für Kinder und Jugendliche bedeutete das Auftauchen aus der Illegalität vor allem die Wiedereingliederung in eine altersentsprechende Umgebung. Nichtvorhandene Schulbildung musste nachgeholt, soziales Verhalten gelernt werden. Elfriede Gerstl erzählte immer wieder, wie schwer es ihr gefallen war, zu anderen Menschen zu sprechen, in ein Geschäft einkaufen zu gehen, sich für einen Kurs anzumelden.[531] Kinder, die von ihren Eltern getrennt, die zu Pflegeeltern mit Kindertransporten in verschiedene Länder geschickt worden waren, fanden sich auch nur schwer mit der Situation zurecht. Wie etwa »Karl«, der bei Pflegeeltern in Holland untergebracht war und über Jahre keinen Kontakt zu seinen Eltern gehabt hatte, erst nach 1945 war mit Hilfe des Roten Kreuzes die Verbindung wiederhergestellt worden. Seine Eltern hatten überlebt und strebten die Rückkehr des Sohnes nach Wien an. *»Ich bin eigentlich gar nicht gerne von Holland weggefahren, das muss ich dazu sagen. Es ist mir gut gegangen dort.«* Die Eingewöhnung in das eigene Elternhaus fiel nicht leicht, die Erinnerung an Vater und Mutter war verblasst, es gab sprachliche Schwierigkeiten, da der 1934 geborene Junge über viele Jahre nur Holländisch gesprochen hatte, es gab aber auch die Suche nach religiöser Identifikation. Das »Happy End« war für »Karl« der Anfang einer Serie von Konflikten.[532] Es ist wahrscheinlich, dass innerhalb der Familie über das Erlebte nicht allzu viel gesprochen wurde, der Alltag hatte die meisten eingeholt und nur ab und zu war die Zeit als U-Boot Gesprächsthema, wie zum Beispiel Dr. Fritz Rubin-Bittmann erzählte: *»Sie war nicht tägliches Gesprächsthema, aber wenn Freunde gekommen sind, die man vor dem Krieg gekannt hat, dann hat man zu sprechen begonnen. Als*

531 Vgl. Interview Elfriede Gerstl, PUK sowie Jüdische Schicksale, S. 683f.
532 Vgl. Interview mit »Karl Blaumann« (für »Jüdische Schicksale« anonymisiert), Jüdische Schicksale, S. 613ff. und S. 697ff.

kleine Kinder hat man nolens volens mitgehört, und so ist etwas hängen geblieben.«[533]

Bereits am 18. April 1945 erhielt Leopold Stier eine Bescheinigung der Polizeidienststelle Margarethen Wien 5., Siebenbrunnenfeldgasse 20–22, dass er keine Lebensmittelkarten habe, *»da er Jude ist und seit 4. Mai 1942 sich der Öffentlichkeit nicht zeigen durfte. Es wird daher gebeten, ihm die Lebensmittelmarken anzuweisen.«*[534] U-Boote hatten sich, sobald die Kriegshandlungen beendet waren, um die Ausstellung der erforderlichen behördlichen Papiere zu kümmern, viele mussten neue Wohngelegenheiten suchen. Öffentliche Verlautbarungen, dass Opfer Hilfe erhalten würden, ließen Hoffnungen aufkeimen, die jedoch sehr bald in Resignation oder Enttäuschung mündeten. Josefine Schlesinger meldete ihren vermissten Bruder bei der Zentralregistrierung im Wiener Rathaus und schrieb noch folgende Notiz: *»Ich mache diese Angaben für meinen Bruder, ich selbst war 4 Jahre U-Boot – bin seit 6 Wochen registriert, habe bis jetzt nicht das Geringste erreicht.«*[535] Dr. Arnold Fröhlich hatte sich am 14. Juni 1945 registrieren lassen, und auch er beklagte nach einiger Zeit die Nutzlosigkeit dieser Stelle: *»Habe den Fürsorgeschein bzw. Sofort-Hilfeschein noch nicht erhalten und demzufolge auch keinerlei Zuwendung. Ich bitte daher dringendst um entsprechende Veranlassung.«*[536] Während die Opfer an eine baldige Entschädigung glaubten, regten sich bereits die ersten Stimmen, die nicht einsehen wollten, weshalb Jüdinnen und Juden auch nur das geringste Recht hätten, eine solche zu bekommen. So traf ein Schreiben der Volkssolidarität bei der Zentralregistrierung ein, in dem vor

533 Interview Dr. Fritz Rubin-Bittmann, PUK.

534 DÖW 20000/S882, OF-Akt Leopold Stier, geb. 12.3.1893, o. Z.

535 WStLA, M.Abt. 208, A 13/Kt. 10. Josefine Schlesinger heiratete ihren Helfer Karl Zivsa.

536 WStLA, M.Abt. 208, A 13/Kt. 3.

einer »Franzi Trebitsch« »gewarnt« wurde.[537] *»Frau Franzi Trebitsch, Wien 2., Venediger Au, ist als Schleichhändlerin gesessen. Wenn eine Fürsorgekarte ausgestellt wurde, bitten wir, diese sofort überprüfen zu lassen. Sie ist zwar Jüdin, war aber als Jüdin nicht verfolgt, da sie sich arische Papiere verschafft hatte. Sie wusste sich damit jeden Vorteil zu verschaffen. Diese Angaben stammen von einer Zellenkollegin, deren Name bei uns aufliegt.«*[538] Franzi Trebitsch, (vermutlich Eva Maria Trebitsch, geb. Hess), geboren am 8. Juni 1904, wurde am 17. Juli 1944 festgenommen, da sie seit eineinhalb Jahren in Wien unter falschem Namen, als »Deutschblütige getarnt« gelebt und Schleichhandel betrieben hatte.[539] War hier jemand auf die geringen Zuwendungen, die verteilt wurden, eifersüchtig? War jemand auch auf das Leid, das diese Menschen erlitten hatten, eifersüchtig? Ein derartiges Verhalten ist völlig unverständlich, moralisch verwerflich, zeigt aber auf, wie in weiterer Folge vonseiten der Behörde mit den jüdischen Opfern verfahren wurde. In einigen Strafverfahren nach Kriegsende, in denen es um Handel mit rationierten Waren – Schleichhandel – ging, waren Jüdinnen und Juden Mitbeschuldigte. Bei Zeugenaussagen zeigte sich die nach wie vor vorherrschende antisemitische Geisteshaltung. Hilde Metelka meinte über Adalbert Weiss, der wegen Verdachts des Missbrauchs der Amtsgewalt und des Verstoßes gegen die Verbrauchsregelungsstrafverordnung angeklagt wurde, als Zeugin: *»Herr Weiss, der sich 1938 zur Tarnung seiner und seiner Frau*

537 Die bald nach Kriegsende gegründete »Volkssolidarität« sollte die Erstversorgung der aus den Konzentrationslagern Befreiten, der Hinterbliebenen nach NS-Opfern gewährleisten.

538 Schreiben der Volkssolidarität vom 2.11.1945. WStLA, M.Abt. 208, A 13/Kt. 7, Trebitsch.

539 Vgl. Tagesrapport Nr. 3 vom 14.–20.7.1944, DÖW E 21290. Eva Maria Trebitsch wurde laut DÖW-ODB am 1.9.1944 nach Auschwitz überstellt und hat nicht überlebt.

Abstammung falsche Papiere besorgt hatte, will heute wieder als Volljude gelten, um solcher Art für sich die Rosinen aus dem österreichischen Kuchen herauszuklauben.«[540] In einem anderen Fall wurde Dr. Josef Rosenfeld als Beschuldigter geführt, da er von zwei weiteren Beschuldigten drei Meter Anzugstoff und ein Paar Schuhe gekauft hatte. *»Habe niemals eine Kleiderkarte gehabt, seit 1942 war ich U-Boot, d. h. ich bezog keine Lebensmittelkarten und musste dauernd meine Wohnung wechseln, um mich der Verfolgung zu entziehen. Infolge dieser Umstände hatte ich zur Zeit der Befreiung Wiens nur einen einzigen Anzug.«*[541] David Ziernіng wurde angeklagt, vor Behörden in den Jahren 1945–1948 falsche Angaben über seine »Generalien und sonstigen Verhältnisse« gemacht zu haben. Das Verfahren wurde bis Jänner 1950 geführt, die Anklagebehörde hatte schließlich ein Einsehen in die Notlage und sprach David Zierning frei: *»Der Beschuldigte verantwortet sich dahingehend, dass er zu den rassisch Verfolgten gehört habe und während der NS-Herrschaft oft gezwungen gewesen wäre, sein Religionsbekenntnis zur Deckung seiner Rassenzugehörigkeit zu verändern, sich als r.k. auszugeben und ferner bezgl. einer Verehelichung, seines Berufes und sonstiger Persönlichkeiten bestimmte Angaben zu machen. An Hand des angeführten Beweisverfahrens ist klar und einwandfrei festgestellt, dass der Besch. von 1943–1945 im KZ festgehalten wurde und gezwungen war, um sein Leben zu retten, falsche Angaben über seine persönlichen Verhältnisse zu machen. Als er nun 1945 und die folgenden Jahre von Bundes- und Gemeindebehörden diese falschen Angaben aufrecht hielt bezw. wiederholte, hat er offensichtlich in Notstand gehandelt. Denn einerseits hätte*

540 WStLA, LG I/ Vr 4201/45. Das Verfahren gegen Adalbert Weiss endete mit einem Freispruch am 23.2.1949.

541 WStLA, LG I/ Vr 1130/45. Vernehmung vom 11.9.1945. Das Verfahren wurde erst 1951 beendet, Dr. Rosenfeld wurde in der Hauptverhandlung nicht mehr belangt.

er seine Existenz aufs Spiel gesetzt, wenn er nun plötzlich seine Angaben geändert hätte, anderseits ist es klar, dass eine Angabe oft eine Kette von widrigen Umständen hervorruft, ohne dass man etwas da tun will.«[542]

»›Unterseeboot‹ – Dieses Wort ist in diesem Kriege sehr häufig genannt worden, aber bei den Juden hat es etwas ganz anderes bedeutet. U-Boote wurden jene genannt, die mit falschen Dokumenten lebten, die untergetaucht waren, die ihr unverhülltes Gesicht nicht zeigten – geradeso wie ein U-Boot –, die ständig in der Angst lebten, man könne sie erkennen und anzeigen.« So begann ein Artikel in der Zeitschrift »Der neue Weg« im Februar 1946, in dem kritisiert wurde, dass es für diese Opfergruppe keine Gerechtigkeit gebe. Es wird vor allem die Tatsache herausgestrichen, dass ehemalige Nazis eher befriedet würden als die Opfer, es wird auf die prekäre Wohnsituation hingewiesen. *»Gibt es für die Nazis in Österreich keine Strafe? /.../ Die Menschen haben schon lange genug auf die Freiheit gewartet und nur wenige haben sie erlebt. Es ist Pflicht der Regierung, für diese Menschen, für die wenigen Juden, die noch am Leben geblieben sind, was zu tun.«*[543] Es sollte trotz vieler Bemühungen noch sehr lange dauern, bis dieser Opfergruppe endlich Entschädigung gewährt wurde, nicht alle Betroffenen erlebten dies. Es wurde bereits die Diskussion zu Entschädigungen im Rahmen der Opfergesetzgebung beschrieben und hervorgestrichen, dass zunächst mit Inkrafttreten des Opferfürsorgegesetzes im Juli 1947 die Verfolgung aus Gründen der Abstammung, Religion oder Nation zwar durch Zuerkennung eines Opferausweises berücksichtigt worden war, dass dieser aber für die Betroffenen so gut wie kei-

542 Auszug des Strafakts Zl.7 U 3126/48, Abschrift in OF-Akt WStLA, M.Abt. 12, Z146/46, Kopie in PUK.

543 Der neue Weg. Jüdisches Organ mit amtlichen Mitteilungen der Israelitischen Kultusgemeinde Wien 4. Jg., Nr. 3 1946, 1. Februar, S. 15.

ne materiellen Vorteile nach sich zog.[544] Hartnäckige, sich über Jahre ziehende Verhandlungen brauchte es, bis nach etlichen Novellen sowohl der rentenberechtigte Personenkreis als auch die entschädigungswürdigen Verfolgungstatbestände erweitert wurden.[545] Bis es zu der schließlich für U-Boote entscheidenden 12. Novelle des OFG 1961 kam, wurden die Anträge zumeist mit der Begründung abgewiesen, dass der Antragsteller, die Antragstellerin kein Opfer im Sinne des geltenden Gesetzes sei. Das Argument in Berufungen, das Leben in einem Versteck sei mit Haft zu vergleichen, wurde als nicht entsprechend abgewiesen. Auch im Falle der Geltendmachung gesundheitlicher Schäden oder von Einkommensverlusten war die Beweisführung, die jedenfalls beim Antragsteller, bei der Antragstellerin lag, schwierig. Wurden in den ersten Anträgen noch durchaus gesundheitliche Probleme für ursächlich angenommen, änderte sich dies mit dem zeitlichen Abstand zur Verfolgung, die Kausalität der gesundheitlichen Folgen, oft auch Spätfolgen, war schwer nachzuweisen, die Spruchpraxis der Amtsärzte erwies sich hier gegenüber den Antragstellern und Antragstellerinnen als höchst restriktiv.[546] Es kam auch vor, dass erst nach Jahren eine ärztliche Untersuchung durchgeführt werden sollte, wie im Falle von Anna Stein, deren Antrag auf Ausstellung eines Opferausweises abgewiesen worden war. »*Anstatt dessen wurde mir von der Mag. Abt. 12 eine ärztliche Untersuchung nach über 10 Jahren vorgeschlagen, die meinen Krankenzustand vom Jahr 1938 bis zum Jahre 1945 feststellen soll. Diese Untersuchung habe ich mit der Begründung abgelehnt, weil ich es für zwecklos halte, da sich heute mein Gesundheitszustand von damals schwer feststellen*

544 Der Opferausweis ermöglichte nur einen geringen Steuerfreibetrag.

545 Siehe Kapitel II. 6 Entschädigungsanträge und Verfahrensverlauf im Rahmen der Opferfürsorge.

546 Vgl. Karin Berger et al. Vollzugspraxis, S. 181ff. sowie Bailer. Wiedergutmachung kein Thema, S. 217–229.

lässt.«[547] Anna Stein beklagt weiter, dass sie, da sie im Haushalt tätig gewesen sei, aufgrund der geltenden gesetzlichen Bestimmungen ja auch keine finanzielle Entschädigung zu erwarten hätte. Es gehe ihr aber darum, als *»wirkliches Opfer«* anerkannt zu werden. Sie habe unter *»den denkbar furchtbarsten Umständen in Wien als Gehetzte und Verfolgte«* gelebt. *»Auch das genügt nicht, um mich als Opfer anzuerkennen!«*[548] Carola Fischmann wandte sich im September 1952 an die Widerstandskämpferin und Nationalratsabgeordnete Rosa Jochmann[549] und kritisierte, dass für die rassisch Verfolgten zu wenig getan, jedoch über Befriedungsaktionen für Nationalsozialisten[550] gesprochen würde. *»Wäre der Menschlichkeit nicht eher getan, wenn man vorerst ihren Opfern im weiteren Sinn, als dies geplant wird, Gerechtigkeit widerfahren ließe?«* Rosa Jochmann antwortete – wenig befriedigend – am 10. Oktober, dass Härten gegenüber irgendwelchen Gruppen in jedem Gesetz vorhanden seien. Ob sie denn nicht, da sie ja auch in Haft gewesen sei, eine Gesundheitsschädigung habe, dann könne sie diese geltend machen.[551] Unabhängig vom Tatbestand, die ausführenden Organe gingen bei der Bearbeitung der Anträge äußerst penibel vor und nützten jedes

---

547 WStLA, M.Abt. 12, St 510/52. Einspruch gegen Bescheid vom 19.10.1955.

548 Ebenda. Unterstreichung im Original.

549 Vgl. Schreiben von Carola Fischmann an Rosa Jochmann, Bund Sozialistische Freiheitskämpfer. Korrespondenzen, MA 52, V J 21/38, Kopie in PUK.

550 Vgl. dazu z. B. Bailer. Wiedergutmachung, S. 261 sowie Brigitte Bailer/Winfried Garscha. Der österreichische Staatsvertrag und die Entnazifizierung. In: Arnold Suppan/Gerald Stourzh/Wolfgang Mueller (Hrsg.). Der österreichische Staatsvertrag. Internationale Strategie, rechtliche Relevanz, nationale Identität. Verlag der Österreichischen Akademie der Wissenschaften Wien 2005, S. 629–654, hier S. 646ff.

551 Antwortschreiben Rosa Jochmann vom 10.10.1952 an Carola Fischmann. Bund Sozialistischer Freiheitskämpfer. Korrespondenzen, MA 52, V J 21/38, Kopie in PUK.

Versäumnis, jede Unklarheit zur Ablehnung. Charlotte Gronner, Jahrgang 1870, hatte krankheitshalber eine Frist versäumt und erhielt am 17. März 1955 einen entsprechenden Bescheid: *»Eine verspätete Anmeldung kann nur berücksichtigt werden, wenn der Anspruchswerber glaubhaft macht, dass er an der Einhaltung der Frist durch ein unvorhergesehenes oder unabwendbares Ereignis verhindert war. Der von der Berufungswerberin für die Fristversäumnis geltend gemachte Grund ›Krankheit‹ stellt aber kein unvorhergesehenes oder unabwendbares Ereignis im Sinne der vorher zitierten Gesetzesstelle dar /.../ außerdem stellt eine länger andauernde Krankheit /.../ einen Zustand, nicht aber ein Ereignis im Sinne des §3 Abs. 2. OFG/1947 dar.«*[552] Erhalten hat Charlotte Gronner diesen Bescheid nicht mehr. Sie war bereits im Februar 1955 verstorben. In einem »Memorandum« wird über zehn Widerstandskämpfer berichtet, unter anderem auch über Alfred Frank, der zum damaligen Zeitpunkt 83 Jahre alt war. *»In dieser Zeit musste er sich in einem dunklen Keller versteckt aufhalten und erblindete vollkommen. /.../ Wie lang soll er noch auf Wiedergutmachung warten. Bis er gestorben ist?«*[553]

Für die U-Boote sollte die 12. Novelle zum OFG von Bedeutung werden, mit der zahlreiche Entschädigungstatbestände in das OFG Aufnahme fanden.[554] In § 14. Lt. 2, c) wird Personen eine Entschädigung gewährt, die *»auf der Flucht vor einer ihren aus den Gründen des § 1 Abs. 1 oder 2 in der Zeit vom 13. März 1938 bis 9. Mai 1945 drohenden Verfolgung unter menschenunwürdigen Bedingungen im Verborgenen lebten«*. Für jeden nachgewiesenen Kalendermonat der Freiheitsbeschrän-

552 WStLA, M.Abt. 12, G518/53.

553 Memorandum über zehn Widerstandskämpfer, die geschädigt wurden. In diesem Schriftstück wird ein weiteres U-Boot, Helene Wisgott (1889–1976), erwähnt. Vermutlich 1958 verfasst. DÖW 2426.

554 Ein knapper Überblick bei Bailer. Wiedergutmachung, S. 93ff.

kung wurde ein Betrag von 350 Schilling gewährt.[555] Nach so vielen Jahren war es für manche Opfer nicht mehr möglich, die verlangten Nachweise vorzulegen, und so kam es auch zu Rückziehungen von Anträgen, da man sich nicht nochmals behördlichen Demütigungen aussetzen wollte. *»Bezugnehmend auf meinen heutigen telefonischen Anruf bitte ich Sie, meine Forderung betreffend ›Leben im Verborgenen‹ (U-Boot) aus meinem Ansuchen vom 12. April 1962 vorläufig zu streichen, da ich keine Nachweise über diesen Punkt meines Ansuchens erbringen kann. Ich wäre Ihnen verbunden, wenn Sie nunmehr mein Ansuchen ehestens erledigen würden.«*[556] Ausweise, Bestätigungen aus der Zeit gleich nach Kriegsende wurden mitunter mit besonders ausführlicher Begründung als unzulässig abgelehnt, wie folgendes Beispiel zeigt. *»Die Fürsorgekarte für die Opfer des Naziterrors ist nicht als Beweismittel für die Anerkennung als Opfer der politischen oder rassischen Verfolgung anzusehen. Die Ausgabe dieser Betreuungskarten erfolgte von einer nicht amtlichen Stelle und war nur als fürsorgliche Sofortmaßnahme gedacht. Oft wurden nur die Angaben der Parteien als Grundlage zur Ausfertigung dieser Ausweise genommen. Aus dieser Zeit sind keine Unterlagen vorhanden und es kann daher auch nicht festgestellt werden, ob Obgenannter im Besitz einer Fürsorgekarte war.«*[557]

Die Behörde scheute nicht davor zurück, umfangreiche Erhebungen durchzuführen, um die Angaben der Antragsteller zu überprüfen. So schickte man Beamte aus, um Nachbarinnen und Nachbarn zu befragen, ganz offensichtlich war man darauf aus, Widersprüche in den Angaben zu finden, um so eine ein-

555 Bundesgesetzblatt für die Republik Österreich. Jg. 1961. Ausgegeben am 21. April 1961. 23. Stück.

556 WStLA, M.Abt. 12, 2501/E. Schreiben von Dorothea Fischer an das Amt der Wiener Landesregierung vom 13.5.1963, Kopie in PUK.

557 WStLA, M.Abt. 12, G93/59, Akt Fritz Günther.

fache Begründung für einen abschlägigen Bescheid zu haben.[558] Im Akt Olga Bergers wurde ein handschriftlich beigelegter Zettel vorgefunden: *»hat 1947 gesagt, sie wäre wegen Abhörens ausländischer Sender eingesperrt worden. Hat sie denn im Hühnerstall Radio gehabt? Wenn schon (alles) ein Teil glaubhaft wäre, käme eine U-Boot-Zeit nicht vor 1941/42 in Frage als Deportierung einsetzte. Weshalb hätte sie vorher flüchten sollen?«*[559] Olga Berger hatte im Mai 1944 nach ihrer Verhaftung einen Selbstmordversuch unternommen und war ins Spital in der Malzgasse eingeliefert worden, wo man ihr das Leben retten konnte.

Um das Leben unter menschenunwürdigen Bedingungen zu beweisen, sollte Oskar Juster zu neun Fragen ausführlich Stellung nehmen:

»1. Wie oft wechselte der Anspruchswerber in der fraglichen Zeit sein Versteck?

2. Wie war das Versteck eingerichtet?

3. Welche Räumlichkeiten standen ihm zur Verfügung?

4. Wurde intensiv nach ihm gefahndet?

5. Wie war die Lebensmittelversorgung?

6. Wie waren die sanitären Einrichtungen?

7. Welcher Personenkreis wusste von seinem Dasein?

8. Konnte er sein Versteck verlassen?

9. Wie oft und zu welchen Tageszeiten verließ er das Versteck?

Im Nachhang möge ein kurzes, zusammengefasstes Gedächtnisprotokoll angeschlossen werden.«[560]

Was war nun aus der Sicht der Behörde unter »menschenunwürdigen Bedingungen« zu verstehen? In zahlreichen Bescheiden ist gleichlautend zu lesen, dass *»ein Leben im Verborgenen dann gegeben ist, wenn die betreffende Person alle auf ihr Dasein*

558 Vgl. WStLA, M.Abt. 12, 19688/E, Akt Serla Presser.
559 WStLA, M.Abt. 12, 3721/E, Akt Olga Berger.
560 WStLA, M.Abt. 12, 03472, Akt Oskar Juster, Kopie in PUK.

oder ihren Verbleib hinweisende Spuren verwischt und insbesondere sich den für sie geltenden behördlichen Überwachungsmaßnahmen planmäßig entzieht. Da ein Leben im Verborgenen schon an sich menschenunwürdig ist, § 14. Abs. 2 lit. c OFG aber ausdrücklich ein Leben im Verborgenen unter menschenunwürdigen Bedingungen erfordert, muss mit letzterem etwas gemeint sein, was über die dem Leben im Verborgenen notwendig innewohnende Menschenunwürdigkeit hinausging. Als menschenunwürdige Bedingungen sind darnach menschenunwürdige äußere Umstände anzusehen, denen der Verfolgte bei seinem Leben im Verborgenen auf oder unter der Stufe eines Häftlings leben musste oder wenn andere besonders einschneidende Daseinserschwerungen vorlagen. So, wenn nach dem Verfolgten intensiv geforscht wurde und er sich deshalb in Verstecken aufhalten und oft die Flucht ergreifen musste, wenn er wegen seiner Tarnung Erpressungen ausgesetzt war oder wenn er, um sich nicht zu verraten, trotz Krankheit oder Misshandlung arbeiten musste. Hingegen ist die Unmöglichkeit, an den allgemeinen Errungenschaften der Kultur und Zivilisation infolge des Lebens im Verborgenen teilzunehmen, ebenso wenig menschenunwürdig, wie die Unmöglichkeit freien Verkehrs mit der Umwelt und freier Bestimmung des Aufenthaltsortes, da dies notwendig zum Leben im Verborgenen gehört.«[561] In einem anderen Fall wird darauf Bezug genommen, dass das Opferfürsorgegesetz zwar keine Definition des Begriffs »menschenunwürdig« gibt, dass die Auslegung jedoch nur nach »objektiven Gesichtspunkten« zu erfolgen hat. *»Für die subjektive Betrachtungsweise ist kein Raum gegeben. Es darf daher nicht bei der Beurteilung der Frage, ob ein im Verborgenen geführtes Leben auch menschenunwürdig gewesen sei, auf das subjektive Empfinden abgestellt wer-*

561 WStLA, M.Abt. 12, 37.015/E/1. Bescheid Bundesministerium für soziale Verwaltung. Zl. IV-90.794-31/67, Akt Maria Löbel, Kopie in PUK.

den, sondern darauf, ob objektiv, also für jede Person, dieses Leben als menschenunwürdig im Sinne der oben zitierten Gesetzesnovelle angesehen werden kann.«[562] Nach diesen Kriterien hatten es Antragsteller schwer, die bei Familienmitgliedern oder beim späteren Ehepartner versteckt gelebt hatten. *»Im übrigen sei auch der Umstand, dass der Anspruchswerber bei seiner späteren Gattin gewohnt habe, nicht dazu angetan, diesen Aufenthalt als menschenunwürdig zu qualifizieren.«*[563] Auch *»gelegentliches Übernachten auf Bahnhöfen und in Wärmehallen«* seien noch keine Voraussetzungen für einen positiven Bescheid nach der Gesetzeslage.[564] Es brauchte noch weitere Jahre, bis im Oktober 1970 mit der 21. Novelle zum OFG der Passus »unter menschenunwürdigen Bedingungen« wegfiel, es war nunmehr das Leben im Verborgenen ab einer Mindestdauer von sechs Monaten entschädigungsfähig, für Opfer, die im Ausland als U-Boote gelebt hatten, gab es ab der 22. Novelle zum OFG vom April 1972 eine Entschädigung. Irma Eisner schrieb im Juli 1972 an das Amt der Wiener Landesregierung: *»Ich habe in der Zeit vom 3. Mai 1939 bis Mai 1945 in Wien und Umgebung auf Flucht vor politischer Verfolgung im Verborgenen gelebt und habe szt den Antrag auf Entschädigung gemäß § 14 gestellt. Der diesbezügliche Antrag wurde von Ihnen teilweise abgelehnt, da Sie mein U-Bootleben nicht als menschenunwürdig genug fanden … Ich ersuche und beantrage daher nunmehr mir die volle Zeit, die*

562 WStLA, M.Abt. 12, 25.083/E. Bescheid Bundesministerium für soziale Verwaltung, Zl. IV-76.164-22/64, Akt Helmut Kala, Kopie in PUK.

563 WStLA, M.Abt. 12, 4782/E/1. Bescheid Bundesministerium für soziale Verwaltung, Zl. IV-13.187-22/66, Akt Wilhelm Winterberg, Kopie in PUK.

564 WStLA, M.Abt. 12, 321/E/1. Entscheid des Verwaltungsgerichtshofes Zl. 365/68, Akt Josefine Seifter. Erst nach Streichung des Passus »menschenunwürdig« erhielt Josefine Seifter 1972 eine Entschädigung, Kopie in PUK.

ich im Verborgenen leben musste, gemäß § 14, neue Verordnung, zu entschädigen.«[565]

Wurden Personen, die Jüdinnen und Juden geholfen hatten und von den Nationalsozialisten gerade aus diesem Grund verfolgt worden waren, als Opfer gesehen und für etwaige Haft oder Anhaltungen im Konzentrationslager gebührend entschädigt? Auch hier hat sich die Zweite Republik Österreich nicht wirklich großzügig gezeigt, wie zum Beispiel Dr. Ella Lingens erfahren musste. Nach mehrjähriger KZ-Haft, daraus resultierender schweren Erkrankung und vielen Entbehrungen musste sie die Ablehnung ihres Entschädigungsantrags zur Kenntnis nehmen. *»Da die Voraussetzungen gem. § 1, Abs. 1 OFG nicht gegeben sind, insbesondere kein[e] Nachweis darüber erbracht wurde, dass die Inhaftnahme mit einem rückhaltlosen Einsatz für ein freies, demokratisches Österreich im ursächlichen Zusammenhang stand, musste, wie bereits entschieden, der Anspruch von § 1, Abs. 2, lit. b abgeleitet werden.«*[566] In der Berufung gegen diesen Bescheid führte Dr. Lingens an, dass ihre Haft sehr wohl politische Gründe gehabt habe, eine Bestätigung des Zentralsekretariates der Sozialistischen Partei Österreichs würde dies belegen. Darüber hinaus verwies sie auf den Schutzhaftbefehl der Geheimen Staatspolizei vom 19. November 1942, wonach sie *»den Interessen des Reiches zuwiderhandelt«.*[567] *»Der vorliegende Tatbestand ist wohl klar genug. /…/ Bekanntlich hatten im Jahre 1942 die Massenvernichtungen der im deutschen Machtbereich lebenden Juden begonnen. Dieser Teil meiner politischen, gegen den Bestand des nationalsozialistischen Regimes gerichteten Tätigkeit war der unmittelbare Anlass zu meiner Verhaftung. In*

565 WStLA, M.Abt. 12, 9064/E/1, Kopie in PUK.

566 WStLA, M.Abt. 12, 03088/61, Akt Ella Lingens. Bescheid vom 18.10.1948.

567 Wortlaut des hier zitierten Schutzhaftbefehls siehe Kapitel VI. 3 Individuelle Hilfestellung.

das Konzentrationslager wurde ich eingeliefert, weil die Behörden es für die Interessen des Reiches abträglich hielten, mich in Freiheit zu belassen. /…/

Wenn der angefochtene Bescheid deshalb die Voraussetzungen des § 1 (1) des Opferfürsorgegesetzes nicht für erfüllt erachtet, weil im Schutzhaftbefehl nicht ausdrücklich darauf Bezug genommen wird, dass ich mich ›um ein unabhängiges, demokratisches und sich seiner geschichtlichen Aufgabe bewusstes Österreich‹ eingesetzt habe, so zwingt mich die wirklich unverständliche Entscheidung des Magistrates der Stadt Wien, darauf hinzuweisen, dass es wohl mit den Tatsachen nicht im Einklang steht, wenn man erwartet, dass die Schutzhaftbefehle der Geheimen Staatspolizei den Gesetzestext der wiedererstandenen Republik Österreichs wörtlich vorweggenommen haben. Wofür hätte ich mich als österreichische Sozialistin im Zusammenhang mit meiner nachgewiesenen illegalen, politischen Betätigung gegen den Nationalsozialismus einsetzen sollen, wenn nicht für ein unabhängiges und demokratisches Österreich? Es ist als bekannt vorauszusetzen, dass gerade dieser Einsatz ausschließliches Ziel der politischen Tätigkeit der österreichischen Sozialisten, zu denen ich gehöre, gewesen ist. Mit anderen Worten bestätigt der von mir vorgelegte Schutzhaftbefehl diese Gesinnung bei mir. Und dass es nicht bei der Gesinnung geblieben ist, sondern zu einem wirklichen Einsatz geführt hat, beweisen schließlich 3 Jahre, die ich im Konzentrationslager zubringen musste. Ich halte es im Übrigen für überflüssig, auch noch darauf hinzuweisen, dass der eindeutige politische Charakter meines Haftgrundes schon dadurch bewiesen ist, dass ich selbst als Nicht-Jüdin keinen anderen Anlass hatte, die Rettung von Juden vor der Vernichtung durch den Nationalsozialismus zu organisieren, als meine politische Gesinnung und Betätigung.«[568] Das Verfahren zog sich über längere Zeit, immer wieder ging es vor

568 WStLA, M.Abt. 12, 03088/61, Akt Ella Lingens.

allem darum, dass sie ja wegen der »Verbringung eines rassisch Verfolgten« in Haft gekommen war, bis schließlich – auch mit Unterstützung des späteren Justizministers Dr. Christian Broda – eine Anerkennung als Opfer der nationalsozialistischen Verfolgung erreicht werden konnte.[569] Zu Ehren von DDr. Ella Lingens wurde am 8. März 2013 das Floridsdorfer Gymnasium, Gerasdorfer Straße 103, nach *»der großen heimischen Widerstandskämpferin«* benannt, wie es in einem Bezirksblatt angekündigt wurde.[570]

569 Dr. Christian Broda, 1916–1987. Justizminister in mehreren Regierungen.

570 Wiener Bezirksblatt Nr. 5, 4./5. März 2013, S. 9. www.elgym.at.

VIII. ERLEBTES – AUFGESCHRIEBEN UND ERZÄHLT[571]

1. WILHELM WINTERBERG[572]

Ich wurde am 11. Oktober 1907 in Wien als ehelicher Sohn des Isidor und der Charlotte Winterberg, geb. Elias geboren. Nach meinem Heranwachsen besuchte ich die fünfklassige Volks- sowie die dreiklassige Bürgerschule mit gutem Erfolg in Wien und erlernte nach meinem Schulbesuch das Tischlerhandwerk, wobei ich die dazugehörige dreijährige Fachschule besuchte. Nach meiner Lehre brachte ich mich durch Gelegenheitsarbeiten, Vertretungen u. ä. ehrlich und rechtschaffen durch. Zuletzt war ich – aber leider unangemeldet – als Geschäftsführer einer Glühlampenfirma in Wien 20., Klosterneuburgerstrasse 4 tätig.

Durch den Einmarsch der Hitlertruppen in Österreich habe ich auch diese Stellung verloren, da die Firma eine jüdische war und diese zwangsweise liquidieren musste.

Meine Familie erlitt durch den Einmarsch der deutschen Truppen sehr schwere Einbußen z. B.

1.) Mein Vater Isidor W. stürzte sich in Meidling in der Reschgasse vom 4. Stock eines Mietshauses vor Verzweiflung auf die Straße.

571 Die Wiedergabe der selbstverfassten Lebensberichte erfolgt ohne weitere Kennzeichnung als Zitate. Notwendige Ergänzungen zu Angaben der Personen oder Erläuterungen sind in Fußnoten vermerkt. Zusammenfassungen der Interviews wurden syntaktisch leicht verändert, der Charakter einer Erzählung jedoch beibehalten, ebenso wie umgangssprachliche Formulierungen. Auslassungen mit drei Punkten und Schrägstrichen gekennzeichnet.

572 Vgl. WStLA, M.Abt. 12, 4782/E/1. Ansuchen Wilhelm Winterbergs um Pragmatisierung, datiert mit 13.10.1948, Kopie in PUK.

2.) Mein ältester Bruder Karl W. wurde zuerst nach Dachau geschleppt und dann hatte er das große Glück nach Schanghai emigrieren zu können, wo er sich noch heute befindet.

3.) Mein zweitältester Bruder Max W. wurde nach der Okkupation von der Straßenbahn, wo er schon 10 Jahre Dienst machte, entlassen und musste schwerste Zwangsarbeit leisten.

4.) Meine Schwester Johanna Ring emigrierte nach England, da sie hier in Wien die Wohnung und alles durch die Hitlerhorde verlor.

5.) Mein jüngerer Bruder Rudolf W. wurde von der Gestapo nach Osten verschleppt und wahrscheinlich vergast oder sonst wie umgebracht, da er bis heute verschollen geblieben ist.

6.) Meine jüngste Schwester lebte unter furchtbaren Bedingungen als »U-Boot« in Wien und hat seitdem schweren gesundheitlichen Schaden.

7.) Ich selbst, Wilhelm Winterberg, musste als Volljude nach dem Einmarsch der Hitlertruppen in Österreich untertauchen und lebte unter furchtbaren Entbehrungen und Bedingungen die ganzen sieben Jahre, bis zur Befreiung durch die Rote Armee, als »U-Boot«. Ich bekam keine Lebensmittelkarten und lebte nur von dem Unterhalt guter Freunde.

Alle hier gemachten Angaben kann ich jederzeit beweisen. Nach dem Einmarsch der Roten Armee habe ich mich trotz stark herabgesetzten Gesundheitszustands sofort dem neuen demokratischen Österreich in uneigennützigster Weise zur Verfügung gestellt und versehe seit 20. Juni 1945 meinen Dienst zur vollsten Zufriedenheit meiner vorgesetzten Dienststelle. Mein Tätigkeitsfeld am Kommissariat selbst erstreckt sich bisher zuerst kurze Zeit als Kanzleileiter, dann wurde ich

Personalreferent und seit September 1946 arbeite ich selbständig als Passreferent.

Nach dem Wortlaut des Beamtenüberleitungsgesetzes, sowie dem Opferfürsorgegesetz würde mir eine Pragmatisierung als rassisch Verfolgter unbedingt zustehen und ich bitte daher mein Ansuchen gütigst zu erledigen.

Ich bin Besitzer des Opferfürsorgeausweises Nr. W 3622.

Zu Wilhelm Winterberg
Zl. IV-13.187-22/66

BESCHEID

Das Bundesministerium für soziale Verwaltung entscheidet über die Berufung des Wilhelm Winterberg gegen den Bescheid des Landeshauptmannes von Wien vom 23. April 1965, Zl. MA 12-4782/E/1, betreffend Entschädigung gemäß § 14 Abs. 2 lit. c OFG., im Einvernehmen mit dem Bundesministerium für Finanzen nach Anhören der Opferfürsorgekommission (§ 17 OFG.) gemäß §66 Abs. 4 AVG. 1950 wie folgt:

Der Berufung wird teilweise Folge gegeben und in Abänderung des angefochtenen Bescheides Wilhelm Winterberg für die Zeit von September 1944 bis April 1945 eine Entschädigung gemäß § 14 Abs. 2 lit. c OFG. zuerkannt. Die gemäß § 14 Abs. 4 OFG. zustehende Entschädigung beträgt S 2.800,- (350 x 8). Im Übrigen wird der angefochtene Bescheid bestätigt.

Begründung

Wilhelm Winterberg, Inhaber eines Opferausweises, beantragt die Gewährung einer Entschädigung gemäß § 14 Abs. 2 lit. c OFG. Er machte hiebei geltend, dass er sofort nach dem Einmarsch Hitlers in Österreich bis Kriegsende unter menschenunwürdigen Bedingungen im Verborgenen habe leben müssen, um als rassisch Verfolgter nicht in ein Konzentrationslager deportiert zu werden. Er habe von Dezember 1938 bis Kriegsende sich in der Wohnung seiner nunmehrigen Gattin in Wien XX aufgehalten. Er sei dort nicht gemeldet gewesen, habe keine Lebensmittelkarten bezogen und habe sich auch nur zeitweise zum Besuch eines Bades oder eines Friseurs aus der Wohnung wagen können. Der Landeshauptmann von Wien hat den Antrag mit dem im Spruche angeführten Bescheid abgewiesen. In der Begründung wurde ausgeführt, dass ein Leben im Verborgenen nicht vorgelegen sei, da der Anspruchswerber sein Versteck von Zeit zu Zeit verlassen habe können und er dabei Gelegenheit hatte, mit Personen, die keinerlei Einschränkungen aus rassischen oder politischen Gründen unterworfen waren, Kontakt aufzunehmen. Im Übrigen sei auch der Umstand, dass der Anspruchswerber bei seiner späteren Gattin gewohnt habe, nicht dazu angetan, diesen Aufenthalt als menschenunwürdig zu qualifizieren. In der rechtzeitig eingebrachten Berufung führt der Berufungswerber aus, dass man es unterlassen habe, ihn über die Voraussetzungen für die Zuerkennung der beantragten Entschädigung zu belehren. Man habe ihn auch nicht aufgefordert, weitere Beweise für seine Behauptungen beizubringen. Er beantrage nunmehr für die Richtigkeit seiner Angaben, dass er seit Dezember 1938 in der Wohnung seiner jetzigen Gattin in einem Rollkasten eingeschlossen wurde und nicht einmal ein Klosett benützen konnte, die Einvernahme seiner Gattin Elise, der Hausbesorgerin Stefanie Neubauer, des Pensionisten Leopold Uwira und des Justierer Rudolf Kralert. Aus der Mitteilung des Zentralmeldungsamtes Wien vom 31. Juli 1963 ist zu ersehen, dass der Berufungswerber bis 9. Juni 1938 in Wien

XX, Leystraße 81/9, und vom 21. Juni 1938 bis 21. November 1938 in Wien XX; Pasettistraße 24/24, gemeldet war. Mit diesem Datum scheint er nach unbekannt abgemeldet. Die Gattin des Berufungswerbers, Elise Winterberg, gab in einer Niederschrift vom 27. Oktober 1965 an, dass sie ihren jetzigen Gatten schon seit 1932 kenne. Sie hätten jedoch erst im Dezember 1945 geheiratet. Während der nationalsozialistischen Zeit habe der Berufungswerber von November 1938 bis März 1939 und von Juli 1939 bis Kriegsende unangemeldet bei ihr gewohnt. In der Zeit von April 1939 bis Anfang Juli 1939 habe der Berufungswerber in der Kleingartensiedlung Leopoldau gewohnt. Während der Berufungswerber bei ihr gewohnt hat, hätte er nur alle 6 bis 8 Wochen die Wohnung verlassen können, um zum Friseur oder ins Bad zu gehen. Dabei sei er nicht im Wohnbezirk Wien XX, sondern im XII. Bezirk zu einem Friseur gegangen, da er im Wohnbezirk leicht erkannt worden wäre. Wenn Personen zu ihr in die Wohnung gekommen seien, die von der Existenz des Berufungswerbers nichts wussten, hätte der Berufungswerber sich in einem Kasten verstecken müssen. Bis Oktober 1942 habe sie selbst gearbeitet, dann sei sie in verschiedenen Haushalten tätig gewesen, damit sie sich mehr Lebensmittel verschaffen konnte, um auch den Berufungswerber, der ja keine Lebensmittelkarten bezog, mit zu verpflegen. Bei Bombenangriffen habe der Berufungswerber den Luftschutzraum nicht aufsuchen können, um nicht entdeckt zu werden. Schon im Jahre 1939 habe ein Funktionär der NSDAP, der aber schon verstorben sei, bei ihr in der Wohnung nach dem »Juden« Winterberg nachgefragt, da man wusste, dass dieser früher öfters zu ihr gekommen sei. Sie habe aber immer abgestritten, dass der Berufungswerber sich bei ihr in der Wohnung aufhalte. Eine Hausdurchsuchung sei aber nie durchgeführt worden. Stefanie Neubauer hat in ihrer Zeugeneinvernahme am 25. Oktober 1965 angegeben, dass sie den Berufungswerber schon aus der Zeit vor 1938 kenne, da er schon zu dieser Zeit öfters in die Wohnung der Frau Jagsch, seiner nunmehrigen Ehegattin, gekommen sei. Sie wäre schon damals im selben Haus Hausbesorgerin gewesen. Sie könne sich noch erinnern, dass im Jahre 1939 oder 1940/41 einmal ein SA-Mann, der im Nebenhaus gewohnt habe, zu ihr gekommen sei und sie fragte, ob Winterberg im Hause wohne. Sie habe damals die Frage verneint, da er ja im Hause nicht gemeldet gewesen sei. Ab wann der Berufungswerber bei Frau Jagsch während der NS-Zeit wohnte und ob er überhaupt ständig in der Wohnung der Frau Jagsch sich aufgehalten hat, könne sie nicht angeben. Sie habe jedenfalls für ihn nie Lebensmittelkarten bezogen. Sie sei auch nie in die Wohnung der Frau Jagsch gekommen. Sie könne daher über die Verhältnisse, in denen der Berufungswerber in der NS-Zeit gelebt habe, aus eigenem keine weiteren Angaben machen.

Die Zeugen Leopold Uwira und Rudolf Kralert haben in Zeugenaussagen am 27. Oktober 1965 ausgeführt, den Berufungswerber schon seit ihrer Jugendzeit zu kennen. Es sei ihnen bekannt, dass der Berufungswerber im Jahre 1938 bzw. im Herbst 1939 zu seiner jetzigen Gattin in der Engerthstraße gezogen sei, um sich rassischen Verfolgungen zu entziehen. Er habe keine Lebensmittelkarten bezogen. Sie hätten den Berufungswerber während seines Lebens im Verborgenen in der Wohnung der Frau Jagsch öfters aufgesucht. Sie hätten auch den Rollkasten gesehen, in dem sich der Berufungswerber verstecken musste, wenn Personen in die Wohnung kamen, die seine Anwesenheit nicht wissen durften. Für die Verpflegung habe Frau Jagsch gesorgt. Dass er während seines Lebens im Verborgenen eine schwere Krankheit gehabt hätte, sei ihnen nicht bekannt. Bei Bombenangriffen hätte er nicht den Luftschutzkeller aufsuchen können.

Mit Schreiben vom 28. Oktober 1965 wurde der Berufungswerber bzw. dessen Bevollmächtigter eingeladen, vom Ergebnis der über die Berufung durchgeführten Beweisaufnahme zum Zwecke einer etwaigen Stellungnahme Kenntnis zu nehmen. Dazu wurde eine Frist bis 12. November 1965 gewährt. Von dieser Einladung wurde kein Gebrauch gemacht.

Gemäß § 14 Abs. 2 lit. c OFG ist eine Entschädigung Personen zu gewährten, die auf der Flucht vor einer ihnen aus den Gründen § 1 Abs. 1 oder 2 OFG. in der Zeit vom 13. März 1938 bis 9. Mai 1945 drohenden Verfolgung unter menschenunwürdigen Bedingungen im Verborgenen lebten.

Voraussetzung für eine Entschädigung nach § 14 Abs. 2 lit. c OFG ist somit, dass dem Anspruchswerber aus den Gründen der Abstammung Verfolgung drohte und er sich dieser Verfolgung dadurch entzog, dass er unter menschenunwürdigen Bedingungen im Verborgenen lebte. Ein Leben im Verborgenen ist da gegeben, wenn die betreffende Person alle auf ihr Dasein oder ihren Verbleib hinweisende Spuren verwischt und insbesondere sich den für sie geltenden behördlichen Überwachungsmaßnahmen planmäßig entzieht.

/.../

Nach den Ausführungen des Berufungswerbers, der Aussage der Gattin Elisabeth Winterberg, der Zeugen Uwira und Kralert im Zusammenhang mit der Mitteilung des Zentralmeldungsamtes kann als erwiesen angenommen werden, dass der Berufungswerber vom 22. November 1938 bis Kriegsende unangemeldet in Wien gelebt hat. Er wohnte während dieser Zeit mit Ausnahme der kurzen Zeit von April 1939 bis Anfang Juli 1939 ständig in der Wohnung seiner nunmehrigen Gattin Elisabeth Winterberg. Diese hat, wie sie selbst angegeben hat, für den notwendigen Unterhalt des Berufungswerbers, obwohl dieser nach den glaubhaften Angaben während der Kriegszeit keine Lebensmittelkarten bezogen hat, gesorgt. Der Berufungswerber hat, wie weiter aus den Aussagen der Zeugen und den eigenen Angaben hervorgeht, in Zwischenräumen von 6 bis 8 Wochen sich auf die Straße begeben, um einen Friseur bzw. das Bad aufzusuchen. Dass nach ihm intensiv geforscht worden wäre, und er oft die Flucht ergreifen musste, wurde von keinem der Zeugen bestätigt. Es wurde auch nicht vorgebracht, dass der Berufungswerber Erpressungen ausgesetzt gewesen wäre und er trotz Krankheit oder Misshandlung habe arbeiten müssen. Der Verwaltungsgerichtshof hat in ständiger Rechtsprechung zu § 14 Abs. 2 lit. c OFG ausgesprochen, dass unter menschenunwürdig im Sinne § 14 Abs. 2 lit. c OFG nur etwas verstanden werden kann, was über die regelmäßigen Verhältnisse eines im Verborgenen lebenden Menschen hinausgeht. Es müssen dazu noch besondere äußere Umstände dazukommen, die das Leben im Verborgenen wesentlich erschweren, wie z. B. das Leben in unzulänglichen Unterkünften oder unter besonders ungünstigen Versorgungsverhältnissen.

Solche besonderen Umstände wurden vom Berufungswerber für die Zeit bis zum Beginn der Bombardierung Wiens durch alliierte Flugzeuge nicht nachgewiesen. Sein Lebensunterhalt wurde von seiner Wohnungsgeberin, seiner nunmehrigen Gattin, bestritten. Die vom Berufungswerber geschilderten Vorsichtsmaßnahmen in seiner Unterkunft stellen keine Umstände dar, die ein Leben im Verborgenen als menschenunwürdig qualifiziert hätten. Sonstige menschenunwürdige Umstände, die das Leben im Verborgenen als menschenunwürdig qualifiziert hätten und die nicht schon mit dem Leben im Verborgenen an sich verbunden sind, lagen bis zum Beginn der Bombardierung Wies durch alliierte Flugzeuge im September 1944 nicht vor.

Für die Zeit vor September 1944 bis einschließlich April 1945 sind jedoch die Voraussetzungen des § 14 Abs. 2 lit. c OFG. deswegen gegeben, weil es amtsbekannt ist, dass im September 1944 die schweren Bombardierungen Wiens begonnen haben und es glaubhaft erscheint, dass es dem Berufungswerber nicht möglich war, seine angeführte Unterkunft zu verlassen und sich in den Luftschutzraum zu begeben. Dieser Umstand geht wesentlich über die Bedingungen hinaus, die üblicherweise mit dem Leben im Verborgenen verbunden sind.

Es war daher spruchgemäß zu entscheiden.

Im Oktober 1972 stellte Wilhelm Winterberg erneut einen Antrag. Mit Bescheid vom 15. Jänner 1974 wurde die Zeit von Februar 1942 bis August 1944 anerkannt.[573]

2. IDA HIRSCHKRON[574]

Lebenslauf

Ich besuchte die Volks-Bürgerschule vom Jahre 1909 bis 1917 mit gutem Erfolg. Kam dann in das Gemischtwarengeschäft der Frau Rosa Lakner, Wien 15, Hütteldorferstraße 72 als Lehrmädchen, blieb dann weiter als Verkäuferin und führte das Geschäft, da Frau Lakner leidend war, zeitweise allein, bis zum Jahre 1926. In weiterer Folge bekam ich 2 Kinder und betätigte mich während dieser Zeit im Haushalt.

573 Vgl. WStLA, M.Abt. 12, 4782/E/1, Kopie in PUK.

574 Ida Hirschkron, vh. Stohlawetz, geb. 30.6.1903, gest. 13.12.1992. Selbstverfasster Lebenslauf in DÖW20100/4424. Siehe auch WStLA, M.Abt. 12, 18067/E/St. Josef Krenberger, geb. 1899, Edith Krenberger, geb. Hirschkron, geb. 1902.

Durch die allgemeine Wirtschaftskrise der folgenden Jahre war ich gezwungen, mich um einen anderen Erwerb umzusehen. Ich erlernte das Zuschneiden und war bei der Firma Leop. Schön's Bruder von 1928 bis zum Tage meiner Verhaftung als Manipulantin tätig.

Am 9.2.1939 wurde ich von der Gestapo verhaftet, da man mir aber nichts nachweisen konnte, wieder freigelassen. Wurde noch einige Male von der Gestapo verhört und endlich am 10. Juli 1939 in Haft behalten. Nach einigen Wochen Rossauerlände und Schiffamtsgasse – wo ich auch mit Genossin Rosa Jochmann zusammen kam – wurde ich per Schub nach Ravensbrück ins KZ geschickt. Als gewöhnlicher Arbeitssklave war ich bis zu meiner Entlassung am 21.09.1941 tätig. Zu dieser Zeit wurde ich entlassen, vermutlich da ich für 2 Kinder zu sorgen hatte, deren Vater in der Zeit meiner Haft gestorben ist. Musste mich nun wöchentlich bei der Gestapo melden.

Nach meiner Rückkehr aus dem KZ war mein Vater verstorben, die Mutter im Altersheim, die Schwester im Reich auf Zwangsarbeit, meine beiden Kinder auf dem Land in Pflege und die Wohnung von den Nazis ausgeraubt. Ehe meine Schwester ins Reich verschleppt wurde, lernte sie Herrn Jos. Krenberger, Wien 2, Krafftgasse 4/4 kennen, der mich, obwohl er selbst schwer von den Nazis geschädigt war, in uneigennütziger Weise bei sich aufnahm.

Am 1.5.1942 kamen die Schergen der Gestapo, um uns nach Polen zu verschleppen, was den sicheren Tod für uns bedeutet hätte. Es gelang Herrn Krenberger samt meiner Schwester, die er bereits geheiratet hat, und mir zu fliehen. Wir lebten von da an bis zum Einmarsch der roten Armee – also 3 Jahre – als U-Boote. Auf diese Art verloren wir unser ganzes Eigentum und konnten nur das nackte Leben und das was wir am Leib hatten retten. Was es heißt, 3 Personen ohne Lebensmittelmarken und ohne

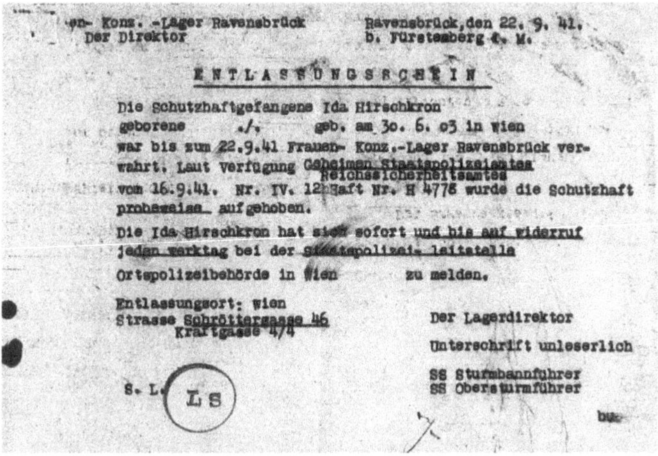

Frauen- Konz. -Lager Ravensbrück
Der Direktor

Ravensbrück, den 22. 9. 41.
b. Fürstenberg i. M.

ENTLASSUNGSSCHEIN

Die Schutzhaftgefangene Ida Hirschkron
geborene ./. geb. am 30. 6. 03 in Wien
war bis zum 22.9.41 Frauen- Konz.-Lager Ravensbrück verwahrt. Laut Verfügung Geheimen Staatspolizeiamtes
Reichssicherheitsamtes
vom 16.9.41. Nr. IV. 12 Haft Nr. H 4778 wurde die Schutzhaft probeweise aufgehoben.

Die Ida Hirschkron hat sich sofort und bis auf Widerruf jeden Werktag bei der Staatspolizei- leitstelle
Ortspolizeibehörde in Wien zu melden.

Entlassungsort: Wien
Strasse Schröttergasse 46
Kraftgasse 4/4

Der Lagerdirektor
Unterschrift unleserlich
SS Sturmbannführer
SS Obersturmführer

S. L. LS

Entlassungsschein Ida Hirschkron, DÖW 20100/4424

ständigem Quartier zu leben, lässt sich schwer schildern. Wir lebten von schwerer Arbeit, Kohlenaustragen, Dachbodenumlagen, Küchengehilfin, Bedienerin, usw. Vom frühen Morgen bis spät in die Nacht mussten wir arbeiten, da wir kein Vermögen hatten und wir alles im Schleichhandel kaufen mussten.

Die rote Armee erlöste uns aus diesem Elend. Stellte mich sofort als freiwillige Helferin der Bezirkshauptmannschaft Marg. und auch meiner pol. Partei (KPÖ) zum Wiederaufbau Österreichs zur Verfügung. In weiterer Folge wurde ich als öffentliche Verwalterin eines Nazigeschäftes eingesetzt und muss nun neuerdings um meine Existenz kämpfen, da die Nazi versuchen, das von ihnen um einen Pappenstiel arisierte Geschäft wieder an sich zu reißen. Sollte ich allein mit den Schwierigkeiten der Existenz nicht fertig werden, hoffe ich auf die Hilfe des KZ-Verbandes. Da ich ja auch noch für meine zwei Töchter zu sorgen habe und nicht fremde Hilfe in Anspruch nehmen will.

Ida Hirschkron

Wien, 14. Oktober 1945

Aus: *Aussage von Ida Hirschkron*[575]

Am 5. Oktober 1939 wurde ich nach Ravensbrück eingeliefert. Dort verblieb ich bis zum 21. September 1941, an welchem Tage ich entlassen wurde. Meine Entlassung muss ein Irrtum gewesen sein, denn sobald ich nach Wien zurückkehrte, wurde ich von der Gestapo gleich wieder gesucht, was mich zwang, illegal im Untergrund zu leben.

3. ELISABETH GYÖRI-GROHSMANN[576]

Wien IX/66 Schlickgasse 5/II/II/14
Beilage zur eidesstattl. Erklärung
Information:

Der Kriminalsekretär der Gestapo Alois Aigner hat am 1.2.1940 die sofortige Räumung meiner seit 30 Jahren von meiner Familie bewohnt gewesenen Wohnung – Wien IX; Schlickgase 5/II/II/14 – unter Androhung des KZ von mir erpresst. Dokumentarische Beweise hiefür sind in meinem Besitz. Meine Wohnung habe ich im Jahre 1946 aber nur mit Hilfe der Amerikan. Besatzungsbehörde zurückerhalten. Von 1940 bis 1946 war ich wohnungslos und dadurch folgendermaßen geschädigt:

Nach dem Verlust meiner Wohnung im Jahr 1940 war ich genötigt, meine kostbare Wohnungseinrichtung (Stilmöbel und Bilder von Kunstwert i. Betrag von 40.000 S) zum Teil zu verschleudern, zum Teil bei meinen Geschwistern unterzubringen, wo sie im Jahr 1942 bei ihrer Deportation »be-

575 Public Record Office London, Kopie in DÖW 50104/823 (RAV).

576 DÖW 20100/3704. Elisabeth Györi heiratete Dr. Bernhard Grohsmann, geb. 18.5.1882, bei dem sie versteckt gelebt hatte, am 7.7.1945.

schlagnahmt« wurden. Durch den gewaltsamen Entzug meiner Wohnung, von der ich 2 Zimmer an einen Kranken mit Pflege vermietet hatte, habe ich mein Einkommen von 150 S monatlich verloren und dadurch in den 5 Jahren von 1940 bis 1945 einen Schaden von 9.000 S erlitten. Als U-Boot ohne Lebensmittelkarten (die »Abgängigkeitsmeldung« an die Kartenstelle wurde mit 1.5.1942 erstattet – Zeuge: Herr Ing. Grünwald Emerich, damals II; Nickelgasse 5) habe ich mein Barvermögen von 10.000 S aufgebraucht. Wertpapiere (Donau-Save-Adria-Bahn-Obligationen und Kuponstreifen) im Kurswert von 15.000 S (März 1938) habe ich dem Dr. Grohsmann B. in Verwahrung gegeben, der sie als Devisenpapier zufolge des Anmelde-, Anbiete- und schließlich Ablieferungszwanges (bei sonstigen Devisenvergehen und um sie nicht wertlos werden zu lassen!) am 28. November 1942 und im Juli 1943 an die Credit-Anstalt-Bankverein abliefern musste.

Während meiner nahezu vierjährigen U-Boot-Existenz habe ich die Wohnung nie verlassen und ich durfte mich wegen der ständigen Bedrohung durch eine gefährliche Nachbarschaft bei Tag nicht einmal am Fenster zeigen. Während der Fliegerangriffe in dieser besonders gefährdeten Gegend (Untere Augartenstraße 37 – Flakturm, Industrie!) musste ich selbstverständlich in der Wohnung im 2. Stock bleiben, so auch bei dem Fliegerangriff am 20.2.1945, durch den die Wohnung vollkommen zerstört wurde und ich nur wie durch ein Wunder am Leben blieb. Der jahrelange Mangel an Sonne und Luft und die ständigen Aufregungen haben meine Gesundheit zerstört. Früher vollkommen gesund, habe ich mir nachweisbar einen nicht mehr heilbaren Herzklappenfehler und ein schweres Nervenleiden zugezogen und stehe ständig in fachärztlicher Behandlung. Außer dieser durch den Naziterror verschuldeten Gesundheitsschädigung habe ich als U-Boot infolge des jahrelangen Sprechens nur im Flüsterton – wegen der gefährlichen Nachbarschaft und wegen Einweisung fremder Bombengeschädigter in die Wohnung – meine Singstimme verloren.

Ohne Bewertung des Schadens an meiner Gesundheit und Erwerbsfähigkeit beträgt der mir tatsächlich zugefügte Schaden, detailliert dokumentarisch nachweisbar S 65.000,-.

Wien, am 26. August 1946
Györi-Grohsmann Elisabeth

4. ADOLF SPRINGER[577]

Wien, den 29. August 1946
An den Verband der rassisch Verfolgten
Wien I
Schottenring 25.

Als jüngster von acht Geschwistern erblickte ich am 19.8.1891 im zehnten Wiener Gemeindebezirk das Licht der Welt. Meine Eltern hießen Josef und Anna. Nach absolvierter Volks- und Bürgerschule erlernte ich das Gastgewerbe. 1912 rückte ich aktiv zum k. u. k. Feldjäger Bataillon »Kopal« Nr. 10 ein und machte den ersten Weltkrieg mit und rüstete 1918 ab. Nach längerer Arbeitslosigkeit konnte ich wieder bei meinem Beruf festen Fuß fassen und war bis zum Einmarsch der braunen Horden teils in Wien, teils in der Saison tätig. Erwähnen muss ich auch, dass ich vor dem Abmarsch an die Front im Jahre 1914 zum katholischen Glauben übergetreten bin.

In den Umbruchstagen 1938 wohnte ich mit meiner Frau und

577 DÖW 20100/11467. Adolf Springer, geb. 19.8.1891.

meiner außerehelichen Tochter im fünften Bezirk, Stollberggasse 21. Beide entpuppten sich als fanatische Nazistinnen und mein Verbleiben in der gemeinsamen Wohnung war undenkbar. Bei einer Frau Josefine Glöckner, die ich im Jahre 1927 in Koburg kennenlernte und im fünften Bezirk, Bacherplatz Nr. 2 wohnte, fand ich meine neue Heimstätte. Die Frau, eine gebürtige Wienerin, war in Hamburg verheiratet und machte dort den Umbruch im Jahre 1933 mit. Sie hat das wahre Wesen des Hitlerismus kennengelernt und war entsetzt als die braune Horde nach Österreich kam. Als 100%ige Antifaschistin machte sie kein Hehl aus ihrer Einstellung und hatte schon vor der Machtergreifung so manchen Konflikt mit den sogenannten Illegalen beiderlei Geschlechtes. Sie musste die Rechnung bald bezahlen. Am 2. Juni 1938 fand ich die brave Frau in der mit Leuchtgas erfüllten Küche sterbend auf. Eine Vorladung zur Gestapo für den 2.6. lag auf dem Tisch. Jeder weitere Kommentar ist überflüssig. Da ich mit der Gestapo so zeitlich keine Bekanntschaft machen wollte und auch die Rache meiner geschiedenen Frau fürchten musste, gab ich die Wohnung auf und mietete ein

Kabinett in der Ziegelofengasse 16/2/19 bei einer Frau Eisinger. Als nach einigen Monaten die Ausmietung der rassisch Verfolgten begann, wurde ich vom Wohnungsamt in die Wohnung des Hofrates Dr. Ing. Oller, Wien 3, Beatrixgasse 6, beigemietet. Als auch die Wohnung geräumt werden musste, kam ich auf den Salzgries Nr. 16, wo ich in einem Zimmer mit einer Familie des Professors Hammerschlag (6 Personen) hausen musste[578]. Und als auch diese Wohnung darankam, nahm mich der damalige Amtsleiter, Herr Julius Rosenfeld (Kultusgemeinde) als Untermieter in seine Wohnung, Czerningasse Nr. 15/2/17. Als nun die Aushebungen auch in dem Viertel begannen und die Insassen dieser Wohnung, bis auf Herrn und Frau Rosenfeld ausgenommen, sogar die Nichte mit ihrem 6-jährigen Mäderl in die Sperlgasse wanderten, tauchte ich schleunigst unter. Obdachlos irrte ich planlos in Wien herum, bis ich durch Bekannte in der Hedwiggasse Nr. 3 eine Schlafstelle fand. Fünf Monate wohnte ich da selbst, natürlich unangemeldet. Als Jupo, Klinger und Konsorten die Gegend unsicher machten, suchte ich das Weite und landete in einem Raum der Gefolgschaftswohnung des Weinhauses »Reblaus«, 2, Obere Augartenstraße Nr. 72.[579] Dort war ich lange Zeit vor den Zugriff der Gestapo und Jupo sicher. Als mich eines Tages ein Gestapobeamter namens Weidinger das Haus verlassen sah, fühlte ich mich auch hier nicht mehr sicher und verließ die Leopoldstadt. Durch Vermittlung eines U-Bootes lernte ich eine Antifaschistin, Frau Berta Meyta 17.,

578 Es handelt sich dabei um den Autor und Kabarettisten Peter Hammerschlag, der versucht hatte, als U-Boot zu überleben, allerdings bei einem Verlassen seiner Unterkunft, die sich nicht an der hier oben angeführten Adresse befand, aufgegriffen und nach Auschwitz deportiert wurde. Peter Hammerschlag hat laut DÖW-ODB nicht überlebt.

579 Jupo: »Judenpolizei«. Rudolf Klinger, Gestapo-Spitzel, war auch an der Festnahme des Ehepaares Lingens beteiligt. Er wurde 1943 nach Auschwitz deportiert und hat laut DÖW-ODB nicht überlebt.

Geblergasse Nr. 106/8 kennen und wohnte dort über 1 Jahr. Meine letzte Station war die Wohnung der Geschäftsfrau Anni Böck, Wien 17., Hern. Hauptstraße 79a/2/19.[580] Hier erlebte ich auch die Befreiung durch die Rote Armee. Vorher nahm ich an der Säuberung des ehemaligen Kreishauses am Planettaplatz (Parhamerplatz) teil. War einer der ersten Mitarbeiter des damaligen Bezirksvorstehers Brunner und habe Ersprießliches für den 17. Bezirk geleistet. Momentan bin ich öffentlicher Verwalter des Cafe »Jörger« Wien 18., Jörgerstraße 6.

Das ist ein kleiner Überblick über mein U-Boot-Dasein und ich bin gerne bereit, den löblichen Vorstand des Verbandes der rassisch Verfolgten einen erschöpfenden Bericht mündlich dazulegen, da ich sonst ein Buch schreiben müsste.

Adolf Springer

17., Hern. Hauptstraße 79a/2/19.

5. RUDOLF HÖNIGSFELD[581]

Rudolf Hönigsfeld wurde am 21. August 1902 in Auspitz (Mähren) als jüngstes von sechs Kindern geboren. Der Vater war Gastwirt, die Mutter stammte aus einer Gutsbesitzerfamilie, 1910 erfolgte die Übersiedlung nach Wien.

---

580 Hernalser Hauptstraße.

581 Folgende Unterlagen wurden verwendet: Rudolf Hönigsfeld 1902–1977, Gedächtnisausstellung, veranstaltet von der Österreichischen Gesellschaft für Architektur. Zusammenstellung: Raimund Haintz, Ernst Mateovics, Anton Schweighofer. Katalog: Ernst Mateovics. Wien, Juni 1977. Gedächtnisprotokoll einer Zeugenaussage aufgenommen mit Rudolf Hönigsfeld von Dr. Herbert Rosenkranz vom 29. Juli 1975. Yad Vashem, Abt. f. mündliche Zeugenaussagen. Tel Aviv–Givataim. Sign. 0-3/3908. DÖW 20100/4543 und 51173/42, WStLA, M.Abt. 12, H764/48.

Der berufliche Weg begann sich mit dem Besuch der Baufachschule (1916–1921) in Wien 3, Löwengasse abzuzeichnen, wo u. a. Clemens Holzmeister einer seiner Lehrer war. Erste Berufserfahrungen konnte er in den Architektenteams der Gemeindebautätigkeit der Zwischenkriegszeit sammeln, schließlich ging er nach Berlin, wo er am kommunalen Wohnbau der zwanziger Jahre mitwirkte. Dort entwickelte er auch ein eigenartiges Theaterbaukonzept, eine Art umgekehrte Raumbühne, das jedoch nicht zur Ausführung gelangte. Sein beruflicher Aufstieg in Deutschland endete mit der Machtübernahme der Nationalsozialisten 1933, Rudolf Hönigsfeld kehrte nach Österreich zurück. Mit dem »Anschluss« 1938 war aber auch hier seine berufliche Karriere beendet. Hönigsfeld, der schon lange vor 1938 aus der Kultusgemeinde ausgetreten war und sich vom Judentum entfernt hatte, politisch dem Kommunismus nahestand, wurde zunächst als Tiefbauarbeiter im Sumpfgebiet von Ostfriesland zwangsverpflichtet, später war er im Projektierungsbüro der Gildemeester-Aktion für die Massenansiedlung von Juden in Abessinien mit tätig.

Es kam zur Trennung von seiner nichtjüdischen Ehefrau, der gemeinsame Sohn wurde nach England zu Freunden geschickt.

Bis zum 6. August 1942 war Hönigsfeld als Arbeiter im Betonstahllager eingesetzt, dann entschloss er sich zur »Flucht in die endgültige Illegalität«.

Diese war, wie er im Gespräch mit Dr. Herbert Rosenkranz erzählte, von langer Hand vorbereitet. Nach einer Warnung, nicht zum Termin mit Brunner I zu gehen, konnte er bei Bekannten untertauchen.[582] »Ich wurde von Arbeitern geschützt, die aus den Ereignissen gelernt hatten, Sozialisten, Schutzbündler, Kommunisten, einfach Menschen, die mit der IV-Internationale sympathisierten und im April 1938 keine Ja-Sager

582 Alois Brunner, geb. 1912, SS-Hauptsturmführer (genannt Brunner I).

waren. Ich kannte sie noch seit dem 12. Februar 1934«. Obwohl »jüdischer Intellektueller«, empfand er keine Feindschaft der Arbeiter, im Gegenteil: »Auf der Wienerwald-Konferenz wurde ich im Rahmen der KPÖ zum Organisationsleiter gewählt /.../. Nur durch den Einsatz dieser Gesinnungsfreunde wurde ich gerettet, obgleich ich Schlüsselleute nur in der ersten Nacht belastete. /.../ Es gab Menschen, die halfen. Da war ein Greißler in der Neustiftgasse, daneben zwei Wirte auch in der Neustiftgasse. Sie überließen ohne Marken zu Normalpreisen U-Booten Lebensmittel, man konnte sich am Stammgericht im Wirtshaus Suppen, Kartoffeln und Gemüse, Innereiengerichte satt essen. /.../ Es gab an verschiedenen Orten Handwerker und Gewerbetreibende, die halfen, besonders, wie gesagt, je länger sich der Krieg hinzog. Die Schwierigkeit bestand in Quartiersuche und -wechsel. Mein erstes Quartier war bei einer befreundeten Familie, deren Hausgarten ich betreute, mein zweites war in einer einzimmerigen Hausbesorgerwohnung in einem ›Führerhaus‹ (wo Hitler einmal gewohnt hatte, wodurch das Haus in besonderem Rampenlicht stand).[583]

Mein Freund war eingerückt. Ich entging einer Hausdurchsuchung um 8 Uhr morgens, da ich eine halbe Stunde früher weggegangen war. Dadurch belehrt, verließ ich später meine Quartiere schon um 6, ja um 5 Uhr. Sie fanden nichts als meine Bücher, welche die Frau [gemeint ist vermutlich die Frau des Freundes] auf die Gestapo zu bringen hatte. Sie wurde verhört, spielte aber die Dumme und Nichtsahnende so überzeugend, dass sie ihr glaubten. Ich hatte losen Kontakt mit einer bürgerlichen Widerstandsgruppe, einer davon ein Gestapobeamter, Walter Münch, der nach dem Polenfeldzug gegen die Nazi arbeitete und mich zehn Tage in seiner Woh-

583 Auf dem Gesprächsprotokoll von Yad Vashem ist die Adresse mit 9., Simon-Denk-Gasse 11 vermerkt worden.

nung versteckte. Ich musste wieder weg, da seine Frau zurückkehrte und mir gefährlich werden konnte. Später half mir ein Berufsoffizier, der spätere General Franz Winterer, der mir eine gefälschte Legitimation gab. Ein anderer, Oberleutnant der Polizei im 7. Bezirk, der wie alle Offiziere der SS beitreten musste, versprach mir eine echte Kennkarte, löste aber aus Angst, wie er nach dem Krieg zugab, sein Versprechen nicht ein. Ich hatte einen Ausschließungsschein aus der Wehrmacht, ebenso wie die Legitimation der Wehrmacht und sofort nach meinem Untertauchen radierte ich meinen Namen mit Radierwasser aus und setzte einen fiktiven ein.«[584]

Die Frage nach dem Lebensunterhalt beantwortete Rudolf Hönigsfeld folgend: »Ich entlud am Westbahnhof Waggons für Großhändler am Naschmarkt. Ende 1942 wurde die Bahnhofspolizei auf SS umgestellt, da wurde ich Kofferträger. Am Praterstern konnte man schwarz, d. h. zum Schleichhandelspreis, Brot und Fleischwaren kaufen. Viel Geld ging für die Miete auf.

Nach dem Gestapomann wohnte ich ein halbes Jahr bei einer Frau eines Fahrlehrers der SS, in einem Kabinett. Ihr Mann durfte davon nichts wissen. Als es ruchbar wurde, zog ich zu ihrer Schwester um, wo ich bis zum Kriegsende blieb. Oft, wenn ich nicht nach Hause konnte, blieb ich in einem Café bis 12 Uhr, ab 4 Uhr morgens öffneten die Marktcafés. Von 12 Uhr nachts bis 4 Uhr früh musste ich mich halt in den Straßen herumtreiben.«

Für Rudolf Hönigsfeld schien dies nicht gefährlich zu sein, denn »die biederen schweren Schritte der Wehrmachtsstreifen hörte man schon von ferne, sodass man rechtzeitig verschwinden konnte.«

Einen Einwand von Herbert Rosenkranz – »es ist bekannt,

584 Kopien dieser Ausweise in DÖW 51173/42.

dass Menschen, die sich versteckt hielten, aus Verzweiflung auf der Straße standen und warteten, bis sie aufgegriffen wurden« – ließ Hönigsfeld nicht gelten: »Ich muss Sie korrigieren. Die meisten Menschen, die mir halfen, lernte ich erst als U-Boot kennen. Wer sich verstellen und überleben wollte, konnte meiner Meinung auch die Möglichkeit finden.

Nach dem Krieg leitete ich im Rathaus in einer Abteilung des Wohlfahrtsamtes die Zentralregistrierung der Opfer des Naziterrors, die ich überparteilich führte und in deren Rahmen ich ca. 10.000 Menschen registrierte.«

Nach der Beendigung der Tätigkeit für die Zentralregistrierung arbeitete Rudolf Hönigsfeld wieder als Architekt und war am Wiederaufbau Wiens beteiligt. Zu seinen Arbeiten zählt u. a. auch ein Denkmal in Simmering für zehn ermordete Eisenbahner.

Rudolf Hönigsfeld meldete sich bei mehreren Stellen, die mit der Registrierung der Opfer befasst waren, und gab dabei verschiedene Helfer und Adressen zu Protokoll. Er heiratete Paula Wolfgang, die ebenfalls als U-Boot überleben konnte.[585]

»Er war ein Mensch, der geglaubt hat – auch durch die Architektur kann die menschliche Gesellschaft verändert werden«, heißt es in einem Nachruf der Österreichischen Gesellschaft für Architektur, als Hönigsfeld am 23. März 1977 nach kurzer Krankheit starb.

---

585 Vgl. WStLA, M.Abt. 208, A 36, 3257/E und 3258/E. Die beiden hatten sich wohl Ende 1941 in einer sogenannten Sammelwohnung kennengelernt.

6. PAULA HÖNIGSFELD (WOLFGANG), GEB. JELLINEK[586]

Paula Hönigsfeld, dzt. wohnhaft Wien 18., Währingergürtel 31/10, war in der Zeit von Mai 1942 bis April 1945 gezwungen, als »U-Boot« unter den unmenschlichsten und menschenunwürdigsten Verhältnissen zu leben.

Ich war Sternträgerin vom Inkrafttreten der Verordnung bis zu meinem Untertauchen im Mai 1942. Zu diesem Zeitpunkt wurden alle Personen in meiner damaligen Wohnung (Massenquartier 2., Tandelmarktgasse) durch die SS ausgehoben und in die Sperlschule zwecks Deportation eingeliefert. Nachdem ich damals nicht zu Hause war, entging ich der Aushebung. Von diesem Zeitpunkt an tauchte ich unter und mein Leben als »U-Boot« begann.

Diese 3 Jahre waren ein einziges Martyrium. Morgens wusste ich nie, wo und ob ich abends eine Möglichkeit finde, irgendwo zu schlafen. Außerdem hatte ich als U-Boot 3 Jahre keine Lebensmittelmarken, und es war für mich daher sehr schwer, mir die notwendigsten Lebensmittel zu beschaffen.

Ich schlief fast jede Nacht wo anders. Öfters nächtigte ich bei Hausbesorgern, die mich dann an andere weiterrekommandierten. Die besondere Schwierigkeit dabei bestand aber darin, dass ich erst nach der Torsperre ins Haus konnte und zeitlich früh bei jeder Witterung, ob Schnee, ob Sturm, ob Regen hinausmusste. Oft musste ich halbe Nächte geduckt bei der Kellerstiege stehen, die sich auf dem Hof befand, wenn bei der Haus-

586 Paula Hönigsfeld, 1902–1964. Durch den Kontakt mit der Enkelin Paula Hönigfelds, Dr. Vivian Wolfgang, gelangten Teilabschnitte dieses Lebenslaufs wie auch andere schriftliche Unterlagen in den Besitz der Autorin. Fehlende Teile des Lebenslaufs – es handelt sich um den Antrag um Entschädigung vom 1. Juli 1963 – wurden im WStLA, M.Abt. 208, A 36, 3257/E gefunden.

meisterin Besuch war. Im Winter stand ich dabei oft bis zu den Knien im Schnee. Bei anderen Hausbesorgerinnen musste ich, besonders an den Tagen, wo die Hausparteien die Miete bezahlten, Stunden lang versteckt unter dem Bett verbringen. Meine Unterkünfte waren manchmal auch ausgehobene Wohnungen von Bekannten, die sich zu Terminen in der Sperlschule melden mussten und mir die Schlüssel zu ihren Wohnungen [übergeben hatten]. Diese Quartiere konnte ich nur die ersten 8 Tage benützen, bevor die Möbel durch die Gestapo abgeholt wurden.

Als ich einmal nicht wusste, wohin ich schlafen gehen soll, ging ich in so ein Quartier, es befand sich in 2., Novaragasse 40. In dieser Nacht wagte ich nicht, mich ins Bett zu legen, sondern legte mich unter das Bett, und das war meine Rettung. Gegen 12 Uhr nachts hörte ich die Türe sperren, ich hörte Männerstimmen, dann wurden Möbel gerückt. Ich glaubte im ersten Moment, dass dies die Gestapo wäre und wagte nicht zu atmen. Die Männer gingen weg und kamen dann wieder, ich hörte, dass man Möbel wegtrug. Als ich um 5 Uhr früh die Wohnung verließ, sah ich, dass ein Teil der Wohnungseinrichtung fehlte, die wahrscheinlich durch den Hausmeister, der

Wohnungsschlüssel hatte, entwendet wurde. Da das Küchenfenster des Hausmeisters auf den Hausflur ging, kroch ich auf allen vieren vorbei, um aus dem Haus zu kommen.

Wenn es mir überhaupt nicht gelang, einen Unterschlupf zu finden, dann war meine letzte Zuflucht ein Mausoleum am Zentralfriedhof zwischen I. und II. Tor in der jüdischen Abteilung. Dieses Mausoleum hatte eine Tür, die sich öffnen ließ, ich trat ein und setzte mich auf den Gruftdeckel und war glücklich, ein Dach über den Kopf zu haben, auch wenn es nur ein Grab war. Im letzten Kriegsjahr wurde es leider von Bomben beschädigt.

Unter anderen hatte ich eine Unterkunft bei einer Hausbesorgerin, in deren Haus zwei hohe Gestapoleute wohnten, und wenn es nachts beim Haustor läutete, musste ich den Rest der Nacht versteckt im Keller verbringen. In einem anderen Haus, in dem sich ein Gasthaus befand, musste ich mich hinter den Kartoffelsäcken verbergen. Des Öfteren schlief ich auch in Schrebergartenhütten, wo ich mir nachts meine Wäsche wusch und kochte, dies war meistens im Winter und ich musste oft nachts durch meterhohen Schnee waten. Dieser Art waren meine Unterkünfte im Verlaufe dieser drei Jahre, gar nicht zu sprechen von den ständigen Ängsten und Nervenanspannungen. Manchmal war meine Situation so ausweglos und verzweifelt, dass ich schon nahe daran war, mich selbst der Gestapo zu stellen, aber der Gedanke an mein Kind, welches irgendwo in der Fremde – ich wusste nicht einmal wo – lebte, hielt mich immer wieder zurück.

Außerdem musste ich auch für meinen Lebensunterhalt aufkommen und meine Schlafstellen bezahlen. Ich lebte von Gelegenheitsarbeiten wie Näharbeiten, Wäschewaschen, Kinderwarten und was für Arbeitsmöglichkeiten sich immer mir boten. Auch dies war nicht immer leicht, denn ich hatte ja keine Papiere und musste mir immer die verschiedensten plausiblen Ausreden ausdenken, die man mir meistens auch glaubte, weil man froh war, einen fleißigen und arbeitsfreudigen Menschen zu finden, da Arbeitskräfte ja eine Mangelware waren. Aufgrund dieses angespannten und gehetzten Daseins war ich auch gesundheitlich auf einem Tiefpunkt angelangt. Ich hatte häufig Fieberanfälle und konnte mich nirgends hinlegen. Vor meinen Quartiergeberinnen musste ich meinen Gesundheitszustand verheimlichen, denn niemand wollte ein krankes »U-Boot« beherbergen und gar das Risiko auf sich nehmen, dass ein solches vielleicht bei ihnen stirbt.

***

Paula Hönigsfeld verstarb am 26. März 1964. Mit Bescheid vom 13. Oktober 1965 wurde ihr eine Entschädigung für das Leben im Verborgenen unter menschenunwürdigen Bedingungen gewährt.

7. FRIEDERIKE NEUSTADTL[587]

Ich bin im Dezember 1912 noch in der Wohnung geboren, damals waren ja Spitalsgeburten eher selten, nur bei Gefahr. Ich hab drei Geschwister gehabt, eigentlich Halbgeschwister.

587 Friederike Neustadtl, geb. Raab, 6.12.1912–28.11.2003. Grundlagen dieses Textes waren die Tonbandaufnahme eines Gesprächs mit Friederike Neustadtl, diverse handschriftliche Texte, die nach dem Tod von F. N. von deren Tochter Friederike Mikosch auf Schmierzetteln, Zeitungsrändern etc. aufgeschrieben gefunden wurden, sowie ein Gespräch mit Friederike Mikosch am 24. Mai 2004. Die Autorin dankt Friederike Mikosch für die Erlaubnis zur Veröffentlichung.

Mein Vater war Buchhalter in einem großen Exportgeschäft, das »Rote Österreich«, das war ein Versandhaus. 1914, als der Erste Weltkrieg ausbrach, musste er dann ziemlich bald einrücken, war dann die ganze Zeit im Krieg und sogar etwas länger, er kam nicht 1918 nach Hause. Er war Kriegsgefangener in Montenegro. /…/ Mein Vater hatte dann keinen fixen Posten. Das Versandhaus war natürlich nach dem Krieg weg. Er hat alles Mögliche angefangen, um uns zu erhalten, aber meine Eltern hatten große Sorgen, und das merkte ich schon als Kind. Das waren wirkliche Existenzsorgen. Wir hatten eine 2½-Zimmer-Wohnung, hofseitig, die sehr finster war. Im Schlafzimmer gab es beim Fenster ein Brett, um Aufgaben bei Tageslicht zu machen – es gab aber nur den Widerschein der Sonne. Die Wohnung war im 3. Stock, es gab keinen Aufzug, kein Bad, das Wasser war auf dem Gang, den Klokasten musste man mit Wasser füllen. Das Kabinett war an ein älteres Fräulein vermietet.

[Die Eltern] waren nicht sehr fromm. Die Hohen Feiertage hat meine Mutter schon gehalten, ich bin auch in der Schule in die jüdische Religion gegangen. Aber das hat in der Schule nichts gemacht. Beim Gebet, es ist ja immer gebetet worden in der Früh, da sind wir gestanden, ruhig gestanden. Wir sind damals in der Schule auf keinen Fall diskriminiert gewesen.

Ich war in der Volksschule eine sehr gute Schülerin. Das Gymnasium konnten wir uns nicht leisten. Ich wäre vom Schulgeld eventuell befreit worden, aber Bücher, Hefte etc.

Ich bin dann in die sogenannte Bürgerschule gegangen. Auch mit sehr gutem Erfolg. Ich hab wirklich gern gelernt, nur mit dem Singen gab es Schwierigkeiten, da bin ich nicht talentiert, und im Handarbeiten. Nach der Bürgerschule war dann die große Frage der Berufswahl. Das war eine sehr, sehr schwere Sache. Es hat keine Posten gegeben. Vielleicht hätten

sich meine Eltern mit Ach und Krach noch eine Handelsschule leisten können, aber es hat gar keinen Sinn gehabt. Es gab keine Posten. Mein Vater war ausgelernter Buchhalter und hat keinen Posten gekriegt. Andere Leute, sogar Akademiker, sind mit Schuhbandln hausieren gegangen, um ihre Familien zu erhalten. Wir sind zu einem Berufsberater, der konnte uns eigentlich auch nicht helfen. Der hat gefragt: »Was wollen Sie werden?« Hab ich gesagt: »Wenn schon nicht Ärztin, dann Kindergärtnerin.« Das konnte man damals erst mit 16 Jahren werden. Da haben sich vielleicht 6800 gemeldet und 10 sind aufgenommen worden. Da war auch überhaupt keine Aussicht, weil ich weder singen noch ein Instrument spielen konnte. Also, ich soll derweil Schneiderei lernen, obwohl ich in Handarbeiten am wenigsten begabt war. Das war aber die einzige Möglichkeit, weil es komischerweise da Lehrstellen gab. Da hab ich mir aus fünf oder sechs eine aussuchen können. Ich war dann am Wildpretmarkt im 1. Bezirk in einem kleinen, sehr noblen Salon drei Jahre Lehrmädchen. /... /

Danach begann die arbeitslose Zeit. Mein Vater verdiente immerhin irgendwo etwas und das war damals so, wenn einer in der Familie irgendwas verdient hat, das musste gar nicht viel sein, es gab ein gewisses Limit, das sehr niedrig war, so bekamen die anderen keine Arbeitslosenunterstützung. Selbst wenn sie Anspruch gehabt hätten. Ich hab mich beim Arbeitsamt gemeldet, nicht wegen der Unterstützung, sondern wegen der Postenvermittlung, und hie und da hab ich Saisonarbeit bekommen. Zu Weihnachten hab ich viel zu tun gehabt, auch das Frühjahr war günstig. Die Geschäfte hatten alle einen Stock von ein, zwei Arbeiterinnen, und wenn sie viel zu tun hatten, haben sie wen dazugenommen. Ich wurde dann aber wieder, natürlich ohne Urlaubsentgelt, entlassen. Wir haben schon geahnt, wenn am Samstag wenig zu tun gewesen ist: Die zuletzt Aufgenommenen werden wieder entlassen. Nicht so mit Kündigung oder irgendwas. Am Samstag hat es geheißen: »Leider, am Montag brauch ich Sie nicht mehr.«

Dann haben [die Arbeitgeber] noch was gemacht. Nicht alle, aber die meisten. Sie haben einen eine Woche später bei der Krankenkasse angemeldet und eine Woche früher abgemeldet. Da haben sie ja schon gewusst, dass man nicht krank ist. So hat man in der Saison zwei Wochen weniger gehabt. Das war natürlich später bei der Pension schlecht, aber da konntest nichts machen. Wenn ein Posten in der Zeitung ausgeschrieben war – eine Schneiderin gesucht wurde, und die Schneiderei, das war ja oft in den Wohnungen, wenn das im dritten Stock war, so sind die Mädchen von der Tür der Schneiderei bis vor die Haustür gestanden. Nur ein Posten war ausgeschrieben, und eine davon ist genommen worden. Man kann sich vorstellen, wie kostbar – wenn auch saisonweise – so ein Posten war. Ich hab aber dann doch [so einen Posten] gekriegt, das war drei Jahre lang. Da waren die Nazis schon aktiv, aber nicht offiziell, sondern inoffiziell. Jedenfalls war schon ein großer Antisemitismus. Ich sehe nicht so aus, bei mir hat's keiner gewusst, dass ich Jüdin bin. Bei der

Lehrstelle da haben wir es gleich gesagt, aber die Lehrfrau hat gesagt: »Das macht nichts«, und ich hab das auch nie gespürt. [Bei diesem Posten] war ich dann schon erwachsen, da hab ich mich allein vorgestellt, und jede Schneiderei hat eine andere Arbeitsweise gehabt. Man musste sich immer anders eingewöhnen. [Ein Arbeitsplatz] war in einer Wohnung, die Chefin hat in einem Zimmer geschlafen, es gab Küche, Bad usw. Ein Zimmer war als Probierzimmer gedacht, für die Kundschaft, ein Zimmer für uns als Arbeitsstätte. Die [Schneiderin] hat so mittlere Kundschaft gehabt, Ingenieursfrauen, Arztfrauen. Wir sind ganz eng gesessen. Die Chefin hat einen Druck ausgeübt. Die Mädel, die schon früher dort waren, waren auch alle älter, [man hat] überhaupt nicht aufgeschaut, miteinander sprechen war unmöglich. Dann haben wir nur zwei Maschinen gehabt, und es waren sechs Mädel da. Also, es war ein fürchterlicher Druck und eine richtig starke Konkurrenz [untereinander]. Die [Mädchen] haben antisemitische Bemerkungen gemacht. So harmlose, wie viele Wiener es machen. Die haben ja nicht gewusst, dass ich Jüdin bin. Ich hab mir gesagt, das kannst nicht durchhalten, und da hab ich ihnen gesagt, dass ich eine Jüdin bin, und ich muss ehrlich sagen, ab dem Tag wurde keine antisemitische Bemerkung mehr gemacht.

Ca. zwei Jahre vor Hitler bekam mein Vater einen fixen Posten als Tankwart, wir waren glücklich. Mit 200,- Schilling monatlich waren wir bei bescheidenem Leben die Geldsorgen los. Im August 1937 wanderte mein älterer Bruder wegen einer Liebesgeschichte nach Argentinien [seiner Braut nach] aus. Ich hatte zu dieser Zeit einen festen Freund, der ziemlich älter [als ich war].[588]

588 Der Dentist Friedrich Neustadtl lernte Friederike Raab ca. 1931 kennen. Die Scheidung von seiner ersten Gattin erfolgte vermutlich bereits einige Jahre vor 1938. Friedrich Neustadtl war jüdischer Abstammung, war allerdings nach Auskunft seiner Tochter keinen Repressalien ausgesetzt.

Als der Hitler dann kam, da wussten wir alle nicht, wie arg das werden würde. Das konnte man sich gar nicht vorstellen. Vor allem die Ersten-Weltkriegsteilnehmer haben geglaubt, sie werden halbwegs ungeschoren bleiben. Auch mein Vater hat geglaubt, wenn man Kriegsteilnehmer war, wird einem nichts passieren. Dann war die Kristallnacht und da ist uns schon schwummrig geworden.

Zuerst wurden alle politisch Unliebsamen verhaftet, eingesperrt, nach Dachau geschickt oder in andere Konzentrationslager. /…/ Damals konnte man die ersten Männer, die in Dachau waren, noch irgendwie herauskriegen. Und zwar wenn ihre Familien oder ihre Frauen eine Ausreisebewilligung verschaffen konnten. Mit dieser Ausreisebewilligung musste man aber sofort weg – innerhalb kürzester Zeit. [Da gab es aber natürlich] auch ganz exotische Länder, z. B. Honduras, aber es war die Hauptsache, dass man aus Dachau raus konnte. Die Bewilligung zur Ausreise war wahnsinnig schwer zu beschaffen. Das stellt man sich heute so vor, wenn jemand sagt »Warum sind Sie denn nicht weggefahren?«. Erstens musste man jemanden haben, der einem eine Einreisebewilligung verschafft. Die Länder haben sich sofort abgesperrt. Also z. B. nach Nordamerika musste man ein sogenanntes Affidavit haben, das musste jemand schicken, der die Garantie übernimmt, dass man dem Staat nicht zur Last fällt. Außerdem musste man registriert sein und es gab Kontingente. Andere Länder haben wieder andere Einreisebestimmungen gehabt. /…/

Die Chefs mussten alle Juden entlassen, also auch meinen Vater, der aber über 60 Jahre war und eine kleine Pension bekam. Man hat mich auch entlassen, hat mir aber zwei, drei Kleider für zu Hause zum Arbeiten mitgegeben, die Chefin hat die dann von einem Lehrmädel holen lassen und mir wieder frische Kleider geschickt. Sie hat mich weidlich ausgenützt. Ich bin oft bis 12 in der Nacht gesessen und hab genäht, weil ich natürlich viel weniger bekommen hab. Meine Mutter hat mir noch oft geholfen. Das ist so lange gegangen, bis dann die sogenannte Kristallnacht gekommen ist. Ich weiß bis heute nicht, wieso die Kristallnacht heißt. So ein schöner Name für so eine schlechte Sache.

Ich hatte noch drei bis vier Kleider bei mir, und das war natürlich ein großer Schrecken für alle, weil man hat ja gehört, was da passiert ist. Und sie sind auch bei Tag noch in die Wohnungen gegangen, von Haus zu Haus in jüdische Wohnungen, und haben sich alles genommen, was ihnen gepasst hat. Und es hat schon geheißen, sie sind bei uns im Nebenhaus, /.../ da bin ich schnell runter ins Telefonhüttel. Ein eigenes Telefon hat man ja nicht gehabt, und hab meine Chefin angerufen, sie soll schnell jemanden schicken die Sachen holen. Ich hatte Angst, dass den Kleidern was passiert. Danach hab ich mir keine Arbeit mehr genommen, weil die Zeit zu unsicher geworden ist.

[Über die zahlreichen Einschränkungen für Juden erzählt Friederike Neustadtl]: Dann war die Verordnung, dass man den Judenstern tragen musste, das war so ein gelber Stern, etwa 8 bis 10 Zentimeter groß mit einem großen »J« drinnen. [Der musste] gut sichtbar am Mantel [angenäht sein]. Dann wurde den Frauen der Zusatzname »Sarah« [in die Dokumente] eingedruckt, auch wenn man nie im Leben »Sarah« geheißen hat, den Männern wurde der Name »Israel« eingedruckt. Also man musste Zusatznamen annehmen. Man hat natürlich Lebensmittelkarten mit einem großen »J« bekommen. Man hat schon Lebensmittel bekommen, natürlich nicht so viel wie die anderen. Dann durfte man nicht immer einkaufen gehen, sondern da waren am Vormittag nur ein, zwei Stunden und nachmittags ein, zwei Stunden, wo Juden in die Geschäfte durften. Dann kam wieder eine Verordnung, dass alle Goldsachen abgegeben werden mussten. Ich weiß es nicht mehr, ich hab damals noch keinen Ehering gehabt, ob man Eheringe behalten durfte oder nicht. Mein Vater hat dann die Uhr abgeben müssen. An der ist er gehängt, das hat ihn das halbe Herz gekostet. Das war so ein Schmuckstück für ihn, so eine Kostbarkeit für ihn. Dann wurde uns unsere Wohnung gekündigt, nicht nur unsere, sondern im ganzen Haus wurden die jüdischen Wohnungen gekündigt.

Und zwar sind ja schon viele Reichsdeutsche hereingekommen, mit irgendwelchen Funktionen, die haben, wenn ihnen eine jüdische Wohnung gefallen hat, sagen können, auch wenn da die Leute noch drinnen gewohnt haben: »Ich will jetzt die Wohnung« und die [Mieter] mussten ausziehen und haben keine andere Wohnung oder kaum eine andere Wohnung gefunden. Sodass das eine schreckliche Angst war, wenn wer an der Wohnungstür geläutet hat, dass der die Wohnung will. Wir sind allerdings nicht so gekündigt worden, sondern von der Hausverwaltung. Und da musste man schnell, schnell schauen, dass man woanders hinkommt, sonst wäre man weggekommen, in ein Sammellager gebracht worden, und man wusste damals nicht wohin, da bin ich schnell gegangen, auf irgendsoein Amt. Ich war ein hübsches Mädel, junges Mädel, ich war nicht kokett, [aber wir dachten], da hat man doch mehr Aussichten. Wir haben in einer ganz verwahrlosten Großwohnung, mit drei, vier Parteien zusammen etwas zugewiesen gekriegt, es war im ersten Bezirk, eine Großwohnung im 5. Stock ohne Lift. Also, wir waren heilfroh, dass wir das gekriegt haben. Wir waren zu dritt, also meine Eltern und ich, mein Bruder war schon weg, und meine Schwester war mit einem sogenannten Arier verheiratet, hat zwei Kinder gehabt und hat woanders gewohnt. Die waren so halb geschützt, weil der Mann der Arier war und die Kinder katholisch erzogen waren, da waren sie sogenannte »Mischlinge«, und die waren halbwegs geschützt.

[In der neuen Wohnung hatten wir] zwei ganz kleine Kabinetterln, in dem etwas größeren Kabinett, da haben die Eltern gewohnt und ich in dem kleineren. Da haben wir mit den anderen dann gelebt, es war natürlich ein Mordsdreck, fünf oder wie viele Leute in einer Küche, in einem Klo, in einem Badezimmer, man glaubt, [in so einer Situation] müssen sich die Leute vertragen. Es war nicht sehr arg, aber es ist doch immer gestritten worden. Weil dann will der zum Herd, dann der auch. Es kann ein Außenstehender leicht sagen: »Streit's euch nicht, ihr seid alle in Not«, aber wenn 20 Leute in einer Wohnung sind, mit Familien jeweils, und die Mütter wollen für ihre Kinder oder Männer kochen und können nicht, weil der andere kocht, oder der muss aufs Klo und der sitzt so lange drinnen. Also, es waren doch immer so kleine Unstimmigkeiten. Dort haben wir dann gelebt.

Inzwischen hat mein Bruder in Argentinien versucht, die Einreise für uns drei zu bekommen. Das hat ziemlich lange gedauert, denn er war ja auch noch ziemlich neu dort. Zum Glück hat mein Bruder dann doch die Einreise nach Argentinien, aber nur für meine Eltern erwirken können. Jetzt ist das Problem gewesen: Die Überfahrt hat ja viel Geld gekostet. Wo nehmen wir das her? Wir haben das nicht gehabt. Also, da sind irgendwelche Organisationen eingesprungen. Die [Eltern] konnten zusammen nur eine Kiste mitnehmen, die 1 x 1 war, das war alles, was sie mitnehmen konnten. Von dem Silberbesteck, das sie noch gehabt haben, ein sechsteiliges, durften sie nur jeder eines mitnehmen. Also zwei zusammen, nicht mehr. Mit dem mussten sie auswandern, in die Fremde, ohne Geld. Mit über 60 Jahren, ohne die Sprache zu können. Und mich da lassen und nicht wissen, was mit mir passiert, wir haben immer zusammen gewohnt. Ich hab gesagt: »Fahrt's weg. Ich kann mir eher helfen allein, wenn ihr nicht da seid.« Viel hab ich auf sie einreden müssen, dass sie doch wegfahren, weil ich die Einreise nicht bekommen hab. Ja, dann haben wir das Geld für meine Leute gehabt. Wir haben sie natürlich zur Bahn begleitet. Der Zug ist da noch eine halbe Stunde gestanden, es waren schon alle drinnen, sind bei den Fenstern gestanden. Eines hab ich noch im Bild: die Mutter hat die Hand so aus dem Fenster raus gehalten, muss ihr eingeschlafen sein, wir sind unten gestanden, und ich hab ihre Hand gestreichelt, und sie hat sie nicht weggegeben. Muss ihr wirklich schon wehgetan haben. Das war das letzte Bild, das ich von meiner Mutter hab. Dann ist der Zug weggefahren. Da hab ich meine Eltern das letzte Mal gesehen, das allerletzte Mal. Ich hab dann eine Zeit lang noch Briefe bekommen. Solang ich da noch in der Wohnung war, konnte ich noch Briefe empfangen. Ich hab noch erfahren, dass sie gut angekommen sind, vielleicht drei, vier Briefe haben wir noch hin- und hergewechselt. /.../

Es muss irgendwo gemeldet gewesen sein, dass [meine Eltern] fortfahren. Ich war kaum zu Hause, gekränkt natürlich, in einer wahnsinnigen Stimmung, da hat es schon geläutet: alle haben schon die Wohnung wollen. Es sind Leute gekommen, drei Männer, die in dem Kabinett wohnen wollten. Ich hab die mit Müh und Not abgewiesen. Ununterbrochen, jede halbe Stunde ist wer gekommen. Dann ist eine Dame allein gekommen, die hat Kinder gehabt, die Mischlinge waren, sie hat einen Mann gehabt. Gehabt, weil sie geschieden war. Die hab ich dann genommen, weil die sehr nett war. Ich war froh, dass ich die hab, dass mir da nicht Männer durch das kleine Kabinett gehen, oder ganze Familien. Die war sehr nett, die war viel bei ihrer Tochter, da war ich auch allein.

Und dann ist es angegangen. Dann sind ununterbrochen Leute wieder weggeholt worden, von alten Bekannten, von Nachbarn – aus – man hat nichts mehr gehört. Man hat gewusst, sie kommen in den 2. Bezirk in so ein Sammellager, dann werden sie wegtransportiert, auf Lastwagen sind sie draufgepfercht worden. Man hat nie gewusst, kommt jetzt wer und holt einen ab. Ich konnte dann wieder arbeiten. Das ist sehr interessant, weil von dort bin ich ja dann weg. Das war wieder eine Schneiderei im 1. Bezirk, natürlich eine arische Schneiderei, das war auch in einer Wohnung, aber in einer Riesenwohnung. Es wurden Blusen bestickt. Es gab sogenannte arische Arbeiter, vielleicht 20, und circa 30 jüdische. Die Chefin war nett, richtig christlich im wahrsten Sinn des Wortes. Eine Geschäftsfrau, eine tüchtige, natürlich, aber gütig, nicht bösartig. Die jüdischen Mädchen haben natürlich ein Extrazimmer haben müssen, die arischen auch ein Extrazimmer, es mussten zwei Klosetts sein, sonst wäre das nicht bewilligt worden, und dann war das so eingeteilt, dass wir eine halbe Stunde früher kommen und eine halbe Stunde früher gehen als die anderen, damit wir nicht zusammenkommen. Wir haben eine arische Vorarbeiterin gehabt, die zugeschnitten und die Arbeit zugeteilt hat. Normalerweise war die Verbindungstür offen – zur arischen Abteilung sozusagen, dann ist einmal eine Kontrolle gekommen – die Tür musste zu sein, und es wurde ein Kasten davor gestellt, dass wir überhaupt keine Verbindung mit den anderen mehr hatten. /…/

Die Chefin hat einen circa 35-jährigen Sohn gehabt, der war querschnittgelähmt. Der ist im Rollwagerl gesessen, hat die Hände wohl bewegen können, aber ein bisserl schlecht. Der hat die Buchhaltung gemacht. Wenn es ihm schlecht gegangen ist, ist er im Bett gelegen. Das hat für mich dann später einen gewissen Bezug. Und immer wieder ist ein Anruf gekommen, und die Chefin ist reingekommen in unsere Abteilung und hat gesagt: »Fräulein Sophie, Sie werden nach Hause gerufen, Ihre Eltern werden ›ausgehoben‹.« So hat man das genannt. Das waren richtige Kommandos, die die Leute weggebracht haben.

Diese Mädchen waren aber so arm – es war im Herbst und man hat geglaubt, sie kommen nach Polen –, dass sie nicht einmal Handschuhe gehabt haben. Und ich war die Flinkste, weil ich ja auch die Älteste war und auch vom Fach, da hab ich, unter dem Wegschauen der arischen Vorarbeiterin, Fäustlinge zugeschnitten, aus Stoffresten, und hab blitzschnell Fäustlinge genäht und hab die dann unter den jungen Mädchen verteilt. Das war die einzige Möglichkeit, denen irgendwie zu helfen. Wenn die arbeiten, dass sie wenigstens auf den Händen Fäustlinge haben. Und so nach und nach ist es immer ärger geworden, dann waren wir schon nur mehr die Hälfte, und ich hab gewusst, einmal wird mir das auch blühen. Mein damaliger Freund hat gesagt: »Schau, dass du denen entkommst. Was Ärgeres kann dir eh nicht mehr [geschehen].« Man hat schon gewusst, dass es arg wird. Wenn alle wegkommen und man nichts mehr von denen gewusst hat. Niemand hat mehr geschrieben, aber so arg hat man es sich nicht vorgestellt. Man wird arbeiten müssen, man wird nichts zum Essen bekommen, natürlich werden viele an Krankheiten sterben, an Hunger sterben, aber von den Gaskammern hat man nichts gewusst. Das haben die Soldaten und die Leute, die es gewusst haben, streng verheimlicht, weil es ihnen dann an den Kragen gegangen wäre. Das war ja so ein Terror, das kann man sich nicht vorstellen.

»Schau, dass du wegkommst!« Das konnte man den Leuten nicht antun, dass man ohne wirkliche Notwendigkeit zu jemandem zieht. Das war eine so große und einschneidende Sache und so gefährlich für die anderen. Aber wie es dann ganz arg geworden ist, da hab ich dann schon woanders übernachtet. Weil die ja die Wohnungen ausgehoben haben und ich geglaubt hab, die wissen nicht, wo ich arbeite. Ich bin arbeiten gegangen, nach der Arbeit hab ich immer eingekauft, bin zu der Hausmeisterin gegangen, die mich gern gehabt hat, das war so eine alte Frau, und die hat gern erzählt, was alles los ist. Ich war ja dann überhaupt nicht mehr zu Hause – nur am Abend [bin ich] schlafen gegangen. Da hab ich dann angefangen, das war so fünf, sechs Wochen, bevor ich ganz weg bin, und mich erst bei ihr erkundigt: »Was gibt's Neues?« Hat sie zum Erzählen angefangen, hab ich gewusst, die sind noch da oben. Bin ich schnell hinauf und hab mir frische Wäsche genommen, war so eine halbe Stunde bis Stunde oben, und bin dann schon jede Nacht zu wem anderen schlafen gegangen. Den Stern hab ich ja immer tragen müssen. Der war immer ganz lose angenäht, ganz locker, so ohne Knoten, ohne allem. Im Geschäft hab ich den Judenstern ja tragen müssen, auch wenn ich weggegangen bin. Wenn ich in einen anderen Bezirk gekommen bin, gab ich den Stern natürlich sofort runter. Ich hab immer Nadel und Zwirn mitgehabt, er war ganz lose angenäht. Sodass man nichts sagen konnte, er war angenäht, aber ich hab ihn sofort binnen einer Sekunde runterreißen können. Und ich war dann auch vorsichtig. Ich bin ja groß und hab eine Kollegin gehabt, die ganz klein war und bisserl pummelig, wir hätten denselben Weg nach Hause gehabt, aber das war ziemlich auffallend – diese kleine und diese große und mit dem Judenstern, und das hab ich nicht wollen, weil ich ja doch immer den Gedanken hatte, ich verabschied mich irgendwie. Da hab ich zu der gesagt: »Franzi, gehen wir nicht zusammen, wir fallen zu sehr auf« – und bin allein lieber gegangen … [Ich ging auch nicht den] Kai – da konnte man so kleine hintere Gasserln gehen. Und hab schon woanders übernachtet und bin in der Früh ins Geschäft gegangen.

Es war einerseits meine Schwester, zweimal die Woche, immer zu verschiedenen Zeiten. Dann sehr, sehr entfernte Verwandte, die kaum mehr was mit Juden zu tun hatten. Drei Tage und das Wochenende habe ich bei meinem späteren Mann übernachtet. Der hat in der Nähe des Praters gewohnt und hat eine circa 90-jährige Mutter gehabt. Das Glück war, dass diese Mutter überhaupt nicht geschwätzig war. Da war auch eine Nachbarin, eine widerliche Person. Die war alles schon vorher, rot, schwarz, braun, aber alles mit Bösartigkeit den anderen gegenüber. Die war natürlich brauner als braun, obwohl sie nicht bei der Partei war. Die hat die Hemden für meinen Mann gewaschen. Und wenn sie geliefert hat, ist sie in die Wohnung gekommen. Da war ich dann immer im ganz letzten Zimmer, und die Mutter hat zum Glück nichts vertratscht. Die Wohnung war am Ende des Ganges, und die Nachbarin hat das Küchenfenster auf den Gang hin gehabt. Da musste man immer schauen, ob niemand in der Küche ist. Um fünf in der Früh, wenn ich mich rausschlich, musste man schauen, ob die nicht rausschaut, weil die war sehr gefährlich. Bin zum Haustor raus, hab mir irgendwo im Haustor den Stern angenäht und bin schnell ins Geschäft gegangen. So ist es vier oder fünf Wochen etwa gegangen.

Am 28. November 1941 war ich dran. Ein Mann holte mich, die anderen Juden waren schon gefasst, nur ich hatte gefehlt. Auf einmal kommt die Chefin rein und sagt zu mir: »Leider, es holt Sie wer ab.« Also hat doch jemand gewusst, wo ich arbeite – und ich sitz da noch, sitz da noch bei der Arbeit, kommt jemand frisch fröhlich rein, als wenn er was Fröhliches erzählen würde: »Ja, wir waren in der Wohnung« – so wie wenn er einer Freundin was erzählen würde, so hat der das erzählt – »da waren ganz alte Leute, die haben auch eine jüdische Hausgehilfin gehabt« – erzählt ganz fröhlich – »und die Hausgehilfin haben wir auch erwischt.« Und ich denke, was mein Mann gesagt hat: »Lass dich nicht erwischen«, und ich zieh mir langsam den Mantel an, dann nehm ich noch – er war nicht ungeduldig, er ist immer neben mir hergegangen – dann nehm ich meine Schere und steck sie ein. Damals hat man ein Arbeitsbuch gehabt, nicht nur die

Juden, alle, da wurden die Arbeitsstellen, wo man gearbeitet hat, eingetragen. Die Firma und die Zeit, wo man gearbeitet hat, und ich hab mir noch gedacht: »Ich will aber das Arbeitsbuch haben«, denn wenn ich wo hinkomme, damit man sieht, ich hab früher auch schon gearbeitet. Immer mit dem Hintergedanken, vielleicht komm ich da durch. Es war aber fast hoffnungslos, weil er immer einen halben Schritt hinter mir war. Ich hab mir gedacht: »Jetzt hol ich mir noch dieses Arbeitsbuch.« Das hat dieser junge gelähmte Mann geführt und immer bei sich gehabt. So 40, 50 Arbeitsbücher hat er in einer Kiste gehabt. [An dem Tag] ist er in einem anderen Zimmer im Bett gelegen, weil ihm wahrscheinlich nicht gut war. Und ich geh hin zu seinem Bett und der, der mir nachgeht, bleibt an der Tür stehen. Er hat ja nicht gewusst, dass der gelähmt ist, hat vielleicht geglaubt, der hat eine Krankheit und wollte nicht krank werden. Ich bin also von der einen Tür hinein zu seinem Bett, und der kramt ziemlich lange herum, es war ihm nicht gut, und die Hand hat er auch so ein bisserl steif gehabt, bis er mein Buch gefunden hat, gibt mir das Buch, und ich schau zurück, und [der Mann] steht noch immer bei der Tür. Eine andere Tür des Zimmers, wo der Kranke gelegen ist, führte ins Vorzimmer – ich hab mich ja dort ausgekannt, und das schmale Vorzimmer wieder zu der Eingangstür. [Es gelang Friederike zu entkommen.]

Natürlich hatte ich alles verloren, bis auf die Kleidung, die ich bei meiner Flucht getragen hatte.

[Für einige Tage konnte Friederike Neustadtl bei einer ehemaligen Arbeitskollegin im 10. Bezirk und bei einer entfernten Verwandten unterkommen.[589]] Die Frau ist jedes Mal – es ist eh nur der Briefträger in die Wohnung gekommen – sichtlich

589 Der Name der Arbeitskollegin, eine Weißnäherin, die im 10. Bezirk wohnte, konnte nicht festgestellt werden, bei den Verwandten handelte es sich um Hans und Marie Tänzer in Wien 19., Nußwaldgasse 22a.

blass geworden. [Sie hatten ein etwa dreijähriges Kind.] Das Kind war noch zu klein, um was tratschen zu können, aber meinen Namen, meinen Vornamen, mit dem sie mich angesprochen haben, den hätte sie vertratschen können. So hab ich gesagt, sie sollen mich anders nennen, irgendeinen anderen Vornamen, weil wenn wirklich jemand kommt und fragt, so sagt das Kind einen anderen Namen. Ich war für das Kind nur tagsüber sichtbar, bevor das Kind schlafen gegangen ist, hab ich mich verabschiedet. Bin in so eine kleine Speisekammer gegangen und hab gewartet, bis das Kind geschlafen hat. Sodass das Kind glaubt, ich bin nur tagsüber da. Ich hab natürlich dort geschlafen. Die Verwandten, die wären auch in ein KZ gekommen. Schreckliche Dinge hätten passieren können. Das war schrecklich, diese ewige Angst, auch für die anderen, fast mehr als für mich, da war ich auch so circa fünf Tage. Bis mein Freund gesagt hat: »Das kann man den Leuten nicht antun.« Da hat er mich dann in seine Dentistenpraxis gebracht. Die Wohnung war in Praternähe, die hat der Mutter gehört, der Mutter konnte man das auch nicht antun, jetzt hat er mich nur in der Dentistenpraxis verstecken können.[590]

Das war nicht so leicht. Mein Mann hat mich um Mitternacht abgeholt, wir sind dorthingefahren, sind ins Haustor hinein und sind hinaufgeschlichen. Die Praxis war im dritten Stock. Das war auch ein großes Risiko, es haben mich dort viele Leute gekannt, ich hab immer da gelebt. Es hätte niemand was wissen dürfen, sie hätten mich vertratscht.

In der Dentistenpraxis – [es gab] die Küche, das Vorzimmer, das Wartezimmer und die Ordination – war ich in der Technik. Es war ein ganz kleiner Lichthof, der an den anderen Hof angeschlossen war. Unten war eine Mauer, dass man nicht von einem Lichthof in den anderen konnte, aber man hat direkt

590 Die Praxis befand sich in Wien 1., Rudolfsplatz 4.

in die Fenster hineingesehen. Es haben Nachbarn rechts und links hineinschauen können. Aber da Krieg war und man eh verdunkeln musste, waren dort die ganze Zeit diese schwarzen Fensterrollos herunten, das waren so feste schwarze Papierln. Da mein Mann Junggeselle war, hat sich niemand was dabei gedacht. Hat er halt die Fenster nicht geputzt, und die Rollos waren immer herunten auch bei Tag. Am Abend durfte kein Licht hinausleuchten. Wenn es dunkel geworden ist, musste man wegen der Fliegerangriffe verdunkeln. Es musste alles verdunkelt werden. Unten sind Luftschutzwarte vorbeigegangen, und wehe, wenn da wo ein Lichtschimmer rausleuchtet, sind die raufgekommen. Diese Verdunkelung – das war das Glück. Ich hab ja keine Dokumente gehabt, ich war weg, ich war nicht vorhanden sozusagen.

Wie ich dann später erfahren hab, ist der [Mann, der mich holen wollte] am nächsten Tag wieder hinaufgegangen zu der Firma und hat gedroht, wahrscheinlich hat er auch einen Rüffel gekriegt, dass ich abgefahren bin.

So lange er [mein Freund] da war, war ich in der Technik. Hab ich natürlich die Technik gelernt, konnte natürlich nur arbeiten, wenn er auch in der Technik war, wegen des Lärms. Er hatte sehr viele Patienten und eine Mordshetzerei. Ich konnte ihm ja nicht helfen, denn wenn Patienten da waren, konnte ich ja nicht raus. Es durfte ja niemand wissen, dass ich da drinnen bin. Am Abend musste er zu seiner Zeit weggehen, weil wir da wieder eine Nachbarin hatten, die eine Nazi war. Die meinen Mann ganz gut hat leiden können, aber natürlich, wenn sie nur das Geringste gewusst hätte, sofort die Anzeige gemacht hätte. Was man später gesehen hat, weil sie wen anderen auch angezeigt hat, keine Juden, sondern Parteigenossen hat sie angezeigt. Also die hat auf keinen Fall was wissen dürfen. Das Glück war, wenn die wirklich was gehört haben, wenn man um Mitternacht hineingeschlichen ist, dass sie geglaubt haben, er hat sich eine Freundin mitgenommen. So war das. Jetzt hab ich dann dort gelebt, vegetiert. Es war alles finster, Fenster konnte ich natürlich nie öffnen. In die Kammer hat er ein Leintuch hingebracht und einen Polster, das haben wir immer, bevor er weggegangen ist, ins Wartezimmer gegeben, auf den Boden natürlich. Das Wartezimmer war auch ganz verdunkelt. Eine ganz kleine Lampe, Stehlampe, sonst auch verdunkelt. [So war es] nicht am ersten Tag natürlich, aber so im Laufe [der Zeit], wie ich dort gelebt hab. Und er hat mir Bücher gebracht, sonst hätte ich das nicht ausgehalten, immer wieder Bücher. Hab sehr viel gelesen. Wie gesagt, hat ja kein Mensch ahnen dürfen, dass ich da bin. Im ganz verdunkelten Zimmer, auch noch die Lampe war verdunkelt, und nur den Schein aufs Buch. Er hat mir jeden Tropfen Wasser in einem Krug reinbringen müssen. Es war auch die Wasserleitung auf dem Gang. Er hat oft keine Zeit gehabt, hab ich oft kein Wasser gehabt. Es war mir so unangenehm ihn zu bitten, wieder Wasser zu holen, er hat Wasser auch oft gebraucht für die Arbeit. Das Klo hat auch kein Wasser gehabt. Hat man auch holen müssen. Da sind Patienten gekommen, alle möglichen. Da sind welche gekommen, die gewusst haben, dass er ein Antinazi ist, und dann sind Mordsnazi gekommen als Patienten. Jetzt sind oft 30 Leute draußen gewesen, ich in der Technik und hab mich nicht rühren dürfen, war ja nur das Vorzimmer dazwischen. So hat er geschaut, dass er die Nazis zuerst wegbringt. Weil die anderen Leute doch manchmal was gesprochen haben, etwas Harmloses, aber auch das Harmlose, das irgendwie gegen das Regime war, war gefährlich – auch für ihn. Zum Beispiel einmal – [die Praxis] war ja nicht sehr weit von der Gestapo – das war das Hotel Metropol früher, das haben sie beschlagnahmt, und das war die berüchtigte Gestapo –, wo Leute gefoltert worden sind. Die sind als Patienten gekommen.

Einmal ist wer draußen gestanden, den er nicht gekannt hat, ein SS-Mann und ein Wachmann. Mitten in der Nacht läuten ein SS-Mann und ein Wachmann an der Wohnungstür – ein Mann hatte Zahnweh und der andere hat ihn zum Zahnarzt geführt.[591] Ich hab immer mit Gefahr gerechnet – nicht unberechtigt. Manchmal hat es auch am Gang geläutet, wenn mein Mann nicht da war. Das war auch sehr unangenehm. »Wer ist denn da jetzt draußen«, hab ich mir gedacht. Konnte ja weder aufmachen noch zum Telefon gehen, musste mich ganz, ganz ruhig verhalten. Die böse Nachbarin, die andere Leute angezeigt hat, die hat immer liebenswürdigerweise die Türdacke am Sonntag mitgeputzt. Ihre hat sie geputzt und die von meinem Mann. Da war sie natürlich ganz nahe an der Tür. Ich hab sie natürlich gehört, wehe wenn ich husten hätte müssen. Ich bin meistens auf dem Einsatz gelegen und hab gelesen. Musste ganz ruhig liegen und musste warten, dass niemand draußen war, dann konnte ich vielleicht aufs Klo gehen, ohne das Wasser nachzuschütten. In der Nacht hab ich wohl aufs Klo gehen können, aber nicht Wasser nachschütten natürlich.

Die Lebensmittelkarten hat er im Schleich gekauft. Geld hat er ja genug gehabt. Er hat sich von dem Geld Material, Dentistenmaterial gekauft. Viele waren eingerückt, er war schon zu alt zum Einrücken. Natürlich, das Wartezimmer war immer voll, nervös natürlich, ist ja kein Wunder. Viel zu tun – ich da hinten, jede Sekunde in Lebensgefahr. Jede Sekunde – da ist man gar nicht aus der Gefahr, aus der Angst [gekommen]. Ich hab erst gemerkt, wie dann die Russen gekommen sind, das war noch arg genug, aber ich hab dann erst gemerkt, was es bedeutet, keine Angst zu haben. Da war es pure Angst unterm Hitler. Das war arg, man hat sich halt irgendwie drüber

591 Offensichtlich blieb Friedrich Neustadtl doch manchmal über Nacht in der Ordination.

wegsetzen müssen. [Man] hat halt weitergelebt. Damit ich die Gedanken [ein wenig] wegbekomme, hat seine Mutter, die über 90 Jahre alt war, ein bissl mehr gekocht, da hab ich manchmal ein bissl warmes Essen gehabt.

Da war noch eine Fischhandlung unten am Donaukanal. Da hingen Behälter so im Wasser, da waren Karpfen [drinnen]. Von dort sind auch Patienten gekommen, und hie und da hat einer einen Fisch gebracht. Ein anderer [Patient] war Fleischhauer. Von einem ganz anderen Bezirk, der hat uns auch gerettet. Der hat von Zeit zu Zeit ein Kilo Pferdefleisch oder sogar zwei gebracht und ganz selten ein Pferdeschmalz. Dann war unten eine Konditorei, und da hat man gegen Brotmarken Mehlspeisen gekriegt. Mit der Ernährung haben wir kein G'frett gehabt. Die alte Mutter hat sich auch nicht anstellen können. Im Gegenteil, mein Mann hat natürlich auch für sie [Lebensmittel geholt]. Jeder hat sich Lebensmittel verschafft, wo er können hat. Da hat man nicht versteckt sein müssen. Da ist man überhaupt nicht aufgefallen. Das hat jeder gemacht. Es war nur die Gefahr, wenn einmal so ein Schleichhändler erwischt wird, dass er sagt, wem er das verkauft hat. Aber da waren Hunderte Gefahren. Da waren so viele Gefahren, dass man die einzelne Gefahr schon gar nicht mehr beachtet hat. Man hat es einfach gemacht, fertig. Da war es schon wurscht, ob diese Gefahr noch dazukommt oder sechs andere, wenn einer erwischt wurde, dann ist er halt drangekommen. Es hat keiner dem Nachbarn nur im Geringsten getraut. Man hat nur ganz oberflächliche Gespräche [geführt].

Am Samstag hat er noch bis Mittag Ordination gehabt, aber dann musste er auch weggehen. Alles wegen der lieben Nachbarin, die natürlich alles beobachtet hat. Wenn er dageblieben wäre, das wäre verdächtig gewesen. Das hat man verhindern müssen. Mein Mann hat komischerweise nicht so viel Angst gehabt. Der war aufgekratzt. Der hat das Abenteuer irgendwie [verarbeitet], er hat mir z. B. nie ein böses Wort gesagt, nie, die ganzen 3 ½ Jahre, die ich bei ihm versteckt war. Nie ein böses Wort. Bei all dieser [Mühe], wo er die Wäsche hat bringen müssen – das Bettzeug musste von Zeit zu Zeit einmal gewechselt werden –, das Essen – nie ein böses Wort. Einmal hab ich eine Blutvergiftung gehabt, [der Finger] ist dann so wie eine Knackwurst angeschwollen. Ich hab mir das selber aufstechen wollen, das Aufmachen hat nichts genutzt. Der Finger ist angeschwollen wie eine Knackwurst. Ich musste doch zu einem Arzt, weil wenn ich ihm dort gestorben wäre, das wäre auch eine Katastrophe gewesen. Wir sind um Mitternacht von dort weg. Das haben wir auch drei- oder viermal machen müssen aus irgendwelchen Gründen. Wenn wir in der Nacht aufgehalten worden wären – ich hab ja keinen Ausweis gehabt. Damals haben sie schon von den Leuten einen Ausweis verlangt. Sind wir zu Fuß durch den Prater. Dann haben wir im Telefonbuch einen Arzt rausgesucht, ganz weit draußen, in Hietzing oder so, sind wir dorthin mit meinem Wurstfinger. Dort waren auch viele Leute, eine Assistentin hat meinen Namen und die Adresse verlangt. – Haben wir falschen Namen und Adresse angegeben. Hab ich immer Angst gehabt, was ist, wenn er mich ins Spital schickt. Einmal war mein Mann sechs oder sieben Tage krank. Da konnte ich nicht allein leben, ohne dass wer kommt. Ich hätte ja kein Wasser gehabt und gar nichts. Da hat er mich weggebracht. Ich bin dann wieder zu der Bekannten im 10. Bezirk, wo ich die ersten paar Tage war. Dort hab ich wieder für alle genäht, war wieder die Nichte aus Hollabrunn, hab ganz gutes Essen bekommen. Da war ich ein paar Tage dort. Die hat auch einen Sohn gehabt, der war auch im Widerstand. Der war verheiratet und hat im 4. Bezirk gewohnt. Da bin ich auch einmal hin, nähen. Die waren aber 100-prozentig zuverlässig, die waren selber in Gefahr, wie sie später erzählt haben. Er ist gesucht worden. Die haben so eine schöne Wohnung gehabt, da hat man ins Grüne hinausgeschaut. Das war für mich direkt ein Urlaub. Die waren sich der Gefahr nicht so bewusst, die haben das leichter genommen irgendwie, nicht so tragisch. Wie er gesund war, hat er mich dann wieder geholt. /…/

Einmal war eine Gesundheitskontrolle in der Praxis. Nur zum Glück hat irgendein Kollege meinem Mann das angekündigt. Nicht wegen mir – von mir haben sie ja überhaupt nichts gewusst –, als Kollege sozusagen, damit er sich auf die Kontrolle vorbereitet. Ist alles besonders sauber gemacht worden. Ich war natürlich auch dort, [es gab dort] eine Kammer, wo altes Klumpert drinnen war. Da haben wir den Einsatz, auf dem ich geschlafen hab, aufgestellt, haben eine Decke drüber gehängt und mit einem Sessel verbarrikadiert. Dahinter bin ich gehockt, während diese Kommission da war. Es war alles Lebensgefahr, die kleinste Kleinigkeit war Lebensgefahr, was für andere überhaupt nichts war, war für uns Lebensgefahr.

[Die Situation bei Fliegeralarm war wie bei anderen U-Booten auch für Friederike Neustadtl besonders kritisch.]

Ja, da hab ich mich hineingehockt und hab meine Matratze und die Tuchent vor mich [gehalten], das wäre ja nur ein Splitterschutz gewesen, [kein] Bombenschutz, aber ein Splitterschutz. Da haben wir noch gelacht, wir haben Galgenhumor gehabt und gesagt: »Wir sitzen da im 3. Stock, und das ganze Haus ist unter uns weg«, man musste Galgenhumor haben, sonst hätte man das nicht ertragen. /…/ Das Stiegenhaus war wahnsinnig belebt, und ich konnte nicht immer hinauslaufen.[592] Ich musste dann

592 Friederike Neustadtl wurde im Laufe der Zeit als »Assistentin« zur Kenntnis genommen. Als die Bombenangriffe stärker wurden, musste auch sie in den Keller, da ein Verbleib in der Ordination zu gefährlich wurde.

auch immer in den Keller gehen, und es bestand die Gefahr, dass mich jemand erkennt. Zum Glück glaubte die Nachbarin, die mich in der Technik gesehen hatte, dass ich die Assistentin bin. Dadurch ist sie nicht misstrauisch geworden. Wir haben die Sender nicht abgehört, aber mein Mann hat Patienten gehabt, die genau gewusst haben, welcher Gesinnung er ist, und die auch verlässlich waren. Die haben ihm schon viel erzählt. Wir haben eine große Landkarte in der Technik hängen gehabt, und da haben wir immer die Front mit Stecknadeln abgesteckt.

Dann ist es endlich so weit gewesen, dass man gehört hat, die Russen sind schon im 10. Bezirk. Da hat er gesagt: »Das halten wir nicht aus. Du musst wo in einen Luftschutzkeller gehen, was machen wir?« Seine Mutter wollte nie in den Keller gehen. Einmal waren wir bei einem Alarm dort, sie haben im letzten Stock gewohnt, das war am allergefährlichsten. Er hat sie gepackt – sie war klein und zart –, er hat sie gepackt und hat sie in den Keller runtergetragen. Sie hat sich das nicht gefallen lassen wollen und hat gequietscht, laut. Er hat sie aber doch runtergetragen. Es war schon ziemlich brenzlig, da hat er unten im Keller [diese Situation] ausgenützt und gesagt: »Die Mutter will mir nie in den Keller gehen. Ich werde meine Assistentin schicken, wenn der Kuckuck ruft, die muss die Mutter in den Keller führen.« Da hat er schon daran gedacht, dass ich dorthin komme. Dann musste ich ganz hinziehen. Also wenn der Kuckuck gerufen hat, sind wir noch so 20 Minuten oben in der Wohnung geblieben, so als wäre ich erst am Weg, damit wir nicht gleich da sind.

In gewissen Häusern hat es öffentliche Luftschutzkeller gegeben, dorthin sind Leute von der Straße gekommen. Dann haben wir uns das auch so vorgestellt, wenn der Kuckuck ruft, lauf ich hinunter und geh in einen öffentlichen Keller. Das ist aber nicht gegangen. Alle sind eigentlich hineingelaufen in die Häuser oder in die Keller. Und wenn ich einmal runtergegangen wäre, das wäre nicht aufgefallen, aber jedes Mal wenn der Kuckuck ruft, renne ich aus dem Haus statt hinein, das wäre aufgefallen. So hab ich doch in den Hauskeller gehen müssen und zwar immer mit der Mutter. Immer knapp bevor wirklich die Bomben geflogen sind, immer erst 20 Minuten nach dem ersten Warnruf. Und die Mutter wollte wirklich nicht gehen, aber sie hat meinem Mann ziemlich gefolgt. Er hat ein ernstes Wort gesprochen, sie muss in den Keller gehen. Also, sie hat ihm gefolgt. Im Keller war eine Petroleumlampe, es gab eine Stelle, wo es lichter war, und dann waren Winkel, wo es düster war, da waren Holzbretter oder irgendwas [anderes] aufgestellt. Die Leute haben ihre eigenen Sessel unten gehabt, haben es sich richtig bequem gemacht. Und ich hab sie [die Mutter] immer in einen finsteren Winkel gezogen, weil man hat ja nie gewusst, ob nicht einer von der Gasse hereinkommt, der mich kennt. Sie [die Mutter] wollte immer dorthin, wo es lichter ist, wo mehr Leute sind. »Wieso gehen wir nicht dorthin?«, hat sie immer gesagt. Die Leute sollten mich nicht so genau sehen. Ist aber ganz gut gegangen. Es waren immer eine Stunde oder eineinhalb Stunden, höchstens zwei Stunden, dann konnte man wieder raufgehen. Die Leute haben wirklich geglaubt, ich bin die Assistentin.

[Die letzten Kriegswochen waren für alle sehr schwierig.] Wir kochten also Wasser ab, füllten es in Flaschen und schlossen sie steril ab, dann habe ich Dauerkeks gebacken. Circa ein Kilo Mehl und acht Deka Fett und etwas Zucker und in Pergamentpapier gepackt. Irgendwer hat von irgendwoher einen Ochsen aufgetrieben, dieser wurde im Hof geschlachtet, und eine nette Frau vom Haus brachte auch meinem Mann davon circa zwei Kilo Fleisch. Ich kochte daraus Gulasch, weil sich das am besten hält. Bei all dieser Kocherei wäre ich fast an einer Gasvergiftung gestorben. Wir hatten keinen Gasherd, sondern einen Rechaud und einen Backofen. Diese waren nicht fix, sondern durch Gummischläuche mit dem Gashahn an der Wand verbunden. Damals gab es nur zu bestimmten Stunden Gas, und da alle Leute viel kochten und buken und wir im letzten Stock waren, kam das Gas bei Tag nicht bis zu uns. So musste ich alles in der Nacht machen. Beim Keksebacken war es drei Uhr in der Früh geworden, und ich fühlte mich sehr müde und schläfrig. Ich schob es auf die späte Stunde, drehte den Gashahn ab, klinkte die Küchentür auf, um schlafen zu gehen, und als ich irgendwann später aufwachte, lag ich vor der halb geöffneten Küchentür auf dem Boden. Ich kroch hinaus und legte mich schlafen. Am nächsten Tag sah ich, dass der Gasschlauch halb vom Hahn heruntergerissen war, sodass das damals noch giftige Leuchtgas ausgeströmt war. Mein Glück war, dass ich knapp vor der Ohnmacht den Gashahn abgedreht und die Tür geöffnet hatte. /…/

Wir hatten kein Wasser, das einzige Klo im Parterre war natürlich bald verstopft. Wir mussten unsere Notdurft im Hof verrichten. Da aber fast ununterbrochen irgendwelche Geschoße über uns umherflogen mit unheimlichen Geräuschen in der Luft, blieb jeder gleich neben der Tür. Wie es da nach fünf Tagen ausschaute, kann man sich vorstellen.

Aber dann hat eine Bombe in die Straße eingeschlagen, in die Straße, nicht ins Haus. Da das Feuer oben nicht zu löschen war, wollten wir mit der Mutter, die ja nicht so schnell sein konnte, eventuell in einen anderen Keller. Mit der Mutter über Schuttberge, herabgerissene Drähte aus dem Haus, in ein Haustor schräg gegenüber, es war mit Brettern verrammelt, wir sind doch durch, dahinter war wieder nur Schutt – vom zusammengefallenen Haus. Wir weiter – wieder schräg gegenüber in ein Haus in den Luftschutzkeller. Dieser war aber nicht sehr sicher, da die Fenster zur Hälfte nicht unterirdisch waren. Zuerst standen wir herum, dann ließ uns jemand auf die Kante seines Bettes setzen. Mit einem Rucksack mit einem Laib Brot, zwei Flaschen Wasser und der 93-jährigen Mutter blieben wir dort für einige Stunden, es war kein gutes Gefühl. Da war mir schon wieder schwummrig. Wo komm ich da hinaus? Das war das Gefährliche, denn da waren Helfer, eingeteilte Luftschutzwarte und Helfer, die sind draußen gestanden – wenn die [von mir] einen Ausweis wollen hätten – eine unangenehme halbe oder dreiviertel Stunde. Die hätten genauso Personalien aufnehmen können. Ist aber gut gegangen. /.../

Es war nachher auch noch nicht leicht, wir gingen in die Wohnung zurück, mussten 20 Zentimeter Schutt und Glas wegräumen. Alle Fenster und Glastüren waren kaputt – Wasser aus einem Brunnen schöpfen und circa einen halben Kilometer [zum Haus tragen] und in den 5. Stock hinauftragen. Nicht einmal Pappendeckel statt der Fenster war aufzutreiben. Zur Hauptmahlzeit: getrocknete Erbsen, wo man durch Einweichen erst die Würmer nach oben schwimmen ließ und sie dann auf dem Fenster auf ein paar Ziegeln als Ofen kochen konnte.

Auch wenn es noch lange nicht gut war, aber es war die Hoffnung da, und für mich natürlich überhaupt. Ich war befreit – ich war befreit von der unheimlichen Todesangst, von der bewussten und der unbewussten. Man hat doch immer eine unterschwellige Angst gehabt, in den ganzen Jahren. Für mich war es die Befreiung und auch wenn es einem schlecht gegangen ist, es konnte es ja nur besser werden, nach den 3 ½ Jahren Verstecktsein.

***

1946 heirateten Friederike Raab und Friedrich Neustadtl, im Jänner 1947 kam Tochter Friederike zur Welt. Das Erlebte war innerhalb der Familie Gesprächsthema, wurde nicht verdrängt, wirkte aber in der Erziehung – nach Empfindung der Tochter – doch mit. »Nur nicht auffallen, so leben wie alle anderen auch, möglichst keine Emotionen zeigen, ich wurde auch getauft«, beschreibt sie. Auch wenn die Familie nach außen ein »positives und normales« Leben führte, für die Tochter »passte manches nicht ins Bild – Weihnachten, zum Beispiel, da war immer eine bedrückte Stimmung«. Mit Sicherheit gab es unbewusste Blockaden, die sich durch die U-Boot-Zeit entwickelt hatten und die nach der Befreiung nur durch professionelle Hilfe und Therapie hätten gelöst werden können. Dies war aber – wie bei vielen anderen Betroffenen auch – nicht möglich.

***

Am 5. August 1963 wurde Friederike Neustadtl ein positiver Bescheid für ihr Leben im Verborgenen unter menschenunwürdigen Verhältnissen für die Zeit vom 29. November 1941 bis 13. April 1945 zuerkannt.[593] Die Tochter, Friederike Mikosch, bemühte sich um eine posthume Ehrung ihres Vaters durch Yad Vashem, die 2013 in einer Zeremonie im österreichischen Parlament stattfand.

8. FAMILIE EMBACHER UND HERMINE SCHWARZ[594]

Mein Vater war der Ferdinand Embacher, geb. am 6. Jänner 1894 in Pressbaum, und die Mutter ist die Cäcilie Embacher, die ist geboren am 23. November 1904 in Oberngänserndorf.

593 WStLA, M.Abt. 12, 27.541/E, Kopie in PUK.
594 Interview Heinrich Embacher, PUK. Heinrich Embacher, geb. 1930, Sohn von Cäcilie, geb. 1904, und Ferdinand, geb. 1894.

In Korneuburg haben sie geheiratet und auch gewohnt. Mein Vater war in der Erziehungsanstalt in Korneuburg als Gärtnermeister angestellt, meine Mutter war im Haushalt tätig, das hat es ja damals noch nicht gegeben, eine Frau, die arbeitet, wenigstens dort, wo die Männer in der Erziehungsanstalt gearbeitet haben, da waren alle Mütter Hausfrauen.

[Die Familie ist politisch interessiert, Ferdinand Embacher zählt sich zu den Sozialdemokraten, leistet während des Krieges auch Widerstand, indem er verfolgten Parteigenossen zu helfen versucht. Nach 1945 wird er in den Stadtrat gewählt.]

Das ist die Mutter von einer Freundin meiner Mutter, die meine Eltern versteckt haben.

Hermine Schwarz war die Mutter der Frau Vybiral – das war wieder eine Freundin meiner Mutter.[595] Hermine Schwarz war eine richtige Jüdin und mit einem Arier verheiratet gewesen, der ist aber schon gestorben, vor 1938.

Edith Vybiral war also sogenannter Mischling 1. Grades und die war dann auch wieder mit einem Nichtjuden verheiratet, dadurch ist sie nicht verfolgt worden. Sie haben in der Pappenheimgasse im 20. Bezirk gewohnt. Meine Mutter und Frau Vybiral waren schon lange vor 1938 befreundet, die Nachbarn haben sie und ihre Familie gekannt, da sie ja immer auf Besuch bei uns waren. Es waren ja liebe, nette Leute, und niemand hat gewusst, dass es sich um eine jüdische Familie handelt. Frau Vybiral ist dann eines schönen Tages gekommen – sie weiß nicht, was sie machen solle, ihre Mutter – na ja, man wollte sie halt vergasen – und dann [wurde beschlossen zu helfen].

[Familie Embacher besaß etwas außerhalb von Korneuburg ein Grundstück, auf dem sie ein Haus bauen wollte. Da sie aber durch die Arbeit von Ferdinand Embacher eine Wohn-

595 Hermine Schwarz, geb. 18.1.1877. Edith Vybiral, geb. Schwarz, geb. 17.5.1905.

möglichkeit auf dem Gelände der Erziehungsanstalt hatte, war dieses Vorhaben nicht vordringlich und wurde immer aufgeschoben. Kontakt zu Edith Vybiral gab es auch nach dem »Anschluss«, als die Situation für deren Mutter aber kritisch wurde und die Deportation drohte, wurde die Familie Embacher von Edith Vybiral offenbar um Hilfe gebeten, die diese auch zusagte, allerdings musste erst eine geeignete Wohnmöglichkeit geschaffen werden.]

Es lag vielleicht etwa einen Kilometer außerhalb von Korneuburg – dazumal. Heute ist das alles verbaut. Dazumal waren dort zwei Gärten. Vorher Felder, nachher Felder, und dann waren wieder Gärten. Der Heinrich-Onkel hat auch so ein Gartenhaus gehabt, gleich nebenan.[596] Aber ob der davon gewusst hat, dass [die Frau, die in dem Haus wohnt] eine Jüdin ist – das weiß ich nicht. [Meine Eltern] haben das ja nicht publik gemacht – je weniger das wissen, umso besser ist es.

Rundherum gab es Felder, der Grund war wie ein Garten, ein leerer, ein unbebauter Grund. Wir haben ja in der Erziehungsanstalt gewohnt. Ein Garten mit Obstbäumen, ein Garten eben, ein richtiger Garten. Und mein Vater hat dort zwischen den Bäumen Lebensmittel [Gemüse und Obst] angebaut, die wir gebraucht haben. Vorne [beim Grundstückseingang] haben wir einen Stall gehabt, denn wir waren Selbstversorger. Da haben wir [verschiedene] Viecher gehabt, von der Ziege bis zum Hasen, Hendl, Schwein /…/ und das Haus war ganz hinten, damit es nicht so auffällt. Das Haus war ja kein Haus, das hat ja mein Vater innerhalb von zwei, drei Monaten außeg'stanzt.

Als die gesagt haben, wir brauchen was, dass die Mutter da wohnt, da haben [meine Eltern] das Haus erst gebaut. Das war ja früher nicht, und es hat ein paar Monate gedauert.[597]

596 Cäcilie Embachers Bruder.

597 In den vorhandenen Quellen wird der Zeitraum des Versteckteins

Es hat sich irgendwie abgezeichnet, dass Hermine Schwarz dann bei uns wohnen wird. Es wurde besprochen, und dann hat man gesagt, dass man das [Haus] eben bauen wird. /.../ Mein Vater hatte ja schon seit weiß ich wie vielen Jahren Ziegel gekauft gehabt, die sind dort gelegen, weil er einmal dort ein Haus, ein Wohnhaus bauen wollte. Er hat sich gesagt, wenn ich einmal nicht mehr in der Anstalt bin, dass ich mein eigenes Haus habe. /.../ Die Ziegel hat er dort stehen gehabt, die waren von einem Abbruch. Damals war es ja nicht so, dass man sich das alles hat kaufen können, und da haben [meine Eltern] eben die Ziegel gekauft, geputzt und zusammengeschlichtet, das kann sich ja heute einer überhaupt nicht vorstellen, wie die Verhältnisse waren, dazumal. Da haben sie eben die Ziegel gehabt, und mein Vater hat einen Freund gehabt, der Maurer war, die Buam haben ihm geholfen, er hat die Buam am Abend von der Anstalt rausgenommen.[598] »Helft's ma!« – Die haben etwas Geld bekommen und Zigaretten, auch am Samstag und Sonntag. Die Burschen waren 17, 18 Jahre alt, so haben sie gemeinsam innerhalb kürzester Zeit die Hütte außeg'stanzt. Es war außeg'mauert, ein gemauertes Haus. Es gab ein Zimmer und eine Küche und so einen kleinen Keller, damit man etwas reinstellen [Lagerstätte für Lebensmittel bei Hitze] konnte. Es war notdürftig, aber praktisch gemacht, die alten Leute waren ja noch alle Praktiker, das Überleben war wichtig. Es hat ja dazumal keinen Eiskasten gegeben. Da hat [mein Vater] gesagt, da müssen wir was machen, dass man was reingeben kann. Früher hat man ja auch eine Speis[599] gehabt.

---

mit 1942–1945 angegeben. Es ist wahrscheinlich, dass Hermine Schwarz vor ihrem Aufenthalt in Korneuburg durch die Hilfe ihrer Tochter an anderen Plätzen untergebracht werden konnte, um der Deportation zu entgehen.

598 Gemeint sind Zöglinge der Erziehungsanstalt.

599 Speisekammer.

Die Räume waren beheizbar, es gab auch Toilette, Waschgelegenheit. Es wurde nicht gefragt, wieso denn da jetzt die Hütte gebaut wird.

Meine Mutter hat das [dann auch mit den Dokumenten und Ausweisen] arrangiert: Die Mutter meiner Mutter, also die Großmutter hat bei uns gelebt. Und damit Hermine Schwarz da draußen nicht irgendwie Schwierigkeiten bekommt, hat man ihr für den Ernstfall die Papiere meiner Großmutter gegeben. Damit, wenn einmal irgendetwas sein sollte, sie nicht ihre eigenen Papiere herzeigen muss, sondern dass sie Papiere hat, die in Ordnung sind. [Bei unserer Großmutter] hätte ja eh niemand gefragt, weil wir ja im Familienverband waren. Aber es ist auch nie jemand nachfragen gekommen.

[Es hat sich eigentlich niemand um die Identität von Frau Schwarz gekümmert. Mit der Zeit war die ständige Anwesenheit dieser Frau selbstverständlich.]

Später dann hat man halt gesagt, das ist die Mutter von der Frau Vybiral, die ist aus Wien, die ist ausgebombt, und wir haben sie eben zu uns raus genommen. Das war ja in vielen Fällen so, dass man wegen der Bomben aufs Land ging. Es hat niemand gewusst, dass die Frau aus rassischen Gründen da war.

Wir waren nicht unmittelbar davon betroffen, weil wir ja woanders gewohnt haben, Frau Schwarz ist aber natürlich von meinen Eltern versorgt worden. Das ist aber eh so mitg'rennt. Weil sie sind ja jeden Tag zum Füttern [der Tiere] außegangen und haben ihr alles gebracht, was sie gebraucht hat. /…/ Ich habe gewusst, dass die Mutter von der Frau Vybiral dort wohnt, aber ich habe nicht gewusst, dass die Frau Schwarz heißt und eine Jüdin ist. Als Kind ist einem das egal. Ich war 1938 acht Jahre alt, ich bin ein 30er-Jahrgang. 1945 war ich 15 Jahre alt – also mit 15 Jahren hat man auch andere Interessen, als dass man weiß, wer das ist, so eine alte Frau.

Meine Mutter war eine sehr gescheite und clevere Frau und hat sich natürlich auch abgesichert, damit ja nichts passiert und ja nichts aufkommt. Schon allein [der Einfall], dass sie gesagt hat, die kriegt die Papiere von meiner Mutter, damit war sie da draußen sicher. Damals sind ja viele Soldaten immer hin und her geschoben worden, ich weiß nicht, ob da nicht auch einmal in der Nacht wer einquartiert wurde, man weiß ja nie, was passiert. Lebensmittelkarten haben sie ihr gegeben, damit das alles einen Sinn hat und dass das [alles zusammen] passt – alles. Damit da nicht irgendetwas aufkommen kann.

Ich kann mich erinnern, da war einmal eine recht heiße Geschichte: Wir waren Selbstversorger. Mein Vater hat immer Schweinderln gefüttert. Und da hat er einmal zwei gefüttert [ohne dies zu melden]. Eines Tages ist jemand von der Partei gekommen und hat [den Viehbestand] kontrolliert. Der ist zu uns in die Anstalt gekommen, und von dort sind sie [meine Mutter und der Parteigenosse] dann gemeinsam auße zu dem Stall. Es war ungefähr eine halbe Stunde zu gehen – von der Anstalt bis dorthin. Winter war es oder Herbst, es war schon kalt. Was für ein Schreck! Jetzt ist der gekommen – Schweine zählen, wir haben aber zwei Sauen statt der gemeldeten einen gehabt. Na ja, hätten sie uns eine weggenommen – die Zores die du da gehabt hättest! Aber – es war auch der Großvater bei uns. Und da hat meine Mutter zu ihm gesagt: Du musst sofort mit dem Radl auße, gehst zum Heinrich-Onkel, weil der hat ja neben unserem Garten auch so einen Garten gehabt. Ist der Großvater eben vorgefahren und hat die eine Sau weggebracht, zum Onkel. Meine Mutter hat den Mann von der Partei gekannt, hat mit ihm noch geplaudert, damit die Zeit vergeht, und ging recht langsam mit ihm zum Garten. Das war ein Luftschutzwart, dessen Sohn gefallen war. Natürlich hat meine Mutter eine gewisse Angst gehabt, bis sie das überstanden hat.

Cäcilie und Ferdinand Embacher mit Schwiegertochter und Enkel

Er ist außekommen, die Sau war weg, es war alles in Ordnung. Der Großvater hatte das Schwein bereits zum Heinrich-Onkel gebracht. Die Mutter hat erzählt, man hat sie schreien gehört. Weil so eine Sau macht einen Lärm, die schreit ja. Der Mann hat das aber nicht gehört, weil er ja gar nicht g'horcht hat, der hat das ja gar nicht wahrnehmen können, weil wenn man etwas hören will, dann hört man es ja früher.

Das war so eines der Erlebnisse, die es da gab. Man hat halt geschaut, dass man gut drüberkommt. Mein Vater war ja der Gärtner, hat geschaut, dass viel wächst, hat viel angebaut, es waren ihm alle gut gesinnt, weil sie auch alle etwas von ihm bekommen haben. Das war ja das Wichtigste.

[Ende des Krieges, als die Luftangriffe auf Wien immer stärker werden, verlassen immer mehr Bewohner von Wien die Stadt und suchen Zuflucht.]

Wie dann die Russen gekommen sind, waren sogar die Vybirals bei uns heraußen, die sind ja dann auch geflüchtet. Solange Korneuburg Front war, in Kreuzenstein waren noch die Deutschen, das war ja schon [fast am Ende], haben wir Schützengraben gemacht. Wir waren alle in der Erziehungsanstalt in dem Keller, [nicht lange, denn] ein russischer General hat gesagt, wir sollen auf jeden Fall in der Früh von dort weg, denn er garantiert nicht, was alles so passieren könnte. Da hat mein Vater aus der Erziehungsanstalt einen Wagen geholt, und dann hat es geheißen, um sieben in der Früh, jeder nimmt das, was er tragen kann, das meiste wurde auf den Wagen geschmissen. Der Vater zog, die anderen tauchten an, und dann gingen wir Richtung Wien. Richtung Bisamberg, bis über die Reichsbrücke sind wir gegangen, die ist ja dann gesprengt worden. Wir sind dann in die Pappenheimgasse in das ausgebombte Haus der Frau Vybiral, es war ja alles hin. Notdürftig, aber wir haben dort übernachtet, haben dort unser Quartier aufgeschlagen, bis wir dann etwas [anderes] gekriegt haben. Die Mutter von der Frau Vybiral war da auch dabei. Als dann alles vorbei war und wir wieder nach Korneuburg zurückkehrten, ist Frau Schwarz nicht mit uns gekommen, die ist bei ihrer Tochter geblieben, eine Zeit lang wenigstens.

Ich habe die ganze Geschichte erst nach dem Krieg erfahren, es ist erst dann erzählt worden, wie das eigentlich war, denn sie haben sich natürlich vor dem Kind auch gefürchtet – denn ein Kind redet oft einen Blödsinn – prahlt – und dann kommt man in Teufels Küche. Wenn man etwas nicht weiß [kann das eben nicht passieren] – ich habe es erst nach dem Krieg, erfahren.

[Hermine Schwarz meldete sich nach dem Ende des Krieges bei der Zentralregistrierung für die Opfer des Nationalsozialismus, wurde Mitglied des U-Boot-Verbandes. Anfang der fünfziger Jahre zog sie zu ihrem Sohn nach Frankreich.]

9. HARRY TURKOF[600]

Man kann sagen, ich war wohlbehütet. [Es handelte sich um eine gut situierte Kaufmannsfamilie mit türkischer Staatsbürgerschaft.] Wohlbehütet, ich war kein Straßenjunge, meine Eltern haben mich nicht mit anderen Kindern auf der Straße Fußball spielen lassen, meine Mutter ging immer mit mir, ich war immer in Begleitung meiner Eltern, bis ich eben ein gewisses Alter erreicht hatte. /.../ Meine Eltern waren nicht streng orthodox, aber es war üblich, die Hohen Feiertage zu halten, ebenso Pessach. In der Volksschule hatte ich jüdischen Religionsunterricht, und der Religionslehrer hat uns motiviert und veranlasst, jeden Samstag zum jüdischen Jugendgottesdienst zu gehen, der um drei Uhr nachmittags im zuständigen Tempel abgehalten wurde. Meiner war in der Unteren Viaduktgasse im dritten Bezirk. Zu den Hohen Feiertagen waren wir immer in den Sofiensälen in der Marxergasse. Das war ein großes Etablissement, wo alle möglichen Festivitäten, wie zum Beispiel auch Bälle, abgehalten werden konnten. Zu den Hohen Feiertagen hat eben die Kultusgemeinde dieses Haus gemietet, und da wurde gebetet, das war sehr festlich, sehr traditionell, sehr schön. /.../

[Als Jugendlicher tritt Harry dem BETAR – einer rechtsnational-zionistisch eingestellten jüdischen Jugendorganisation – bei. Der »Anschluss« bringt auch für seine Familie einschneidende Veränderungen, ohne dass diese zunächst als konkrete Gefahr eingeschätzt werden. Die Eltern erlauben nicht, dass ihr Sohn alleine auf Alijah geht – das heißt nach dem damaligen Palästina auswandert –, der Schwester gelingt es, in die Schweiz auszureisen.]

600 Harry Turkof, geb. 9.9.1923. Eltern Jack, geb. 14.10.1882, und Rosa, geb. 20.8.1940. Ursprünglicher Name: Tourkoff. DÖW-Interviewsammlung Nr. 606.

Ausländische Juden sollten offiziell als Schutz am Revers des Sakkos oder Mantels die Flagge des Landes tragen, dessen Staatsbürger sie waren. Das war natürlich auffallend, denn dadurch deklarierte man sich zwar als Ausländer, gleichzeitig aber als »ausländischer« Jude, und es war nicht sehr gut, wenn man das überhaupt machte. Ich persönlich habe es vermieden, ich habe das Abzeichen nicht getragen. /…/ Als im Ausland lebender Türke musste man sich regelmäßig beim Konsulat melden, die türkische Regierung hat versucht, Juden auszubürgern, das heißt, ihnen die Staatsbürgerschaft abzuerkennen. Da mein Vater als Handelsattaché tätig gewesen war, konnte man ihm die Staatsbürgerschaft zwar nicht nehmen, die Pässe wurden aber eingezogen, sodass wir nicht ausreisen konnten. Bis etwa 1940 gab es sonst aber kaum Einschränkungen für uns, außer dass ich nicht studieren durfte, usw. /…/ Der zuständige Konsul war sehr deutschfreundlich, er hatte seine Ausbildung beim diplomatischen Korps in Berlin gemacht. Zu meinem Vater war er immer unfreundlich, konnte aber dennoch nicht verhindern, dass wir zumindest eine Art Heimatschein bekommen haben. Das war ein Interimsdokument, aus dem hervorging, dass die türkische Staatsbürgerschaft bis auf Weiteres aufrecht blieb. /…/ 1940 oder 41 mussten wir vom dritten in den zweiten Bezirk, in die Zirkusgasse 20, übersiedeln. Dort haben wir dann für einige Zeit gewohnt, bis uns die türkische Regierung nicht mehr protegiert hat.

Während dieser Zeit habe ich auch einen Kurs für Elektrotechnik und Technische Chemie gemacht, der hat etwa ein Jahr gedauert, und das Wissen hat mir dann später sehr geholfen. /…/ An die Zukunft habe ich aber nicht gedacht, einfach nur so in den Tag gelebt. Man lebt und hofft, es wird schon nicht so arg werden, es wird schon nicht so schlecht, vielleicht bekommen wir doch noch ein Visum und können wegfahren.

Nach Israel [damals: Palästina] zu gehen, war nach Meinung meiner Eltern zu gefährlich. Ich war ja damals noch nicht so alt, was konnte ich schon viel denken oder entscheiden? Für mich waren die Eltern kompetent. Ich habe die Situation erst später begriffen, anfangs nicht, erst als die Frage zum Untertauchen kam und ich mich selbständig gemacht habe. /.../ Meine Eltern haben immer wieder Leuten geholfen, als wir bereits in der Zirkusgasse wohnten, haben wir bei uns noch andere Juden beherbergt. Die Wohnung war zwar sehr klein, aber für eine oder zwei Wochen haben wir noch zusätzlich jemanden aufgenommen. Solange sie bei uns waren, sind sie nie weggegangen, sind nur in der Wohnung gesessen. /.../

Wir haben die Pogrome gesehen, wie die Leute auf die Straße, dann auf die Lastwagen verfrachtet wurden, es war uns klar, dass auch wir drankommen würden. Deswegen haben wir auch überlegt, uns zu verstecken. Das war etwa 1942. Über Nacht haben wir gewusst, dass auch wir als ausländische Juden nicht mehr geschützt sind. Als meine Eltern von einer zur anderen Minute alles liegen gelassen haben und aus der Wohnung weg sind, war ich schon seit einigen Tagen untergetaucht. /.../ In einem Lokal am Stephansplatz habe ich das Mädchen kennengelernt, das mich schließlich aufgenommen hat. Der Vater des Mädchens war Kommunist, und sie hat natürlich gewusst, dass ich Jude bin. Trotzdem hat sie mich eingeladen: »Komm zu mir, bleib bei mir.« So habe ich ein paar Mal bei ihr übernachtet, bis ich schließlich ganz dort geblieben bin. Ich habe vielleicht eine, zwei oder drei Wochen bei ihr gewohnt, dann haben auch meine Eltern untertauchen müssen. Für mich war das noch ein Glück, dass ich schon vorher, bevor die Situation so arg geworden ist, zu ihr gefunden habe. /…/ Nach ein paar Wochen habe ich meine Mutter auf der Straße getroffen, und sie hat zu mir gesagt: »Wir mussten die Wohnung verlassen und leben jetzt bei anderen Leuten versteckt.« Meine Eltern sind nur mit einem kleinen Koffer weg; wie sie gelebt haben, kann ich nicht sagen, sie haben nie mit mir darüber gesprochen, aber bezahlt haben sie sicher nicht, denn so viel Geld hatten sie ja nicht.

Meine Mutter war unendlich energisch. Sie war ein Draufgängertyp, so ein Siegertyp. Mein Vater war eigentlich anders, aber da er mit meiner Mutter war, hatte er Halt. Sie hat ihn über Wasser gehalten. Der Kontakt zu meinen Eltern war sehr locker. Man hat sich zu einer bestimmten Zeit auf einem bestimmten Platz getroffen, wir sind aneinander vorbeigegangen, haben kaum gesprochen. Das konnte man ja nicht, aber man hat gesehen, der andere lebt, fertig. Mehr hat man ja nicht wissen müssen, es war ja genug. /…/ Meinen Eltern saßen die ganze Zeit in einem Raum, ich konnte das nicht. In einem Zimmer sitzen und warten, bis der Krieg zu Ende sein wird. Ich habe das nicht ausgehalten. Ich habe viel riskiert, aber mit Kopf ich habe es durchdacht. Ich habe mir meine roten Haare schwarz gefärbt. Meine Haare waren ganz glatt, und die habe ich zurückgekämmt. Nach der Rassenideologie sollten Juden welliges, krauses Haar haben, so hat der »Stürmer« gemeint.[601]

601 Der Stürmer, antisemitische Wochenzeitung.

Ich habe nicht wie ein Judenbub ausgesehen, so war es viel leichter. Ich war ganz irrsinnig mutig, fast verrückt. »Ich schaue nicht aus wie ein Jude, also kann mir nicht sehr viel passieren.« Wahnsinnig, wahnsinnig!

Durch die Not habe ich gelernt zu überleben. Man musste ja was machen, man musste essen, man musste trinken, vor allem durfte man nicht aufgeben. Und wenn man nicht aufgibt, muss man alles ganz normal machen, auch wenn man es eigentlich nicht darf. So kann man überleben. Die Gefahr war ja immer, ob ich etwas mache oder nicht, die Gefahr war immer da. In puncto Kleidung habe ich mich gut getarnt, ich war wie ein Naziburscheangezogen: eine braune Hose, Stiefel, braunes Hemd und schwarze Krawatte. Das hat wie eine Uniform gewirkt. Etwas hätte dabei gefährlich werden können. Wenn ich auch nicht wie ein Jude ausgeschaut habe, so hätte ich doch ein Deserteur sein können. Es gab viele Deserteure, die sich versteckt hielten, aber ich habe versucht, nie Angst zu zeigen. Man darf bei den anderen gar nicht den Gedanken aufkommen lassen, dass etwas nicht stimmen könnte. So weit darf es nicht kommen. /.../ Das Mädchen hat vom ersten Moment an gewusst, dass sie etwas Gefährliches tut, wenn man uns erwischt hätte, wäre auch sie dran gewesen. Nicht nur weil sie mich versteckt hatte, sondern auch wegen »Rassenschande«. Aber für sie war wohl zweierlei ausschlaggebend: Sie hat mich geliebt, und sie wollte mir helfen. Ihre Wohnung lag im 20. Bezirk, in der Pasettistraße, im Haus lebten großteils Arbeiter, die haben sich nicht um mich gekümmert. Sie haben mich natürlich gekannt, aber ich galt als türkischer Student. So war ich nicht verdächtig, da die Türken damals mit den Deutschen sehr gut waren.

Bei allen möglichen Leuten habe ich alle möglichen Sachen gemacht, etwas repariert, das und jenes gerichtet. Lampen habe ich aufgehängt, Kurzschluss behoben. Damals war man froh, wenn jemand kam, der irgendetwas machen konnte, mit den Handwerkern war ja nichts zu wollen, denn ein Teil war eingerückt, der andere Teil überlastet. Viele haben überhaupt nur arbeiten wollen, wenn sie außer Geld auch noch Lebensmittel bekommen haben. Es wurde dauernd etwas kaputt in den Wohnungen, neue Sachen gab es ja auch nicht, mit den Bestandteilen war es natürlich auch schwierig, da musste man eben herumbasteln, und den Leuten war willkommen, wenn jemand kam, die haben dann nicht viel gefragt.

Das Mädchen hat gearbeitet und in der Früh die Wohnung verlassen, ich ebenfalls. Ich hatte einen Arbeitsanzug, das war so ein blauer Schlosseranzug, und meistens wusste ich schon, wer mich brauchen konnte, ich wurde regelrecht weitervermittelt. Natürlich hat niemand gewusst, dass ich Jude bin. Ich habe mich auch bemüht, Wiener Dialekt zu sprechen, ich habe wie ein richtiger Arbeiter gewirkt. Es war die perfekte Tarnung. Eigentlich ist es unglaublich, wie natürlich, wie selbstverständlich ich mich bewegt habe.

Retrospektiv betrachtet, ist es verrückt, völlig verrückt. So zu leben, dass es gelungen ist, so zu überleben. Ich habe da zehn Mark verdient, dort zwanzig Mark. Manchmal habe ich auch Brot, Eier, und andere essbare Dinge als Lohn bekommen. Wenn ich heute über die Gefahr nachdenke – ich war verrückt, tollkühn, idiotisch. Ich hätte mich verstecken sollen, in einem Loch in der Erde und so lange dort bleiben sollen, bis der Krieg zu Ende ist. So wie Anne Frank immer nur in einem Raum sitzen und sich nicht wegrühren. Aber das konnte ich eben nicht. Ich habe gesehen, einmal geht es gut, ein zweites Mal geht es gut, da habe ich eben gedacht, es wird auch weiter gutgehen. Und das ist es auch. Meine Freundin und ich haben uns gegenseitig durch Zureden über Wasser gehalten. »Mach dir keine Sorgen, es wird schon gutgehen, nur nicht denken«, usw. Wir haben von einem Tag zum nächsten gelebt. /.../

[Harry Turkof konnte 1944 in die Türkei ausreisen, wo er den Militärdienst antrat. Seine Eltern überlebten in Wien als U-Boote bis Kriegsende. Nach seiner Rückkehr nach Wien begann er mit dem Medizinstudium.]

10. FRITZ BIHSELICHES[602]

Ich erzähle einmal von meiner Familie mütterlicherseits. Meine Großmutter war Christin und der Großvater war Jude. Und er war sogar aus einem sehr frommen Haus. Als meine Großmutter meinen Großvater kennen und lieben gelernt hat, waren natürlich die Eltern meines Großvaters dagegen, dass er eine Christin heiratet. Aber sie haben trotzdem geheiratet. /.../ Meine Großmutter ist zum jüdischen Glauben übergetreten.[603] Die zwei Kinder, Wilhelmine und Walter, waren daher auch mosaisch.[604] Und der Wunsch meines Großvaters war, wenn ein Enkel kommt, soll er auch mosaisch sein. Ich bin am 15. Juli 1930 geboren, zwei Jahre nach dem Tod des Großvaters, und meine Großmutter wollte diesen Wunsch erfüllen. Und ich bin auch mosaisch geboren worden.[605]

---

602 Gespräch vom 15.5.2001 mit Fritz Bihseliches, geb. 15.7.1930. Das Gespräch wurde gemeinsam mit Christiane Holler und Severin Berger geführt. Als dokumentarische Erzählung unter dem Titel »Fritz an der Kassa. Das Versteck im Zirkus« publiziert in: Berger/Holler. Überleben im Versteck, S 44–60.

603 Fritz Nachmann Bihseliches, geb. 2.2.1876 und Ernestine, geb. Holub, 22.2.1882.

604 Wilhelmine, geb. 20.3.1910 und Walter, geb. 25.12.1905.

605 Die Familie war jedoch nicht religiös, Fritz Bihseliches hat keine Erinnerung an einen Besuch in der Synagoge oder an Feiertage.

Mein Onkel, das ist auch [für später] wichtig, also der Bruder meiner Mutter, ist zum Zirkus gegangen und war Artist, er war Pferdedresseur und ist Hohe Schule geritten. Vor dem 35er Jahr, das ist ganz wichtig, vor 1935 war er mit einem Zirkus in Südamerika. Als dann der Hitler gekommen ist, fand er zwei Zeugen, Christen, die auch drüben in Südamerika waren und die ausgesagt haben – falsch –, dass er sich dort hat taufen lassen.[606]

Damit war er nach den Nürnberger Gesetzen Mischling, meine Mutter hingegen natürlich nicht. Wie der Hitler gekommen ist, ist meine Großmutter sofort wieder zum christlichen Glauben übergegangen. /…/ Mein Onkel war also jetzt geschützt, meine Mutter nicht und ich natürlich auch nicht. Mein Vater – ich bin ledig geboren, denn meine Eltern haben, da die schlechte Zeit war, nicht geheiratet – war italienischer Staatsbürger.[607] Geboren wurde er in Wien, sein Vater war Christ und hat bei der italienischen Botschaft als Dolmetscher gearbeitet, die Mutter war konfessionslos, aber Jüdin, gewohnt hat die Familie im 2. Bezirk, Czerninplatz 2.

Und meine Großmutter und ich Novaragasse 51. Und mich hat man, weil man geglaubt hat, dass das etwas nützt, ich glaub im 41er Jahr getauft, katholisch getauft. Bei der Nepomukkirche bin ich getauft worden, aber das hat eh nichts genützt. Ich war in meinem Leben noch nie in einem Tempel, ich bin mit meiner Großmutter in die Kirche gegangen, in die Nepomukkirche, ich hab ja nicht gewusst, dass ich Jude bin, ich bin in die Kirche beten gegangen. /…/ In der Schule wurde ich durch eine Lehrerin, die eine Bombennazi war, [damit konfrontiert].

---

606 Als anerkannter »Mischling 1. Grades« hatte Walter die entsprechenden Papiere und Ausweise, die ihm einen gewissen Schutz boten. Er verwendete auch einen Künstlernamen: Walter Bittner.

607 Girolamo Moscovita, die Eheschließung erfolgte erst im Mai 1945.

[Fritz muss immer wieder die Schule wechseln, er erzählt auch von Zusammenstößen, Raufereien mit anderen Schülern, die, durch die antisemitische Atmosphäre beeinflusst, die jüdischen Kinder vor der Schule angriffen. Schließlich entschieden die Eltern, Fritz nicht mehr in die Schule zu schicken. Da er bei seiner christlichen Großmutter wohnte, fiel es offenbar nicht auf, dass er keinen Stern aufgenäht hatte.]

Wenn ich auch oft nicht in der Schule war – bevor ich dann gar nicht mehr ging –, musste ich die Zeit irgendwo verbringen – schon wegen der anderen Hausbewohner, damit die nicht sagen, warum geht der nicht in die Schule. Und so bin ich oft nicht aus der Wohnung gegangen, damit die Leute glauben, ich bin in der Schule. Im Haus war eine Nachbarin, Anna Neckam, die hatte eine Tochter, die sehr kränklich war. Ich war damals elf oder zwölf Jahre alt und habe auf sie aufgepasst. Sie war etliche Jahre jünger als ich, und dort konnte ich die meiste Zeit bleiben. Ich musste leise sein. /.../ In der Nacht hat man gewartet, dass die kommen, die Gestapo, und ich kann mich erinnern, dass sie einmal in der Nacht gekommen sind und meine

Mutter gesucht haben, aber meine Mutter war nicht da. Als es geläutet hat und bis der Hausbesorger [unten] aufgemacht hat, hat mich meine Großmutter in der Toilette der Nachbarin Anna Neckam versteckt. Damals waren [im Haus] in der Novaragasse die Klosetts auf dem Gang. Der Gestapo hat meine Großmutter gesagt, meine Mutter ist mit mir nach Italien gegangen. Und das war das einzige Mal, wo sie gekommen sind.

Meine Mutter hat dann einen ungarischen Pass bekommen. Einen falschen Pass, der nicht sehr gut war. Das war nur für flüchtiges Ansehen geeignet. /…/ An ein Erlebnis kann ich mich erinnern: Meine Eltern waren in einem Kaffeehaus am Praterstern und ich war auch dabei. Plötzlich sind Beamte gekommen, sind reingestürmt und haben gesagt: Juden vorne bleiben, die Christen rückwärts. Und da hat mein Vater meine Mutter und mich natürlich nach rückwärts gebracht, hat seinen Ausweis hergezeigt und gesagt, das ist meine Frau und das ist mein Kind. Sie hat momentan keinen Ausweis mit. Das haben die akzeptiert. /…/

Eine Freundin meines Onkels, die auch im 2. Bezirk gewohnt hat, hat uns – meine Mutter und mich –, als man uns schon gesucht hat, aufgenommen. Das war die Josefine Tschapek, und wenn das herausgekommen wäre, dann wäre sie ja auch weggekommen.

Dann hat mein Onkel beim Zirkus Konrad [eine höhere Funktion bekommen]. Bei diesem Wanderzirkus war er Pferdedresseur, er ist Hohe Schule geritten, er war auch Ansager und [hatte noch weitere Aufgaben]. Es war ein kleinerer Zirkus, der über den Winter in der Augartenstraße eingestellt war. [Aus Geldmangel] konnte er aber die Saison nicht beginnen. Der Direktor hatte eine Schwester, die aber keine Artistin war. So hat mein Vater zum Direktor gesagt, er gibt das Startkapital, aber ich muss zu seiner Schwester als Pflegekind kommen. Das haben die natürlich akzeptiert. Und so bin ich zum Zirkus gekommen – Mitte oder Ende 1941. Der ganze Zirkus muss gewusst haben, dass ich nicht einwandfrei sein kann. Denn [beim Zirkus] war Folgendes: In jeder Stadt, wo gespielt wurde, mussten die Kinder in die Schule gehen, in jeder Stadt ein, zwei oder drei Tage in der Schule bleiben – und ich nicht. Also wieder die Frage, wieso geht der nicht in die Schule. Sie haben das also bestimmt gewusst, ich hab das als Kind damals nicht so geahnt. Ich wurde eingeteilt: Am Nachmittag war ich der Kasperl, dann haben sie mich in die Kassa gesetzt. Mich hat man in eine Kasse gesetzt – ich hab nicht rechnen können. Ich bin grad bis in die vierte Klasse gekommen. Ich war elfeinhalb Jahre.

[Durch die häufigen Schulwechsel hatte Fritz keinen kontinuierlichen Unterricht, war nach seinen Erzählungen auch kein besonders guter Schüler. Das Schreiben fiel dem Linkshänder ebenfalls schwer, da die Lehrkräfte versucht hatten, ihn zum Rechtsschreiben zu bringen.]

Im Zirkus war sicher Platz für etwa vierhundert Personen. Ich bekam dann eine Tabelle, da stand drauf, wie viel eine Karte kostet und wie viel dann drei Karten kosten. Wenn einer vier Karten wollte, hab ich auf der Tabelle schauen müssen, wie viel das ausmacht. Ich hab wirklich nicht rechnen können. Da bin ich an der Kassa gesessen und hab schon Angst gehabt. Denn ich hab ja gewusst, wenn man mich erwischt, dann geschieht mir etwas. Das haben mir meine Eltern gesagt. Meine Eltern haben mich ja aufgeklärt, was ich darf und was nicht, denn sonst kann etwas passieren. Aber wenn ich ruhig bin, kann mir nichts passieren. /.../ Ich hatte keine Papiere, ich hab gar nichts gehabt. Bin auch nie kontrolliert worden. Im Zirkus war auch nie eine Kontrolle, nur einmal. Es ist aber nie gefragt worden. /.../ Einmal bin ich über die Eisenstangen gesprungen, wo die Zelte gespannt werden [und habe mich verletzt]. Da musste ich zu einem Arzt gehen, habe eine Injektion bekommen und hatte ein paar Tage einen Fuß steif. Auch dort wurde nicht nachgefragt.

Mit dem Zirkus waren wir jeden Tag in einer anderen Stadt. Mein Onkel hat sich um die Esskarten und alles andere gekümmert, und mein Vater hat immer bezahlt – was möglich war. Als Kostgeld. [Damals galt] der Zirkus als Volksbelustigung, so hatten wir einen eigenen Zug. Am Anfang sind wir mit Traktoren und Pferden [unterwegs gewesen]. Die Hälfte eines Wohnwagens war meinem Onkel und mir zugeteilt. [Es war ein damals üblicher] Wohnwagen – lang und mit Holz abgedeckt. Dort gab es Ungeziefer, das kann man sich nicht vorstellen. Wanzen und Flöhe, furchtbar. Also Wanzen und Flöhe hatten wir viel, aber keine Läuse. Deswegen hatte ich die meiste Zeit auch die Haare ganz kurz. Das war aber damals ein allgemeines Problem, es gab ja damals auch kaum eine Wohnung ohne Wanzen. Mit Salmiak [musste ich den Wohnwagen] ausputzen, damit sie weggehen. Und während ich das gemacht habe, sind die Wanzen und Flöhe in die andere Abteilung gegangen. Und wie alles sauber war, sind sie wiedergekommen. Die hygienischen Verhältnisse waren ja fürchterlich. Es gab keine Toiletten und du bist dort in einen Kübel gegangen. Im Winter waren wir nicht unterwegs, aber wir wohnten auch im Wohnwagen. Wir hatten einen Kanonenofen. Ich glaube, er wurde mit Holz beheizt. Wirklich warm war es nicht. Ich hab mich ins Bett gelegt und ich glaubte, ich liege im Eiskasten. Ich hatte ein kleines Stehlamperl, und das hab ich mir mit unter die Tuchent genommen. Das war dann heiß, manchmal bin ich ein bisschen eingeschlafen und habe ich mich an der Lampe verbrannt. So habe ich mich die meiste Zeit gewärmt.

Der Zirkus besaß sogar einen Elefanten und zwei Löwen. Daher bekamen wir Pferdefleisch zugeteilt und davon ist auch ein Teil an das Personal [verteilt worden]. So bin ich mit Pferdefleisch aufgewachsen. [Zum Zirkuspersonal] zählten auch sehr viele Fremdarbeiter, die den Zirkus auf- und abgestellt haben und bei der Musikkapelle spielten. Da war ein Schwarzer, der auf Kohlen gegangen ist, Feuer geschluckt hat und noch ähnliches gemacht hat. Er war aber mit einer Weißen verheiratet. Das war Rassenschande, und ich kann mich erinnern, dass einmal [wegen dieses Paares jemand gekommen ist]. Aber es ist ihnen nichts passiert. [Zu den Artisten zählte] die Familie Elkens: die Tochter war eine sehr gute Akrobatin, der Vater war Clown, die Mutter [trat mit einem] Apachentanz auf. Die Lebensgefährtin des Direktors, eine geborene Rebernigg, hatte eine Hundenummer, mein Onkel führte mit Pferden, es war ein brauner Wallach darunter, die Hohe Schule vor.

Vormittags gab es eine Tierschau: Schulklassen kamen und sahen sich unsere Tiere an: Elefanten, Löwen, Affen, Pferde, sogar ein Kamel hatten wir. Die Elefanten wurden auch als Arbeitstiere verwendet, teilweise auch die Pferde, für manche Arbeiten waren die aber zu schwach, dann nahm man die Elefanten. Wenn zum Beispiel der Boden vom Regen weich geworden war und die Wagen mussten gezogen werden. Es war eine schwere Arbeit, in der Früh sind wir angekommen, am Abend haben wir schon gespielt, da musste man den ganzen Tag arbeiten. Zuerst kamen die Arbeiter, die das Zelt aufstellen, dann erst die Wohnwagen und später auch der Kassawagen. Der war wichtig. Am liebsten war ich bei den Tieren. Ich hatte einen Affen, die hat Poldi geheißen. Wenn ich zum Käfig gekommen bin, konnte ich alles mit ihr machen. Die ist gekommen, und ich habe sie gestreichelt.

Im Winter waren wir in Znaim im Winterquartier. Es gab dort eine Kaserne und einen Theatersaal. Und in diesem Theatersaal haben wir alle vierzehn Tage ein neues Programm aufgeführt. Es war ein Varietéprogramm ohne Tiernummern, das immer gewechselt wurde.[608] Ich saß wieder in der Kassa – rechnen konnte ich immer noch nicht, aber ich war Gott sei Dank ein vifes Kind und man reift mit [den Aufgaben]. Der Znaimer Stadtkommandant – die genaue Funktion weiß ich nicht – hat alle 14 Tage zwei Ehrenkarten bekommen. Ich habe ihn schon gekannt und habe ihm die Karten immer gegeben. Mittags, wenn ich essen war, hat mich Nello, Konrads Neffe, vertreten. Nello dürfte ihn nicht gekannt haben und hat ihm die Karten nicht gegeben und dieser war total beleidigt. So hat man mich dann geschickt. Ich bin dort hingegangen und habe gesagt, die Direktion lässt sich entschuldigen. Er hat für mich zwei, drei Äpfel geholt, hat mir auf die Schulter geklopft und gesagt: »Du bist ein wahrer deutscher Junge.« Ich hab mir gedacht: »Du Depp, wenn du wüsstest, wer ich bin.«[609] /.../

Meine Mutter war auch Sternträgerin, aber den hat sie nicht getragen, denn sie war ja dann nicht mehr dort, wo sie gemeldet war. Meine Mutter hat die meiste Zeit bei dieser Tante in der Schrottgießergasse gewohnt. Wir haben uns den Bezirk nicht aussuchen können. Wir mussten dorthin gehen, wo man uns genommen hat. Ich weiß aber, wir sind auch nicht weggegangen, da bin ich oft tagelang nicht hinausgekommen. /.../

Einige Wertgegenstände meiner Großmutter hat mein Vater damals ins Versatzamt gegeben und diese dann nicht mehr auslösen können. Um mich und meine Mutter über die Runden

---

608 Auch wenn Fritz B. keine Erinnerung an eine Beflaggung mit Hakenkreuzfahnen oder das Singen nationalsozialistischer Lieder hat, ist eine gute Zusammenarbeit mit den Behörden doch wahrscheinlich. Die Zirkusleitung hatte sich mit dem nationalsozialistischen Regime arrangieren können.

609 Im Gespräch betont Fritz B. immer, dass er über das Schicksal der Juden Bescheid gewusst habe, da sein Vater auch ausländische Radiosender abgehört hatte.

zu bringen. Weil wir hatten ja keine Esskarten. Wir haben ja nichts gehabt. /…/

Ich habe alles gewusst, da meine Großmutter mich immer über alles aufgeklärt hat. Ich kann mich noch erinnern, als die Schwester meines Großvaters abtransportiert wurde. /…/ Ich muss das aber alles weggedrängt haben. Wahrscheinlich auch, weil nie etwas passiert ist. Monatelang ist [es] immer glatt gegangen.

Wo meine Mutter überall versteckt war, weiß ich nicht mehr, weil ich ja beim Zirkus war und sie ja oft monatelang nicht gesehen habe. Briefe schreiben wäre ja gar nicht gegangen. [Besorgt war ich um meine Mutter, habe schon Angst gehabt. Aber mein Vater hat mich beruhigt.]

Meine Mutter hat mich [einmal beim Zirkus] besucht und ist auf der Heimfahrt kontrolliert worden. Sie war eine charmante und sehr schöne Frau und hatte Glück – sie zeigte ihren ungarischen Ausweis.

Sie hatte rote Haare, eigentlich kastanienrot. Ich war kohlschwarz. Das war aber meist kein Problem, weil alle gewusst haben, dass mein Vater ein Italiener ist.

Ich wusste noch von früher, dass ich mich beim Baden nicht zeigen durfte – in Wien war ich mit meinem Vater immer im Römerbad, das war ein Dampfbad, und da hat er immer gesagt: Schürze nicht heruntergeben – aber: Wo hast denn da baden können beim Zirkus? Da gab es kein Bad, da hast du dir bei einem Lavoir ein bisschen das Gesicht gewaschen. Und wenn wir einmal an einem See oder einem Teich waren, war ich aber mit der Badehose.

In Linz-Urfahr haben wir einen ziemlich argen Luftangriff erlebt. Wir waren drei oder vier Wochen dort und haben erlebt, wie die Hermann-Göring-Werke angegriffen worden sind, wir sind direkt beim Wasser gestanden. Dort war die Hauptbrücke und dann in Urfahr ein paar Hundert Meter direkt beim Wasser. Bei diesem Luftangriff waren wir in einem Schützengraben, aber sonst, wenn etwas war, waren wir in einer Schule im Keller. Da gab es einen Voralarm, und es war nicht weit. Die Tiere sind [im Zirkus] geblieben, es ist aber nie etwas passiert.

Ende 1944, Anfang 1945 bin ich nach Wien gekommen, mein Onkel blieb beim Zirkus. In Wien war ich dann nicht mehr wirklich versteckt, da mein Vater gemeldet war und meine Großmutter mich oft abgeholt hat. Außerdem habe ich einen italienischen Pass auf den Namen Frederico Moscovita bekommen. Wie mein Vater den besorgt hat, weiß ich nicht mehr, mein Vater hat mich aber auf jeden Fall um ein Jahr jünger gemacht. Der 15. Juli stimmte, aber er hat statt [dem Jahr] 30 31 hinschreiben lassen. Ich musste die Angaben auswendig lernen. Es war auch »Artist« als Beruf angeführt.

Zwei oder drei Wochen bevor die Russen gekommen sind, habe ich den Pass bekommen. Bei einem Fliegeralarm hat mich meine Großmutter gepackt und wir liefen über die Schwedenbrücke, als ich von der HJ aufgehalten wurde, die Jugendliche zum Volkssturm holten. Da hat mir der Pass geholfen. Aber was wäre gewesen, wenn ich den Pass nicht gehabt hätte?

Am Czerninplatz 2 habe ich den Umbruch erlebt. Wir waren mit meiner Mutter im Keller, als die Russen gekommen sind. Und das ist noch eine lustige Geschichte, die Russen haben die Leute zum Arbeiten geholt und sie haben meinen Onkel geholt. /.../ Die Russen haben ihn mitgenommen in den Wienerwald, Bäume fällen, damit sie die Brücken bauen können. Der Kommissar, das hat der Onkel später erzählt, hat Deutsch gekonnt und der Onkel hat gesagt, er ist Jude und hat gehofft, er braucht deshalb nicht mitgehen. Hat der Kommissar gesagt, jetzt haben wir sie befreit, jetzt müssen sie erst recht arbeiten gehen.

So, jetzt war der Hitler weg. Ich war im 15. Lebensjahr und

hab nichts können. Ich sollte in die 4. Klasse gehen, das hab ich nicht gemacht. Mein Vater hat eine Lehrerin genommen, und ich hab privat Deutsch und Rechnen gelernt. Dann wollte mein Vater, dass ich Klavier lerne und auch ein bisserl Englisch, das war alles. Mein Vater war Dentist, hat aber keine eigene Ordination gehabt, er war wo angestellt und war der Einzige der Familie, der verdient hat.

Sehnsucht nach einem Zirkus hab ich wirklich nicht gehabt, zum Zirkus zurück wollte ich nicht. Auch mein Onkel ist nicht beim Zirkus geblieben. Er hat nach dem Krieg eine Damenboxgruppe gehabt und ist mit dieser viel gereist.

Ich hab keine Lehre begonnen, ich war ein Tachinierer. Mit dem Bruder meines Vaters, der Marktfahrer war, bin ich einige Zeit auf Märkte gefahren. Durch ganz Österreich – ich hatte einen Identitätsausweis. Das habe ich jedes Jahr etliche Monate gemacht und dabei gut verdient.

[Die Gefühle nach 1945 zu beschreiben ist schwierig.] Ob ich Hass empfunden habe – eher war es ein Gefühl der Kränkung. Viele, von denen man wusste, sie waren Nazis, waren es jetzt nicht mehr. [Ich wusste von meinem elften Lebensjahr an, dass ich jemand war], der von der Gesellschaft abgelehnt wurde und verstoßen war. [Eigentlich] bin ich ein ausgesprochener Gesellschaftsmensch. Aber damals, das muss ich schon sagen, nach dem Krieg hatte ich Minderwertigkeitskomplexe. Sehr starke sogar. Da war auch die Angst sehr groß, irgendwo zu arbeiten anzufangen. Ich kann nichts, ich bin nichts. Ich hab sehr starke Minderwertigkeitsgefühle gehabt.

Als ich 24 Jahre alt war, hat mein Vater gesagt, jetzt ist einmal Schluss, jetzt musst du irgendetwas machen. [Über einen Verwandten väterlicherseits bekam Fritz B. die Möglichkeit bei der Firma Bernhard Altmann zu arbeiten.][610]

610 Die Firma erzeugte vorwiegend höherwertige Strickwaren.

Ich habe als Hilfsarbeiter begonnen, war sehr vif. Dass ich nichts konnte, das konnte ich sehr stark ausgleichen. Schließlich bin ich Abteilungsleiter, später sogar Verkaufsleiter geworden.

11. ROBERT SCHINDEL CODE: 4.4.44[611]

Meine Mutter stammt aus einer mäßig orthodoxen Familie, der Salomon, ihr Vater, war so ein »Drei Tage Jude«, hat aber auch Shabbat eingehalten. Wollte aber mit den Leuten der Kultusgemeinde, mit den »Gangstern«, wie er sich immer ausgedrückt hat, der KG in den zwanziger Jahren, nichts zu tun haben. Er ist erst später, gegen Ende der dreißiger Jahre – nach Aussagen meiner Mutter – wieder religiöser geworden. Etwa ab 34. Er war Buchhalter, ganz normaler Buchhalter. Ist dann aber verarmt, so um 1923, 24 herum, als er arbeitslos wurde. Er war Jahrgang 1867 und hat dann keine [Arbeit] mehr bekommen. Mein Großvater ist im Alter von drei Jahren aus Tarnow aus Galizien gekommen, die Mutter meiner Mutter aus der Nähe von Brünn, hat nicht gearbeitet, drei Kinder hat's gegeben, die mussten natürlich studieren, vor allem die zwei älteren Brüder, der eine ist dann während des Medizinstudiums schizophren geworden, war lange auf Steinhof, aber [dann] auch wieder zu Hause, dadurch war das Haus so wie ein Totenhaus, schildert meine Mutter. Der andere ist Arzt geworden, Dr. Erich Schindel, der lange Jahre in der Grünangergasse ordiniert hat und dann im Karl-Marx-Hof die Praxis hatte. Meine Mutter wollte im Alter von 13, 14 Jahren weg [aus

611 Robert Schindel, geb. 4.4.1944. Interview vom 27.7.1992. Die Autorin dankt Robert Schindel für die Erlaubnis zur Veröffentlichung.

dem Haus, in eine Jugendgruppe] – und hat überlegt, ob sie in der Blumauergasse links zu »Blau-Weiß« oder rechts zum KJV gehen soll, zum Kommunistischen Jugendverband, sie hat sich für rechts entschieden, ist zum KJV gegangen.[612] Meine Mutter hat eine Lehre begonnen, bei Rothschilds, als Gärtnerin, hat die gerade noch fertig gemacht und ist dann nach Moskau und hat seitdem immer nur in einer Parteifunktion gearbeitet.

[Aus der Kultusgemeinde] ausgetreten ist sie wegen ihres Vaters nicht. Für ihn wäre das eine Katastrophe gewesen, das wollte sie ihm nicht antun, das hat sie also nicht gemacht. Sie trat 1972 aus. Sie hat mir gesagt, sie ist 1947 ausgetreten, aber wie ich dann selbst wieder eingetreten bin, haben sie bei meiner Mutter nachgeschaut, sie ist erst 1972 ausgetreten. /.../

Die sozialen Verhältnisse waren ärmlich, aber nicht proletarisch. Kleinbürgerlich, verarmt.

Meine Mutter hat dann einen um 13 Jahre älteren Funktionär der Kommunistischen Partei kennengelernt, einen Nichtjuden, der dann hingerichtet wurde, 1940/41, im Wiener Landesgericht – Anton Reisinger war auch lange Zeit gemeinsam mit der Hedy Urach in den Parteibüchern, auch mit Foto. Hat sich dann in der KJ betätigt, ist 1931 mit Tondo nach Moskau gegangen.[613] War dann bis rund um den Kirov-Mord in Moskau 1934. Ist rechtzeitig zu den Februarkämpfen, [zur Zeit] um die Februarkämpfe nach Wien gekommen – wurde dann inhaftiert. 1935 ist ihre Mutter im Alter von 57 Jahren gestorben und wurde auch auf dem jüdischen Friedhof begraben.

Meine Mutter ist amnestiert worden, 1936, und ging 1937 nach Frankreich. Noch vor dem »Anschluss« und zwar, um im

612 Gerty [Gertrude] Schindel, geb. 5.1.1913. Siehe dazu auch Erzählte Geschichte, Bd. 1: Arbeiterbewegung, S. 246ff. und S. 300f.

613 Anton Reisinger, »Tondo«, geb. 31.5.1905, enthauptet am 4.8.1943. Hedwig (Hedy) Urach, geb. 20.8.1910, enthauptet 17.5.1943, vgl. DÖW-ODB .

Spanienkomitee zu arbeiten. Es war damals Spanischer Bürgerkrieg, und sie ist damals nach Paris. Unter Franz Marek, dem sehr bekannten Funktionär der KP, hat sie im Spanienkomitee bis zur Besetzung 1940 gearbeitet, dann war sie in der sogenannten »Mädchengruppe« – die hat sie auch geleitet, die [Gruppe] hatte die Aufgabe, deutsche, österreichische Soldaten anzusprechen, diese zur Desertion zu überreden. Das war einer dieser Pläne. Das hat sie auch in Paris gemacht, bis 1943 /.../, aber auch im unbesetzten Teil [Frankreichs], unter einem falschen Namen, sie hieß »Annette« und dort – in Paris – hat sie auch meinen Vater kennengelernt.

Von dem ich natürlich weniger weiß, nur das, was meine Mutter über ihn erzählt hat, an das sie sich erinnert hat, über seine Eltern nur bruchstückhaft. Seine Eltern waren Prager Juden, mein Vater hieß René Hajek. Er war erst in Paris Kommunist geworden, war ein lebenslustiger Mensch, hat in Brüssel mit dem Joseph Schmidt – dem berühmten Sänger, der dann in der Schweiz – an Blinddarmentzündung – gestorben ist in einer Bar musiziert.[614] Meine Eltern haben sich also in Paris kennengelernt, sind dann im Auftrag der Kommunistischen Partei Österreichs im Herbst 1943 nach Linz an der Donau gegangen. Sie waren getarnt als französische Fremdarbeiter, mit elsässischen Pässen. Meine Mutter hieß Suzanne Soël – mit den 2 Stricherln über dem E. –, ein typischer elsässischer Name. Mein Vater (Pierre Lutz) – wie ich auf die Welt gekommen bin, Robert Soël. Die beiden sollten deswegen nach Linz, weil man meine Mutter in Wien vielleicht erkannt hätte. In Linz war sie nie vorher, da hätte man sie nicht erkannt. Dort haben sie eine Widerstandsgruppe aufgebaut, wie immer die ausgesehen haben mag, es war eine berühmte Gruppe, sie war bekannt, sind aber alle umgekommen. Im August 44 sind alle verhaftet

614 Joseph Schmidt 1904–1942.

worden, durch Verrat, und wurden auch enttarnt. Nun gibt es zwei Versionen über mein weiteres Schicksal. Ich war damals 4 Monate, ich bin am 4.4.44 geboren. Offiziell bin ich als Elsässer auf die Welt gekommen – in Bad Hall. Die Linzer Geburtsklinik war zerbombt, und die Mütter eines bestimmten Stadtteils haben alle in Bad Hall entbunden, circa 40 Kilometer von Linz. Ein bekannter Kurort, genau im Kurhaus war die Geburtsklinik. Da kam ich am 4.4.44 zur Welt. Das war ein wichtiges Datum, sonst hätte mich meine Mutter nicht wiedergefunden. Und dann gibt es zwei Versionen, die eine von einer älteren, ein Jahr früher verhafteten Frau, und die zweite von meiner Mutter. Beide Versionen haben etwas für sich, für beide gibt es Motive, warum die eine es so, die andere es so erzählt hat. Die eine ist also so, dass mich meine Mutter verleugnet hat, sie ist also an mir vorbeigegangen und hat damit irgendeiner Sympathisantin der Widerstandsgruppe ermöglicht, dass ich aus der Kinderkrippe herausgenommen wurde, zu einer Freundin nach Wien, aus der Reichweite der Gestapo gebracht wurde.

[Über die Umstände der Verhaftung kann Robert Schindel nichts sagen, nach Aussage von Gertrude Schindel kam es durch die Aufzeichnungen eines Parteifreundes in Paris zur Verhaftung.][615]

Ich war in der Kinderkrippe. Ich war 4 Monate /…/ Man hat mich nach Wien gebracht und bei der Nationalsozialistischen Volkswohlfahrt, in der Schmelzgasse im 2. Bezirk, als Kind asozialer Eltern deklariert. Es hat ja damals viele Ausgebombte, Waisen, Kinder Asozialer etc. gegeben, wo die Kinder eben keine Eltern gehabt haben. Später wurden die Eltern dann auch als Juden enttarnt. Man hat natürlich nachgeforscht, ob sie das schon in Linz oder dann erst in Wien gewusst haben, [weiß ich nicht] jedenfalls hatten sie dann in Wien den ganzen Vorkriegsakt meiner Mutter. Von meinem Vater hat es nicht so viel gegeben, der ist erst später aktiv geworden. Das ist die eine Version, und dort [im Kinderheim] habe ich überlebt. Und zwar wurde ich weitergegeben mit dem Slogan: Robert – 4.4.44, Leberfleck auf dem rechten Arm. Das ist die Version einer Bekannten, einer sehr guten Freundin. Und die Version, die meine Mutter erzählt – und die möglicherweise um mich zu schonen erzählt wurde, ist die, dass der Gestapobeamte in Linz einen Sohn in meinem Alter hatte, und es war schon August 44, Stalingrad war längst vorbei, und er hätte mit meiner Mutter Mitleid gehabt, was das Kind anlangt, und er hätte ermöglicht, dass das Kind weggebracht werden konnte, dass es also unter seinen Augen, aber nicht unter den Augen der gesamten Gestapo geschehen ist. Der das ermöglicht haben soll, soll gesagt haben, passen Sie auf, nehmen Sie das Kind, fahren Sie nach Wien, weg aus unserem Bereich, ich habe auch einen Sohn. Das ist die zweite Version, die meine Mutter erzählt. Ich habe die Franzi, so heißt die Bekannte, einmal damit konfrontiert, sie hat mir darauf gesagt, dass meine Mutter das nur erzähle, um nicht sagen zu müssen, sie hätte mich verleugnet. Wobei ich na-

615 Vgl. Erzählte Geschichte. Bd. 1, S. 248.

türlich verstehe, warum sie mich verleugnet hat, nur damit ich nicht nach Auschwitz komme. Dann sind meine Eltern nach Auschwitz gebracht worden. Sonst geht die Geschichte gleich weiter, ich bin wieder in das Kinderhaus gebracht worden, auch unter diesem Code. Das haben beide erzählt.[616]

Ich war dann bis Kriegsende in diesem nationalsozialistischen Kinderhaus. Eine Vorgängerin der heutigen Kinderübernahmestelle. Dann wurde ich zu einer Frau Schubert in Pflege gegeben, nach Meidling, das war eine Frau, die mit den Kommunisten sympathisiert hat, eine Illegale war, auch wenn sie sich nicht aktiv beteiligt hat, die den Krieg überlebt hat, und dort wurde ich dann nach dem Slogan: 4.4.44 – Robert, Leberfleck am rechten Arm, im August 45 von meiner Mutter gefunden. Sie war in Auschwitz, dann in Ravensbrück, mein Vater in Auschwitz und dann in Dachau, der ist umgekommen. Der hat es nicht überlebt. Ja, so gesehen habe ich ohne Bewusstsein eines U-Bootes das gleiche Schicksal wie alle anderen Kinder in meinem Alter in Wien miterlebt.

War Unterschied in der Pflege, der Betreuung zu spüren?

Als Kleinkind vielleicht nicht, aber später, es sind mir einige Sachen geblieben, die aber alle Kinder dieser Zeit haben – lange Zeit Angst vor Sirenen, Schweißausbruch bei Sirenen – das ist

616 Weitere Version von Gertrude Schindel: »Ich bin physisch nie gefoltert worden, sondern sie haben mir nur das Kind weggenommen, und damit haben sie mich klein kriegen wollen. /…/ In Linz hat es so eine Art Kinderspital gegeben, und dort ist die Gestapo mit mir hin gegangen und hat gesagt: ›Jetzt lassen Sie das Kind da.‹ /…/ Er sah aus wie ein kleiner Franzose, er war so braunhäutig und hatte braune Haare. Und ich habe gesagt: ›Nein, ich gebe es nicht her.‹ Das hat mir nichts genützt. Dann ist eine Schwester gekommen und hat gesagt: ›Moment.‹ Habe ich gesagt: ›Nein, nein, nein.‹ Aber sie war stärker, und weg war er.« Erzählte Geschichte. Bd. 1, S. 248.

nichts Spezifisches –, dann hat sich aber noch eine Sache entwickelt, Angst vor Dämmerung in geschlossenen Räumen. Das habe ich eigentlich bis heute, ich habe entweder Angst, bzw. so ein komisches Gefühl. Das hängt vielleicht damit zusammen, dass ich, obwohl ich als Kind asozialer Eltern in dem Heim annonciert war, bei Besuchen der Gestapo oder von anderen Formationen der Nationalsozialisten – sicher ist sicher – in einen Raum gebracht wurde, wo keine anderen Kinder waren, ich eben abgeschoben wurde, dass ich auch nicht schreien hätte sollen; da gibt es auch so eine Geschichte, die hat eine Frau erzählt, die auch schon lange tot ist, und auch meine Mutter erzählte mir das, da war ich schon 20 Jahre. Nach der Geschichte hätte ich längere Zeit in einem abgedunkelten Raum verbringen müssen.

Wahrscheinlich haben nur ein oder zwei Leute [die näheren Umstände gekannt]. Ich hatte auch gerade im ersten Jahr alle Kinderkrankheiten. Mit Ausnahme von Mumps und Diphtherie, die hatte ich dann auch später nicht, dafür hatte ich Keuchhusten und anderes zweimal bekommen. Es war natürlich auch so, dass ich von einem Tag zum anderen in andere Verhältnisse gekommen bin. Ich bin ja noch gestillt worden. Vielleicht hat sich das auf mein Nervensystem ausgewirkt. Ich bin auch ein relativ nervöser Mensch, vielleicht wäre ich das unter anderen Umständen nicht geworden. Aber das kann man natürlich nicht sagen.

Mit sechs oder sieben hat man in der Schule »Judenbua« zu mir gesagt, da bin ich nach Hause, habe gefragt, was ist ein »Judenbua«, wieso bin ich ein »Judenbua«? Da hat mir meine Mutter erklärt, dass das auf der Hand liegt, dass das nicht wahr ist, weil wir ohne religiöses Bekenntnis sind, und die Juden sind eine Religionsgemeinschaft. Dann bin ich also in die Schule zurückgegangen, habe diese Erklärung dort abgegeben, bin natürlich ausgelacht worden, dann hat meine Mutter später gesagt: »Ja, ich bin Jüdin – aber nur für Antisemiten«, noch später hat sie gesagt: »Ich bin eigentlich nur eine Hitlerjüdin«, »Der Hitler hat mich wieder zur Jüdin gemacht«. Jetzt – mit 80 – beginnt sie so etwas wie ein jüdisches Bewusstsein zu entwickeln. In Ansätzen, sie beginnt auch plötzlich jiddische Ausdrücke zu verwenden, die sie nie verwendet hat, die nur vom Salomon gekommen sind. Der sie sehr oft verwendet hat, nur die gewöhnlichen, eh nichts Spezielles, Rachmones, Moire, usw.[617] Der Salomon hat gar nicht richtig Jiddisch gesprochen, er war ja vier Jahre, als er von Galizien weggekommen ist, und er hat Wert darauf gelegt, dass nur Deutsch gesprochen wurde. Die Kinder heißen auch Erich, Georg und Gerti. Er selber hieß noch Salomon. Er hat hin und wieder diese Ausdrücke verwendet, wie das damals üblich war, meine Mutter nie – die hat nicht einmal meschugge gesagt.[618] Und das beginnt jetzt, dass sie manchmal solche Sachen sagt. Altersbedingt, auch mein Onkel, der ist jetzt 86. Er kriegt ein bisschen etwas Jüdisches, aber auch erst seit Kurzem. Vorher war das nicht so.

Ich habe mit 14, 15 schon einmal eine »jüdische Phase« ganz stark durchgemacht, eine zionistische, so eine Shomerrichtung, Haschomer Hazair, ohne je wirklich beim Shomer gewesen zu sein. Unter dem Einfluss von Pauli Haber, auch wenn ich nicht in der Hakoah war.[619]

Ich war immer nur in der kommunistischen Jugendbewegung. FÖJ, Junge Garde, Sturmvögel. /.../ Bin dann 1961 in die KP eingetreten, und 67 wieder ausgetreten. Vorm »Prager Frühling«.

Wie war das mit dem »Judentum« in der Familie Schindel?

617 Rachmones: Mitleid, Moire: Angst.

618 Meschugge: verrückt.

619 Hashomer Hazair: sozialistisch-zionistische Jugendbewegung. Hakoah: jüdischer Sportverein. Univ. Prof. Dr. Paul Haber, 1964 österr. Meister in Brustschwimmen.

Meiner Mutter ging es um die Emanzipation der gesamten Menschheit und nicht nur um eine Emanzipation eines Teils. Sie hat das Judentum aber nie verleugnet, in dem Sinn, dass sie gesagt hätte, sie ist keine Jüdin. Besonders gegenüber anderen. Sie behauptet, ich hätte ihren Vater, der mit dem Erstgeborenen nach Riga transportiert wurde, rehabilitiert. Sie hatte ja kein schlechtes Verhältnis zu ihm. Als sie es verbessern wollte, war er weg. Ich habe mit 20 begonnen, mich um meine Familie zu kümmern, wer war wer? Wo sind die – dann hat sie zu erzählen begonnen, ich habe dann gefunden, dass er recht mutig war, mit dem Sohn konnte er nicht nach England. Er ist nach Riga. Er ist nicht euthanasiert worden. Wenn er in Steinhof geblieben wäre, hätte er überlebt, diese Abteilung hat überlebt. Einige Abteilungen sind völlig unangetastet geblieben. Auch dort, wo der Georg war.

Was ist »jüdisches Aussehen«?

Es gibt ein jüdisches Aussehen. Das zeigt ja die Geschichte. Die Polen waren hier sehr geschickt. Die Deutschen hätten die blonden und blauäugigen Juden nicht herausgekannt. Es gibt so etwas wie ein »jüdisches Ponem«.[620] Die Wiener haben mich ja auch als solchen erkannt. Mittlerweile bin ich schon bekannt, man weiß es auch von mir, aber das war auch schon in der Zeit davor – zu jeder Zeit.

Wie sieht Gertrude Schindel diese Entwicklung, das Bekenntnis zum Judentum?

Ich werde sicher kein gläubiger Jude werden, ich weiß, woher ich komme, dadurch dass ich auch sehr prononciert aussehe,

620 Ponem: Gesicht.

bin ich auch Verbalangriffen wesentlich stärker ausgesetzt. In den Jugendorganisationen usw. Ich habe es zwar auch etwas weggedrängt, aber ich wurde letztlich doch immer darauf gestoßen. Auch in der Maoisten-Zeit – aber es ist zwecklos. Ich habe es im Grunde gewusst, dass es zwecklos ist, aber ich habe es halt probiert. Inzwischen stelle ich mich auch dazu, ich habe auch eigentlich keine Probleme damit.

Meine Mutter toleriert es bei mir. Das heißt, es gibt nichts zu tolerieren oder nicht zu tolerieren, ich gehe ohnehin meinen Weg, aber sie hat nichts dagegen. Es besteht nicht die Gefahr, dass ich religiös werde, mit Shabbesdeckel usw., aber ich sehe es von der Richtung des jüdischen Volkes. Zu Kol Nidre gehe ich in den Tempel.[621] Nach dem Austritt aus dem KB (Kommunistischen Bund) – Maoisten – habe ich begonnen, mich mit entsprechender Literatur zu beschäftigen. Ich habe beschlossen, mich als Angehöriger des österreichischen Volkes zu fühlen, mit allen Rechten und Pflichten, aber auch als einer des jüdischen Volkes. Mein Volk sind die Juden – und sonst keines. Vielleicht sehen das fünf Generationen nach mir anders. Ich halte es jedenfalls mit Sigmund Freud, der in der Lueger-Zeit gesagt hat: Früher sah ich mich als Österreicher mit jüdischer Herkunft, heute bin ich ein Jude aus Wien.

Wie konnte Gertrude Schindel die Zeit verarbeiten?

Ich glaube gut, ich weiß, dass ihr der Gedanke an mich Lebensmut gegeben hat, das haben mir auch andere Mithäftlinge erzählt. Sie hat gesagt, sie muss überleben, sie hat ein Kind.

621 Shabbesdeckel: Gemeint ist die Kippa, die religiöse Kopfbedeckung für Männer. Mit Kol Nidre beginnt Jom Kippur, der strenge Fasttag (Versöhnungstag).

***

[Das Auffinden von Tagebüchern einer Kinderschwester/Krankenschwester in dem Kinderheim – Mignon Langnas – brachte neue Erkenntnisse. Christa Prokisch, Mitarbeiterin des Jüdischen Museums der Stadt Wien, stellte folgende Zusammenfassung als Zusatz für das Interview zur Verfügung.[622] Trotz dieser Erkenntnisse bleiben einige Fragen offen.]
R. S. wurde am 4.4.1944 in Bad Hall als Sohn der Suzanne Soël, recte Gertrude Schindel, geboren.

Diese hatte damals, getarnt als freiwillige Elsässerin, Arbeit als Dolmetscherin im Reichsbahnlager in Linz. Der Vater von Robert ist der Wiener Jude René Hajek, der unter dem Decknamen Pierre Lutz ebenfalls in Linz im Brettldorf wohnte.

Als Robert 4 Monate alt war, genauer am 23.8.1944, wurden beide Eltern direkt vom Reichsbahnlager weg durch eine Equipe der Wiener Gestapo verhaftet. Gerty musste Robert in einem NSV-Kinderheim (»eine Art Kinderspital« nannte Gerty das in einem DÖW-Interview) zurücklassen, wo er ihr gegen ihren Willen abgenommen worden war. Das war tatsächlich das einzige Mal, dass er in einer NSV-Einrichtung war.

Die Eltern kamen noch am selben Tag nach Wien ins Gefängnis auf der Elisabethpromenade.

Robert musste vorerst allein in Linz zurückbleiben.

Im November 1944 wurde die Fürsorgerin Franziska Löw von Brunner persönlich mit einem Ausweis versehen, der es ihr gestattete, ohne Stern mit der Bahn nach Linz zu fahren,

622 Mignon Langnas, 1903–1949. Siehe Elisabeth Fraller/George Langnas (Hrsg.). Mignon. Tagebücher und Briefe einer jüdischen Krankenschwester in Wien 1938–1949. Studienverlag Innsbruck/Wien/Bozen 2010. Die Autorin dankt Christa Prokisch für diese Zusammenfassung, die in Absprache mit Robert Schindel verfasst wurde.

um dort ein Kind abzuholen.[623] Sie berichtete das in einem Interview, das vom DÖW publiziert wurde.

Die NSV machte ihr Schwierigkeiten, verwies sie an die Gestapo. Diese musste telefonisch bei der Wiener Gestapo intervenieren, damit das Kind, damals 8 Monate alt, mit Franziska Löw nach Wien fahren konnte. Am Abend desselben Tages kamen sie am Westbahnhof an und Franzi Löw musste das Kind sofort einigen Gestapo-Leuten aushändigen, die schon mit einer »Kinderschwester« auf sie gewartet hatten.

Einige Tage später bekam Franziska Löw das Kind aber wieder zurück, weil es sich herausgestellt hatte – so referiert Frau Danneberg-Löw – dass das Kind ein Geltungsjude war!

Unter der Obhut der Fürsorge des Ältestenrates verbrachte Robert nun die nächste Zeit, die zum überwiegenden Teil von Krankheit und sozialer Isolation geprägt war.

Tatsache ist, dass er irgendwann, vielleicht auch gleich nach seinem Intermezzo bei der Gestapo, ins jüdische Kinderspital gekommen ist, wo er bis zur Auflösung dieser Institution verblieb. Das wissen wir aus dem unveröffentlichten Tagebuch einer jüdischen Krankenschwester, die bis 1945 in Wien für den Ältestenrat gearbeitet hat. Sein Name ist zu diesem Zeitpunkt immer noch Robert Soël. Das Kinderspital wurde Ende Mai 1945 aufgelöst, und wo er dann hingebracht wurde, ist nicht ganz sicher. Anzunehmen ist jedoch, dass er gleich in die Schreygasse gebracht wurde. Von dort holte ihn nämlich Frau Hilde Schubert im Auftrag von Othmar Strobl (KPÖ) Anfang Juni 1945 ab. Eine unsympathische Frau mittleren Alters habe ihn dort in der Wohnung in einen Wäschekorb gesetzt und

623 Franziska (Franzi) Danneberg-Löw, 2.1.1916–28.11.1996, Fürsorgerin, half in ihrer Funktion auch etlichen U-Booten. Sie auch FN 293. Siehe auch Jüdische Schicksale, S. 185ff. sowie Rabinovici. Instanzen, z. B. S. 303–306 oder S. 315–317.

habe auch gewusst, welche Kinderkrankheiten er schon gehabt hatte und wie alt er war, nämlich 14 Monate.

Hilde Schubert nahm Robert, von dem bekannt war, dass er Gerty Schindels Sohn ist, zu sich nach Hause, wo ihre Mutter Käthe und sie sich um ihn kümmerten. Damals war noch nicht für alle klar, ob Gerty Schindel überlebt hatte. Sie war von Ravensbrück im Zuge der Bernadotte-Aktion nach Schweden gebracht worden.

Im August 1945 brachte Heinrich Fritz (Julio) zwei junge Frauen in die Parteileitung in der Wasagasse. Eine davon sei Roberts Mutter – so sagte er, und Hilde solle nun sagen, welche von beiden. Nach einigem Hin und Her entschied sie sich für Gerty – die andere Frau wäre Maly Fritz gewesen.

Sie fuhren gleich nach Meidling und nach mehr als einem Jahr sahen sich Mutter und Sohn wieder.

Gerty war vernünftig und ließ ihren Sohn noch eine Zeit lang bei den Damen Schubert, damit er sich nicht so rasch umgewöhnen musste und ihr noch Zeit blieb, um für Arbeit und Wohnung zu sorgen.

Im September 1945 war es dann so weit: Gerty holte Robert ab und fortan blieb er bei ihr.

Nach etwa 6 bis 7 Jahren fragt Gerty ihre Genossin Hilde nach der Frau, von der diese Robert geholt hatte.

Hilde wusste zwar nichts über sie, wollte Gerty aber die Wohnung zeigen, in der Robert sich befunden hatte. Doch den Hauseingang Schreygasse gab es nicht mehr, nur mehr den Hauseingang Untere Augartenstraße.

IX. VERZEICHNISSE

ARCHIVE UND QUELLEN

Dokumentationsarchiv des österreichischen Widerstandes – DÖW
Wiener Stadt- und Landesarchiv – WStLA
Österreichisches Staatsarchiv – ÖStA
Yad Vashem Archives
Israelitische Kultusgemeine Wien – IKG
Privatsammlung Ungar-Klein – PUK

LITERATURVERZEICHNIS

125 Jahre Rothschild-Spital – Wirkungsbereich der II. Wiener Medizinischen Schule, Displaced Persons-Lager. Projektgruppe Memory Wien 1997.

Evelyn ADUNKA/Gabriele ANDERL. Jüdisches Leben in der Wiener Vorstadt – Ottakring und Hernals. Mandelbaum Verlag Wien 2013.

Diana ALBU/Franz WEISZ. Spitzel und Spitzelwesen der Gestapo in Wien von 1938 bis 1945. In: Wiener Geschichtsblätter, 54. Jg., Heft 3 1999, S. 169–208.

Gabriele ANDERL/Edith BLASCHITZ/Sabine LOITFELLNER/Mirjam TRIENDL/Niko WAHL (Hrsg.). »Arisierung« von Mobilien. Oldenbourg Verlag Wien/München 2004 (= Veröffentlichungen der Österreichischen Historikerkommission Bd. 15).

Gabriele ANDERL/Dirk RUPNOW. Die »Zentralstelle für jüdische Auswanderung« als Beraubungsinstitution. Oldenbourg Verlag Wien/München 2004 (= Veröffentlichungen der Österreichischen Historikerkommission Bd. 20/1).

Ljuba ARNAUTOVIĆ. Im Verborgenen. Picus Verlag Wien 2018.

Elisabeth ÅSBRINK. Und im Wienerwald stehen noch immer die Bäume. Ein jüdisches Schicksal in Schweden. Arche Verlag Zürich/Hamburg 2014.

Brigitte BAILER. Wiedergutmachung kein Thema. Österreich und die Opfer des Nationalsozialismus. Löcker Verlag Wien 1993.
Brigitte BAILER. Für Österreich war Wiedergutmachung kein Thema: Die Auseinandersetzung mit der nationalsozialistischen Vergangenheit in Österreich am Beispiel des Opferfürsorgegesetzes und anderer Maßnahmen für die Opfer des Nationalsozialismus. Phil. Diss. Universität Wien 1991.
Brigitte BAILER. Der KZ-Verband. Informationen zu einer wesentlichen Quelle des Projektes der Namentlichen Erfassung der Opfer der politischen Verfolgung. In: DÖW (Hrsg.). Jahrbuch 2007. Wien 2007, S. 36–49.
Brigitte BAILER/Elisabeth BOECKL-KLAMPER/Wolfgang NEUGEBAUER/Thomas MANG. Die Gestapo als zentrales Instrument des NS-Terrors in Österreich. In: DÖW (Hrsg.). Jahrbuch 2013. Wien 2013, S. 163–190.
Brigitte BAILER/Gerhard UNGAR. Quellen und Methoden. In: DÖW (Hrsg.). Jahrbuch 2013. Wien 2013, S. 101–110.
Arieh L. BAUMINGER. Roll of Honour. Jerusalem Yad Vashem 1970. Foreword written by Abba Eban, Außenminister, Dez. 1969.
Steven BELLER. Wien und die Juden 1867–1938. Aus dem Englischen übersetzt von Marie-Therese Pitner. Böhlau Verlag Wien 1993.
Wolfgang BENZ. Retter und Gerettete. »Stille Helden«: Solidarität mit Juden während der NS-Zeit. In: Tribüne. Zeitschrift zum Verständnis des Judentums. Hrsg. von Elisabeth Reisch. 40. Jg., Heft 159 2001, S. 19–26.
Karin BERGER et al. Vollzugspraxis des »Opferfürsorgegesetzes«. Analyse der praktischen Vollziehung des einschlägigen Sozialrechts. Oldenbourg Verlag Wien/München 2004 (= Veröffentlichungen der Österreichischen Historikerkommission Bd. 29/2).
Franz S. BERGER/Christiane HOLLER. Überleben im Versteck. Schicksale in der NS-Zeit. Ueberreuter Wien 2002.
Rudolf BEYER (Hrsg.). Die Nürnberger Gesetze vom 15. September 1935 (Reichsflaggengesetz, Reichsbürgergesetz, Gesetz zum Schutze des deutschen Blutes und der deutschen Ehre) und das Ehegesundheitsgesetz vom 18. Oktober 1935. 7. Aufl. mit einem Nachtrag (Gesetzgebung bis Ende Mai 1939). Reclam Leipzig 1939.
Claus Victor BOCK. Untergetaucht unter Freunden. Ein Bericht. Amsterdam 1942–1945. Castrum Peregrini Presse Amsterdam 1985.

P. Ludger BORN SJ. Die Erzbischöfliche Hilfsstelle für nichtarische Katholiken in Wien. Hrsg. und bearbeitet von P. Lothar Groppe SJ. Privatdruck 1978 (= Wiener Katholische Akademie Wien Miscellanea XII).

Gerhard BOTZ. Oral History in Austria. In: BIOS. Zeitschrift für Biographieforschung und Oral History. Sonderheft 1990, S. 97–106.

Inge DEUTSCHKRON. Ich trug den gelben Stern. dtv München 1985.

Manus DIAMANT. Geheimauftrag: Mission Eichmann. Aufgezeichnet von Moshe Meisels, mit einem Vorwort von Simon Wiesenthal. Jugend und Volk Wien 1995.

Die Tätigkeit der Israelitischen Kultusgemeinde Wien in den Jahren 1960 bis 1964. Wien 1964.

Die Verwaltung der Bundeshauptstadt Wien vom 1. April 1945 bis 31. Dezember 1947. Verwaltungsbericht. Hrsg. vom Magistrat der Bundeshauptstadt Wien. Wien 1949.

DÖW (Hrsg.). Erzählte Geschichte. Berichte von Widerstandskämpfern und Verfolgten, Band 1: Arbeiterbewegung. ÖBV/Jugend und Volk Wien/München 1985.

DÖW (Hrsg.). Erzählte Geschichte. Berichte von Widerstandskämpfern und Verfolgten, Band 2: Berichte von Männern und Frauen in Widerstand wie Verfolgung – Katholiken, Konservative, Legitimisten ÖBV Wien 1992.

DÖW (Hrsg.). Erzählte Geschichte. Berichte von Widerstandskämpfern und Verfolgten, Band 3: Jüdische Schicksale. Berichte von Verfolgten. ÖBV Wien 1993.

DÖW (Hrsg.). Erzählte Geschichte. Berichte von Widerstandskämpfern und Verfolgten, Band 4: Spurensuche. Erzählte Geschichte der Kärntner Slowenen. ÖBV Wien 1990.

DÖW (Hrsg.). Widerstand und Verfolgung in Wien 1934–1945. Eine Dokumentation. Band 3: 1938–1945. Österreichischer Bundesverlag/Jugend und Volk Wien/München 1975.

Bernward DÖRNER. Die Deutschen und der Holocaust. Was niemand wissen wollte, aber jeder wissen konnte. Propyläen Verlag Berlin 2007.

Bernward DÖRNER. Was wussten die Deutschen vom Völkermord an den Juden? In: Harald Roth (Hrsg.). Was hat der Holocaust mit mir zu tun? 37 Antworten. Pantheon Verlag München 2014, S. 57–64.

Fritz ECKHARDT. Ein Schauspieler muß alles können. Mein Leben in Anekdoten. Herbig Verlag München 1989.
Herbert EXENBERGER/Johannes KOSS/Brigitte UNGAR-KLEIN. Kündigungsgrund Nichtarier. Die Vertreibung jüdischer Mieter aus den Wiener Gemeindebauten in den Jahren 1938–1939. Picus Verlag Wien 1996.
Herbert EXENBERGER. Gleich dem kleinen Häuflein der Makkabäer. Die jüdische Gemeinde in Simmering 1848–1945. Mandelbaum Verlag Wien 2009.
Eva FOGELMAN. The Rescuers: A Socio-psychological Study of Altruistic Behavior During the Nazi Era. Doctoral dissertation, City University of New York 1987. Zitiert in: Leo Baeck Instiute, Year Book XXXVII. London/Jerusalem/New York 1992, S. 328f.
Elisabeth FRALLER/Georg LANGNAS (Hrsg.). Mignon. Tagebücher und Briefe einer jüdischen Krankenschwester in Wien 1938–1949. Studienverlag Innsbruck/Wien/Bozen 2010.
Viktor E. FRANKL. … trotzdem Ja zum Leben sagen. Ein Psychologe erlebt das Konzentrationslager. 10. Aufl. dtv München 1991.
Viktor E. FRANKL. Rede am 10. März 1988 am Wiener Rathausplatz: In memoriam 1938. http://logotherapie.net/Rathausplatzrede_In%20memoriam%201938.pdf (28.1.2019).
Viktor E. FRANKL. Die Sinnfrage in der Psychotherapie. Mit einem Vorwort von Franz Kreuzer. 4. Aufl. Piper München/Zürich 1992.
Alexander FRIEDMANN/Elvira GLÜCK/David VYSSOKI (Hrsg.). Überleben der Shoah – und danach. Spätfolgen der Verfolgung aus wissenschaftlicher Sicht. Picus Verlag Wien 1999.
Daniela GAHLEITNER/Maria POHN-WEIDINGER. Biographieforschung: Erzählte Lebensgeschichten als Zugang zu Vergangenem. In: DÖW (Hrsg.). Jahrbuch 2005. Wien 2005, S. 175–195.
Winfried GARSCHA/Brigitte BAILER. Der österreichische Staatsvertrag und die Entnazifizierung. In: Arnold Suppan/Gerald Stourzh/Wolfgang Mueller (Hrsg.). Der österreichische Staatsvertrag. Internationale Strategie, rechtliche Relevanz, nationale Identität. Verlag der Österreichischen Akademie der Wissenschaften Wien 2005, S. 629–654.
GEDENKSTÄTTE Stille Helden. Widerstand gegen die Judenverfolgung 1933 bis 1945. Katalog zur Ausstellung. Hrsg.: Gedenkstätte Stille Helden in der Stiftung Gedenkstätte Deutscher Widerstand. Berlin 2009.

G. E. R. GEDYE. Die Bastionen fielen. Wie der Faschismus Wien und Prag überrannte. Übersetzt von Henriette Werner und Walter Hacker. Danubia Verlag Wien 1947.
Gemeinde Wien (Hrsg.). Niemals vergessen! Ein Buch der Anklage, Mahnung und Verpflichtung. Verlag für Jugend und Volk Wien 1946 (Katalog zur antifaschistischen Ausstellung »Niemals vergessen!«).
Inge GINSBERG. Die Partisanenvilla. Erinnerungen an Flucht, Geheimdienst und zahlreiche Schlager. Hrsg. von Manfred Flügge. dtv München 2008.
Hugo GLASER. In diesen 90 Jahren. Maudrich Verlag Wien 1972.
Anna GOLDENBERG. Versteckte Jahre. Der Mann, der meinen Großvater rettete. Zsolnay Wien 2018.
Leo GOLDHAMMER. Die Juden Wiens. Eine statistische Studie, R. Löwit Verlag Wien/Leipzig 1927.
Christa GÜRTLER/Martin WEDL (Hrsg.). Elfriede Gerstl: »wer ist denn schon zu hause bei sich«. Profile, 15. Jg., Band 19. Zsolnay Verlag Wien 2012.
Erich HACKL. Am Seil: Eine Heldengeschichte. Diogenes Zürich 2018.
Edith HAHN BEER mit Susan Dworkin. Ich ging durchs Feuer und brannte nicht. Eine außergewöhnliche Lebens- und Liebesgeschichte. Aus dem Englischen von Otto Bayer. Scherz Verlag Bern/München/Wien 2000.
Edith HAHN BEER/Johann PLATTNER. Sippenforscher. In: Harald Roth (Hrsg.). Mit falschem Pass und fremdem Namen. Junge Menschen im Holocaust. Mit einem Vorwort von Paul Spiegel. Bleicher Verlag Gerlingen 2002, S. 42–45.
Ludwig HAYDN. Meter, immer nur Meter! Das Tagebuch eines Daheimgebliebenen. Scholle Verlag Wien 1946.
Gerda HOFREITER. Allein in die Fremde: Kindertransporte von Österreich nach Frankreich, Großbritannien und in die USA 1938–1941. Studien Verlag Innsbruck/Wien 2010.
Clemens JABLONER et al. Schlussbericht der Historikerkommission der Republik Österreich. Vermögensentzug während der NS-Zeit sowie Rückstellungen und Entschädigungen seit 1945 in Österreich. Oldenbourg Verlag Wien/München 2003 (= Veröffentlichungen der Österreichischen Historikerkommission Bd. 1).

Ulrike JUREIT. Erinnerungsmuster. Zur Methodik lebensgeschichtlicher Interviews mit Überlebenden der Konzentrations- und Vernichtungslager. Ergebnisse Verlag Hamburg 1999 (= Forum Zeitgeschichte Bd. 8).
Der Kampf um die Wiedergutmachung. In: Die Tätigkeit der Israelitischen Kultusgemeine Wien in den Jahren 1952 bis 1954. Verlag d. IKG Wien 1955.
Christine KANZLER. »Ich habe gehört, daß sie judenfreundlich sind.« Geschichte einer Rettung. In: Christine KANZLER/Ilse KOROTIN/Karin NUSKO (Hrsg.). »... den Vormarsch dieses Regimes einen Millimeter aufgehalten zu haben ...« Österreichische Frauen im Widerstand gegen den Nationalsozialismus. Praesens Verlag Wien 2015, S. 191–207.
Martin KATZ. Meine neun Leben. In Wien von den Nazis gejagt, in München die Prominenz erobert. Journalistisch begleitet von Peter Michael Lingens. Kremayr & Scheriau Wien 2011.
Anton Maria KEIM (Hrsg.). Yad Vashem. Die Judenretter aus Deutschland. Verlag Grünewald/Kaiser Mainz/München 2. Auflage 1984.
Raphaela KITZMANTEL. »Ich möchte nicht als lebend gebliebene Anne Frank gesehen werden«. Elfriede Gerstls jüdische Identität im Licht des Überlebens im Versteck. In: Christa GÜRTLER/Martin WEDL (Hrsg.). Elfriede Gerstl. »wer ist denn schon zu hause bei sich. Zsolnay Verlag Wien 2012 (= Profile 19), S. 42–58.
Elisabeth KLAMPER. Die österreichischen Studenten 1919–1938. Ein Exkurs. In: Wien 1938. ÖBV Wien 1988, S. 180–185.
Johannes KRETZ. Erwin Ratz – Leben und Wirken. In: Musikleben Band 4. Studien zur Wiener Schule 1. Peter Lang Europäischer Verlag der Wissenschaften Frankfurt am Main 1996, S. 13–120.
Marie-Luise KREUTER. Rettung von Juden im nationalsozialistischen Deutschland 1933–1945. Ein Dokumentationsprojekt mit Datenbank am Zentrum für Antisemitismusforschung der Technischen Universität Berlin. In: Zeitschrift für Geschichtswissenschaft 46, Metropol Verlag Berlin 1998, S. 445–449.
Peter KUNZE. Dorothea Neff. Mut zum Leben. Orac Verlag Wien 1983.
Hellmut LAUN. So bin ich Gott begegnet. Eine ungewöhnliche Bekehrung. Franz-Sales-Verlag Eichstätt 2004.
Sylvia MADEREGGER. Die Juden im österreichischen Ständestaat

1934–1938. Geyer Edition Wien/Salzburg 1973 (= Veröffentlichungen des Historischen Instituts der Universität Salzburg 8).
Henriette MANDL. Cabaret und Courage. Stella Kadmon – Eine Biographie. WUV-Universitätsverlag Wien 1993.
Egbert MANNLICHER (Hrsg.). Wegweiser durch die Verwaltung unter besonderer Berücksichtigung der Verwaltung im Reichsgau Wien sowie in den Reichsgauen Kärnten, Niederdonau, Oberdonau, Salzburg, Steiermark und Tirol mit Vorarlberg. (Stand vom 1. Februar 1942.) Mit einem Geleitwort von Reichsleiter und Reichsstatthalter Baldur von Schirach. Deutscher Rechtsverlag Berlin/Leipzig/Wien 1942.
Jane MARKS. The Hidden Children. The Secret Survivors of the Holocaust. Ballantine Books New York 1993.
Roswitha MATWIN-BUSCHMANN. Kinder des Holocaust sprechen. Lebensberichte. Mit einem Geleitwort von Jerzy Ficowski. Reclam Verlag Leipzig 1995.
Otto MOLDEN. Der Ruf des Gewissens. Der österreichische Freiheitskampf 1938–1945. Beiträge zur Geschichte der österreichischen Widerstandsbewegung. Herold Verlag Wien/München 1958.
C. Gwyn MOSER. Jewish U-Boote in Austria 1938–1945. In: Simon Wiesenthal Center Annual Volume 2 1985, S. 53–62.
Jonny MOSER. Demographie der jüdischen Bevölkerung Österreichs 1938–1945. Wien 1999 (= Schriftenreihe des DÖW zur Geschichte der NS-Gewaltverbrechen 5).
Jonny MOSER. Die Gildemeester-Auswanderungshilfsaktion. In: DÖW (Hrsg.). Jahrbuch 1991. Wien 1991, S. 115–122.
Jonny MOSER. Nisko. Die ersten Judendeportationen. Edition Steinbauer Wien 2012.
Wolfgang NEUGEBAUER. Zur Geschichte der Widerstandsforschung. In: DÖW (Hrsg.). Jahrbuch 2013. Wien 2013, S. 211–232.
Wolfgang NEUGEBAUER. Der österreichische Widerstand 1938–1945. Überarbeitete und erweiterte Fassung. Edition Steinbauer Wien 2015.
Lutz NIETHAMMER (Hrsg.). Lebenserfahrung und kollektives Gedächtnis. Die Praxis der »Oral History«. Syndikat Frankfurt 1980.
Österreichische Ärzte und Ärztinnen im Nationalsozialismus. Hrsg. von Herwig Czech/Paul Weindling im Auftrag des DÖW. Wien 2017 (= Jahrbuch 2017).
Mordecai PALDIEL. Es gab auch Gerechte. Retter und Rettung jüdischen Lebens im deutschbesetzten Europa 1939–1945. Aus dem

Englischen und Französischen von Brigitte Pimpl. Hrsg. von Erhard Roy Wiehn. Hartung-Gorre Verlag Konstanz 1999.
Thomas PAMMER. Hilfsaktionen der Schwedischen Israelmission. In: Dialog – Du Siach. Christlich-jüdische Informationen Nr. 97. Oktober 2014, S. 24–42.
Sally PEREL. Ich war Hitlerjunge Salomon. Aus dem Französischen von Brigitta Restorff. Nicolaische Verlagsbuchhandlung Berlin 1992.
Marc J. PHILIPP. »Hitler ist tot, aber ich lebe noch.« Zeitzeugenerinnerungen an den Nationalsozialismus. Be.bra wissenschaft verlag Berlin 2010.
Alois PIPERGER. Zu meiner Zeit. Ein Leben im Spiegel unseres Jahrhunderts. Böhlau Verlag Wien 1988.
Doron RABINOVICI. Instanzen der Ohnmacht. Wien 1938–1945. Der Weg zum Judenrat. Jüdischer Verlag im Suhrkamp Verlag Frankfurt am Main 2000.
Michaela RAGGAM-BLESCH. »Mischlinge« und »Geltungsjuden«. Alltag und Verfolgungserfahrungen von Frauen und Männern halbjüdischer Herkunft in Wien 1938–1945. In: Andrea Löw/Doris L. Bergen/Anna Hájaková (Hrsg.). Alltag im Holocaust. Jüdisches Leben im Großdeutschen Reich 1941–1945. Oldenbourg Verlag München 2013. S. 81–97.
Michaela RAGGAM-BLESCH. Zwischen Rettung und Deportation. Jüdische Gesundheitsversorgung unter der NS-Herrschaft in Wien. In: Österreichische Ärzte und Ärztinnen im Nationalsozialismus. Hrsg. von Herwig Czech/Paul Weindling im Auftrag des DÖW. Wien 2017 (= Jahrbuch 2017), S. 67–88.
Herbert ROSENKRANZ. Verfolgung und Selbstbehauptung. Die Juden in Österreich 1938–1945. Herold Verlag Wien 1978.
Harald ROTH (Hrsg.). Mit falschem Pass und fremdem Namen. Junge Menschen im Holocaust. Mit einem Vorwort von Paul Spiegel. Bleicher Verlag Gerlingen 2002.
Stefan SCHEMER. Donaustadt – Zukunftsland. Geschichte der Donaustädter Sozialdemokratie. Verlag der SPÖ-Wien 1993.
Erwin A. SCHMIDL. Juden in der k.(u.)k. Armee 1788–1918. Österreichisches Jüdisches Museum Eisenstadt 1989 (= Studia Judaica Austriaca XI).
Fritz SCHÜTZE u. a. Biographieforschung und narratives Interview. In: Neue Praxis 13 (3) 1983, S. 283–293.

Peter SCHWARZ. Flucht und Vertreibung, Emigration und Exil 1934–1945. In: DÖW (Hrsg.). Katalog zur permanenten Ausstellung. Wien 2006, S. 56–74.

Schweden – Österreich. Hrsg. Österreichisch-Schwedische Gesellschaft, 11. Jg., Nr. 2, 1988. Darin enthaltene Beiträge: Göte HEDENQUIST. Meine Begegnung mit Adolf Eichmann. Malla HORN-GRANAT. Einige Impressionen aus Wien 1938–1944. Anna-Lena PETERSON. Meine Tätigkeit für die Schwedische Israelmission.

Eric SILVER. Sie waren stille Helden. Frauen und Männer, die Juden vor den Nazis retteten. Hanser Verlag München/Wien 1994.

Hilde SPIEL. Rückkehr nach Wien. Tagebuch 1946. Nymphenburger Verlagshandlung München 1968.

Erich STERN. Die letzten zwölf Jahre Rothschild-Spital Wien 1931–1943. Europäischer Verlag Wien 1974.

Kurt STIMMER (Hrsg. im Auftrag des Bildungsausschusses der Wiener SPÖ). Die Arbeiter von Wien. Ein sozialdemokratischer Stadtführer. Jugend und Volk Wien 1988.

Robert und Einzi STOLZ. Die ganze Welt ist himmelblau. Robert und Einzi Stolz erzählen. Aufgezeichnet von Aram Bakshian jr. Bastei-Lübbe Bergisch-Gladbach 1986.

Klaus TASCHWER im Gespräch mit Anke te Heesen. »Und dann war der Skandal perfekt.« In: Der Standard. Forschung Spezial, 14./15.8.2013, S. 14.

Elizabeth W. TRAHAN. Geisterbeschwörung. Eine jüdische Jugend im Wien der Kriegsjahre. Picus Verlag Wien 1996.

Gerhard UNGAR. Erhebung, Erfassung und Bearbeitung der Quellen. In: DÖW (Hrsg.). Jahrbuch 2007. Wien 2007, S. 30–35.

Brigitte UNGAR-KLEIN. Jüdische U-Boote in Wien 1938–1945. Phil. Diss. Universität Wien 2017.

Theodor VENUS/Alexandra-Eileen WENCK. Die Entziehung jüdischen Vermögens im Rahmen der Aktion Gildemeester. Eine empirische Studie über Organisation, Form und Wandel von »Arisierung« und jüdischer Auswanderung in Österreich 1938–1941. Wien/München 2004 (= Veröffentlichungen der Österreichischen Historikerkommission Bd. 20/2).

Herwart VORLÄNDER (Hrsg.). Oral History. Mündlich erfragte Geschichte. Vandenhoeck & Ruprecht Göttingen 1990.

Hedwig WAHLE. Mutter, Vater, Bruder, ich. Geschichte einer Familie, die den Holocaust überlebte. In: Entschluß. 46. Jg., Nr. 5/1991, S. 18.

Joseph WALK (Hrsg.). Das Sonderrecht für die Juden im NS-Staat. Eine Sammlung der gesetzlichen Maßnahmen und Richtlinien – Inhalt und Bedeutung. Müller – Juristischer Verlag Heidelberg/Karlsruhe 1981.

Erika WEINZIERL. Zu wenig Gerechte. Österreicher und Judenverfolgung 1938–1945. Verlag Styria Graz/Wien 1969.

Erika WEINZIERL/Otto D. KULKA (Hrsg.). Vertreibung und Neubeginn. Israelische Bürger österreichischer Herkunft. Böhlau Verlag Wien/Köln/Weimar 1992.

Franz WEISZ. Die Geheime Staatspolizei Staatspolizeileitstelle Wien 1938–1945. Organisation, Arbeitsweise und personale Belange. Phil. Diss. Universität Wien 1991, Band III/1a.

Herbert WIESNER, Schmeichelseide und Survivor Syndrome. Überlegungen zum Leben und Schreiben von Elfriede Gerstl. In: Christa GÜRTLER/Martin WEDL (Hrsg.). Elfriede Gerstl: »wer ist denn schon zu hause bei sich«. Profile, 15. Jg., Band 19. Zsolnay Verlag Wien 2012, S. 35–39.

ABBILDUNGSVERZEICHNIS

Ljuba Arnautović
IM VERBORGENEN
Roman
ISBN 978-3-7117-2059-7
192 Seiten, gebunden

Es ist das Jahr 1944. Niemand ahnt, dass Eva in ihrer Wohnung über Monate hinweg Menschen versteckt. Niemand weiß auch um ihre politische Vergangenheit, die sie selbst in größte Gefahr bringen könnte.

Das bemerkenswerte Buch schildert Evas Leben im Krieg und davor in klarer und gepflegter Sprache, ohne falsche Dramatik und ohne Heldenkult.
Norbert Mappes-Niediek, FRANKFURTER RUNDSCHAU

In Arnautovićs nüchterner Familiengeschichte spannt sich das Drama des 20. Jahrhunderts.
Judith E. Innerhofer, DIE ZEIT

Ein hochpolitisches, zugleich ein hochpoetisches Buch, ein Glücksfall.
Katja Gasser, LITERATUR UND KRITIK

Das Buch kann nicht nur als historisches Zeugnis gelesen werden; es vermittelt auch zeitlose Modelle von bewundernswerter Courage und unbedingter Solidarität.
Jurybegründung, Österreichischer Buchpreis 2018

Picus Verlag Wien

Volker Weidermann

Ostende.

1936, Sommer der Freundschaft

160 Seiten, btb 74891

Ein belgischer Badeort mit Geschichte und Glanz: Hier kommen sie alle noch einmal zusammen, die im Deutschland der Nationalsozialisten keine Heimat mehr haben. Stefan Zweig, Joseph Roth, Irmgard Keun, Kisch und Toller, Koestler und Kesten, die verbotenen Dichter. Sonne, Meer, Getränke – es könnte ein Urlaub unter Freunden sein. Wenn sich die politische Lage nicht täglich zuspitzte, wenn sie nicht alle verfolgt würden, ihre Bücher nicht verboten wären, wenn sie nicht ihre Heimat verloren hätten. Es sind Dichter auf der Flucht, Schriftsteller im Exil. Volker Weidermann erzählt von ihrer Hoffnung, ihrer Liebe, ihrer Verzweiflung – und davon, wie ihr Leben weiterging.

»Liebevoll und vorsichtig malt Weidermann sich und uns aus, wie es gewesen sein könnte in diesem Sommer des Abschiednehmens.«

Elke Heidenreich

btb